해커스노무사

# 민사소송법

*Civil Procedure Law*

 암기장

윤동환

해커스변호사

# 서문

## 1. 민사소송법 암기장의 출간

– 인생은 짧다. 이 책을 읽으면 저 책은 읽을 수 없다. – 존 러스킨

에빙하우스의 기억이론에 의하면 학습을 한 직후부터 망각이 시작되어 1시간이 지나면 정보의 50%를 잊어버리게 됩니다. 그러나 10분 후에 복습하면 1일 동안 기억되고, 다시 1일 후 복습하면 1주일 동안, 1주일 후 복습하면 1달 동안, 1달 후 복습하면 6개월 이상 기억할 수 있습니다. 따라서 시험이 7개월 정도 남은 지금 1개월 동안 민사소송법 교재를 4번 반복학습하면 시험장에서 두려울 것이 없을 것입니다. 그러나 변호사시험은 선택과목까지 포함하여 8개의 과목을 대비해야 합니다. 이제는 선택과 집중을 해야 할 때입니다.

'핵심민사소송법의 맥'이 수험생으로부터 많은 사랑을 받고 있음에도 저자가 민사소송법 암기장을 새로 출간하게 된 이유가 바로 여기에 있습니다. 시험이 반년 정도 남은 지금 시점에서는 과감한 선택과 집중으로 출제유력한 부분을 집중적으로 반복학습해야 합니다. 1학년 때부터 저자의 기본서로 학습을 했고 '핵심민사소송법의 맥'을 충분히 반복학습해온 학생이 아니라면, 또는 그렇게 공부해 왔더라도 다른 과목에 대한 투자시간을 늘려야 할 상황에 있는 학생이라면, 지금부터는 본서를 통해 민사소송법 지식을 확실히 암기하고 시험장에서 절대 흔들리지 않을 자신만의 무기를 완성해야 할 것입니다.

## 2. 암기장은 암기장답게 하지만 꼭 필요한 내용은 빠짐없이

본서는 핸드북형식의 약 260쪽 분량으로 시간·장소에 구애 없이 반복학습을 할 수 있도록 편집하였습니다. 본서의 특징 및 활용방안을 아래와 같이 소개합니다. 특히 올해판의 경우 내용을 보강하면서도 판형을 키우고, 여백을 여유있게 두어 가독성을 더욱 높였습니다.

### (1) 출제예상 주제별, 판례별 강약조절

변호사시험 및 사법시험 등 각종 국가고시 기출문제를 분석하여 중요주제 및 판례를 '엄선'한 뒤 두문자 정리와 함께 필수암기(요건, 효과)·判例를 소개하였습니다. 특히 판례선정에 심혈을 기울여 빈출기출 판례, 출제예상 판례는 거의 빠짐없이 소개하였습니다. 판례는 2023년 7월까지 반영하였습니다.

### (2) 변호사시험 및 각종 국가고시 기출표시

변호사시험 선택형 및 사례형(예를 들어 13회 선택형, 13회 사례형), 법원행정고시(예를 들어 23법행), 법무사(예를 들어 23법무), 법무행정고시(예를 들어 23행정), 입법고시(예를 들어 23입법) 2차 쟁점까지 기출표시를 함으로써 암기장의 중요기능 중 하나인 강약조절기능을 강화하였습니다.

### (3) 판례소개도 중요도에 따라 강약조절

사실 중요판례만 따서 '붙여넣기'하는 작업은 어렵지 않습니다. 하지만 암기장이 암기장으로서 제 기능을 발휘하려면 철저하게 강약조절이 필요한바, 객관식용 판례는 간단히 '판결요지'만 소개하고, 주관식으로까지 출제될 수 있는 판례는 '판시원문'(" "로 표시)을 가급적 소개하되 답안지에 꼭 필요한 분량만큼 정리해서 소개하였습니다. 특히 중요판례의 경우 판례의 이해도를 높이기 위해 또 주관식 답안지에 활용하기 위해 '판례검토를 각 주에 소개' 하여 객관식 및 주관식을 통합적으로 대비할 수 있게 하였습니다.

### (4) 논리적이고 체계적인 흐름을 잡을 수 있는 암기장

사실 중요판례만 따서 '나열'하는 작업은 어렵지 않습니다. 하지만 민사법과 같이 논리체계가 복잡다단한 과목은 반드시 논리적 흐름체계하에서 주제와 판례를 검토해야 하는바, 기본서 논리흐름과 목차체계를 유지하여 단순암기장을 넘어 '막판' 기본서 대용으로 활용할 수 있게 하였습니다.

방대하고 어려운 민사법 과목을 공부하는 수험생들에게 단비와 같은 암기장으로서의 역할을 계속해서 수행할
수 있도록 본 저자도 최선을 다하겠습니다.

본서에 관한 의문이나 질문이 있으신 분은 카톡(dhyoon21) 또는 이메일(dhyoon21@hanmail.net)이나 오픈채
팅방 "24년 윤동환 민사법 강의"로 질문을 해 주시면 됩니다.
참고로 본서에 관한 목차 및 판례색인은 해커스 변호사 홈페이지나 위 다음카페 '공개자료실'에 게재할 예정입
니다.

2024년 4월

저 자 **윤 동 환**

## 제4편 소송의 종료

## 제5편 병합소송

## 제6편   상소 및 재심

제 1 편

# 총론

제 2 편

# 소송의 주체

## Set 001　신의성실의 원칙

### 1. 의의

당사자와 소송관계인은 상대방의 신뢰를 헛되이 하지 않도록 성실하게 소송을 수행하여야 한다는 원칙이다(제1조 2항). 적정, 공평, 신속, 경제를 내용으로 하는 민사소송의 이상(제1조 1항)을 실현하기 위한 행동원리이다.

### 2. 적용범위(신의칙의 보충적 적용 여부 : 소극)

判例는 부제소합의에 위반하여 제기된 소에 대해 권리보호의 이익을 부정하면서도 제1조를 적용하여 **선택적 적용설**(다른 법규나 법해석에 의해 해결이 가능하더라도 신의칙에 의하는 것이 보다 직접적인 경우 신의칙을 선택하여 해결)의 입장이다(92다21760 : **13회 선택형**).

### 3. 신의칙의 적용모습 [부, 모, 실, 남]

#### (1) 소송상태의 부당형성 금지

① 소액사건심판법의 적용을 받기 위하여 채권을 소액으로 나누어 청구하는 경우(동법 제5조의2 2항에 따르면 소각하판결), ② 주소 있는 자를 소재불명자로 만들어 공시송달신청을 하는 경우(제451조 1항 11호), ③ 권리자가 증인으로 나서기 위해 채권을 양도하는 경우(82다카1919), ④ 관할선택권의 남용(아래 2011마62판례 참고)이 그 예이다.

> 🐤 **＊ 관할선택권의 남용**
>
> "Y 사찰은 종단에 등록을 마친 사찰로서 독자적 권리능력과 당사자능력을 가지고, Y 사찰의 X에 대한 소송위임약정에 따른 성공보수금 채무에 관하여 Z 재단이 당연히 연대채무를 부담하게 되는 것은 아니며, 법률전문가인 X로서는 이러한 점을 잘 알고 있었다고 보아야 할 것인데, X가 위 소송을 제기하면서 Z 재단을 공동피고로 추가한 것은 실제로는 Z재단을 상대로 성공보수금을 청구할 의도는 없으면서도 단지 Z 재단의 주소지를 관할하는 서울중앙지방법원에 관할권을 생기게 하기 위함이라고 할 것이고, 따라서 X의 위와 같은 행위는 관할선택권의 남용으로서 신의칙에 위반하여 허용될 수 없으므로 관련재판적에 관한 민사소송법 제25조는 적용이 배제되어 서울중앙지방법원에는 X의 Y 사찰에 대한 청구에 관하여 관할권이 인정되지 않는다"(2011마62).

#### (2) 선행행위와 모순되는 거동금지 [17사법]

당사자 일방이 과거에 일정한 태도를 취하여 상대방이 이를 신뢰하고 자기의 소송상의 지위를 구축하였는데, 그 신뢰를 저버리고 종전의 태도와 지극히 모순되는 소송행위를 하는 것은 신의칙상 허용되지 않는다(93다25875). ① 부제소특약 · 소취하계약 등의 소송계약 이후 임의로 소를 제기 · 유지하는 경우(92다21760), ② 부적법한 당사자 추가신청 또는 당사자표시정정신청에 동의한 피고가 본안판결 선고 이후 신청이 부적합하다고 주장하는 경우(96다41496, 2008다11276)(**13회 선택형**), ③ 피고의 추완항소를 받아들여 심리한 결과 항소가 이유 없다고 기각되자 피고가 이번에는 추완항소의 부적법을 주장하는 경우(93다25875), ④ 가압류채권자가 가압류의 효력에 반한 준소비대차가 무효임을 전제로 기존채권에 대한 추심을 마치고 이번에는 그 준소비대차가 유효함을 전제로 하여 신채권에 대한 추심을 주장하는 경우(2005다47175)가 그 예이다.

**(3) 소권의 실효**

실효의 원칙은 권리자가 장기간에 걸쳐 그 권리를 행사하지 아니함에 따라 그 의무자인 상대방이 더 이상 권리자가 권리를 행사하지 아니할 것으로 신뢰할 만한 정당한 기대를 가지게 된 경우에 새삼스럽게 권리자가 그 권리를 행사하는 것은 법질서 전체를 지배하는 신의성실의 원칙에 위반되어 허용되지 아니한다는 것을 의미한다(94다51840)**(1회 선택형)**.

① **[기간의 정함이 없는 항소권]** 判例는 허위주소로 소제기하여 자백간주 되고 판결정본도 허위주소로 송달된 사건에서, 판결정본의 송달이 무효이므로 상대방은 판결정본의 송달을 받지 않은 상태여서 항소기간은 진행하지 않는다고 보았다(94다51840). 이러한 기간의 정함이 없는 항소권에 대해 대법원은 "항소권과 같은 소송법상 권리에도 실효의 원칙이 적용될 수 있다"(94다51840)고 한다**(2회 선택형)**.

② **[소권의 실효 인정 여부]** 判例는 "근로자들이 면직 후 바로 아무런 이의 없이 퇴직금을 수령하였으며 그로부터 9년 후 1980년 해직공무원의 보상 등에 관한 특별조치법 소정의 보상금까지 수령하였다면 면직일로부터 10년이 다 되어 면직처분무효확인의 소를 제기함은 신의성실의 원칙에 반하거나 실효원칙의 따라 권리의 행사가 허용되지 않는다"(2005다45827)고 한바, 소권실효긍정설의 입장에 있는 것으로 평가된다.

**(4) 소권의 남용금지**

'소권의 남용'이란 소송외적 목적의 추구를 위한 소송상의 권능 행사를 말한다. 이러한 소권의 남용은 보호할 가치가 없어 금지된다. 2023. 10. 19.부터 시행되는 민사소송법은 패소할 것이 분명한 경우나 소권을 남용하여 청구기각될 것임이 명백한 소를 반복적으로 제기하는 경우에 대한 제재수단을 개선·보완하였다.

① **[패소할 것이 분명한 경우 소송비용에 대한 소송구조 금지]** 제1항 단서에 해당하는 경우(패소할 것이 분명한 경우) 같은 항 본문에 따른 소송구조 신청에 필요한 소송비용과 제133조에 따른 불복신청에 필요한 소송비용에 대하여도 소송구조를 하지 아니한다(제128조 2항).

② **[소권 남용과 공시송달명령]** 원고가 소권(항소권을 포함)을 남용하여 청구가 이유 없음이 명백한 소를 방복적으로 제기한 것에 대하여 법원이 변론 없이 판결로 소를 각하한 경우에는 재판장은 직권으로 피고에 대하여 공시송달을 명할 수 있다(제194조 4항)**(13회 선택형)**

③ **[소권 남용에 대한 제재]** 원고가 소권(항소권을 포함)을 남용하여 청구가 이유 없음이 명백한 소를 반복적으로 제기한 경우에는 법원은 결정으로 500만원 이하의 과태료에 처한다(제219조의2).

④ **[소장의 접수 보류]** 법원은 소장에 붙이거나 납부한 인지액이 '민사소송 등 인지법' 제13조 2항 각 호에서 정한 금액에 미달하는 경우 소장의 접수를 보류할 수 있다(제248조 2항). 법원에 제출한 소장이 접수되면 소장이 제출된 때에 소가 제기된 것으로 본다(동법 3항)

**4. 위반의 조사 및 효과**

신의칙은 소송요건이므로 '직권조사사항'인바(88다카17181), 신의칙 위반의 소제기는 부적법 '각하'되고(청구기각 아님), 신의칙 위반의 소제기 외의 **소송행위는 '무효'**이다. 그러나 간과한 판결이 당연무효인 것은 아니므로, 판결의 확정 전에는 상소로 다툴 수 있고, 확정 후에는 재심사유에 해당하는 경우에 한하여 재심으로 취소할 수 있다(편취판결은 제451조 1항 3호, 11호의 재심사유).

# Ⅰ. 재판권의 인적범위

## 1. 외국주권국가에 대한 재판권의 존부

종래 判例는 절대적 면제론의 입장이었으나, 최근 "우리나라의 영토 내에서 행하여진 외국의 사법적 행위가 주권적 활동에 속하는 것이거나 이와 밀접한 관련이 있어서 이에 대한 재판권의 행사가 외국의 주권적 활동에 대한 부당한 간섭이 될 우려가 있다는 등의 특별한 사정이 없는 한, 외국의 사법적 행위에 대하여는 당해 국가를 피고로 하여 우리나라의 법원이 재판권을 행사할 수 있다"(전합97다39216)고 판시하여 상대적 면제론으로 입장을 변경하였다. [사, 주, 밀, 부]

## 2. 외국을 피고로 한 건물 철거 · 토지 인도 · 부당이득반환 소송에서의 재판권

외국이 국내 부동산을 점유하는 것을 두고 반드시 주권적 활동에 속하거나 이와 밀접한 관련이 있는 사법적 행위에 해당한다고 볼 수 없다. 다만 외국이 부동산을 공관지역으로 점유하는 것과 관련하여 해당 국가를 피고로 하여 제기된 소송이 외교공관의 직무 수행을 방해할 우려가 있는 때에는 그에 대한 우리나라 법원의 재판권 행사가 제한되고, 이때 그 소송이 외교공관의 직무 수행을 방해할 우려가 있는지 여부는 원고가 주장하는 청구 권원과 내용, 그에 근거한 승소판결의 효력, 그 청구나 판결과 외교공관 또는 공관직무의 관련성 정도 등을 종합하여 판단하여야 한다(철거 · 인도청구 부분에 대하여는 재판권이 없으나, 부당이득반환청구 부분에 대하여는 재판권이 있다고 본 사안)(2019다247903).

## 3. 외국을 피고로 한 추심금 소송에서의 재판권

우리나라 법원이 외국을 제3채무자로 하는 추심명령에 대하여 재판권을 행사할 수 있는 경우에만 추심금소송에 대하여도 재판권을 행사할 수 있으며, 해당 국가가 우리나라 법원에 의하여 명하여지는 강제집행의 대상이 될 수 있다는 점에 대하여 명시적으로 동의하였거나, 강제조치에 대하여 재판권 면제 주장을 포기한 것으로 볼 수 있는 경우 등에 한하여 채권압류 및 추심명령을 발령할 재판권을 가진다(2009다16766).

# Ⅱ. 재판권의 물적범위(국제재판관할권)

## 1. 결정 기준

### (1) 개정 국제사법

개정 국제사법 제2조 1항은 '법원은 당사자 또는 분쟁이 된 사안이 대한민국과 실질적 관련이 있는 경우에 국제재판관할권을 가진다. 이 경우 법원은 실질적 관련의 유무를 판단함에 있어 국제재판관할 배분의 이념에 부합하는 합리적인 원칙에 따라야 한다'고 규정하고, 2항에서 '법원은 국내법의 관할규정을 참작하여 국제재판관할권의 유무를 판단하되, 1항의 규정의 취지에 비추어 국제재판관할의 특수성을 충분히 고려하여야 한다'고 규정하고 있다(수정역추지설 = 2조 2항의 국내토지관할 + 2조 1항의 실질적 관련성).

### (2) 대법원의 입장 [16행정]

"국제재판관할을 결정함에 있어서는 당사자 간의 공평, 재판의 적정, 신속 및 경제를 기한다는 기본이념에 따라야 할 것이고, 구체적으로는 소송당사자들의 공평, 편의 그리고 예측가능성과 같은 개인적인 이익뿐만 아니라 재판의 적정, 신속, 효율 및 판결의 실효성 등과 같은 법원 내지 국가의 이익도 함께 고려하여야 할 것이며, 이러한 다양한 이익 중 어떠한 이익을 보호할 필요가 있을지 여부는 개별사건에서 법정지와 당사자와의 실질적 관련성 및 법정지와 분쟁이 된 사안과의 실질적 관련성을 객관적인 기준으로 삼아 합리적으로 판단하여야 할 것이다"(2010다18355). **[공, 적, 신, 경]**

## 2. 국제재판관할의 합의

### (1) 전속적 국제재판관할합의의 유효요건 [대, 외, 합, 공]

判例는 특정 외국 법원만을 관할법원으로 하는 전속적 국제관할합의가 유효하려면 토지관할합의의 요건을 갖추는 외에 ⅰ) 당해 사건이 대한민국 법원의 전속관할에 속하지 않을 것, ⅱ) 지정된 외국법원이 그 외국법상 관할권을 가질 것, ⅲ) 당해 사건이 그 외국법원에 대하여 합리적인 관련성을 가질 것, ⅳ) 관할 합의가 현저하게 불합리하고 불공정하지 않을 것의 요건을 갖추어야 한다고 판시하였다(2001다53349, 2017다219232)(**5회 선택형**).

### (2) 전속적 토지관할 합의가 다른 나라의 재판권을 배제하는지 여부(원칙적 소극)

"당사자들이 법정관할법원에 속하는 여러 관할법원 중 어느 하나를 관할법원으로 하기로 약정한 경우, 그와 같은 약정은 그 약정이 이루어진 국가 내에서 재판이 이루어질 경우를 예상하여 그 국가 내에서의 전속적 관할법원을 정하는 취지의 합의라고 해석될 수 있지만, 특별한 사정이 없는 한 다른 국가의 재판관할권을 완전히 배제하거나 다른 국가에서의 전속적인 관할법원까지 정하는 합의를 한 것으로 볼 수는 없다"(2006다68209). **[14변리]**

## 3. 국제재판관할에서 변론관할의 인정여부(적극)

"국제재판관할에서 변론관할을 인정하더라도 당사자 사이의 공평을 해칠 우려가 없는 점, 오히려 같은 당사자 사이의 분쟁을 일거에 해결할 수 있고 효과적인 절차의 진행 및 소송경제에도 적합한 점 등에 비추어, 당사자 또는 분쟁이 된 사안과 법정지인 대한민국 사이에 실질적 관련성이 없는 경우라도 변론관할에 의하여 대한민국 법원에 국제재판관할권이 생길 수 있다"(2012다7571).

# Ⅲ. 재판권 흠결의 효과

사건에 인적·물적 재판권이 있어야 하는 것은 소송요건으로서 직권조사사항이고, 법원은 재판권의 존부를 판단하기 위한 자료를 직권탐지할 수 있다. 재판권의 흠결이 명백하면 재판장의 명령으로 소장을 각하하고(74미281 : 소장각하명령), 명백하지 않으면 변론을 열어 판결로써 소를 각하해야 한다(소각하 판결). 한편, 재판권의 흠결을 간과한 판결은 하자가 중대하여 무효이다. 따라서 판결의 확정 전에는 상소할 수 없고(무효인 판결은 상소의 대상적격이 없다는 것이 判例의 태도이나, 학설은 외관제거를 위해 상소를 인정한다), 확정 후에도 재심의 소를 제기할 수 없다(무효인 판결은 재심의 대상적격이 없다는 것이 判例의 태도이다).

| | 제척 | 기피 | 회피 |
|---|---|---|---|
| 의의 | 법률이 정한 제척사유가 있을 때 법률에 의하여 당연히 직무집행에서 배제(제41조) | 제척이유 외에 법관에게 공정한 재판을 기대하기 어려운 객관적 사정이 있는 경우 직무에서 배제(제43조) | 제척·기피사유가 있을 때 법관 스스로 배제(제49조) |
| 절차 | 직권 또는 신청에 대한 재판 (확인적 성질의 재판) | 신청에 대한 재판 (형성적 성질의 재판) | 감독권 있는 법원의 허가 |
| 간과 판결 | 절대적 상고이유(제424조 1항 2호) 재심사유(제451조 1항 2호) | | 적법 유효(허가는 사법행정상 처분이지 제척·기피 사유를 확정하는 재판이 아님) |

## I. 법관의 제척

### 1. 의의

법관이 구체적인 사건과 법률에서 정한 특수한 관계가 있는 경우, 법률에 의하여 당연히 직무집행에서 배제되는 것으로(제41조), 재판의 공정성을 확보하기 위한 제도이다.

### 2. 제척이유(제41조 1·2·4호 : 인적 관계, 3·5호 : 물적 관계)

#### (1) 1호의 '당사자와 공동권리자·공동의무자의 관계에 있는 자'

'공동권리자·공동의무자'란 공유자들 사이, 합유자들 사이, 연대채무자들 사이, 또는 주채무자와 보증인 사이 등과 같이 소송의 목적이 된 권리관계에 관하여 공통되는 법률상 이해관계가 있어 재판의 공정성을 의심할만한 사정이 존재하는 지위에 있는 관계를 의미하고, 법관이 당사자인 회사의 주주나 채권자인 경우와 같이 단순히 사실적·경제적·간접적 영향을 받는 경우는 여기에 포함되지 아니한다. 특히, 判例는 "종중원이 종중에 대하여 종중규약을 개정한 종중총회결의에 대한 무효확인의 소를 제기하였는데 재판부를 구성한 판사 중 1인이 당해 종중의 구성원인 경우, 그 판사는 제1호에 정한 '당사자와 공동권리자·공동의무자의 관계에 있는 자'에 해당한다"(2009다102254)고 판시한 바 있다.

#### (2) 5호의 법관이 불복사건의 '이전심급'의 재판에 '관여'하였을 때

이는 실무상 가장 많이 문제 되는 경우로서 법관의 예단을 배제하여 재판의 공정성을 유지하고, 심급제도를 실질적으로 보장하기 위한 것이다. ① 이전심급(前審)의 재판이란 하급심 재판을 의미하는데, 여기에는 상소에 의해 불복된 직접 하급심뿐만 아니라 상고심에서 간접적으로 불복의 대상이 된 제1심판결도 포함된다. ② 재판이란 종국판결뿐 아니라 중간 재판도 포함되며(96다56115)**(4회 선택형),** ③ 관여란 최종변론, 판결의 합의·판결서 작성 등 깊이 있게 관여하는 경우를 말하고, 최종변론 전 변론준비·변론·증거조사·기일지정과 같은 소송지휘 또는 판결선고에만 관여하는 것은 제외되며(96다56115), ④ 동일사건에 대한 것이어야 한다(82누473 참조).

🔖 **[5호의 이전심급 재판(부정례)]** ㉠ 환송·이송되기 전에 원심에 관여한 법관이 환송·이송된 후에 다시 관여하는 경우(이 경우 제41조 5호의 '전심'에는 해당되지 않지만 제436조 3항에 따라 결국 '관여'할 수 없다), ㉡ 재심의 대상이 되는 확정판결에 관여한 법관이 재심소송에 다시 관여하는 경우(2000재다87), ㉢ 가압류·가처분에 관여한 법관이 다시 본안소송에 관여하는 경우(61민재항3), ㉣ 소송상 화해에 관여한 법관이 그 화해내용에 따른 목적물 인도소송에 관여한 경우(69다1232), ㉤ 본안사건의 재판장에 대한 기피신청사건의 재판에 관여한 법관이 다시 위 본안사건에 관여하는 경우(91마631)는 전심에 해당하지 않는다.

## 3. 효 과

제척효과는 제척재판의 유무와 관계없이 법률상 당연히 발생하는 바, 제척재판은 **확인재판**의 성질을 갖는다. 제척이유가 있는 법관은 법률상 일체의 직무집행에서 배제되므로(다만, 간이각하 후의 직무행위, 종국판결의 선고, 또는 긴급을 요하는 행위는 할 수 있다. 기피신청의 경우도 동일하다. 제48조 단서 : **각, 판, 급**), 제척이유가 있는 법관이 관여한 **소송행위**(증거조사 등)는 본질적인 절차상 하자로서 **무효**이다. 그러나 그 흠결을 간과한 판결은 **당연무효 할 수 없고**, 판결의 확정 전에는 절대적 상고이유(제424조 1항 2호), 확정 후에는 재심사유(제451조 1항 2호)에 해당한다.

## Ⅱ. 법관의 기피

### 1. 의 의

법률상 정해진 제척이유 외에 법관에게 공정한 재판을 기대하기 어려운 사정이 있는 경우에 당사자의 신청을 기다려 **법원의 결정**에 의해 비로소 법관이 직무에서 배제되는 것을 말하는 바(제43조), 이는 제척제도를 보충하여 재판의 공정성을 도모하기 위한 것으로 제척과 달리 '형성적 성격'을 가진다.

### 2. 기피이유

#### (1) 법관에게 공정한 재판을 기대하기 어려운 사정

"'재판의 공정을 기대하기 어려운 사정이 있는 때'라 함은 당사자가 불공정한 재판이 될지도 모른다고 추측할 만한 주관적인 사정(의혹)이 있는 때를 말하는 것이 아니고, **통상인의 판단으로서 법관과 사건과의 관계로 보아 불공정한 재판을 할 것이라는 의혹을 갖는 것이 합리적이라고 인정될 만한 객관적인 사정이 있는 때를 말한다**(92마783). 따라서 평균적 일반인으로서의 당사자의 관점에서 위와 같은 의심을 가질 만한 객관적인 사정이 있는 때에는, 실제로 법관에게 편파성이 존재하지 아니하거나 헌법과 법률이 정한 바에 따라 공정한 재판을 할 수 있는 경우에도 기피가 인정될 수 있다(2018스563).

#### (2) 구체적 예(부정례)

① 단순히 소송지휘에 불만이 있는 경우, ② 소송당사자 일방이 재판장의 변경에 따라 소송대리인을 교체한 경우(92마783), ③ 법관이 당해 사건의 사실관계와 관련이 있는 다른 형사사건에 관여한 경우와 다른 당사자 사이의 동일한 내용의 다른 사건에서 당사자에게 불리한 법률적 의견을 표시하거나 불리한 판결을 행한 바 있는 경우(93재누97) 등은 기피이유가 되지 않는다.

## 3. 절 차

### (1) 기피신청

당사자의 신청에 의해 절차가 개시되고(제43조 1항), 기피이유를 알고 지체 없이 하여야 한다(2항).

### (2) 기피신청에 대한 재판

신청이 부적법한 경우, 즉 신청방식을 준수하지 않은 때 또는 소송지연을 목적으로 함이 분명한 때에는 기피당한 법관 스스로 '간이각하' 재판을 할 수 있고(제45조 1항), 신청이 적법한 경우, 기피신청의 이유 유무에 대한 재판은 소속법원 합의부에서 '결정'(판결이 아님)으로 하며(제46조 1항), 인용결정에 대하여는 불복할 수 없고, 기피기각 또는 각하결정에 대하여는 즉시항고할 수 있다(제47조 1항, 2항). 다만, 즉시항고는 원칙적으로 집행을 정지시키는 효력을 가지므로(제447조) '기각결정'에 대한 즉시항고는 집행정지의 효력이 인정되나, '간이각하'에 대한 즉시항고의 경우에는 집행정지의 효력이 인정되지 않는다(제47조 3항).

## 4. 기피신청의 효과

### (1) 본안소송절차의 정지(제48조) [각, 판, 급]

기피신청이 있는 경우 법원은 기피에 관한 재판이 확정될 때까지 소송절차를 정지하여야 한다(제48조 본문). 다만 간이각하 하는 경우(제45조 1항), 종국판결을 선고하는 경우, 또는 긴급을 요하는 경우에는 예외적으로 정지하지 않고 종국판결을 선고할 수 있다(제48조 단서).
변론종결 후 판결선고 전 기피신청이 있음에도 불구하고 제48조 단서의 규정에 따라 본안사건에 대하여 '종국판결'을 선고한 경우에는 기피신청의 목적은 사라지므로 기피신청에 대한 재판을 할 이익이 없게 된다(2008마427).

### (2) 당사자의 불복방법

법원이 기피신청을 받았음에도 소송절차를 정지하지 아니하고 변론을 종결하여 판결 선고기일을 지정하였다고 하더라도 종국판결에 대한 불복절차에 의하여 그 당부를 다툴 수 있을 뿐 이에 대하여 별도로 항고로써 불복할 수 없다(2000그20).

### (3) 본안소송절차 정지에 관한 하자 치유

#### 1) 문제점

기피신청을 받은 법원이 제48조에 위반하여 기피신청에 대한 재판이 확정되기 전에 긴급을 요하지 아니하는 절차를 속행하였는데 이후 그 기피신청에 대한 기각 또는 각하결정이 확정된 경우, 제48조 위반의 흠결이 치유되는지 문제된다.

#### 2) 판 례

① [적극설을 취한 경우 : 하자 치유 긍정] " ⅰ) 민사소송법 제48조의 규정에 의하면 법관에 대한 기피신청이 있으면 그 재판이 확정될 때까지 소송절차를 정지하여야 하나(본문) 예외적으로 종국 판결의 선고만은 할 수 있으므로(단서 참조) 위 법관기피신청이 있은 후에 종국 판결인 원판결의 선고만

을 한 원심의 조치가 반드시 위법하다고 볼 수 없을 뿐만 아니라(같은 취지의 66다517 판결 참조 : 변론 종결 후 기피신청을 한 사안), ⅱ) 가사 원심의 원판결의 선고가 민사소송법 제48조 단서의 경우에 해당하지 아니하여 위법한 것이라 하더라도 기피신청을 당한 법관이 그 기피신청에 대한 재판이 확정되기 전에 한 '판결'은 그후 그 기피신청이 이유없는 것으로서 배척되고 그 결정이 확정되는 때(기각)에는 유효한 것으로 된다"(78다1242).

② [소극설을 취한 경우 : 하자 치유 부정] "기피신청에 대한 '각하결정'전에 이루어진 변론기일의 진행 및 위 각하결정이 당사자에게 고지되기 전에 이루어진 변론기일의 진행은 모두 민사소송법 제48조의 규정을 위반하여 쌍방불출석의 효과(제268조)를 발생시킨 절차상 흠결이 있고, 특별한 사정이 없는 이상, 그 후 위 기피신청을 각하하는 결정이 확정되었다는 사정만으로 민사소송법 제48조의 규정을 위반하여 쌍방불출석의 효과를 발생시킨 절차 위반의 흠결이 치유된다고 할 수 없다"(2009다78467 : 신청인이 소송에 관여하지 않아 쌍방불출석의 효과가 발생한 사안. 이러한 쌍불취하는 무효이므로 기일지정신청을 다시 할 수 있음).[1]

## 5. 기피결정의 효과

기피결정에 의해 비로소 직무에서 배제되므로 기피결정은 '형성재판'에 해당하는 바, 확인재판의 성질을 갖는 제척재판과 구별된다. 기피결정을 받은 법관은 일체의 소송행위에 관여할 수 없으므로 기피결정을 받은 법관이 관여한 소송행위는 무효이다. 그러나 그 소송행위에 기초한 재판은 당연무효가 아니므로, 판결의 확정 전에는 절대적 상고이유(제424조 1항 2호), 확정 후에는 재심사유(제451조 1항 2호)에 해당한다.

---

1) [검토] 하자 치유를 긍정한 判例는 '본안판단'이 이루어진 후 기피신청이 '기각'된 사안이고, 하자 치유를 부정한 判例는 '본안판단'이 이루어지기 전에 기피신청이 '각하'된 사안인바, 원칙적으로 제48조에 위반한 행위는 재판의 적정, 공평을 확보하기 위한 기피제도의 취지에 비추어 위법하지만, 소송상 이익을 침해하지 않는 경우에 한하여 소송경제를 도모하기 위하여 흠이 치유된다고 보는 判例의 입장(절충설)이 타당하다. 즉, 긴급하지 않은 절차의 속행은 위법하지만, 기피신청자가 충분한 소송행위를 한 경우에는 그의 소송상 이익이 침해되지 않으므로 위법성이 치유된다.

| 관할의 종류 | | | |
|---|---|---|---|
| **강행성** | 전속관할 : 특정 법원의 배타적 관할권, 공익(재판의 공정) | | |
| | 임의관할 : 당사자의 의사로 변경가능한 관할, 사익(당사자의 편의와 공평) | | |
| **발생<br>근거** | 법정<br>관할 | 직분관할 : 단독판사와 합의부, 수소법원과 집행법원, 심급관할 등 재판권의 작용이 기준(이것만 전속관할 나머지는 임의관할) | |
| | | 사물관할 : 제1심의 관할로서 소가가 기준(소가 5억원 이하 단독판사, 5억원 초과 합의부 / 사건의 경중 제26 · 27조) | |
| | | 토지관할 : 재판적<br>(소재지에 따른 구분) | 보통재판적(제2조 ~ 제6조) |
| | | | 특별재판적(제7조 ~ 제25조) |
| | 지정(재정)<br>관할 | 관할이 불분명한 경우 상급법원의 결정에 의해 정해진 관할(제28조) | |
| | 거동<br>관할 | 합의관할 : 당사자의 합의에 의해 발생(제29조) | |
| | | 변론관할 : 피고의 본안변론에 의해 발생(제30조) | |

## Ⅰ. 직분관할(전속관할)

'**직분관할**'이란 재판작용(담당직분)을 기준으로 한 관할로서 전속관할이며 직권조사사항이다. 한편 심급관할과 관련하여 지방법원 본원 합의부가 단독판사의 판결에 대한 항소사건을 심판하는 도중 지방법원 합의부 관할에 속하는 소송이 새로 추가되거나 그러한 소송으로 청구가 변경된 경우라도 심급관할은 제1심 법원의 존재에 의하여 결정되는 전속관할이므로 지방법원 본원 합의부는 추가 혹은 변경된 청구에 대하여도 그대로 심판할 수 있다(92다2066).

## Ⅱ. 사물관할(임의관할)

### 1. 의 의

'**사물관할**'이란 제1심 소송사건을 다루는 지방법원 단독판사와 지방법원 합의부 사이에 사건의 경중을 표준으로 재판권의 분담관계를 정해 놓은 것을 말한다.

### (1) 합의부의 관할 [재, 5, 비, 재, 관]

① 합의부에서 심판할 것으로 합의부가 스스로 결정한 재정합의사건(제34조 3항), ② 소가가 5억원을 '**초과**'하는 민사사건(규칙개정), ③ 비재산권상의 소(해고무효확인의 소 등), ④ 재산권상의 소로서 소가를 산출할 수 없는 경우[낙찰자지위확인을 구하는 소(94다41454)], ⑤ 본소가 합의부관할일 때 이에 병합 제기하는 청구변경(제262조), 중간확인의 소(제264조), 반소(제269조), 독립당사자 참가(제79조) 등 관련청구사건은 그 소송목적의 값에 관계없이 합의부관할에 해당한다. 합의부사건은 고등법원이 제2심이 된다.

## (2) 단독판사의 관할 [재, 5, 어]

① 소가가 5억원 이하인 사건, ② 수표·약속어음금 청구사건, ③ 합의부가 단독판사관할로 인정한 재정단독사건 등은 단독판사관할이다. 단독사건 중 2억 원 이하인 사건은 지방법원 항소부가 제2심 법원이 되고, 2억 원을 초과하고 5억 원 이하인 사건은 고등법원이 제2심 법원이 된다.[2] 제3심은 고등법원이든 지방법원 항소부이든 대법원이 된다(**10회 선택형**).

| 소 가 | 1심 | | 2심 | 3심 |
|---|---|---|---|---|
| 3천만원 이하 | 단독사건 : 지법단독판사<br>(법원의 허가 없이 비변호사대리 가능) | 2억원<br>이하 | 지방법원<br>항소부 | 대법원 |
| 3천만원 초과<br>1억원 이하 | 단독사건 : 지법단독판사<br>(법원의 허가 받아 비변호사대리 가능) | | | |
| 1억원 초과 5억원<br>이하 | 단독사건 : 지법단독판사 | 2억원<br>초과 | 고등법원 | |
| 5억원 초과 | 합의사건 : 지방법원합의부 | | | |

## 2. 소 가(소송목적의 값)의 산정방법

### (1) 원 칙

① [**소가 산정 기준시 : 소제기시**] 원고의 입장에서 전부 승소할 경우에 직접 받게 될 경제적 이익을 객관적으로 평가하여 '소제기시'를 기준으로 산정하고(민사소송 등 인지규칙 제7조), 소제기 후 시가가 상승하더라도 영향이 없다(79다1404).

② [**소액사건 판단 기준시 : 소제기시**] 소액사건심판법의 적용대상인 소액사건에 해당하는지 여부는 제소 당시를 기준으로 정하여지는 것이므로, 병합심리로 그 소가의 합산액이 소액사건의 소가를 초과하였다고 하여도 소액사건임에는 변함이 없다(91다43176).

### (2) 예 외

그러나 단독판사에게 사건 계속 중 청구취지의 확장을 통해 소가가 5억원을 초과하게 된 경우에는 관할위반의 문제가 발생하므로 합의부로 이송된다(다만 사물관할은 임의관할이므로 관할위반의 항변 없이 변론하면 변론관할이 생겨 이송하지 않게 된다). 한편, 합의부에 계속 중 소의 일부취하나 청구취지의 감축 등으로 소가가 5억원 이하로 변경된 때에는 단독판사에게 이송하지 않는다(합의부에서 계속 심리하는 것이 소송경제에 부합하고 당사자로서도 신중한 판단을 받을 수 있어 불이익하지 않기 때문).

### (3) 청구병합의 경우의 소가 [중, 수, 부]

하나의 소로 여러 개의 청구를 하는 경우에는 여러 청구의 값을 모두 합하여 소송목적의 값을 정한다(제27조 1항). 원고의 (단순)병합청구이어야 하므로 피고가 제기하는 반소는 본소에 합산

---

2) 2022.3.1.부터 시행되는 개정 규칙에서는 소가 5억 초과 사건의 경우 지방법원합의부가 제1심으로 심판한다고 규정하는 한편, 제4조를 다시 신설하여 고등법원의 심판범위는 소가 2억 원을 초과한 사건이라고 규정하였다(동 규정 제4조)

하지 않는다. 또한 합산의 원칙이 적용되기 위해서는 '수개의 청구의 경제적 이익이 독립된 별개의 것'임을 요하므로(인지규칙 제19조), 다음은 예외이다.

① **[중복청구 흡수]** 선택적·예비적 병합, 여러 연대채무자에 대한 청구, 목적물의 인도청구와 집행불능의 경우를 대비한 대상청구의 병합 등 하나의 소로써 여러 개의 청구를 하더라도 그 경제적 이익이 동일한 중복청구는 중복되는 범위에서 흡수된다.

② **[수단인 청구의 흡수]** 1개의 청구가 다른 청구의 수단에 지나지 않을 때에는 그 가액은 소가에 산입하지 않는다. 다만, 수단인 청구의 가액이 주된 청구의 가액보다 다액인 때에는 그 다액을 소가로 한다.

③ **[부대청구 불산입]** 과실, 지연손해, 위약금, 비용 등의 부대청구는 산입하지 않는다(제27조 2항)(5·10회 선택형).

## Ⅲ. 토지관할 [09·13사법]

### 1. 보통재판적(제2조 내지 제6조)

모든 사건에 대하여 공통적으로 적용되는 재판적을 말한다. 소는 피고의 보통재판적이 있는 곳의 법원이 관할하는데(제2조), 이는 피고의 편의와 경제를 고려한 것이다. 피고가 자연인인 경우는 제3조, 단체인 경우는 제5조에 의한다(13회 선택형). 피고가 국가인 경우에는 법무부 소재지인 과천(수원지법 안양지원) 또는 대법원 소재지인 서초구(서울중앙지법)에 의한다(제6조).

### 2. 특별재판적(제7조 내지 제24조)

#### (1) 의의 및 취지

특별한 종류·내용의 사건에 대하여 한정적으로 적용되는 재판적을 말한다. 원고의 소송수행의 편의를 위한 것이다. 제7조 이하에서 정한다.

#### (2) 중요내용

##### 1) 거소지 또는 의무이행지(8조)

'재산권에 관한 소'란 계약상의 의무뿐만 아니라 법률의 규정에 따라 발생하는 불법행위·부당이득·사무관리 등에 의한 의무도 포함한다. '의무이행지'는 우선 당사자가 '특약으로 정한 이행지'가 의무이행지가 되고, 특약이 없으면 민법에 따라 정해지는 바, 특정물인도채무의 경우 '채권 성립 당시 그 물건이 있던 장소'가 의무이행지이고(민법 제467조 1항), 특정물인도 외의 채무의 경우 지참채무의 원칙상 '채권자의 주소지'가 의무이행지에 해당한다(민법 제467조 2항 본문)(10·13회 선택형).

한편 영업에 관한 채무의 이행을 구하는 소를 제기함에 있어 '현영업소'는 변제 당시를 기준으로 채권자의 주된 영업소(본점)에 한정되는 것이 아니라 그 채권의 추심 관련 업무를 실제로 담당하는 영업소까지 포함된다. 따라서 제소 당시 채권 추심관련 업무를 실제로 담당하는 채권자의 영업소 소재지 법원에 제기할 수 있다(2021마6868)

### 2) 어음·수표 지급지

어음·수표에 관한 소는 어음채무자와 소구의무자를 상대로 '채권자'의 주소가 아닌 그 '지급지의 법원'(제9조)에 제기할 수 있다(80마208).

### 3) 불법행위지

불법행위에 관한 소를 제기하는 경우에는 행위지의 법원에 제기할 수 있다(제18조 1항). 행위지의 의미에 대해, 判例는 가해행위지 뿐만 아니라, **법익침해지로서의 결과발생지까지 포함**된다고 보며, 항공기 추락사고의 경우 사고의 행위지 및 결과발생지뿐만 아니라 **항공기의 도착지까지 포함**된다고 보았다(2010다18355).

### 4) 등기의무이행지

등기·등록에 관한 소를 제기하는 경우에는 등기 또는 등록할 공공기관이 있는 곳의 법원에 제기할 수 있다(제21조). 判例는 사해행위취소의 소에서 채권자의 주된 목적은 사해행위의 취소 그 자체보다는 일탈한 책임재산의 회복에 있는 것이므로, 사해행위취소의 소에 있어서의 의무이행지는 '취소의 대상인 법률행위의 의무이행지'가 아니라 '취소로 인하여 형성되는 법률관계(예를 들어 말소등기청구나 진정명의회복을 위한 소유권이전등기의 소 등)에 있어서의 의무이행지'라고 보아야 한다(2002마1156)**(10회 선택형)**.

따라서 부동산등기의 신청에 협조할 의무의 이행지는 '등기할 공무소 소재지'(제21조)이므로, 원고가 '원물반환'을 청구하는 경우에는 제21조에 따라 등기할 공공기관이 있는 곳이 의무이행지가 되고**(13회 선택형)**, 원고가 '가액반환'을 청구하는 경우라면 제8조에 따라 지참채무의 원칙상 원고의 주소지가 의무이행지가 된다고 판시하였다.

### 5) 지식재산권 등에 관한 특별재판적

① 개정 민사소송법(2016.1.1.시행)은 지식재산권을 산업재산권으로 지칭되는 '특허권, 실용신안권, 디자인권, 상표권, 품종보호권(이하, '특허권 등' 이라 한다)'과 '특허권 등을 제외한 지식재산권'으로 구별하고, 기술과 산업재산권에 관한 전문성이 강조되는 '특허권 등'에 관한 소를 제기하는 경우에는 고등법원 소재지 지방법원의 전속관할(서울 지역은 서울중앙지방법원으로 한정)로 하였다(제24조 2항 신설).

② 원칙적으로 전속관할은 편의이송이 불가하다. 다만, 위와 같이 전속관할이 정해져 있는 '특허권 등'에 관한 소송의 경우에도 ㉠ 현저한 손해 또는 지연을 초래할 우려가 있는 경우에는 관할법원의 직권 또는 당사자의 신청에 따른 결정으로 소송의 전부 또는 일부를 **제2조부터 제23조까지의 규정에 따른 지방법원으로 이송**할 수 있도록 하여 소송수행의 편의성과 접근성 등 소송당사자의 재판받을 권리를 보장하였으며(제36조 3항 신설), ㉡ 이러한 전속관할의 경우에도 **당사자의 선택으로 '특허권 등'에 관한 소를 서울중앙지방법원에도 제기**할 수 있도록 중복관할에 관한 규정을 신설하여 소송당사자가 서울중앙지방법원이 축적해 온 특허권 등의 지식재산권 소송의 전문성을 활용하고자 하는 경우 전속관할법원 외에 서울중앙지방법원에 소송을 제기할 수 있도록 하였다(제24조 3항 신설)[3]

---

3) **[구체적 예]** 예컨대 목포에 거주하는 甲이 청주에 거주하는 乙을 상대로 포항에서의 '특허권' 침해행위를 원인으로 하여 손해

### 3. 재판적의 경합

특별재판적이 보통재판적에 우선하는 것이 아니므로 원고는 경합하는 관할법원 중 임의로 선택하여 소제기를 할 수 있다.

## Ⅳ. 관련재판적

### 1. 의 의

원고가 하나의 소로써 여러 개의 청구를 하는 경우에 그 여러 개 가운데 하나의 청구에 대한 토지관할권이 있는 법원에 본래 그 법원에 법정관할권이 없는 나머지 청구도 관할권이 생기는 것을 말한다(제25조).

### 2. 적용범위

① 소의 객관적 병합의 경우(제25조 1항)에는 원시적, 후발적, 추가적, 교환적인지를 불문하고 관련 재판적을 인정한다. 예를 들어 乙이 부산지방법원에 甲을 상대로 공사대금지급청구와 대여금 반환청구를 병합하여 제기한 경우, 위 법원에는 공사대금지급청구에 대해서만 관할권이 있고 대여금반환청구에 대해서는 관할권이 없더라도 제25조 1항에 의해 위 법원에 관할권이 인정될 수 있다.

② 소의 주관적 병합의 경우(제25조 2항) 제65조 전문의 공동소송, 즉 피고들끼리 실질적 관련성이 있는 경우 (예컨대 수인의 연대채무자, 수인의 불법행위 피해자)에만 관련재판적을 인정한다(제25조 2항). 이러한 경우에는 관련재판적을 인정하여도 다른 공동피고의 관할규정상 이익을 침해할 위험이 적기 때문이다. 이후 判例는 "토지수용법 소정의 보상금 증액청구소송은 필수적 공동소송이므로 재결청이나 기업자 중 어느 하나의 당사자에 대하여만 관할권이 있더라도 그 법원에 제소할 수 있다"(93누18655)고 판시하였다(관련재판적 남용은 set. 1. 2011마62 참고).

### 3. 효 과

원래 토지관할권이 없던 청구에 관하여도 관할권이 생기고, 피고는 관할위반의 항변을 할 수 없다(관할의 창설). 관련재판적이 인정된 후 원래의 관할권 있는 청구가 취하 또는 각하되어도 다른 청구는 관할 위반이 되지 않는다(관할의 항정).

---

배상청구의 소를 제기한 경우, 제24조 2항에 따라 목포(제8조)을 관할하는 광주고등법원이 있는 '광주지방법원', 포항(제18조)을 관할하는 대구고등법원이 있는 '대구지방법원', 청주(제3조)를 관할하는 대전고등법원이 있는 '대전지방법원'만 관할권을 가지게 되나(전속관할), 甲은 제24조 3항에 따라 '서울중앙지방법원'에도 소를 제기할 수 있다. 다만 제36조 3항에 따른 이송이 가능하다. 따라서 목포지방법원, 포항지방법원, 청주지방법원에 각 이송할 수 있다.

## Ⅰ. 합의관할 [09사법]

당사자의 소송편의를 위해 합의에 의하여 생기는 관할을 의미한다(제29조).

### 1. 요 건 [임, 소, 방, 법, 소] [1회 사례형]

#### (1) 제1심 법원의 임의관할에 관한 합의일 것(제29조 1항)

제1심의 토지관할과 사물관할 등 임의관할에 한하여 할 수 있고, 전속관할의 경우에는 할 수 없다(제31조). 다만 심급관할은 전속관할임에도 불구하고 비약상고 합의는 가능하다(제422조 2항, 제390조 1항).

#### (2) 합의의 대상인 소송을 '일정한 법률관계'로 특정할 것(제29조 2항)

'모든 법률관계', '장래의 모든 분쟁'에 관한 소송에 대한 포괄적 합의는 예측가능성이 없어 피고의 관할이익을 침해할 우려가 있으므로 무효이다.

#### (3) 합의의 방식 및 시기(제29조 2항)

당사자의 의사를 명확히 하여 후일의 분쟁을 미연에 방지하기 위하여 반드시 서면에 의하여야 한다. 관할합의가 부동문자로 인쇄되어 있는 경우라도 이를 예문(例文)으로 보아 무효라고 할 수 없다(2006다68209). 합의의 시기는 소제기 이전에 한정하지 않는다. 다만 소제기 이후의 합의는 편의이송(제35조)의 전제로서 의미가 있을 뿐이다.

#### (4) 관할법원이 특정되어 있을 것 [13사법]

특정되어 있다면 수 개의 법원이라도 상관없으나, 전국의 모든 법원을 관할법원으로 하거나 모든 법원의 관할을 배제하는 합의(부제소특약으로 유효할 수는 있다), 원고가 지정하는 법원으로 한 합의는 피고의 관할에 대한 이익을 박탈하기 때문에 무효이다(77마284).

#### (5) 특별법상 요건을 갖출 것(소송행위의 유효요건을 갖출 것)

약관규제에 관한 법률은 '고객에 대하여 부당하게 불리한 관할합의조항은 무효로 한다'(제14조)고 규정한다. 위 조문의 해석과 관련하여 判例는 대전에 주소를 둔 계약자와 서울에 주영업소를 둔 건설회사 사이에 체결된 아파트 공급계약서상의 '본 계약에 관한 소송은 서울민사지방법원을 관할법원으로 한다.'라는 관할합의 조항은 민사소송법상의 관할법원 규정보다 고객에게 불리한 관할법원을 규정한 약관이어서 무효라고 하였으나(98마863), "전속적 관할합의의 약관조항이 고객에게 부당하게 불리하다는 이유로 무효라고 보기 위해서는 그 약관조항이 고객에게 다소 불이익하다는 점만으로는 부족하고, 사업자가 그 거래상의 지위를 남용하여 이러한 약관조항을 작성·사용함으로써 건전한 거래질서를 훼손하는 등 고객에게 부당하게 불이익을 주었어야 한다"(2007마1328)고 한 바 있다.

#### ✱ 무효인 약관의 효력유지적 축소해석

判例는 ① 약관규제법 제정 전에 대한주택공사의 아파트분양계약서 중 '본 계약에 관한 소송은 대한주택공사가 지정하는 법원을 관할법원으로 한다.'라는 조항에 관하여 무효라고 하였고(77마284), ② 주택분양보증약관에서 '대한주택보증주식회사의 관할 영업점 소재지 법원'을 전속적 합의관할 법원으로 정한 사안에서, "위 약관조항의 '위 회사의 관할 영업점 소재지 법원'은 주택분양계약이 체결된 당시 이를 관할하던 위 회사의 영업점 소재지 법원을 의미한다"(2009마1482)고 판시하였다.

## 2. 합의의 모습(부가적 합의와 전속적 합의)

### (1) 문제점

관할합의에는 법정관할 외에 1개 또는 수 개의 관할을 부가하는 **부가적 합의**와 특정의 법원에만 관할권을 인정하고 그 밖의 관할을 배제하는 **전속적 합의**가 있다. 그런데 관할합의가 전속적인 지 부가적인지 불분명한 경우, 즉 명시적 합의를 하지 않은 경우 그 구별이 문제된다.

### (2) 판 례 [1회 사례형]

당사자의 의사가 불분명한 경우 判例는 "당사자들이 **법정 관할법원**에 속하는 여러 관할법원 중 어느 하나를 관할법원으로 하기로 약정한 경우, 그와 같은 약정은 그 약정이 이루어진 국가 내 에서 재판이 이루어질 경우를 예상하여 그 국가 내에서의 **전속적 관할 법원**을 정하는 취지의 합의라고 해석될 수 있다"(2006다68209)고 본다**(1회 선택형)**

### (3) 검 토

경합하는 법정관할법원 중 하나를 특정하는 합의는 전속적 합의라고 보는 것이 당사자의 의사에 부합하 지만, 법정관할 외의 관할합의가 있는 경우에도 법정관할을 배제하려는 의사라고 본다면 당사자의 소송수행의 이익을 침해할 우려가 있으므로 **부가적 합의**라고 보는 判例의 입장이 타당하다.

## 3. 합의의 효력

### (1) 관할의 변동 [2회 사례형]

관할합의가 유효하게 성립하면 합의한 내용대로 관할이 변동된다. 전속적 합의관할도 임의관할이 므로 다시 관할합의를 할 수 있고, 피고의 거동에 의한 변론관할이 생길 수 있다**(6회 선택형)**. 다만, 전속적 합의의 경우에도 현저한 지연을 피한다는 공익상 필요가 있는 경우에는 합의의 대상이 될 수 없으므로 다른 법정관할법원에 이송할 수 있다(제35조). 최근 判例도 이송을 긍정 한다.

### (2) 효력의 주관적 범위(제218조 1항의 계쟁물의 양수인과 잘 비교할 것)

관할의 합의가 당사자 및 그 일반승계인에게 미치는 것은 당연하나, 특정승계인 내지 제3자에 게도 미치는지 문제된다.

### 1) 특정승계인 중 채권승계인(효력이 미침 : 채권의 동일성)(13회 선택형) [1회 사례형]

判例는 "관할의 합의는 소송법상의 행위로서 합의 당사자 및 그 일반승계인을 제외한 제3자에 게 그 효력이 미치지 않는 것이 원칙이지만, 지명채권과 같이 그 권리관계의 내용을 당사자가 자유롭게 정할 수 있는 경우에는, 당해 권리관계의 특정승계인은 그와 같이 변경된 권리관계를 승계한 것이라고 할 것이어서, 관할합의의 효력은 특정승계인에게도 미친다(2005마902)고 한다.[4]

2) 특정승계인 중 물권승계인(효력이 미치지 않음 : 물권법정주의) [17사법]

判例는 "관할의 합의의 효력은 부동산에 관한 물권의 특정승계인에게는 미치지 않는다고 새겨야 할 것인바, 부동산 양수인이 근저당권 부담부의 소유권을 취득한 특정승계인에 불과하다면, 근저당권설정자와 근저당권자 사이에 이루어진 관할합의의 효력은 부동산 양수인에게 미치지 않는다"(94마536)**(5회 선택형)**고 한다.[5]

## Ⅱ. 변론관할 [09사법]

원고가 관할권 없는 법원에 소를 제기한 경우, 피고가 이의 없이 본안에 관하여 변론함으로써 발생하는 관할을 말한다(제30조).

### 1. 요 건 [없, 이, 항]

**(1) 원고가 관할권 없는 제1심법원에 소를 제기하였을 것**

임의관할 위반에 한정되고 전속관할 위반의 경우에는 변론관할이 생기지 않는다(제31조). 소제기 당시에만 문제되는 것이 아니라 청구취지의 변경·반소 등으로 소송계속 중에 관할위반이 된 경우도 생길 수 있다.

**(2) 피고가 이의 없이 '본안'에 대하여 '변론'하였을 것**

① [본안의 의미] 청구이유의 유무에 관한 사실상·법률상 진술 등 실체사항에 관한 진술을 말한다. 따라서 실체적 사항이 아닌 절차 사항인 기피신청, 기일변경신청, 소각하판결의 신청 등은 본안에 관한 진술에 해당하지 않는다. 判例에 따르면 피고가 반소장을 진술한데 대하여 원고가 '반소기각 답변'을 한 것만으로는 제382조 제2항 소정의 '이의없이 반소의 본안에 관하여 변론을 한 때'에 해당한다고 볼 수 없다고 한다(91다1783,1790)

② [변론의 의미] 여기서 변론은 현실적인 구술에 의해 적극적으로 변론하여야 한다(통설). 判例도 "동법 제30조 소정의 응소관할이 생기려면 피고의 본안에 관한 변론이나 준비절차에서의 진술은 현실적인 것이어야 하므로 피고의 불출석에 의하여 답변서 등이 법률상 진술 간주(제148조 1항)되는 경우는 이에 포함되지 아니한다"(80마403)고 하였다(5·10·11회 선택형).

**(3) 피고의 관할위반의 항변이 없을 것**

묵시적 항변도 무방하다. 피고가 당해 법원에 관할권이 있는 조건으로 본안에 관한 변론을 한 때에는 관할위반의 항변이 있는 것으로 보아야 할 것이다.

### 2. 효 과

피고가 관할위반의 항변을 하지 않고 본안에 관하여 진술한 때에는 그 시점에 바로 관할권이 없었던 법원에 관할권이 창설된다(13회 선택형). 따라서 그 이후 피고의 관할위반의 항변은 허용되지 않고, 법원은 관할위반에 의한 이송을 할 수 없다.

---

4) [판례검토] 지명채권의 양도가 있는 경우 양도통지만 있었다면 채무자는 그 통지를 받을 때까지 양도인에 대해 생긴 사유로서 대항할 수 있으므로(**민법 제451조 2항**), 채권승계인에게는 합의의 효력이 미친다.

5) [판례검토] 물권의 경우 당사자가 그 내용을 자유로이 변경할 수 없고(**민법 제185조**), 부동산등기법상 합의를 등기할 수도 없으므로, 물권승계인에게는 합의의 효력이 미치지 않는다고 보는 判例의 태도는 타당하다.

## I. 이송의 원인

### 1. 관할위반에 의한 이송(제34조 1항)

법원은 소송의 전부 또는 일부에 대하여 관할권이 없다고 인정하는 경우에는 '결정'(판결이 아님)으로 이를 관할법원에 이송한다(제34조 1항).

#### (1) 적용범위

① **[상급법원과 하급법원 사이]** ㉠ 심급관할 위반의 소제기와 관련하여(이송 긍정) 判例는 하급심법원에 제기할 소를 상급심법원에 제기한 경우(94마1961 : 대법원을 제1심법원으로 하여 소제기), 상급심법원에 제기할 소를 하급심법원에 제기한 경우(94마2513[6] : 항소심법원에 제기해야 할 재심의 소를 제1심법원에 제기한 경우, 제451조 3항 및 제453조 참조) 모두 이송을 긍정한다.

㉡ 심급관할 위반의 상소제기와 관련하여(기록송부가 원칙, 예외적으로 이송) 判例는 당사자가 특별항고라는 표시와 항고법원을 대법원으로 표시하지 않고 즉시항고로 표시하고 항고법원을 고등법원으로 잘못 표시한 사안에서 '기록송부'로 처리하였다(99마2081). 그러나 원심법원이 잘못 표시된 대로 소송기록을 송부한 경우 송부받은 법원은 관할법원에 '이송'한다(97으1). 특별히 判例는 상고장이 대법원에 바로 제출되었다가 다시 원심법원에 송부된 사안(상소장 원심법원제출주의를 위반한 경우)에서 "상고장이 원심법원에 접수된 때를 기준으로 상고제기기간 준수를 따져야 한다"(81누230)고 하여 **원칙적으로 이송으로 처리하지 않으나,** 예외적으로 서울고등법원이 서울지방법원과 동일 청사에 위치한 관계로 혼동해 서울지방법원에 상고장을 접수시킨 사건에서는 "원심법원(사안에서는 서울고등법원) 외의 법원에 상고장을 제출한 날을 기준으로 상고기간준수를 가림이 상고인의 진정한 의사에도 부합하고 상고인의 손해를 방지할 수 있다"(96마1590)고 하여 **이송으로 처리하였다.**

② **[다른 종류의 법원간의 이송]** ㉠ 判例는 행정사건을 민사법원에 소제기한 사안(97다42250)이나 가사소송을 민사지방법원에 소제기한 사안(80마445)에서 이송을 긍정하였으나, ㉡ 행정소송으로서의 소송요건을 결하고 있음이 명백하여 행정소송으로 제기되었더라도 어차피 부적법하게 되는 경우에는 이송할 것이 아니라 각하하여야하며(2020다222382), 비송사건을 소송으로 제기한 경우에는 부적법 각하하여야 한다는 입장이다(63다321 : 비송사건에 해당하는 법인의 임시이사해임사건을 민사소송으로 청구한 사례)

🔖 ✱ **소 변경을 위한 석명권 행사**(행정사건을 민사사건으로 잘못 알았으나 관할위반은 없었던 경우)
"행정소송법상 항고소송으로 제기하여야 할 사건을 민사소송으로 잘못 제기한 경우에 수소법원이 그 항고소송에 대한 관할도 동시에 가지고 있다면, 전심절차를 거치지 않았거나 제소기간을 도과하는 등 항고소송으로서의 소송요건을 갖추지 못했음이 명백하여 항고소송으로 제기되었더라도 어차피 부적법하게 되는 경우가 아닌 이상, 원고로 하여금 항고소송으로 소 변경을 하도록 석명권을 행사하여 행정소송법이 정하는 절차에 따라 심리·판단하여야 한다"(2019다264700).

---

[6] 이 경우 재심제기기간의 준수 여부는 민사소송법 40조 1항의 규정에 비추어 제1심 법원에 제기된 때를 기준으로 할 것이지 항소심 법원에 이송된 때를 기준으로 할 것이 아니다(전합83다카1981)**(11회 선택형).**

## (2) 당사자의 이송신청권 인정여부(부정) [11회 사례형]

관할위반에 따른 이송(제34조 1항)은 다른 원인에 의한 이송(제34조 2항, 제35조, 제36조, 제269조 2항)과 달리 당사자의 이송신청권이 규정되어 있지 않아 그 인정 여부가 문제되는바, 判例는 "ⅰ) 당사자가 관할위반을 이유로 한 이송신청을 한 경우에도 이는 단지 법원의 직권발동을 촉구하는 의미밖에 없는 것이고, 따라서 법원이 이 이송신청에 대하여는 재판을 할 필요가 없고, ⅱ) 설사 법원이 이 이송신청을 거부하는 재판을 하였다고 하여도 항고가 허용될 수 없으므로 항고심에서는 이를 각하하여야 한다"(전합93마524)(5회 선택형)고 판시하여 부정설의 입장이다. 아울러 判例는 즉시항고(제39조)는 물론 특별항고(제449조)도 부정하는 입장이다(95그59)(7회 선택형).

👍 [관련판례] "법원이 당사자의 신청에 따른 직권발동으로 이송결정을 한 경우에는 즉시항고가 허용되지만(민사소송법 제39조), 위와 같이 당사자에게 이송신청권이 인정되지 않는 이상 항고심에서 당초의 이송결정이 취소되었다 하더라도 이에 대한 신청인의 재항고는 허용되지 않는다"(2017마1332).

| 관할위반에 따른 이송 | 불복여부 | 근 거 |
|---|---|---|
| 이송신청기각결정 | 즉시항고 불가 | 이송신청권이 없으므로 그에 대한 재판 불요 |
| 이송결정 | 즉시항고 가능 | 직권에 의한 재판이므로 이송신청권 유무와 무관(제39조) |
| 이송결정에 대한 취소결정 | 재항고 불가 | 이송신청권이 없으므로 이송결정의 요구불가 |

## 2. 심판편의에 의한 이송(재량이송)

### (1) 현저한 손해[7](사익) 또는 지연을 피하기 위한(공익) 이송(제35조)

전속관할에는 현저한 손해 또는 지연을 피하기 위한 이송이 불가하다(제35조 단서). [17사법] 그러나 전속적 합의관할은 임의관할이므로 '현저한 지연'을 피하기 위한 공익상의 필요가 있다면 제35조의 이송이 가능하다(2007마1328). 당사자의 합의로 포기할 수 있는 것은 '현저한 손해'라는 사익뿐이기 때문이다. 반면 부가적 합의관할의 경우 지연 및 손해방지 모두가 이송의 사유로서 가능하다.

### (2) 단독판사로부터 합의부로의 이송(제34조 2항)

지방법원 단독판사는 소송에 대하여 관할권이 있는 경우라도 상당하다고 인정하면 직권 또는 당사자의 신청에 따른 결정으로 소송의 전부 또는 일부를 같은 지방법원 합의부에 이송할 수 있는데(제34조 2항)(7회 선택형), 이 경우 "현저한 손해나 지연을 피하기 위한 필요"를 요구하지 않는다.

---

7) [관련판례] "주로 피고 측의 소송수행상의 부담을 의미하는 것이지만 원고측의 손해도 도외시하여서는 아니된다"(2010마215). 다만, 判例는 수형자가 국가를 상대로 손해배상을 청구한 사안에서, "대한민국이 수형자의 관리주체로서 부담하는 '수형자의 민사소송을 위한 장거리 호송에 소요되는 상당한 인적·물적 비용'은 행정적인 부담이지 소송상대방으로서 부담하는 것이 아니어서, 민사소송법 제35조에서 말하는 '현저한 손해 또는 지연을 피하기 위하여 이송이 필요한 사정'에 해당되지 않는다"(2010마215)고 판시하였다.

### 3. 반소제기에 의한 이송(제269조 2항)

① **[제1심에서 반소가 제기된 경우 : 이송 긍정]** 본소가 단독사건(소가 5억원 이하)이라고 하더라도 반소(소가 5억원 초과)의 제기로 합의부 관할로 바뀐 경우 일괄하여 합의부로 이송한다(제269조 2항 본문). 다만 원고가 반소청구에 대해 본안변론을 함으로써 변론관할이 생긴 때에는 이송할 필요가 없다(제269조 2항 단서).

② **[제2심에서 반소가 제기된 경우 : 이송 부정]** 判例는 단독사건(예를 들어 소가 5억원 이하)에 대한 항소사건(지방법원합의부관할)을 심판하던 중 지방법원합의부관할에 속하는 반소(예를 들어 소가 5억원 초과)가 제기되어도 이송의 여지가 없다고 한다(본소 피고가 항소 후 지방법원 합의부의 관할에 속하는 반소를 제기하면서 이송신청을 하였는데, 원심이 민사소송법 제34조, 제35조를 들어 이송결정을 한 사안 ; 2011그65).[8]

## Ⅱ. 이송의 효과 [속, 계, 부]

### 1. 이송재판의 구속력

#### (1) 의 의

이송결정이 확정되면 비록 잘못된 이송이라도 이송을 받은 법원은 다시 반송이나 전송을 할 수 없다(제38조). 본안의 심리 지연을 방지하기 위함이다.

#### (2) 전속관할위반의 이송결정의 구속력 인정 여부(상급심불구속)

判例는 ⅰ) 이송결정의 기속력은 전속관할의 규정을 위배하여 이송한 경우에도 원칙적으로 인정되지만**(7회 선택형)**, ⅱ) "심급관할을 위배한 이송결정의 기속력이 이송받은 **상급심 법원에도 미친다**고 한다면 당사자의 심급의 이익을 박탈하고 이송을 받은 법원이 법률심인 대법원인 경우 당사자의 사실에 관한 주장, 입증의 기회가 박탈되는 불합리가 생기므로 상급심 법원에는 미치지 않는다고 보아야 하나, 한편 그 기속력이 이송받은 하급심 법원에도 미치지 않는다고 한다면 사건이 하급심과 상급심 법원 간에 반복하여 전전이송되는 불합리한 결과를 초래하게 되므로 **하급심 법원에는 미친다**"(94마1059,1060)**(5 · 11회 선택형)**고 판시하였다.

### 2. 소송계속의 이전

이송결정이 확정되면 소송은 처음부터 이송을 받은 법원에 계속된 것으로 본다(제40조 1항). 따라서 소제기에 의한 **시효중단**이나 기간준수의 효력은 유지된다(전합83다카1981 : 2007다54610)(제265조 참조). 즉, "소송을 이송한 경우에 있어서 법률상기간(예 : 재심제기기간)의 준수여부는 소송이 이송된 때가 아니라 **이송한 법원에 소가 제기된 때**를 기준으로 하여야 한다"(전합83다카1981)**(11회 선택형)**.

---

[8] "본소 피고가 항소 후 지방법원 합의부의 관할에 속하는 반소를 제기하면서 이송신청을 하였는데, 원심이 민사소송법 제34조, 제35조를 들어 이송결정을 한 사안에서, 본소에 대하여 제1심법원의 토지관할 및 변론관할이 인정되어 위 소송의 항소심은 제1심법원의 항소사건을 담당하는 원심법원의 관할에 속하며, ⅰ) 지방법원 합의부가 지방법원 단독판사의 판결에 대한 항소사건을 제2심으로 심판하는 도중에 지방법원 합의부의 관할에 속하는 반소가 제기되었더라도 이미 정하여진 항소심 관할에는 영향이 없고(주 : 제34조의 이송불가), ⅱ) 민사소송법 제35조는 전속관할인 심급관할에는 적용되지 않아 손해나 지연을 피하기 위한 이송의 여지도 없다"**(11회 선택형)**.

## 3. 소송기록의 송부

이송결정을 한 법원의 법원서기관·법원사무관·법원주사 또는 법원주사보는 그 결정의 정본(正本)을 소송기록에 붙여 이송 받을 법원에 보내야 한다(제40조 2항).

---

**Set 007** 당사자 확정 및 사망

# 제1관 당사자의 확정

## 1. 학 설

① 의사설은 원고나 법원이 당사자로 삼으려는 사람이 당사자라고 본다. ② 행위설은 소송상 당사자로 취급되거나 행동하는 사람이 당사자라고 본다. ③ 표시설은 소장에 나타난 당사자의 표시를 비롯하여 청구원인 그 밖의 기재 등 전 취지를 기준으로 객관적으로 당사자를 정한다.

## 2. 판 례 [표, 내, 사] [5회 사례형, 14사법]

判例는 "당사자는 소장에 기재된 표시 및 청구의 내용과 원인사실을 합리적으로 해석하여 확정하여야 하는 것"(94다61243)이라고 판시하여 (실질적)표시설의 입장이나, 제소 전에 피고가 사망한 것을 알지 못하고 사망자를 피고로 하여 제소한 경우에는 "상속인이 처음부터 실질적인 피고이고 다만 그 표시를 잘못한 것"이라고 하여 피고의 표시를 사망자로부터 그 상속인으로 표시정정하는 것을 허용하였다(2005마425 등)(12회 선택형).

# 제2관 당사자표시정정

| | 피고표시정정 | 피고경정 [분, 변, 소, 응, 동] |
|---|---|---|
| 요건 | ① 당사자동일성 인정<br>② 단순한 당사자 표시오류<br>　☞ 상소심까지 허용(89다카15199)<br>③ 사자상대소송에서 상속인으로의 표시정정<br>　☞ 상소심에서는 불허(2010다105310)<br>④ 피고동의 불요 | ① 원고가 피고를 잘못 지정한 것이 분명<br>② 제1심 변론종결 전<br>③ 변경 전후 소송물이 동일<br>④ 피고가 본안에 관하여 응소 한 때에는 피고의 동의 필요(제260조 1항 단서). |
| 효과 | ① 정정 이전의 소송상태를 그대로 유지하여 소송을 진행(2010다99040)<br>② 소제기의 효과 등이 그대로 유지되므로 시효중단의 시기는 원래 소제기시에 발생 | ① 종전의 피고의 소송수행의 결과는 새로운 피고의 원용이 없는 한 그 효력이 미치지 않음 ☞ 소송수행 결과의 불승계<br>② 새로운 피고에 대한 신소제기의 실질을 가지므로 시효중단·기간준수 등의 효과는 경정신청서의 제출시 발생(제265조) |

# Ⅰ. 의 의

'당사자표시정정'은 동일성이 있는 한도에서 소장의 당사자란을 변경하는 것을 말하는 바, 동일성이 인정되지 않는 경우 당사자를 변경하는 임의적 당사자변경과 구별된다.

# Ⅱ. 요 건

## 1. 당사자의 동일성

당사자표시정정은 당사자의 동일성이 인정되는 범위 안에서 허용된다. 判例도 "당사자표시 정정은 당사자로 표시된 자의 동일성이 인정되는 범위 안에서 그 표시만을 변경하는 경우에 한하여 허용되는 것이므로 종래의 당사자에 곁들여서 새로운 당사자를 추가하는 것은 당사자표시 변경으로서 허용될 수 없고 이는 추가된 당사자에 대한 새로운 상소제기로 보아야 한다"(80다885)(**12회 선택형**)고 판시하였다.

## 2. 당사자의 동일성이 인정되는 예

### (1) 당사자능력이 없는 사람을 당사자로 잘못 표시한 것이 명백한 경우

判例는 임의적 당사자변경(피고경정)이 아닌 **당사자표시정정설**의 입장(96다3852)인바, 학교[9]에서 학교법인 또는 운영자로(성균관을 재단법인 성균관으로 표시정정한 것으로는 96다3852), 사망사실을 모르고 소제기한 경우 사망한 자에서 그 상속인으로(2005마425)(**12회 선택형**) 각 정정하는 경우 표시정정이 허용된다고 하였다. 나아가 判例는 1순위 상속인이 상속포기한 사실을 알지 못하여 그를 상대로 소를 제기하였다가 2순위 상속인으로 바꿀 때에도 당사자표시정정으로 하여야 한다고 보았다(2009다49964).

### (2) 당사자적격이 없는 사람을 당사자로 잘못 표시한 경우

判例는 "원고가 당사자를 정확히 표시하지 못하고 당사자능력이나 당사자적격이 없는 자를 당사자로 잘못 표시하였다면 법원은 당사자를 소장의 표시만에 의할 것이 아니고 청구의 내용과 원인사실을 종합하여 확정한 후 확정된 당사자가 소장의 표시와 다르거나 소장의 표시만으로 분명하지 아니한 때에는 당사자의 표시를 정정보충시키는 조치를 취하여야 하고 이러한 조치를 취함이 없이 단지 원고에게 막연히 보정명령만을 명한 후 소를 각하하는 것은 위법하다"(2012다68279)고 한다.

## 3. 당사자의 동일성이 인정되지 않는 예

대표적으로 회사 '대표이사'가 개인 명의로 소를 제기한 후 '회사'로 당사자를 바꾸는 경우 동일성이 인정되지 않아 '표시정정'이 허용되지 않고 경우에 따라서는 '피고경정'(제260조)의 방법에 의하여야 한다(96다41496).

---

9) **[관련판례]** 학교는 법인도 아니고 대표자 있는 법인격 없는 사단 또는 재단도 아닌 교육시설의 명칭에 불과하여 당사자능력을 인정할 수 없다. 이러한 법리는 비송사건에서도 마찬가지이다(2001다21991 ; 2016마5908).

## Ⅲ. 절 차

### 1. 당사자표시정정의 신청

당사자는 동일성이 인정되는 범위에서 표시정정을 신청할 수 있다. 判例는 상속인이 소송수계신청을 한 경우(93누12206)와 원고가 실제 상속인을 피고로 하는 피고경정신청을 한 경우(2009다49964) 사망자에서 상속인으로의 당사자표시정정으로 '선해'한다.

### 2. 당사자표시정정을 위한 석명

당사자의 확정이 어려운 경우나, 당사자의 표시상의 착오가 소장의 전 취지에 의하여 인정되는 경우 표시의 정정에 대한 석명이 필요하며, 이러한 석명 조치 없이 바로 소를 각하하는 것은 위법하다(99두2017)(**12회 선택형**). 이는 피고경정의 경우도 동일하다(2006다23503).

### 3. 상소심에서의 당사자 표시정정

#### (1) 항소심

**1) 원칙적으로 허용(심급의 이익을 박탈하지 않는 경우) [11회 사례형]**

항소심이 제1심의 속심이고 사실심이라는 점, 당사자의 동일성을 해하지 않는다는 점에서 항소심에서의 당사자 표시정정은 상대방의 동의 없이 허용된다(78다1205 ; 96다3852 ; 2012다68279)(**12회 선택형**). 반면 피고의 경정은 제1심 변론종결시까지만 허용된다(제260조 1항).

**2) 예외적으로 불허(심급의 이익을 박탈하는 경우) - 제1심의 당사자표시정정에서 누락된 상속인을 항소심에서 정정추가 불가**

"사망자를 피고로 하여 제소한 제1심에서 원고가 상속인으로 당사자표시정정을 함에 있어서 일부 상속인을 누락시킨 탓으로 그 누락된 상속인이 피고로 되지 않은 채 제1심판결이 선고된 경우에 원고는 항소심에서 그 누락된 상속인을 다시 피고로 정정추가할 수 없다"(73다1190).

#### (2) 상고심 - 소제기전 사망한 필수적 공동소송인 중 1인을 상고심에서 당사자표시정정 불가

判例는 법률심인 상고심에 이르러서는 당사자표시정정의 방법으로 흠결을 보정할 수 없다고 한다. 즉, 判例는 제소전 사망을 간과한 원심의 본안판결에 대하여 상고심은 원심판결을 파기하고 전체 소를 각하하여야 한다고 한다(2010다105310)(**8·9·12회 선택형**).

## Ⅳ. 효 력

### 1. 소송상태의 유지

정정 이전의 소송상태를 그대로 유지하여 소송을 진행할 수 있다. 즉 소제기의 효과 등이 그대로 유지되므로 시효중단의 시기는 '소제기시'이다(2010다99040)(**2회 선택형**).

### 2. 당사자 표시정정을 간과한 경우

#### (1) 단순한 오표시의 경우(당연무효 아님)

소장의 당사자 표시가 착오로 잘못 기재되었음에도 소송계속 중 당사자표시정정이 이루어지지 않아 잘못 기재된 당사자를 표시한 본안판결이 선고·확정된 경우라 하더라도 그 확정판결을 당연무효라고 볼 수 없을 뿐더러, 그 확정판결의 효력은 잘못 기재된 당사자와 동일성이 인정되는 범위 내에서 위와 같이 적법하게 확정된 당사자에 대하여 미친다(2008다27615 : 당사자가 박종선(朴鍾宣)인데 박종의(朴鍾宜)로 잘못 기재한 경우로서 단순한 오표시에 불과하다고 본 사례)(8회 선택형).

### (2) 사망자를 피고로 하는 소제기의 경우(당연무효임)

대법원은 사망자를 피고로 하는 소제기는 부적법한 것으로서 표시정정을 간과한 경우 당연무효이며, 따라서 상소·재심도 불가하다는 입장이다(2000다33775).

# 제3관 소제기 이전의 당사자 사망 [5회 사례형, 17사법]

## Ⅰ. 당사자의 확정

표시설에 의하면 표시된 피상속인이 당사자가 된다(결국 이당사자대립구조가 흠결된 경우라고 할 것이다). 그러나 의사설이나 행동설에 의하면 상속인이 피고가 된다. 判例는 "이미 사망한 자를 사망한 것을 모르고 피고로 하여 제소하였을 경우 사실상의 피고는 사망자의 상속인이고 다만 그 표시를 그릇한 것에 불과하다"(69다1230)고 판시하였다.

## Ⅱ. 법원의 조치 [09·14사법]

### 1. 당사자의 사망 사실을 모르고 사망자를 피고로 표시하여 소제기한 경우

#### (1) 발견시 법원의 조치

당사자의 실재 또는 당사자능력은 소송요건이므로 법원의 직권조사사항이다. 判例는 이 경우 상속인으로 당사자를 확정하므로 법원은 보정을 명하고, '보정을 하지 않으면 소를 각하'할 수밖에 없다는 입장이다.

#### (2) 보정방법

대법원은 피고경정제도(제260조)가 들어온 이후로도 "사망자의 상속인이 처음부터 실질적 피고이고 다만 그 표시에 잘못이 있는 것에 지나지 않는다고 인정된다면 사망자의 상속인으로 피고의 표시를 정정할 수 있다"(2005마425)(12회 선택형)고 하여 당사자표시정정설의 입장을 유지하고 있다(判例에 따르면 당사자로 확정된 사람도 상속인이고 피고 표시가 정정되는 사람도 상속인이므로 동일성이 인정되어 표시정정이 가능하다)

#### (3) 실질적인 피고로 해석되는 상속인의 의미(상속포기의 경우)(8·12회 선택형)

원고가 사망 사실을 모르고 사망자를 피고로 표시하여 소를 제기한 경우 "실질적인 피고로 해석되는 사망자의 상속인은 실제로 상속을 하는 사람을 가리키고, 상속을 포기한 자는 상속 개시시부터 상속인이 아니었던 것과 같은 지위에 놓이게 되므로 제1순위 상속인이라도 상속을 포기한 경우에는 이에 해당하지 아니하며, 후순위 상속인이라도 선순위 상속인의 상속포기 등으로 실제로 상속인이 되는 경우에는 이에 해당한다"(2005마425 : 따라서 상속 포기한 1순위 상속인으로의 당사자표시정정은 불가)

## 2. 상속인이 피상속인과 자신을 공동원고로 하여 소를 제기한 경우

判例는 소제기 당시 이미 사망한 당사자와 상속인을 공동원고로 표시된 손해배상청구의 소가 제기된 경우, 이미 사망한 당사자 명의로 제기된 소 부분은 부적법하여 각하되어야 하므로, 상속인이 소의 제기로써 자기 고유의 손해배상청구권뿐 아니라 이미 사망한 당사자의 손해배상청구권에 대한 자신의 상속분에 대해서까지 함께 권리를 행사한 것으로 볼 수는 없다고 보았다(2015다209002).

## Ⅲ. 간과 판결의 효력 및 하자의 치유

### 1. 당연무효의 판결

#### (1) 소제기 전 피고가 사망한 경우 [대, 당, 부] [11회 사례형]

대법원은 "사망자를 피고로 하는 소제기는 대립당사자 구조를 요구하는 민사소송법상 기본원칙이 무시된 부적법한 것으로서 실질적 소송관계가 이루어질 수 없다. 따라서 이를 간과한 제1심판결은 당연무효이고(6회 선택형), 판결에 대한 사망인 피고의 상소인들에 의한 항소나 소송수계신청은 부적법하다"(2014다34041)고 판시하였으며, 무효인 판결이므로 기판력이 발생하지도 않는다(80다735)고 하였다.

#### (2) 소제기 후 소장부본이 송달되기 전에 피고가 사망한 경우

나아가 判例는 ① 소제기 후 소장부본이 송달되기 전에 피고가 사망한 경우, ② 지급명령 신청 후 정본이 송달되기 전에 채무자가 사망한 경우, ③ 지급명령의 발령 후 정본의 송달 전에 회생절차폐지결정이 확정된 경우에도 사망자를 상대로 한 판결의 효력과 마찬가지로 당연무효라고 보았다(2016다274188).[10]

### 2. 구제책

대법원은 "민사소송이 당사자의 대립을 그 본질적 형태로 하는 것임에 비추어 사망한 자를 상대로 한 상고는 허용될 수 없고"(2000다33775), "사망한 사람을 당사자로 하여 선고된 판결은 당연무효로서 확정력이 없어 이에 대한 재심의 소도 부적법하다"(94다16564)고 하여 상소나 재심을 원칙적으로 허용하지 않는다.

### 3. 하자의 치유

표시설에 따르면 소송수행결과나 판결의 효력이 상속인에게 미치지 않는다. 그러나 判例는 "사자에 대한 채권압류명령 및 전부명령의 송달은 위법무효이나, 상속인이 현실적으로 그 송달서류를 수령한 경우에는 하자가 치유되어 상속인에 대한 송달로서 효력을 발생한다"(95다15667)고 하여 상속인이 현실적으로 소송을 수행한 경우에는 상속인에게 소송수행결과나 판결효력이 미친다는 입장이다.

---

10) **[판례검토]** 대립당사자구조가 성립하는 소송계속의 발생시기를 '소장이 피고에게 송달된 때'라고 보는 이상 소장부본이 송달되기 전에는 대립당사자구조가 성립되지 않는다.

# 제4관 소송계속 중 당사자 사망 [3·5회 사례형]

## Ⅰ. 문제점

소제기 전에 당사자가 사망하는 경우와 달리 일단 소가 적법하게 성립한다. 다만 소송계속 중 당사자가 사망하였음에도 법원이 그대로 절차를 진행하게 되면 '이당사자대립구조' 또는 '쌍방심문주의'에 반할 수 있다는 문제점이 있다.

## Ⅱ. 당사자의 사망과 소송절차의 중단

### 1. 소송절차의 중단 [중, 대, 속, 물]

소송계속 중 당사자가 사망한 경우 당사자의 절차권을 보장하고 쌍방심문주의를 관철하기 위해 소송절차가 중단되는 것이 원칙이다(제233조 1항 전단). 소송절차가 중단되기 위해서는 ⅰ) 소송계속 중 당사자가 죽은 경우이어야 하고, ⅱ) 소송대리인이 있는 경우가 아니어야 하며(제238조 참조), ⅲ) 상속인이 있어야 하고, ⅳ) 소송물이 상속될 수 있는 것이어야 한다. 소송절차가 중단되면 판결의 선고를 제외하고는 소송절차상의 일체의 소송행위를 할 수 없으며, 상속인은 '수계신청'으로 중단을 해소할 수 있다(제233조 1항 후단).

### 2. 소송이 종료되는 경우

소송물이 일신전속적 법률관계로서 상속될 수 없는 경우나 소송절차를 수계할 상속인 등이 없는 경우에는 소송절차는 종료되며 법원은 '소송종료선언'을 하여야 한다. 判例도 "이혼소송의 도중에 당사자 일방이 사망한 경우에 재판상 이혼청구권은 부부의 일신전속권이므로 이혼소송은 당연히 종료한다"(94므246)고 한다(1회 선택형).

### 3. 소송이 중단되지 않는 경우 : 소송대리인이 있는 경우

상속될 수 있는 법률관계에서 상속인이 있고 소송대리인이 있으면 소송절차는 중단되지 않는다(제238조).

#### (1) 소제기 후 당사자(피고)가 사망한 경우(제238조 적용, 따라서 제233조 1항 적용배제)

判例는 당사자가 사망하였으나 소송대리인이 있어 소송절차가 중단되지 아니한 경우 원칙적으로 소송수계라는 문제가 발생하지 아니하고 소송대리인은 상속인들 전원을 위하여 소송을 수행하게 되는 것이며, 그 사건의 판결은 상속인 전원에 대하여 효력이 있다고 한다(91마342)(7·10·11회 선택형).

#### (2) 당사자(원고)가 소송대리인에게 소송위임을 한 다음 소 제기 전에 사망한 경우(제238조 적용, 그러나 제233조 1항 유추적용)

判例는 "당사자가 사망하더라도 소송대리인의 소송대리권은 소멸하지 아니하므로(제95조 제1호), 당사자가 소송대리인에게 소송위임을 한 다음 소 제기 전에 사망하였는데 소송대리인이 당사자가 사망한 것을 모르고 당사자를 원고로 표시하여 소를 제기하였다면 소의 제기는 적법하고, 시효중단 등 소 제기의 효력은 상속인들에게 귀속된다. 이 경우 제233조 제1항이 유추적용되어 사망한 사람의 상속인들은 소송절차를 수계하여야 한다"(2014다210449)고 판시하였다 **(6·7·9·11회 선택형) [13회 사례형].** 이 경우에도 소송대리인이 있으므로 소송절차는 중단되지 아니한다(2014다210449).

### (3) 심급대리원칙에 따른 소송절차 중단

소송대리인이 있어 당사자 사망으로 인한 소송절차의 중단이 발생하지 않는다 하더라도, 심급대리원칙상 해당 심급의 종료로 인해 소송절차는 중단된다.

① '소송대리인에게 상소제기에 관한 특별수권(제90조 2항 3호)이 없다면' 당해 심급의 판결정본이 소송대리인에게 송달된 때에 당해 소송대리인의 대리권은 소멸되므로 그 때부터 소송절차는 중단된다(94다61649)**(2·7·9·10회 선택형) [3회 사례형]**

② '제1심 소송대리인에게 상소제기에 관한 특별수권이 있다면' 상소제기시부터 소송절차가 중단된다(2014다210449). 상소제기의 특별수권만 있을 뿐 상급심에서의 소송대리권은 없기 때문이다. 이때는 상소심에서 적법한 소송수계절차를 거쳐야 소송중단이 해소된다(2015다39357).

### (4) 중단의 범위

통상공동소송에서는 중단사유가 있는 자의 절차만 소송이 중단되나, 필수적 공동소송에서는 소송전체가 중단된다.

## Ⅲ. 소송수계의 절차

### 1. 통상의 경우 수계신청하여야 할 법원

상속인과 상대방 당사자는 중단 당시의 법원에 소송수계신청을 할 수 있다(제243조 2항). 법원은 직권으로 조사하여 이유없다고 인정되면 결정으로 기각하고, 이유 있으면 별도의 재판없이 그대로 절차를 진행한다(제243조 1항).

### 2. '종국판결' 송달 후의 수계신청을 할 법원(선택설)

대법원은 "소송계속 중 어느 일방 당사자의 사망에 의한 소송절차 중단을 간과하고 변론이 종결되어 (항소심)판결이 선고된 경우 ⅰ) 적법한 상속인들이 원심법원에 수계신청을 하여 판결을 송달받아 상고하거나 또는 ⅱ) 사실상 송달을 받아 상고장을 제출하고 상고심에서 수계절차를 밟은 경우에도 그 수계와 상고는 적법한 것으로 보아야 한다"(전합94다28444)고 하여 선택설의 입장이다.

## Ⅳ. 당사자 사망을 간과한 판결의 효력

### 1. 상속인의 당사자 지위의 당연승계 여부(당연승계 긍정)

대법원은 "소송도중 어느 일방의 당사자가 사망함으로 인해서 그 당사자로서의 자격을 상실하게 된 때에는 그 대립당사자 구조가 없어져 버린 것이 아니고, 그때부터 그 소송은 그의 지위를 당연히 이어 받게 되는 상속인들과의 관계에서 대립당사자 구조를 형성하여 존재하게 되는 것이다"(94다28444)고 판시하여 당연승계를 긍정한다.[11]

---

11) **[검토]** 소송대리인이 있는 때에 소송절차가 중단되지 않고 소송대리인을 승계인의 대리인으로 보는 점은 당연승계설에서

## 2. 절차중단 사유를 간과한 판결의 효력(위법설) [12사법]

대법원은 "소송계속 중 일방 당사자의 사망에 의한 소송절차 중단을 간과하고 판결이 선고된 경우에는 ⅰ) 상속인과의 관계에서 대립당사자구조가 존재하고 다만 수계시까지 절차가 중단될 뿐인바, ⅱ) 그 판결은 소송에 관여할 수 있는 적법한 수계인의 권한을 배제한 결과가 되는 절차상 위법은 있지만 그 판결이 당연무효라 할 수는 없고, ⅲ) 다만 그 판결은 대리인에 의하여 적법하게 대리되지 않았던 경우와 마찬가지로 보아 대리권흠결을 이유로 상소(제424조 1항 4호) 또는 재심(제451조 1항 3호)에 의하여 그 취소를 구할 수 있을 뿐이다"(94다28444)고 하여 위법설의 입장이다(6·9회 선택형).[12]

## V. 사망을 간과한 판결의 하자 치유

### 1. 승계인의 소송수계신청서제출(상대방이 상고한 경우 : 추인 긍정)

判例는 사망을 간과한 원심판결에 대하여 원고가 사망자를 상대로 상고를 제기하자 그 상속인들이 상고법원에 소송수계신청서를 제출한 사안에서 상속인들의 소송수계신청서 제출로 종전 소송절차를 모두 추인하였다고 볼 수 있다고 한다(2003다34038).

### 2. 승계인의 상고이유서(제423조, 제427조)제출(승계인이 상고한 경우 : 추인 긍정)

判例는 사망을 간과한 원심판결이 있은 후 승계인들이 사망자 명의로 상고를 하고 상고심에서 소송수계신청을 하면서 소송중단 중에 선고된 원심판결의 절차상의 하자에 관하여는 상고이유로 삼지 아니하고 본안에 관하여만 다투는 내용의 상고이유서를 제출한 경우에는 이러한 절차상의 하자를 묵시적으로 추인한 것으로 보았다(94다28444).

### 3. 사망자의 소송대리인이 항소하자 상속인들이 항소심에서 수계신청을 한 사안(추인 긍정)

判例는 "제1심 소송대리인이 상소제기에 관한 특별수권(제90조 2항 3호)이 있어 상소를 제기하였다면 상소제기 시부터 소송절차가 중단되므로 항소심에서 소송수계절차를 거치면 된다. (상소제기의 특별수권이 없어) 소송절차 중단 중에 제기된 상소는 부적법하지만 상속인들이 항소심에서 수계신청을 하고 소송대리인의 소송행위를 적법한 것으로 추인하면 하자는 치유되고, 추인은 묵시적으로도 가능하다"(2014다210449)고 판시하였다.

---

설명가능하며, 수계절차와 당연승계는 별개의 개념으로서 수계제도는 쌍방심리주의 관철을 위한 절차규정에 불과하다는 점에서 당연승계긍정설이 타당하다.

12) **[검토]** 대립당사자구조 유지를 위한 당연승계와 쌍방심리주의의 관철을 위한 중단·수계제도는 구별되어야 한다. 소송상 지위는 당연승계되어 대립당사자구조가 유지되므로 위법설이 타당하다.

| | 보완방법 | 간과한 판결의 효력 |
|---|---|---|
| 소제기 이전의 당사자 사망 | 당사자 표시정정 | 당연무효(상소·재심 불가) |
| 소송계속 중 당사자 사망 | 소송수계신청 | 대리권흠결의 위법(상소·재심 가능)<br>: 유효하나 위법 |
| 변론종결 후 당사자 사망 | 승계집행문부여신청 | 판결유효(상속인에 기판력미침)<br>: 유효하고 적법 |

## Ⅵ. 사망자 표시의 확정판결에 의한 집행방법

대법원은 ㉠ 소송대리인이 없어서 절차가 중단되었는데 이를 간과하고 망인 이름으로 판결이 선고된 경우에는 "사망한 자가 당사자로 표시된 판결에 기하여 사망자의 승계인을 위한 또는 사망자의 승계인에 대한 강제집행을 실시하기 위하여는 민사소송법 제481조(현행 민사집행법 제31조)를 준용하여 **승계집행문을 부여함이 상당하다**"(98그7)고 판시하여 승계집행문설의 입장이다.

㉡ 그러나 소송계속 중 회사인 일방 당사자가 합병에 의해 소멸되었지만 소송대리인이 선임되어 있어 절차가 중단되지 않았는데 법원이 당사자의 변경을 간과하여 판결에 구 당사자를 표시하여 선고한 경우에는 "소송수계인을 당사자로 경정하면 될 뿐, 구 당사자 명의로 선고된 판결을 대리권흠결을 이유로 상소 또는 재심에 의하여 취소할 수는 없다"(2000다49374)고 하여 **판결경정**(제211조 1항)으로 해결한다.[13]

# 제5관 변론종결 후 당사자 사망

## Ⅰ. 중단 중 판결선고

### 1. 선고가능 여부

① 소송대리인이 있는 경우에 소송절차가 중단되지 않은 점은 '소제기 후 변론종결 전의 사망'과 동일하나(제238조), ② 소송대리인이 없는 경우에는 소송절차가 중단되는 바, 판결의 선고는 절차의 중단 중에도 할 수 있다(제247조 1항).

### 2. 판결정본송달의 효력(무효) 및 판결의 확정여부(소극)

判例는 피고가 변론종결 후 사망한 상태에서 판결이 선고된 사안에서, "그 소송절차는 그 판결선고와 동시에 중단되었으므로, 위 망인에 대하여 판결정본을 공시송달한 것은 효력이 없고, 위 망인의 상속인이 그 소송절차를 수계하여 위 판결의 정본을 송달받기 전까지는 그에 대한 항소제기기

---

13) **[판례검토]** i) 절차 중단을 간과한 판결도 상속인에게 효력이 미치는 이상 민사집행법 제25조 1항, 2항에 따라 승계집행문을 부여받아 집행하면 된다는 점에서 승계집행문설이 타당하다. ii) 다만 소송대리인이 선임되어 있어 절차가 중단되지 않았는데(제238조, 제95조) 법원이 당사자의 변경을 간과하여 판결에 구 당사자를 표시하여 선고한 경우와 같이 판결 전에 누가 승계인인지 이미 판명된 경우에는 판결의 명백한 표현상의 잘못을 한 경우처럼 판결을 경정하여 집행하는 判例의 입장이 타당하다.

간이 진행될 수도 없다"(2007다52997)고 하여 위 판결에 대하여 재심의 소를 제기하면 부적법하다고 한다.

## Ⅲ. 확정판결의 효력

① 변론종결 뒤에 당사자가 사망한 경우에도 판결을 선고할 수 있고(제247조 1항)**(6회 선택형)**, 이러한 판결은 유효하며, 그 판결이 확정되면 변론종결 뒤의 승계인인 상속인에게 기판력이 미친다(제218조 1항). ② 다만, 승소한 원고는 상속인에게 집행하려 하여도 집행권원에는 상속인이 표시되지 아니하므로, 소송제기 후 변론종결 전 당사자가 소송대리인 없이 사망한 경우와 마찬가지로 승계집행문을 부여받아야 한다(민사집행법 제31조).

# 제6관 성명모용소송

## Ⅰ. 의의 및 문제점

무단히 타인 명의로 소를 제기하여 소송을 수행하거나(원고측 모용), 타인에 대한 소송에서 무단히 그 타인 명의를 참칭하여 응소하는 경우(피고측 모용)를 말한다.

## Ⅱ. 당사자확정

判例의 (실질적)표시설의 입장에 따르면, 甲이 丙을 피고로 하여 불법행위에 기한 손해배상청구의 소를 제기하였는데 乙이 丙 대신 기일에 출석하여 마치 丙인 것처럼 변론을 하였을 때(피고측 모용) 표시된 피모용자(丙)가 당사자(64다328)이다

## Ⅲ. 소송 중 발견시 법원의 조치

표시설에 따를 때, 원고측 모용이 판명된 경우 무권대리에 준하여 피모용자가 소를 추인하지 않는 한 판결로써 소를 각하하여야 하고 소송비용은 모용자가 부담한다(제108조). 위 사안과 같이 피고측 모용이 판명된 경우는 모용자 乙의 소송행위는 무권대리인의 행위처럼 무효가 되므로 법원은 모용자 乙의 소송관여를 배척하고 진정한 피고 丙에게 기일통지를 하여야 한다.

즉, 표시설에 의하면 표시된 피모용자(丙)가 당사자이므로 소장에 표시된 자와 당사자로 확정된 자가 일치하여 표시정정은 문제되지 않는다. 다만 判例는 실질적 표시설이므로 만약 소장과 달리 모용자 乙이 당사자로 확정된다면(아직 판례는 없음), 법원은 소장의 피고표시를 丙으로 고쳐야 하는바 이는 당사자의 동일성이 인정되지 않으므로 임의적 당사자변경 중 피고경정에 의해야 한다(제260조).

## Ⅳ. 간과한 판결의 효력이 미치는 자 및 구제책

표시설에 따를 때, 판결은 당연무효가 아니며 판결의 효력은 당사자인 피모용자 丙에게 미치므로, 丙은 무권대리인이 대리권을 행사한 경우처럼 확정 전에는 상소(제424조 1항 4호)를, 확정 후이면 재심(제451조 1항 3호)을 제기하여 판결의 효력을 배제할 수 있다.

判例 역시 "피고 아닌 제3자가 피고를 참칭하여 소송을 진행하여 판결이 선고되었다면 이는 피고 아닌 자가 피고를 참칭하여 소송행위를 하였거나 소송대리권 없는 자가 피고의 소송대리인으로서 소송행위를 하였거나 그간에 아무런 차이가 없는 것이며 **피모용자는 상소 또는 재심의 소를 제기하여 그 판결의 취소를 구할 수 있다**"(64다328)고 본다.

## V. 송달과정에서의 피고모용(Set 045. 판결의 하자와 편취판결 참조)

원고가 피고의 주소를 소장에 허위기재함으로써 허위주소로 송달된 소장부본·판결 정본 등을 원고 자신이나 원고와 통정한 자가 피고를 모용하여 수령함으로써 원고승소판결을 받은 경우 判例는 "기판력이 없다"(75다634)고 판시하여 항소설과 같은 입장이다.

## ※ 당사자자격 정리

| | 당사자능력 | 당사자적격 | 소송능력 | 변론능력 |
|---|---|---|---|---|
| 의 의 | 소송의 주체가 될 수 있는 일반적 능력 | 특정소송사건에서 본안판결을 받을 자격 | 유효하게 소송행위를 할 수 있는 능력 | 법원에 대하여 유효하게 소송행위를 할 수 있는 능력 |
| 소송요건 | ○ | ○ | ○ | × |
| 소송행위의 유효요건 | ○ | × | ○ | ○ |
| 소제기시 흠결 | 당사자표시정정 (제59조 유추判例) 않으면 소각하 | 소 각하 | 소장각하명령 (제249조 1항), 보정(제59조) 않으면 소 각하 | |
| 소송계속 중 흠결 | 소송중단 (제233조, 제234조), 수계 | 승계(제82조) | 법정대리인이 수계할 때까지 소송절차 중단(제235조) | |
| 다툼이 있는 경우 | 그 존재가 인정되지 않으면 소 각하, 그 존재가 인정되면 중간판결(제201조) 또는 종국판결의 이유 중에서 이를 판단 | | | |
| 간과판결의 효력 | ① 당사자 부존재(사망자·허무인) ☞ 당연무효(상소× 재심× 判 / 상소○ 재심○ 多) ② 사회적 실체는 있으나 당사자능력이 없음(학교·조합) ☞ 유효(재심× 多) | 당연무효○☞ 상소×재심×(判例) | ① 당연무효× ☞ 상소○ 재심○ ② 소송무능력자 패소 ☞ 무능력자의 상소○ ③ 소송무능력자 승소 ☞ 상대방의 상소× 재심× | 당연무효○ ☞상소×재심× |

## I. 의 의

'당사자능력'이란 소송의 주체가 될 수 있는 일반적인 능력을 말한다. 소의 적법요건으로서 소송요건이자 소송행위의 유효요건에 해당하며 당사자능력이 있는지는 **사실심의 변론종결시를 기준으로 판단한다**(2009다95387)**(4회, 7회 선택형)**.

## Ⅱ. 형식적 당사자능력자(비법인 사단·재단)

### 1. 비법인사단의 소송수행방안

#### (1) 조합과의 구별 [단, 대, 변, 종]

이의 구별은 명칭에 구애됨이 없이 단체성의 강약을 기준으로 판단해야 한다(99다4504). 특히 "비법인사단이 민사소송에서 당사자능력을 가지려면 일정한 정도로 조직을 갖추고 지속적인 활동을 하는 단체성이 있어야 하고 또한 그 대표자가 있어야 하므로, 자연발생적으로 성립하는 고유한 의미의 종중이라도 그와 같은 비법인사단의 요건을 갖추어야 당사자능력이 인정되고 이는 소송요건에 관한 것으로서 사실심의 변론종결시를 기준으로 판단하여야 한다(2011다64607)(4·7회 선택형).

#### (2) 비법인사단의 당사자 능력

1) 법인 아닌 사단으로서의 실체 [사, 다, 변, 주]

判例는 법인 아닌 사단 또는 재단의 존재여부, 그 대표자 자격에 관한 사항을 소송당사자능력 또는 소송능력에 관한 사항으로서 법원의 직권조사사항으로 본다(70다44).

判例는 ⅰ) 어떤 단체가 고유의 목적을 가지고 사단적 성격을 가지는 규약에 근거하여 조직을 갖추고, ⅱ) 기관의 의결이나 업무집행방법이 다수결의 원칙에 의하여 행하여지며, ⅲ) 구성원의 변경에 관계없이 단체 그 자체가 존속되고, ⅳ) 단체로서의 주요사항이 확정되어 있는 경우에는 비법인사단으로서의 실체를 가진다(99다4504)고 한다. 다만, 종중과 같이 특별한 조직행위 없이도 자연적으로 성립하는 경우는 예외이다(13회 선택형)

🏛 判例는 ① "사단법인의 하부조직의 하나라 하더라도 스스로 단체로서의 실체를 갖추고 독자적인 활동을 하고 있다면 사단법인과는 별개의 독립된 비법인사단으로 볼 수 있고"(2006다60908)(7회 선택형), ② "종중 유사단체는 실질적으로 공동의 목적을 달성하기 위하여 공동의 재산을 형성하고 일을 주도하는 사람을 중심으로 계속적으로 사회적인 활동을 한 경우에는 이미 그 무렵부터 단체로서의 실체가 존재하는 것이다"(2020다232846)라고 판시하였으며, ③ 채권단의 청산위원회는 비법인사단으로 인정했으나(68다736), ④ 부도난 회사의 채권자들이 조직한 채권단은 비법인사단으로서의 실체를 갖추지 못한 것으로 판단했다(99다4504)(1회 선택형).

2) 비법인사단의 대표자

① [법정대리인의 지위] "제52조는 소송편의를 위해 실체법상 법인격이 없는 비법인 사단이나 비법인 재단으로서 대표자 또는 관리인이 있으면 당사자능력을 인정하고 있다. 이처럼 비법인 사단이나 비법인 재단이 당사자인 경우 그 대표자·관리인은 법정대리인에 준하여 취급된다(제64조)"(2012다118594)(4회, 6회 선택형).

② [대표자의 추인] "적법한 대표자 자격이 없는 비법인 사단의 대표자가 한 소송행위는 후에 대표자 자격을 적법하게 취득한 대표자가 그 소송행위를 추인하면 행위 시에 소급하여 효력을 갖게 되고(제60조), 이러한 추인은 '상고심'에서도 할 수 있다"(2019다208953 ; 2010다5373 : 특별대리인이 추인하는 경우에도 마찬가지이다)(4·13회 선택형). "이는 비법인사단의 총유재산에 관한 소송이 사원총회의

결의 없이 제기된 경우에도 마찬가지이다"(2018다227087)(13회 선택형). 나아가 "환송 후 원심으로 서는 상고심에 제출된 추인서까지 포함하여 소송요건을 갖춘 것인지 여부를 심리·판단할 필 요가 있다"(2021다276973).

### (3) 구성원 전원의 소송수행

① **[공동소송의 형태]** 민법 제276조 1항에 따라 총유물의 관리처분권(=소송수행권, 당사자적격)은 비 법인사단의 구성원 전원에 귀속(사원총회 결의)되므로 공동소송의 형태는 실체법상 소송공동이 강제되는 고유필수적 공동소송에 해당한다.

② **[총회결의의 필요성]** 비법인사단 명의로 소를 제기하는 경우 구성원 전원으로 구성된 사원총회의 결의가 있어야 하고(전합2004다44971), 법인 아닌 사단의 대표자가 특별한 사정이 없음에도 사원총회의 결의 없이 총유물의 처분에 관한 소송행위를 하였다면, 이는 소송행위를 함에 필요한 특별수권 을 받지 않은 경우로서 재심사유(제451조 1항 3호)에 해당한다(98다46600)(4회 선택형). 다만, 전연 대리권을 갖지 아니한 자가 소송행위를 한 대리권 흠결의 경우와 달라서 민사소송법 제457조는 적용되지 아니한다(同 判例).

③ **[보존행위의 경우]** 총유의 경우에는 공유나 합유의 경우처럼 보존행위는 구성원 각자가 할 수 있다(민법 제265조 단서, 민법 제272조)는 규정이 없으므로 보존행위를 함에도 민법 제276조 1 항에 따른 사원총회의 결의를 거치거나 정관이 정하는 바에 따른 절차(민법 제275조 2항)를 거 쳐야 한다(2012다112299)(13회 선택형)

④ **[대표자명의의 소송수행가부(부정)]** "총유재산에 관한 소송은 법인 아닌 사단이 그 명의로 사원 총회의 결의를 거쳐 하거나(제52조) 또는 그 구성원 전원이 당사자가 되어 필수적 공동소송의 형태로 할 수 있을 뿐 그 사단의 구성원은 설령 그가 사단의 대표자라거나 사원총회의 결의를 거쳤다 하더 라도 그 소송의 당사자가 될 수 없고, 이러한 법리는 총유재산의 보존행위로서 소를 제기하는 경우에도 마찬가 지이다"(전합2004다44971)(2·3·13회 선택형). 그럼에도 불구하고 비법인사단의 대표자 개인이 총유 재산의 보존행위로서 소를 제기한 때에는 법원은 '당사자적격'(당사자능력이 아님) 흠결을 이유로 부적법 각하하여야 한다. **[8회 사례형]**

## 2. 조합의 소송수행방안 [당, 전, 업, 업]

### (1) 조합의 당사자능력 인정 여부

대법원은 "한국원호복지공단법에 의하여 설립된 원호대상자광주목공조합은 민법상의 조합의 실체를 가지고 있으므로 당사자능력이 없다"(88다카6358)고 하였다.

### (2) 조합원 전원 명의로 한 소송수행

합유물의 관리처분권은 전원에게 합유적으로 귀속하므로 이에 관한 소송형태는 고유필수적 공동소 송이다(민법 제272조 본문). 다만 합유물의 보존행위는 각자 할 수 있는 바 보존행위에 관한 소송 은 각자 할 수 있으므로(민법 제272조 단서), 이 경우 소송의 형태는 통상공동소송이 된다.

### (3) 업무집행조합원을 '소송대리인'으로 선임하여 소송수행

**1) 소송위임에 의한 소송대리인으로 선임**

변호사를 소송대리인으로 선임하여 소송을 수행할 수 있고, 단독사건에서는 법원의 허가를 얻어 변호사 아닌 자도 소송대리인으로 선임할 수 있다(제88조 1항).

**2) 법률상 소송대리인으로 선임(제87조)**

민법 제709조의 대리권의 범위는 포괄적 대리권일 수밖에 없고, 조합의 소송수행의 불편을 완화하고 절차를 간소화할 수 있으므로 긍정설이 타당하다(다수설).

### (4) 업무집행조합원을 '당사자'로 한 소송수행

① **[명문의 규정이 있는 임의적 소송담당(선정당사자)]** 공동의 이해관계를 가지는 다수 당사자 중에서 선정당사자를 선정할 수 있는데(제53조) 공동의 이해관계는 공격방어방법을 같이 하는 제65조 전문의 공동소송인만 해당된다는 것이 判例이다. 합유관계에 있는 조합원들은 제65조 전문의 소송목적이 되는 권리나 의무가 여러 사람에게 공통되는 경우에 해당하므로 조합원들은 업무집행조합원을 선정당사자로 선정할 수 있다.

② **[명문의 규정이 없는 임의적 소송담당]** 명문의 규정이 없는 임의적 소송담당은 소송신탁금지(신탁법 제6조)와 변호사대리원칙(제87조)의 탈법수단으로 이용될 우려가 있으므로 원칙적으로 허용되지 않는다. 다만 判例는 "조합 업무를 집행할 권한을 수여받은 **업무집행 조합원**은 조합재산에 관하여 조합원으로부터 임의적 소송신탁을 받아 자기 이름으로 소송을 수행할 수 있다"(2000다68924)**(12회 선택형)**고 판시하였다.

## 3. 법인격부인론

### (1) 의의 및 요건

'법인격부인론'은 법인격이 형해화 또는 남용된 경우 '특정 사안'에 한해 해당 법인의 법인격을 부정하고, 그 배후자들에게 책임을 묻고자 하는 이론이다. ⅰ) 회사가 이름뿐이고 실질적으로는 개인 기업에 지나지 않는 상태로 될 정도로 형해화되어야 하고, ⅱ) 배후자인 개인이 회사를 자기 마음대로 이용할 수 있는 지배적 지위에 있고, 회사 운영에 관한 법적 절차 등이 무시되는 사정이 존재하여야 한다(2007다90982).

### (2) 배후자에 대한 소제기

① **[법인격이 부인된 경우]** 회사가 외형상으로는 법인의 형식을 갖추고 있으나 법인의 형태를 빌리고 있는 것에 지나지 아니하고 실질에 있어서는 완전히 그 법인격의 배후에 있는 타인의 개인 기업에 불과하거나 그것이 배후자에 대한 법률적용을 회피하기 위한 수단으로 함부로 쓰여지는 경우, 회사는 물론 그 배후자인 타인에 대하여도 회사의 행위에 관한 책임을 물 수 있다(97다21604).

② **[법인격부인론의 역적용]** 개인과 회사의 주주들이 경제적 이해관계를 같이하는 등 개인이 새로 설립한 회사를 실질적으로 운영하면서 자기 마음대로 이용할 수 있는 지배적 지위에 있다고 인정되는 경우 회사에 대하여 회사 설립 전에 개인이 부담한 채무의 이행을 청구하는 것도 가능하다(2019다293449).

③ **[채무면탈을 위한 회사설립의 경우 소의 상대방]** 기존회사가 채무를 면탈할 의도로 기업의 형태·내용이 실질적으로 동일한 신설회사를 설립한 경우, 기존회사의 채권자가 두 회사 모두에 채무이행을 청구할 수 있고, 이러한 법리는 어느 회사가 이미 설립되어 있는 다른 회사 가운데 기업의 형태·내용이 실질적으로 동일한 회사를 채무를 면탈할 의도로 이용한 경우에도 적용된다(2017다271643).

### (3) 배후자에 대한 기판력의 적용

判例는 "甲회사와 乙회사가 기업의 형태·내용이 실질적으로 동일하고, 甲회사는 乙회사의 채무를 면탈할 목적으로 설립된 것으로서 甲회사가 乙회사의 채권자에 대하여 乙회사와는 별개의 법인격을 가지는 회사라는 주장을 하는 것이 신의성실의 원칙에 반하거나 **법인격을 남용하는** 것으로 인정되는 경우에도, 권리관계의 공권적인 확정 및 그 신속·확실한 실현을 도모하기 위하여 절차의 명확·안정을 중시하는 소송절차 및 강제집행절차에 있어서는 그 절차의 성격상 乙회사에 대한 판결의 기판력 및 집행력의 범위를 甲회사에까지 확장하는 것은 허용되지 아니한다"(93다44531)고 한다.

## Ⅲ. 당사자능력 흠결의 효과

### 1. 소제기시 흠결

당사자능력을 갖추었는지 여부는 법원의 직권조사사항이다. 소 제기시부터 흠결이 있는 경우 법원은 판결로써 소를 각하하는 것이 원칙이나, 예외적으로 제59조의 소송능력에 관한 보정규정을 유추하여 당사자표시정정을 허용하는 것이 判例이다(2010다84956, 2009다49964 등).

### 2. 소송계속 중 흠결

소송계속 중 당사자의 사망·법인의 합병 등으로 당사자능력이 상실되면 소송은 중단되며(제233조, 제234조), 상속인 등의 승계인이 절차를 수계하여야 한다. 그러나 소송대리인이 있는 경우 소송은 중단되지 않으며(제238조), 청구내용이 일신전속적인 경우에는 소송은 종료한다. 또한 당사자능력은 소송행위의 유효요건이므로 당사자능력을 상실한 자의 소송행위는 (유동적)무효이나 뒤에 당사자능력자가 이를 추인하면 (확정적)유효로 된다.

### 3. 간과판결의 효력

사망자·허무인이 당사자가 되었음에도 이를 간과하고 그 명의로 판결을 선고한 경우 그 판결은 당연무효이다. 判例에 따르면 이러한 무효인 판결에 대해서는 상소를 제기할 수 없고(다수설은 상소를 긍정), 재심도 제기할 수 없다.

## Ⅰ. 의 의

'당사자적격'이란 특정한 소송사건에서 정당한 당사자로서 소송을 수행하고 본안판결을 받기에 적합한 자격을 말한다(소송수행권 = 실체법상 관리처분권).

## Ⅱ. 일반적인 경우

### 1. 이행의 소

#### (1) 원 칙 [3회 사례형]

判例에 의하면 이행의 소에서는 자기에게 이행청구권이 있음을 주장하는 자가 원고적격을 가지며, 이행의무자로 주장된 자가 피고적격을 갖는다. 원고를 청구권자가 아니라 청구권을 주장하는 자로 보는 형식적 당사자개념에 의하므로 주장자체로 판단한다. 따라서 원고가 실제로 이행청구권자이며 피고가 이행의무자인지 여부는 본안에서 판단될 문제로서 본안심리 끝에 실제 이행청구권자나 의무자가 아님이 판명되면 청구기각의 판결을 해야지 당사자적격의 흠을 이유로 소각하해서는 아니된다(2003다44387).

#### (2) 예 외 [15사법]

判例는 '말소등기청구'사건에서는 등기의무의 존부를 당사자적격의 문제로 보아 소각하 판결을 한다.[14]

### ✱ 당사자적격을 부정한 판례

① **[이전등기말소청구 사건]** "등기의무자, 즉 등기부상의 형식상 그 등기에 의하여 권리를 상실하거나 기타 불이익을 받을 자(등기명의인이거나 그 포괄승계인)가 아닌 자를 상대로 한 등기의 말소절차이행을 구하는 소는 당사자적격이 없는 자를 상대로 한 부적법한 소이다(93다39225 : **12회 선택형**). 다만 그 등기명의인이 허무인 또는 실체가 없는 단체인 때에는 소유자는 그와 같은 허무인 또는 실체가 없는 단체 명의로 실제 등기행위를 한 자에 대하여 소유권에 기한 방해배제로서 등기행위자를 표상하는 허무인 또는 실체가 없는 단체명의 등기의 말소를 구할 수 있다 (2015다47105).

② **[말소된 등기의 회복등기청구 사건]** 判例는 말소회복등기의 상대방은 현재의 등기명의인이 아니라 '말소 당시의 소유자'라고 한다(68다1617 : **5 · 7회 선택형**). 예를 들어 "말소된 가등기의 회복등기절차에서 회복등기의무자는 가등기가 말소될 당시의 소유자인 제3취득자이므로, 그 가등기의 회복등기청구는 회복등기의무자인 제3취득자를 상대로 하여야 적법하다"고 하였다(2006다43903).

③ **[등기상 이해 관계있는 제3자]** "부동산등기법 제52조 단서 제5호의 등기상 이해관계 있는 제3자란 기존 등기에 권리변경등기나 경정등기를 허용함으로써 손해를 입게 될 위험성이 있는 등기명의인을 의미하고, 손해를 입게 될 위험성은 등기의 형식에 의하여 판단하며 실질적으로 손해를 입을 염려가 있는지

---

14) **[검토]** 이에 대해서는 당사자적격의 문제와 본안의 문제를 혼동하였다는 비판이 있다(통설). 생각건대 원칙적으로 주장 자체로 당사자적격 유무를 판단하는 것이 타당하나, 말소등기 및 회복소송의 경우 대상과 명의자인지 여부가 등기부상 명확하므로 소송경제상 등기명의자가 아닌 경우에는 당사자적격 흠결로 보아 소각하 판결을 하는 것이 타당하다.

는 고려의 대상이 되지 아니한다. 따라서 등기명의인이 아닌 사람을 상대로 권리변경등기나 경정등기에 대한 승낙의 의사표시를 청구하는 소는 당사자적격이 없는 사람을 상대로 한 **부적법한 소이다**"(2014다87878).

④ **[압류 및 추심명령 사건]** "채권에 대한 압류 및 추심명령이 있으면 제3채무자에 대한 이행의 소는 추심채권자만이 제기할 수 있고 **채무자는 피압류채권에 대한 이행소송을 제기할 당사자적격을 상실한다고 하여야 할 것이다**"(99다23888). 그러나 "채무자의 이행소송 계속 중에 추심채권자가 압류 및 추심명령 신청의 취하 등에 따라 추심권능을 상실하게 되면 채무자는 당사자적격을 회복한다"(2010다64877)**(12회 선택형)**.

> 🔖 **[관련쟁점] ✳ 근저당권설정등기 또는 가등기가 부기등기에 의하여 이전된 경우**

양도인에 대한 근저당권설정등기 또는 가등기의 말소청구는 피고적격이 없어 각하되고, 부기등기에 대한 말소청구는 소의 이익(권리보호이익)이 없어 각하된다.

① **[말소의 상대방(피고적격) : 등기명의자인 양수인]** 判例에 따르면 '저당권의 설정원인'의 무효, 부존재나 피담보채무의 변제로 인한 소멸시에 저당권설정등기말소청구의 상대방은 양도인인 근저당권자가 아닌 현재의 등기명의자, 즉, '양수인'인 저당권이전의 부기등기명의자이다(2000다5640, 2003다5016)고 한다. **[4회 사례형, 8회 기록형]** 그리고 이러한 법리는 근저당권의 이전이 전부명령 확정에 따라 이루어졌다고 하더라도 마찬가지이다**(11회 선택형)**.

② **[말소의 대상(대상적격) : 양도인 명의의 주등기]** 判例는 ㉠ "근저당권의 부기등기는 기존의 주등기인 근저당권설정등기에 종속되어 주등기와 일체를 이루는 것이고 주등기와 별개의 새로운 등기는 아니므로, 그 피담보채무가 변제로 인하여 소멸된 경우 위 주등기의 말소만을 구하면 되고, 그에 기한 부기등기는 별도로 말소를 구하지 않더라도 주등기가 말소되는 경우에는 직권으로 말소되어야 할 성질의 것이므로, 위 부기등기의 말소청구는 '권리보호의 이익'(소의 이익)이 없는 부적법한 청구"라고 한다(2000다19526). **[16법무]** ㉡ 그러나 근저당권의 주등기 자체는 유효하고 단지 부기등기를 하게 된 원인만이 무효로 되거나 취소 또는 해제된 경우에는, 그 부기등기만의 말소를 따로 구할 수 있다(2002다15412,15429). 즉, 채권양도의 무효·취소·해제로 인하여 '근저당권의 이전 원인'이 무효로 된 경우에는 근저당권의 '양도인'이 '양수인'을 상대로 '근저당권이전의 부기등기'의 말소를 구해야 한다(6·8회 선택형).

### (3) 당사자적격 흠결과 지적의무

당사자적격은 소송요건으로 직권조사사항이나, 判例는 당사자가 간과한 당사자적격 흠결에 대해 의견진술의 기회를 주지 않고 소를 각하하면 지적의무(제136조 4항) 위반이라고 한다.

## 2. 확인의 소

### (1) 확인의 소의 당사자적격 [법, 현, 유, 적]

"확인의 소에 있어서는 권리보호요건으로서 **확인의 이익이 있어야**(주 : 원고적격) 하고 그 확인의 이익은 원고의 권리 또는 법률상의 지위에 현존하는 불안, 위험이 있고 그 불안, 위험을 제거함에는 피고를 상대로 확인판결을 받는 것이 가장 유효적절한 수단일 때에만 인정된다. 그리고 확인의 소의 피고는 원고의 보호법익과 대립 저촉되는 이익을 주장하고 있는 자(주 : 피고적격)이어야 하고 그와 같은 피고를 상대로 하여야 확인의 이익이 있게 된다"(2012다67399). 즉 확인의 소에 있어 당사자적격의 문제는 확인의 이익 문제로 흡수된다고 본다.

예를 들어, 判例는 법인 아닌 사단의 대표자 또는 구성원의 지위에 관한 확인소송에서 대표자 또는 구성원 개인을 상대로 제소하는 경우에는 청구를 인용하는 판결이 내려진다 하더라도 그 판결의 효력이 해당 단체에 미친다고 할 수 없기 때문에 대표자 또는 구성원의 지위를 둘러싼 당사자들 사이의 분쟁을 근본적으로 해결하는 유효적절한 방법이 될 수 없으므로, 그 단체를 상대로 하지 않고 대표자 또는 구성원 개인을 상대로 한 청구는 확인의 이익이 없어 부적법하다(2011다10155)고 한다.

### (2) 단체내부의 분쟁의 원고적격

判例는 "학교법인의 이사회결의에 대한 무효확인의 소를 제기할 수 있는 자가 누구인지에 관하여 사립학교법이나 민법 등에 특별한 규정이 없으므로, 통상 확인의 소의 경우처럼 확인의 이익 내지 법률상 이해관계를 갖는 자는 누구든지 원고적격을 가진다"(2009다67115)고 판시하였다.

### (3) 단체내부의 분쟁의 피고적격

① 判例는 '단체피고설'의 입장에서 "주주총회결의 취소와 결의무효확인판결은 '대세적 효력'이 있으므로 그와 같은 소송의 피고가 될 수 있는 자는 그 성질상 회사로 한정된다. 이사 개인을 상대로 하여 그 결의의 무효확인을 소구할 이익은 없다"(80다2425)(7회 선택형)고 한다.

📌 **[비교판례]** "임시의 지위를 정하기 위한 이사직무집행정지가처분에 있어서 피신청인이 될 수 있는 자는 그 성질상 당해 이사이고, 회사에게는 피신청인의 적격이 없다"(80다2424)(6 · 12회 선택형)

② 단체 자체가 피고가 되는 이상 "회사의 이사선임 결의가 무효 또는 부존재임을 주장하여 그 결의의 무효 또는 부존재확인을 구하는 소송에서 회사를 대표할 자는 현재 대표이사로 등기되어 그 직무를 행하는 자라고 할 것이고, 그 대표이사가 무효 또는 부존재확인청구의 대상이 된 결의에 의하여 선임된 이사라고 할지라도 그 소송에서 회사를 대표할 수 있는 자임에는 변함이 없다"(전합82다카1810)(8 · 13회 선택형).

③ 주주총회결의무효확인소송에서 피고는 회사이고, 종중 결의의 무효를 주장하는 자 역시 종중을 피고로 삼아야 한다(73다1553) **[12사법]**

## 3. 형성의 소

"공유물분할청구의 소는 형성의 소로서 법원은 공유물분할을 청구하는 원고가 구하는 방법에 구애받지 않고 재량에 따라 합리적 방법으로 분할을 명할 수 있다. 그러나 법원은 등기의무자, 즉 등기부상의 형식상 그 등기에 의하여 권리를 상실하거나 기타 불이익을 받을 자(등기명의인이거나 그 포괄승계인)가 아닌 자를 상대로 등기의 말소절차 이행을 명할 수는 없다"(2018다241410,241427).

## 4. 고유필수적 공동소송

소의 종류를 불문하고 고유필수적 공동소송에서는 전원이 원고 또는 피고가 되어야 하며, 일부라도 누락되면 당사자적격 흠결로 소가 각하된다.

## Ⅲ. 제3자의 소송담당

### 1. 의 의

권리관계의 주체 이외의 제3자가 당사자적격을 갖는 경우를 '제3자의 소송담당'이라한다. 자기의 이름으로 다른 사람의 권리관계를 수행한다는 점에서, 다른 사람의 이름으로 다른 사람의 권리관계를 수행하는 대리인과 구별된다. 제3자 소송담당의 경우에는 주장자체로 당사자적격 여부를 판단하지 않는다. 예컨대 채권자대위소송에서 채무자에 대한 채권의 존재를 주장한다고 하여 피보전채권이 존재한다고 보지 않는다.

### 2. 법정소송담당

#### (1) 제3자가 권리관계 주체와 함께 소송수행권을 갖는 경우(병행형) [대, 주, 질, 공]

##### 1) 병행형 소송담당 일반론

병행형은 제3자가 권리귀속의 주체와 함께 소송수행권을 가지는 경우이다. 예컨대 ① 채권자대위소송을 하는 채권자(민법 제404조), ② 회사대표소송의 주주(상법 제403조), ③ 채권질의 질권자(민법 제353조), ④ 다른 공유자를 위하여 보존행위를 하는 공유자(민법 제265조 단서)가 있다.

> 🔖 ＊ **주주대표소송의 제소요건**(상법 제403조의 취지 : 병행형) **[6회 기록형]**
> "회사에 회복할 수 없는 손해가 생길 염려가 없음에도 불구하고 회사에 대하여 이사의 책임을 추궁할 소의 제기를 청구하지 아니한 채 발행주식 총수의 100분의 1 이상에 해당하는 주식을 가진 주주가 즉시 회사를 위하여 소를 제기하였다면 그 소송은 부적법한 것으로서 각하되어야 한다"(2009다98058)(7·8회 선택형).

##### 2) 채권자대위소송에 관한 논의 [보, 필, 불, 대]

채권자대위권의 요건으로는 ⅰ) 피보전채권의 존재, ⅱ) 채권보전의 필요성, ⅲ) 채무자의 권리불행사, ⅳ) 피대위권리의 존재를 요구한다(민법 제404조). 법정소송담당설에 의할 경우 ⅰ), ⅱ), ⅲ)은 당사자적격에 관계되는 소송요건사실로서 **흠결시 부적법 각하**, ⅳ)는 본안요건으로서 **흠결시 청구기각판결**을 하여야 한다.[15]

① [**채권자대위소송의 법적성질**(법정소송담당)] 判例는 "채권자대위소송에서 원고는 채무자에 대한 자신의 권리를 보전하기 위하여 채무자를 대위하여 자신의 명의로 채무자의 제3채무자에 대한 권리를 행사하는 것이므로, 그 지위는 채무자 자신이 원고인 경우와 마찬가지이다"(2012다100746)고 하여 **법정소송담당설**의 입장이다.[16]

② [**피보전채권 흠결시 법원의 조치**…당사자적격 요소(흠결시 소각하)] 判例는 법정소송담당설의 입장에서 "채권자대위소송에서 대위에 의해 보전될 채권자의 채무자에 대한 권리가 인정되지 않을

---

15) 반면, 독립한 대위권설에서는 소송물을 채권자대위권으로 보며, 피보전채권, 보전필요성, 채무자의 권리불행사, 피대위권리는 요건사실로서 어느 하나라도 흠이 있으면 청구기각을 하여야 한다는 입장이다.

16) **[판례검토]** 고유의 대위권 행사로 보는 견해도 있으나, 대위소송에서 채권자가 궁극적으로 다투려 하는 것은 채무자의 제3채무자에 대한 권리이며, 그 행사의 효과도 바로 채권자에게 귀속되지 않고 직접 채무자에게 귀속하여 총채권자를 위해 공동담보가 된다는 점을 고려해 보면, 소송물은 채무자의 권리이며 따라서 채무자와 병행하여 소송수행권이 인정된 '법정소송담당'으로 보아야 한다.

경우에는 채권자 스스로 원고가 되어 채무자의 제3채무자에 대한 권리를 행사할 당사자적격이 없게 되므로 그 대위소송은 부적법하여 각하할 수밖에 없다"(92다8996)고 한다. **[06 · 17사법]** 또한, "피대위자인 채무자가 실존인물이 아니거나 사망한 사람인 경우 역시 피보전채권인 채권자의 채무자에 대한 권리를 인정할 수 없는 경우에 해당하므로 그러한 채권자대위소송은 당사자적격이 없어 부적법하다"(2020다300893)는 입장이다.

따라서 미등기토지에 대하여 토지대장이나 임야대장의 명의인을 특정할 수 없는 경우에는 그 소유명의인의 채권자가 국가를 상대로 소유명의인을 대위하여 소유권확인의 확정판결을 받더라도 이 확인판결에는 소유자가 특정되지 않아 특정인이 위 토지의 소유자임을 증명하는 확정판결이라고 볼 수 없다(2020다300893 : Set 015 권리보호이익 Ⅱ. 확인의 소. 3. 확인의 이익 참조).

③ **[보존의 필요성이 없는 경우 법원의 조치…당사자적격 요소(흠결시 소각하)]** "채권자가 채무자를 상대로 소유권이전등기절차이행의 소를 제기하여 패소의 확정판결을 받게 되면 채권자의 그러한 권리를 보전하기 위한 채권자대위소송은 그 요건(저자 주 : 보전의 필요성)을 갖추지 못하여 부적법하다"(2002다64148 : Set 044 기판력의 주관적 범위와 작용 Ⅲ. 채권자대위소송에서 기판력의 범위 5. 목차 내용 참조)**(4 · 5회 선택형)**

④ **[채무자가 권리를 행사한 경우 법원의 조치…당사자적격 요소(흠결시 소각하)]** 判例는 법정소송담당설의 입장에서 "채권자가 대위권을 행사할 당시 채무자가 그 권리를 재판상 행사하였을 때에는 설사 패소의 확정판결을 받았더라도 채권자는 채무자를 대위하여 채무자의 권리를 행사할 당사자적격이 없다"(92다32876)**(8 · 12회 선택형)**고 하면서 소각하판결을 하였다. 이로써 채권자의 대위권행사가 확정판결의 기판력에 저촉되는 것으로 보아 채권자의 청구를 기각한 종래의 대법원 판결(76다688)은 사실상 폐기되었다(소송요건심리의 선순위성). 이와 비교되는 判例로서, "비법인사단인 채무자 명의로 제3채무자를 상대로 한 소가 제기되었으나 사원총회의 결의 없이 총유재산에 관한 소가 제기되었다는 이유로 '각하'판결을 받고 그 판결이 확정된 경우에는 채무자가 스스로 제3채무자에 대한 권리를 행사한 것으로 볼 수 없다"(2018다210539)

⑤ **[피대위권리 흠결시 법원의 조치…소송물(흠결시 청구기각)]** 채무자의 책임재산의 보전과 관련이 있는 재산권(책임재산)은 그 종류를 묻지 않고 채권자대위권의 목적으로 될 수 있다. 따라서 소송상 권리(각종 소의 제기, 강제집행신청, 청구이의의 소, 제3자 이의의 소, 가압류·가처분명령의 취소신청 등)도 원칙적으로 대위행사 할 수 있다. 다만 '개별적 소송행위에 대한 권리'(공격방어방법의 제출, 상소제기, 재심의 소제기, 집행방법 또는 가압류결정에 대한 이의신청 등)는 대위행사할 수 없다(2012다75239)**(7 · 10회 선택형)**.

### (2) 제3자가 권리관계 주체에 갈음하여 소송수행권을 갖는 경우(갈음형)

갈음형은 제3자가 권리귀속의 주체에 갈음하여 소송수행권을 갖는 경우이다. 예컨대 ① 파산재단 소송의 파산관재인(채무자회생 및 파산에 관한 법률 제359조)**(4회 선택형)**, ② 정리회사의 재산관계소송의 관리인(채무자회생 및 파산에 관한 법률 제78조 : 아래 관련판례 2014다36771 참조), ③ 채권추심명령을 받은 압류채권자(민사집행법 제227조, 제229조 2항 : 아래 관련판례 2009다48879 참조)**(7회 선택형)**, ④ 유언집행자(민법 제1101조, 2000다26920)**(8회 선택형)**, ⑤ 주한미군의 공무수행 중 불법행위로 인한 손해배상소송에서 대한민국(한미행정협정 제23조 5항, 동 협정 시행에 따른 민사특별법 제2조)**(7회 선택형)**, ⑥ 상속재산관리인(민법 제1053조)이 있다. **[파, 정, 추, 유, 미, 상]**

🐾 **[관련판례]** ✱ 추심명령으로 당사자적격이 상실된 경우에도 소를 각하하지 않는 경우(하자치유, 추심권 소멸)

" ㉠ 채무자의 이행소송 계속 중에 추심채권자가 압류 및 추심명령 신청의 취하 등에 따라 추심권능을 상실하게 되면 채무자는 당사자적격을 회복하고 이처럼 소송요건이 흠결되거나 그 흠결이 치유된 경우 '상고심'에서도 이를 참작하여야 한다"(2010다64877)고 하여 **소송계속 중 하자가 치유되면 소를 각하하지 않는다.** ㉡ 나아가 추심금청구소송을 제기하여 확정판결을 받은 경우라도 그 집행에 의한 변제를 받기 전에 압류명령의 신청을 취하하여 추심권이 소멸하면 추심권능과 소송수행권이 모두 채무자에게 복귀하며, 이는 국가가 국세징수법에 의한 체납처분으로 채무자의 제3채무자에 대한 채권을 압류하였다가 압류를 해제한 경우에도 마찬가지이다"(2009다48879). **[3회 사례형]**

🐾 **[비교판례]** ✱ 추심명령이 있는 경우에도 채무자가 당사자적격을 상실하지 않는 경우

"공익사업을 위한 토지 등의 취득 및 보상에 관한 법률(이하 '토지보상법'이라 한다) 제85조 제2항 따른 보상금 증액 청구의 소는 당사자소송의 형식을 취하고 있지만, 실질적으로는 토지수용위원회의 재결을 다투는 항고소송의 성질을 가지므로, 토지보상법에 따른 토지소유자 등의 사업시행자에 대한 손실보상금 채권에 관하여 압류 및 추심명령이 있더라도, 추심채권자가 보상금 증액 청구의 소를 제기할 수 없고, 채무자인 토지소유자 등이 보상금 증액 청구의 소를 제기하고 그 소송을 수행할 당사자적격을 상실하지 않는다"(전합2018두67).

## 3. 임의적 소송담당

'임의적 소송담당'이란 권리관계의 주체인 사람이 자신의 의사에 의하여 제3자에게 자기의 권리에 대한 소송수행권을 수여하는 경우를 말한다.

① **[법률에 명문의 규정이 있는 경우]** 선정당사자(제53조), 추심위임배서를 받은 피배서인(어음법 제18조), 한국자산관리공사(금융기관부실자산 등의 효율적인 처리 및 한국자산관리공사의 설립에 관한 법률 제26조 1항)가 그 예이다.

② **[명문의 규정이 없는 임의적 소송담당의 허용 여부]** 명문의 규정이 없는 임의적 소송담당은 원칙적으로 허용되지 않는다. 다만 민사소송법 제87조가 정한 변호사대리의 원칙이나 신탁법 제6조가 정한 소송신탁의 금지 등을 회피하기 위한 탈법적인 것이 아니고, 이를 인정할 합리적인 이유와 필요( ⅰ) 권리주체인 자의 소송수행권을 포함한 포괄적 관리처분권의 수여가 있으며, ⅱ) 소송담당자도 소송을 수행할 고유의 이익이 있는 경우)가 있는 경우에는 예외적ㆍ제한적으로 허용될 수 있다. [변, 신, 합, 필(수, 고)]

## 4. 제3자 소송담당과 기판력

① **[갈음형 소송담당ㆍ직무상의 담당자ㆍ임의적 소송담당]** 제218조 3항이 적용되어 권리주체가 소송담당자의 소송을 알든 모르든 권리의 귀속주체에게 소송담당자가 받은 판결의 기판력이 미친다. 갈음형의 경우 권리주체이면서도 당사자적격은 인정되지 않고 기판력만 미치게 되므로 자신의 이익을 보호하기 위해 '공동소송적 보조참가'를 할 수 있다(제78조).

② **[병행형 소송담당(절충설)]** 특히 채권자대위소송에서 대법원은 채권자가 채권자대위권을 행사하는 방법으로 제3채무자를 상대로 소송을 제기하고 확정판결을 받은 경우 채무자가 소송고지 등에 의해 대위소송이 계속된 사실을 알게 된 경우에 한하여 채무자에게 기판력이 미친다는 입장(절차보장설)이다(전합74다1664).[17)]

## Ⅳ. 당사자적격 흠결의 효과 [3회 사례형]

① **[소제기시 흠결]** 당사자적격은 소송요건으로 직권조사사항이며, 흠이 있는 경우는 판결로 소를 각하하여야 한다.

② **[소송계속 중 흠결]** ㉠ 소송계속 중 당사자적격을 상실한 때에는 당사자 사이에서 본안판결을 할 이유가 없어 소를 각하하여야 한다. ㉡ 만약 당사자적격이 상실된 경우 종래의 소송수행을 승계시킬 제3자가 있는 경우라면 그에게 소송을 승계시킬 수 있을 것이다(제82조 1항)

③ **[당사자적격에 관하여 다툼이 있는 경우]** 당사자능력에 대해 다툼이 있는 경우와 마찬가지로 그 존재가 인정되지 않으면 소 각하판결을 하고, 그 존재가 인정되면 중간판결(제201조) 또는 종국판결의 이유 중에서 이를 판단하여야 한다.

④ **[간과판결의 효력]** 당사자적격의 흠결을 간과하고 행한 본안판결은 당사자적격을 갖춘 정당한 당사자로 될 자나 권리관계의 주체인 자에게 그 효력이 미치지 아니하며, 이러한 의미에서 판결은 무효로 되는 것이다. 무효인 판결이므로 상소와 재심의 대상이 되지 않는다(상소에 대한 判例는 없고 재심에 대해서는 선정자 스스로 무자격자를 선정한 경우에는 당연무효도 아니고 재심사유도 없다는 判例가 있음. 2005다10470 참조).

---

## Set 010  소송능력

| | | 민법상 제한능력자의<br>법률행위 | 민소법상 소송무능력자의<br>소송행위 |
|---|---|---|---|
| 원칙 | | 취소(유동적 유효) | 무효(유동적 무효)<br>(추인가능) |
| 예외 | ① 법정대리인의 동의(민법 제5조, 제10조)<br>② 처분을 허락한 재산(민법 제6조) | 유효 | |
| | ① 추인(법정대리인 또는 능력자가 된 후)<br>② 미성년자의 혼인<br>③ 법정대리인의 허락을 얻어 영업<br>④ 근로계약체결 또는 임금청구 | | 유효 |

---

17) **[판례검토]** 채무자와 제3채무자를 공평하게 대하면서도 분쟁을 1회적으로 해결할 수 있는 전원합의체판결의 다수의견이 타당하다.

# Ⅰ. 서 설

## 1. 소송능력자

민법상 '행위능력자'는 곧 소송능력자이다(제51조). 그리고 외국인의 경우에는 설령 그의 본국법을 따를 때 소송능력이 없는 경우라도 대한민국의 법률에 따라 소송능력이 있다면 소송능력이 있는 것으로 본다(제57조).

## 2. 소송무능력자

### (1) 제한능력자

미성년자 또는 피성년후견인은 법정대리인에 의해서만 소송행위를 할 수 있다(제55조 1항). 다만 미성년자의 경우 독립하여 법률행위를 할 수 있는 경우에는 소송능력이 인정될 수 있다(제55조 1항 1호). 구체적으로 미성년자는 영업허락(민법 제8조 : 성년과 동일한 행위능력이 있다), 성년의제(민법 제826의2)와 관련해서는 소송능력이 인정되나 처분허락 재산(민법 제6조 : 미성년자가 임의로 처분할 수 있다)에 대해서는 소송능력이 인정되지 않는다. 한편 피성년후견인의 경우에도 민법 제10조 2항에 따라 취소할 수 없는 법률행위를 할 수 있는 경우에는 그에 대하여 소송능력이 인정된다(제55조 1항 2호).

### (2) 법인 및 법인 아닌 사단이나 재단

법인 및 법인이 아닌 사단이나 재단도 '소송무능력자'임을 전제로 대표자 또는 관리인을 법정대리인에 준하여 취급한다(제52조, 제64조).

### (3) 소송무능력자의 소송상 대리

소송무능력자는 원칙적으로 법정대리인에 의해서 '만' 소송행위를 할 수 있으나(제55조 본문), 법정대리인이 없거나 법정대리인에게 소송에 관한 대리권이 없는 경우에는 수소법원에 특별대리인을 선임하여 주도록 신청할 수 있다(제62조 1항).

# Ⅱ. 소송법상 효과

## 1. 소송행위의 유효요건

### (1) 소송무능력자의 소송행위는 원칙적 무효(유동적 무효)

소송능력은 개개의 소송행위의 유효요건이다. 따라서, ① 무능력자의 소송행위 또는 무능력자에 대한 소송행위 모두 무효이고(다만 추인이 가능한 유동적 무효, 즉 소송무능력자의 보호를 위한 것이므로 법정대리인이 추인하는 것은 가능), ② 기일에 무능력자가 출석하여 변론을 하더라도 그 자의 소송관여는 배척되고 기일불출석으로 취급한다. ③ 또한 기일통지나 송달도 무능력자에게 하면 무효이다.

### (2) 추인(확정적 유효)

① 유동적 무효이므로 법정대리인 등이 추인하면 그 행위 시에 소급하여 유효로 되는 바(제60조), 이는 소송경제를 위한 것이다. ② 묵시적 의사표시로도 가능하나(80다308), ③ 일괄추인이 원칙이고(2007다79480), 소송절차의 안정성을 깰 우려가 없고 소송경제상으로도 적절하다고 인

정되는 때에만 일부추인이 가능하다(69다60). ④ 시기의 제한은 없으나 소송무능력을 이유로 부적법 각하판결이 확정된 경우와, 추인거절의 의사표시를 한 후에는 더 이상 추인할 수 없다.

## 2. 소송요건(소송능력 흠결의 효과)

### (1) 소제기시 흠결(소장각하명령, 소각하판결)

법정대리인의 기재는 소장의 필요적 기재사항(제249조 1항)으로 소장심사시에 보정에 불응하면 소장각하명령을 한다. 소장심사 이후 무능력자임이 판명된 경우 소송능력 유무는 직권조사사항이므로 법원은 소송능력의 보정명령(제59조 전단)을 할 수 있다. 변론종결시까지 보정하지 않는 한 부적법한 소이므로 판결로써 각하한다. 다만, 무효인 소제기는 부적법한 소송계속을 소멸시키기 위해 무능력자 스스로 취하할 수 있다.

### (2) 소송계속 중 흠결(원칙적 소송절차 중단)

소송계속 중 흠결이 발생하면 법정대리인이 수계할 때까지 소송절차는 중단되나(제235조), 소송대리인이 있는 경우에는 중단되지 않는다(제238조).

### (3) 소송능력에 관하여 다툼이 있는 경우(항소, 환송)

소 각하 판결에 대해 소송무능력자라도 소송무능력을 다투는 한도에서는 소송능력이 인정되어 항소를 할 수 있고, 능력자로 밝혀진 경우 심급의 이익을 보장하기 위해 제1심 판결을 취소하고(제416조) 제1심으로 필수적 환송을 하여야 한다(제418조 본문).

### (4) 소송무능력을 간과한 판결의 효력(상소, 재심)

간과판결은 당연무효가 아니므로(통설), 상소(제424조 1항 4호)나 재심(제451조 1항 3호)으로 다툴 수 있다.

#### 1) 소송무능력자가 패소판결을 받은 경우(패소한 소송무능력자는 상소·재심 가능)

① 패소한 소송무능력자는 소송무능력을 이유로 상소나 재심을 제기할 수 있다. ② 패소한 미성년자는 법정대리인의 동의 없이 단독으로 상소나 재심을 제기할 수 있다. ③ 이 경우 상급심은 제1심 판결을 취소하고 자판하여 소각하 판결을 하여야 한다.

#### 2) 소송무능력자가 승소판결을 받은 경우(패소한 상대방은 상소·재심 불가)

패소한 상대방이 무능력자의 소송능력의 흠을 이유로 상소나 재심을 하는 것은 무능력자 보호 취지와 신의칙에 반하기 때문에 허용되지 않는다(패소한 상대방은 본안판단을 잘못했다는 이유로는 항소할 수 있고 다른 재심사유를 이유로 재심청구를 할 수 있다. 그러나 승소한 소송무능력자는 상소 또는 재심으로 취소할 이익이 없다).

## Ⅰ. 법정대리인

### 1. 실체법상 법정대리인

법정대리인이 되는 자는 민법 기타 법률에 따르므로(제51조), 실체법상 법정대리인의 지위에 있는 자, 즉 미성년자의 친권자(민법 제911조) 또는 미성년후견인(민법 제928조), 성년후견인(민법 제929조), 한정후견인(민법 제938조) 등은 소송법상으로도 법정대리인이 된다.

### 2. 소송무능력자를 위한 소송상의 특별대리인

#### (1) 의 의

소송법상 법정대리인에는 법인을 위한 대표자(제64조)과 소송무능력자를 위한 특별대리인(제62조)이 있는데, '소송무능력자를 위한 특별대리인'이란 무능력자를 대리할 법정대리인이 없거나 대리권을 행사할 수 없을 때에 법원에 의해 선임되는 대리인을 말한다(제62조 1항)**(2회 선택형)**. 특별대리인은 대리권 있는 후견인과 같은 권한이 있으며, 특별대리인의 대리권의 범위에서 법정대리인의 권한은 정지된다(제62조 3항).

#### (2) 선임신청의 요건(제62조 1항 각호)

① 소송무능력자에게 법정대리인이 없거나 법정대리인이 대리권을 행사할 수 없는 경우 특별대리인을 선임할 수 있다(제62조 1항 1호).

② 법인과 이사의 이익이 상반하는 사항이나(민법 제64조), 친권자와 그 자간 또는 수인의 자간의 이해상반행위가 있는 경우처럼(민법 제921조), 법정대리인이 법률상 장애로 대리권을 행사할 수 없는 경우뿐만 아니라 사실상 장애로 대리권을 행사할 수 없는 경우도 특별대리인을 선임할 수 있다(제62조 1항 2호).

③ 사실상 의사능력을 상실한 상태에 있어 소송능력이 없는 사람에 대하여 소송을 제기하는 경우에도 특별대리인을 선임할 수 있다는 判例의 입장을 받아들여 개정법 제62조의2는 의사무능력자를 위한 특별대리인의 선임 등을 신설하였다(2017.2.시행).

### 3. 법정대리인의 지위

#### (1) 제3자의 지위

법정대리인은 당사자 본인은 아니므로 법관의 제척과 재판적을 정하는 기준이 되지 못하고, 기판력·집행력·형성력 등 판결의 효력을 받지도 않는다.

#### (2) 본인에 유사한 지위

법정대리인은 당사자 본인은 아니지만 본인에게 유효한 소송수행권이 없으므로 본인에 유사한 지위가 인정된다. ① 법정대리인은 소장과 판결의 필요적 기재사항이고(제208조 1항, 제249조 1항 : 임의 대리인은 임의적 기재사항), ② 법정대리인의 소송행위는 당사자 본인의 경정권의 대상이 아니다(제94조의 경정권은 임의대리인에게만 적용). ③ 소송무능력자에게 할 송달은 반드시 그의 법정대리인에게 하여야 하고(제179조 : 임의대리인은 본인에게도 송달가능), ④ 당사자 본인이 출석하여야 하는 경우 본인에 갈음하여 출석하며(제140조 1항 1호, 제145조 2항 : 임의대리의 경우 본인이 출석가능), ⑤ 법정대리인이 사망하거나 대리권이 상실되면 소송수행을 할 수 있는 자가 없어지므로 소송절차가 중단된다(제235조 : 임의대리인의 사망 및 대리권 소멸은 중단사유가 아님). 그러나 소송대리인이 선임되어 있으면 중단되지 않는다(제238조), ⑥ 법정대리인은 보조참가인, 증인이 될 수 없으므로 신문은 당사자본인신문의 방식에 의한다(임의대리인에 대한 신문은 증인심문에 의해야 하고 당사자본인신문으로 할 수 없다).

## (3) 법정대리인이 수인인 경우

① **[능동대리(공동대리)]** 수인의 법정대리인이 하는 소송행위, 즉 **능동대리**는 원칙적으로 공동으로 하여야만 본인에게 효력이 있다(민법 제909조 2항, 상법 제389조 2항).

② **[수동대리(단독대리)]** 상대방이 하는 소송행위를 받아들이는 수령, 즉 **수동대리**의 경우에는 단독으로 할 수 있으며(상법 제208조 2항), 여러 사람이 공동으로 대리권을 행사하는 경우의 송달은 그 가운데 한 사람에게 하면 된다(제180조).

## (4) 대리권의 서면증명

법정대리권이 있는 사실 또는 소송행위를 위한 권한을 받은 사실은 서면으로 증명하여야 한다(제58조 1항).

## 4. 법정대리권의 소멸

### (1) 대리권의 소멸통지 [5회 사례형]

① **[원 칙]** 소송절차 진행 중 법정대리권이 소멸하였더라도 '소송능력을 취득하거나 회복한 본인' 또는 '신대리인이나 구대리인'이 상대방에게 그 사실을 통지하지 아니하면 소멸 효력을 주장하지 못한다(제63조 1항 본문). 본 규정은 소송대리권이 소멸한 경우(제97조), 대표권이 소멸한 경우(제64조), 선정당사자의 자격이 소멸한 경우(제63조 2항)의 경우에 준용된다.

　　✽ **법정대리권 소멸통지의 취지**(배신적 소취하사건)
"제63조의 취지는 당사자가 그 대표권의 소멸 사실을 알았는지의 여부, 모른 데에 과실이 있었는지의 여부를 불문하고 그 사실의 통지 유무에 의하여 대표권의 소멸 여부를 획일적으로 처리함으로써 소송절차의 안정과 명확을 기하기 위함에 있으므로, 법인 대표자의 대표권이 소멸된 경우에도 그 통지가 있을 때까지는 다른 특별한 사정이 없는 한 소송절차상으로는 그 대표권이 소멸되지 아니한 것으로 보아야 하므로, 대표권 소멸 사실의 통지가 없는 상태에서 구 대표자가 한 소취하는 유효하고, 상대방이 그 대표권 소멸 사실을 알고 있었다고 하여 이를 달리 볼 것은 아니다"(전합95다52710).

② **[예 외]** 위 판례(95다52710)에 따르면 구대리인이 상대방과 통모하여 본인에게 손해를 입힐 의도로 소를 취하하는 등의 소송행위를 하는 경우에도 이를 유효한 것으로 볼 수밖에 없어 본인에게 가혹한 면이 있었다. 이에 개정법은 제63조 1항 단서를 신설하여 대리권 등의 소멸사실이 법원에 알려진 뒤에는 제56조 2항의 처분행위(소의 취하, 화해, 청구의 포기·인낙 등)를 금지하였다.

**(2) 소송절차의 중단**

소송계속 중 법정대리권이 소멸되면 수계절차를 밟을 때까지 소송절차는 중단된다(제235조). 다만 소송대리인이 있는 경우에는 그러하지 아니하다(제238조).

## Ⅱ. 임의대리인(소송대리인)

### 1. 의 의

'임의대리인'은 본인의 의사에 기하여 대리권이 수여된 대리인을 말하는데, 수여된 대리권의 범위에 따라 개별적 대리인과 포괄적 대리인으로 나뉜다. 특히 포괄대리권을 가진 임의대리인을 소송대리인이라고 하는데, 소송대리인에는 법률상 소송대리인과 소송위임에 의한 소송대리인이 있다.

### 2. 법률상 소송대리인

'법률상 소송대리인'이란 법률이 업무에 관한 포괄대리권(원칙적으로 '재판상 모든 행위'를 할 수 있고, 그 권한은 제한할 수 없으며, 이를 제한하여도 효력이 없다)을 갖는 사람에 대하여 그 포괄대리권의 일부로서 소송대리권까지 인정한 대리인을 말한다(제87조). 지배인(상법 제11조 1항)(**2회 선택형**), 선장(상법 제749조 1항), 선박관리인(상법 제765조 1항), 국가소송수행자(국가를 당사자로 하는 소송에 관한 법률 제3조), 조합의 업무집행조합원(민법 제709조, 통설) 등이 이에 해당한다. 법률상 대리인은 본인의 의사에 따라 그 지위를 취득 또는 상실하므로 성질상 '임의대리인'이다.

### 3. 소송위임에 의한 소송대리인(좁은 의미의 소송대리인)

**(1) 변호사대리원칙**

우리법은 변호사강제주의를 취하지 않으므로 본인이 소송행위를 할 수 있다. 다만 대리인에 의하여 소송행위를 하는 때에는 법률에 따라 재판상 행위를 할 수 있는 대리인 이외에는 변호사가 아니면 소송대리인이 될 수 없는 것이 원칙이다(제87조).

**(2) 변호사대리원칙의 예외**

1) 단독사건(법원의 허가 필요)

① [비변호사대리 허용요건] ㉠ 단독사건 중 소가가 일정 금액 이하의 사건일 것(**1회 선택형**), ㉡ 당사자의 배우자 또는 4촌 이내의 친족으로서 당사자와의 생활관계에 비추어 상당하다고 인정되는 자 또는 당사자와 고용관계 등 계약을 맺고 그 사건에 관한 통상업무를 처리·보조하는 자로서 그 담당사무 등에 비추어 상당하다고 인정되는 자가(규칙 제15조 2항) ㉢ 서면 신청에 따른 법원의 허가를 받을 것을 요한다(제88조 1항).

② [구체적인 예] ㉠ 민사 및 가사소송의 사물에 관한 규칙 제2조 단서 각호의 어느 하나에 해당하는 사건(수표·어음금 청구사건, 금융기관이 원고인 대여금 등의 사건, 자동차손해배상보장법상 손해배상사건 및 근로자의 업무상 재해로 인한 손해배상 사건, 재정단독사건 등)은 소가가 5억원을 초과하여도 여전히 단독사건이므로 비변호사대리가 허용된다. ㉡ 소가 5억원 이하의 단독사건 중 소가 1억원을 초과하지 아니하는 사건에 한하여 비변호사대리가 가능하므로, 고액단독사건은 비변호사대리

가 허용되지 않는다(**10회 선택형**).

③ 단독사건이라도 상소심에서는 합의사건이 되므로 상소심에서는 비변호사대리가 원칙적으로 허용되지 않는다.

2) 소액사건(3,000만 원 이하의 사건 : 법원의 허가 불요)

당사자의 배우자·직계혈족 또는 형제자매는 법원의 허가 없이 소송대리인이 될 수 있다(소액사건심판법 제8조, 소액사건심판규칙 제1조의2)(**2회 선택형**).

🖋 **[관련판례]** "소액사건심판법의 적용대상인 소액사건에 해당하는지 여부는 제소 당시를 기준으로 정하여지는 것이므로, 병합심리로 그 소가의 합산액이 소액사건의 소가를 초과하였다고 하여도 소액사건임에는 변함이 없다"(91다43176)(**5회 선택형**). 반면 참가, 반소, 변론병합 등으로 소가가 3000만 원을 초과하는 사건과 병합심리 하는 경우라면 소액사건에서 제외하여야 한다.

## 4. 소송대리권의 범위

### (1) 원칙적 권한(소송행위와 실체법상 사법행위 포함)

소송대리인은 위임을 받은 사건에 대하여 반소에 관한 소송행위 등 일체의 소송행위와 변제의 영수를 할 수 있다(제90조 1항). 한편 소송대리인이 할 수 있는 사법행위에 관하
여 제90조 1항은 '변제의 영수'만을 규정하고 있지만, 이는 예시적인 것으로 일체의 소송행위를 할 권한뿐만 아니라 소송목적인 채권의 변제를 채무자로부터 수령하는 권한을 비롯하여 위임을 받은 사건에 관한 실체법상 사법행위를 하는 권한도 포함된다(2015다32585)

### (2) 특별수권사항(제90조 2항 각호)

① **[반소의 제기(1호)]** 반소의 제기(1호)와 달리 반소에 대한 응소는 특별수권사항이 아니다(제90조 1항).

② **[소의 취하, 화해, 청구의 포기·인낙 또는 제80조의 규정에 따른 탈퇴(2호)]** 소취하의 동의에는 특별수권을 요하지 않는다(82므40). 아울러 判例에 따르면 "소송상 화해나 청구의 포기에 관한 특별수권이 되어 있다면 그러한 소송행위에 대한 수권만이 아니라 소송행위의 전제가 되는 당해 소송물인 권리의 처분이나 포기에 대한 권한도 수여되어 있다"(93다52105). **[12회 사례형]**

③ **[상소의 제기 또는 취하(3호)]** 상소의 제기(심급대리원칙 긍정설에 따르면 상소에 응소하는 것도 포함). 또는 취하(제90조 2항 3호)(**3회 선택형**)뿐만 아니라 불상소합의(제390조 1항 단서), 상소권의 포기(제394조)도 특별수권이 필요하다고 해석한다. 위임장의 인쇄된 부동문자에 의한 수권도 예문이라 보아 효력이 없다고 할 수 없다(84누4).

### (3) 심급대리원칙

1) 인정여부

'제90조 2항 3호'와 관련해 소송대리인의 대리권이 심급에 한하는지 문제된다. 判例는 "소송대리권의 범위는 특별한 사정이 없는 한 당해 심급에 한정되어, 소송대리인의 소송대리권의 범위는 수임한 소송사무가 종료하는 시기인 당해 심급의 판결을 송달받은 때까지라고 할 것"(99마6205)이라고 하여 심급대리원칙을 인정한다(즉, 상소에 피상소인으로서 응소하는 것도 특별수권사항으로 보아야 한다).[18] (**11회 선택형**)

## 2) 대리권의 부활

### 가) 대리권의 부활이 긍정된 판례(파기환송되어 사실심에 계속 중인 사건)

① **[상고심에서 환송되어 다시 항소심에 계속하게 된 경우(사실심 단계)]** 判例는 환송의 경우 "상고전의 항소심에서의 소송대리인의 대리권은 그 사건이 항소심에 계속되면서 다시 부활하는 것이므로 환송받은 항소심에서 환송 전의 항소심에서의 소송대리인에게 한 송달은 소송당사자에게 한 송달과 마찬가지의 효력이 있다"(84다카744)**(4 · 10회 선택형)**고 하여 부활을 긍정한다.[19][**9회 사례형**]

② **[이 경우 소송대리인의 보수 : 항소심 사건의 소송사무까지 처리하여야 청구가능]** 判例는 "항소심판결이 상고심에서 파기되고 사건이 환송되는 경우에는 사건을 환송받은 항소심법원이 환송 전의 절차를 속행하여야 하고 환송 전 항소심에서의 소송대리인인 변호사 등의 소송대리권이 부활하므로, 특별한 사정이 없는 한 변호사 등은 환송 후 항소심 사건의 소송사무까지 처리하여야만 비로소 위임사무의 종료에 따른 보수를 청구할 수 있게 된다"(2014다1447)고 판시하였다.

### 나) 대리권의 부활이 부정된 판례(파기환송되어 법률심에 계속 중인 사건, 재심사건)

① **[재상고의 경우]** "상고심에서 항소심으로 파기환송된 사건이 다시 상고된 경우에는 항소심의 소송대리인은 그 대리권을 상실하고, 이때 환송 전 상고심 대리인의 대리권이 그 사건이 다시 상고심에 계속되면서 부활하게 되는 것은 아니라고 할 것이어서, 새로운 상고심은 변호사보수의 소송비용산입에 관한 규칙에서는 환송 전 상고심과는 별개의 심급으로 보아야 한다"(94마148)**(4 · 8회 선택형)**.

② **[재심의 경우]** 한편 재심은 신소제기의 형식을 취하는 것이므로 재심절차에서는 사전 또는 사후의 특별수권이 없는 이상 재심 전의 소송의 소송대리인이 당연히 소송대리인이 되는 것은 아니다(90마970).

## 5. 소송대리인의 지위

① **[제3자의 지위]** 소송행위자로서 행동하나 당사자가 아니므로 판결의 효력을 받지 않는다. 법정대리인과 달리 송달은 반드시 소송대리인에게 하지 않아도 된다. 즉, 소송대리인이 있는 경우에도 당사자 본인에게 한 송달은 유효하다(70마325)**(2회 선택형)**.

② **[당사자 본인의 지위 및 경정권]** 본인이 소송대리인과 같이 법정에 나와 소송대리인의 '사실상 진술'을 경정하면 그 진술은 효력이 없다(제94조). 사실상 진술에 한하며(신청, 소송물의 처분행위, 법률상 진술, 경험칙 등은 포함되지 않는다), 지체없이 행사되어야 하므로 본인이 소송대리인과 '함께' 변론에 출석한 경우에만 행사할 수 있다.

③ **[대리권의 서면증명]** 소송대리인의 권한은 서면으로 증명하여야 한다(제89조 1항).

---

18) **[판례검토]** 소송대리인과의 신뢰관계를 고려해 심급의 종료시마다 본인이 소송대리인의 소송수행여부를 결정하게 하는 것이 타당하다. 따라서 소송대리인의 소송대리권은 당해 심급의 판결정본 송달로 소멸한다.

19) **[판례검토]** 이에 대해 파기환송판결은 '심급이동의 종국판결'(다만 확정되지 않은 종국판결)이고 신뢰관계에 이미 금이 갔으므로 부활을 부정하는 견해가 있다(다수설).

④ [소송대리인이 수인인 경우(개별대리)] 법정대리와 달리 여러 소송대리인이 있는 때에는 각자가 당사자를 대리한다(제93조 1항). 개별대리원칙에 어긋나는 약정을 한 경우에도 이는 효력을 가지지 못한다(동조 2항).

🖐 ✳ **제93조**(개별대리의 원칙)**와 제180조**(공동대리인에게 할 송달)**의 관계**

"당사자에게 여러 소송대리인이 있는 때에는 민사소송법 제93조에 의하여 각자가 당사자를 대리하게 되므로, 여러 사람이 공동으로 대리권을 행사하는 경우 그 중 한 사람에게 송달을 하도록 한 민사소송법 제180조가 적용될 여지가 없어 법원으로서는 판결정본을 송달함에 있어 여러 소송대리인에게 각각 송달을 하여야 하지만, 당사자에 대한 판결정본 송달의 효력은 결국 소송대리인 중 1인에게 최초로 판결정본이 송달되었을 때 발생한다. 따라서 당사자에게 여러 소송대리인이 있는 경우 항소기간은 소송대리인 중 1인에게 최초로 판결정본이 송달되었을 때부터 기산된다"(2011마1335)**(10·13회 선택형).**

※ **법정대리와 임의대리의 비교**

| 차이점 | 법정대리 | 임의대리 |
|---|---|---|
| 발 생 | 법률 | 수권 |
| 소장의 기재여부 | 필수적 기재사항 | 임의적 기재사항 |
| 송달의 상대방 | 법정대리인에게만 | 임의대리인 외 본인도 수송달자 |
| 경정권 적용 | × | ○ |
| 본인의 사망 | 대리권 소멸사유 ○ | 대리권 소멸사유 × |
| 대리인의 사망 | 절차 중단사유 ○ | 절차 중단사유 × |
| 증인능력 | 없음(당사자신문사항임) | 있음 |
| 대리인이 수인인 경우 | 공동대리 원칙(능동대리) | 개별대리 원칙 |

## Ⅲ. 무권대리인

### 1. 소송상 취급

#### (1) 소송행위의 유효요건

#### 1) 무권대리인의 소송행위는 원칙적 무효(유동적 무효)

대리권의 존재는 대리인의 소송행위의 유효요건이다. 그러나 무권대리인의 소송행위는 당사자나 정당한 대리인이 추인하면 소급하여 유효하게 되므로(제60조), 유동적 무효이다.

#### 2) 추인(확정적 유효) [2회 사례형, 13사법]

① [**원 칙**] 判例는 항소심 법원이 원고 소송대리인의 대리권 흠결을 이유로 소각하 판결을 선고하자, 원고 소송대리인이 상고를 제기한 다음 '상고심'에서 원고로부터 대리권을 수여받아 자신이 종전에 한 소송행위를 모두 추인하였다면, 항소심에서 한 소송행위는 모두 행위시에 소급하여 효력을 가지게 되었고 결국 항소심이 소를 각하한 것은 위법하다(96다25227)**(1회 선택형)**고 보아 항소심 판결을 파기하여야 한다고 판시한 바 있다.

② **[묵시적 추인]** 추인은(사전추인을 제외) 시기의 제한이 없어 상급심에서도 하급심에서 한 무권대리인의 소송행위를 추인할 수 있고(**1회 선택형**) 묵시적 의사표시로도 가능하다. 判例는 미성년자가 직접 소송대리인을 선임하여 제1심의 소송수행을 하게 하였으나 제2심에 이르러서는 미성년자의 친권자인 법정대리인이 소송대리인을 선임하여 소송행위를 하면서 이의를 제기한 바 없이 제1심의 소송결과를 진술한 경우에는 무권대리에 의한 소송행위를 묵시적으로 추인한 것으로 보아야 한다(80다308)고 보았다.

③ **[일부 추인(원칙불허, 예외적 허용)]** 判例는 "무권대리인이 행한 소송행위의 추인은 소송행위의 전체를 대상으로 하여야 하고, 그 중 일부의 소송행위만을 추인하는 것은 허용되지 아니한다"(2007다79480)고 하여 원칙적으로 일괄추인만 가능하다고 본다.

그러나 "무권대리인이 변호사에게 위임하여 소를 제기하여서 승소하고 상대방의 항소로 소송이 2심에 계속 중 그 소를 취하한 일련의 소송행위 중 소취하 행위만을 제외하고 나머지 소송행위를 추인함은 소송의 혼란을 일으킬 우려가 없고 소송경제상으로도 적절하여 그 추인은 유효하다"(69다60)고 하여 **소송의 혼란을 가져올 염려가 없는 경우에는 일부추인도 허용**된다고 한다(**3회 선택형**).

### (2) 소송요건(대리권 흠결을 간과한 판결의 효력)

대리권에 흠결이 있는 경우 법원은 기간을 정하여 이를 보정하도록 명하여야 하며, 만일 보정하는 것이 지연됨으로써 손해가 생길 염려가 있는 경우에는 법원은 보정하기 전의 당사자 또는 법정대리인으로 하여금 일시적으로 소송행위를 하게 할 수 있다(제59조)(**2회, 3회 선택형**).

## 2. 쌍방대리의 금지

무권대리행위의 일종이다. 법정대리인의 경우에는 민법 제64조, 민법 제921조의 규정이 있고, 임의대리인 중 비변호사의 경우에는 민법 제124조의 규정이 있으며 쌍방대리는 무효가 된다. 변호사의 경우 判例는 "변호사가 변호사법 제31조의 규정(동조 2호)에 위배되는 소송행위를 하였다고 하더라도 당사자가 (사실심변론종결시까지) 그에 대하여 아무런 이의를 제기하지 아니하면 그 소송행위는 소송법상 완전한 효력이 생긴다"(2003다15556)(**1회 선택형**)고 하여 이의설(제151조는 효력규정 중 임의규정임)의 입장이다.

## 3. 표현대리 인정 여부

判例는 집행증서를 작성할 때에 강제집행인낙의 의사표시는 공증인에 대한 소송행위이고 이러한 소송행위에는 민법상의 표현대리 규정은 적용 또는 유추적용될 수 없다고 한다(2006다2803).[20]

---

20) **[판례검토]** 표현대리의 성립을 긍정할 경우 상대방의 선의·악의에 따라 소송행위의 유효·무효가 좌우되어 절차의 안정을 해할 우려가 있다는 점을 고려하면 표현대리의 성립을 부정하는 判例의 태도가 타당하다.

제 3 편

---

# 제1심 소송절차

## I. 형식적 형성의 소

'형식적 형성의 소'란 형식적으로는 소송사건이지만 실질적으로는 비송사건에 해당하는 형성의 소를 말한다. 공유물분할의 소(민법 제269조 1항), 토지경계확정의 소(判例), 父를 정하는 소(민법 제845조), 법정지상권의 지료결정의 소(민법 제366조) 등이 구체적 예이다.

### 1. 절차상 특징(비송사건적 성격) [처, 불, 청]

① [처분권주의의 배제] 실질이 비송사건이므로 처분권주의가 배제된다. 예를 들어 공유물분할의 소의 경우 원고는 청구취지에 공유물분할 등을 해줄 것을 신청하면 족하고, 특정한 분할방법 등을 지정하여 달라는 신청을 하지 않아도 소송물의 불특정 문제는 발생하지 않는다. 법원은 원고가 분할방법 등을 지정하여 구체적으로 신청을 하더라도 이에 구속되지 않고 재량으로 진실하다고 인정하는 바에 따라 판결하면 된다.

② [불이익변경금지원칙의 부적용] 항소법원이 항소인에 대하여 제1심 판결보다 불리한 판결을 할 수 있다. 왜냐하면 법원은 당사자의 신청에 구속되지 않고 스스로 진실하다고 인정되는 법률관계를 선택할 수 있기 때문이다.

③ [청구기각판결의 불가(증명책임의 예외)] 다른 형성의 소와 달리 법률관계의 요건사실(형성요건)이 결여되어 있으므로 사건의 진위불명이 있을 수 없고 증명책임이 적용되지 않는다. 따라서 법원은 요건사실의 진위불명을 이유로 청구기각판결을 하여서는 아니되고, 반드시 재판을 하여 직권에 의하여 가장 합리적으로 판단되는 권리관계를 형성하면 된다.

### 2. 공유물 분할의 소

① [의의] '공유물 분할의 소'란 공유자 간에 공유물의 분할의 방법에 관하여 협의가 성립되지 아니한 때에 판결에 의한 분할을 청구하는 소를 말한다(민법 제269조 1항).

② [소의 성질] 절차적으로 소송으로 처리되는 소송사건 중 장래 법률관계의 창설을 구하는 '형성소송'이지만, 법원은 공유물분할을 청구하는 자가 구하는 방법에 구애받지 아니하고 자유재량에 따라 합리적인 방법으로 공유물을 분할할 수 있는 것으로서 '비송사건의 성질'도 지니는 형식적 형성소송이다(통설, 判例).

③ [청구취지와 청구원인의 기재] 청구취지의 기재는 '공유물의 분할을 구한다'고 하는 것으로 족하다. 처분권주의가 적용되지 않으므로 분할방법에 대한 당사자의 신청에 법원이 구속되지 않기 때문이다. 청구원인의 기재는 구분소유적 공유관계를 제외하고는 원고가 분할청구권을 가지는 것과 공유자 간에 협의가 성립되지 아니한 것을 주장하면 된다.

④ [심리절차] 민사소송법이 적용되므로 일반소송절차에 의하고 화해도 가능하다. 다만 비송사건의 성질을 가지므로 직권증거조사가 가능하다고 본다.

⑤ [분할방법(처, 불, 청)] ㉠ 공유물의 분할은 **현물분할**을 원칙으로 하나, 현물로 분할할 수 없거나 분할로 인하여 그 가액이 현저히 감손(減損)될 염려가 있는 때에는 공유물을 경매하여 **대금분할**을 할 수 있다(민법 제269조 2항). 이 경우 처분권주의가 적용되지 않으므로 법원은 원고가 현

물분할을 청구하는 경우에도 청구취지의 변경 없이 경매분할을 명하는 판결을 할 수 있다(2004 다30583). ⓒ 이러한 변경은 불이익변경금지원칙이 적용되지 않으므로 항소심에서도 할 수 있고, ⓒ 어떠한 형식으로라도 법률관계를 형성해야 하므로 원고의 청구를 기각할 수 없다. **[14사법]**

⑥ **[판결의 효력]** 형성력 외에 기판력도 인정된다. 判例도 "공유물분할청구소송이 승소확정판결은 기판력과 집행력이 있는 것이므로 그 확정판결의 원본이 멸실되어 강제집행에 필요한 집행문을 받을 수 없는 특별한 사정이 없는 한 그와 동일한 소를 제기할 소의 이익이 없다"(80다1888)라고 하였다.

**\* 공유물분할청구소송의 당사자적격 판단시점 및 무권리자 처분행위 추인에 따른 부당이득반환의 범위**(대판 2022.6.30. 2020다210686, 210693 사실관계)

> **[사실관계]** 甲, 乙, 丙은 X토지를 1/3씩 공유하고 있었는데, 甲은 개인적인 사정상 공유관계를 해소하고자 乙, 丙을 상대로 공유물분할을 구하는 소를 제기하였다(이하 '본소청구').
> 제1심은 乙, 丙에 대한 송달을 공시송달로 진행한 다음, 2018. 10. 17. 甲이 X토지를 단독으로 소유하되 乙, 丙에게 제1심 변론종결일 기준 가액배상금 각 1억 원을 지급하는 내용의 공유물분할판결을 선고하였다. 이후 甲은 X토지를 丁에게 9억 원에 매도한 후 형식적으로 확정된 제1심 판결을 기초로 乙, 丙에 대한 배상금을 각 1억 원씩 공탁하고, 乙, 丙의 각 1/3 지분에 관하여 자신 앞으로 소유권이전등기를 마친 다음, 2019. 1. 29. X토지에 관하여 丁명의로 소유권이전등기를 마쳐주었다. 이에 2019. 2. 22. 乙, 丙은 제1심 판결에 대하여 적법한 추완항소를 제기하고, 2019. 8. 26. 甲에 대하여 X토지의 매매대금 9억 원 중 乙, 丙의 각 1/3 지분에 상응하는 금액 각 3억 원에서 甲이 乙, 丙를 위하여 공탁한 금액 각 1억 원을 공제한 나머지 금액 각 2억 원의 반환을 구하는 반소를 제기하였다(이하 '반소청구').
> 甲의 본소 청구와 乙, 丙의 반소청구에 대해 항소심 법원은 어떤 판결을 해야 하는지 결론과 그 논거를 설명하시오(단, 乙, 丙의 반소는 공동소송 및 반소의 적법요건을 모두 갖추었다고 전제한다)
>
> 항소심 법원은 ① 甲의 '본소청구'는 당사자적격의 흠결을 이유로 '각하'하여야 하고, ② 乙, 丙의 '반소청구'는 추인에 따른 부당이득반환을 이유로 '전부인용'하여야 한다.

🍀 **\* 공유물분할소송의 병합소송형태, 무권리자의 처분행위와 추인**

① 공유물분할청구소송은 분할을 청구하는 공유자가 원고가 되어 다른 공유자 전부를 공동피고로 삼아야 하는 고유필수적 공동소송이다. 따라서 소송계속 중 변론종결일 전에 공유자의 지분이 이전된 경우에는 변론종결 시까지 민사소송법 제81조에서 정한 승계참가나 민사소송법 제82조에서 정한 소송인수 등의 방식으로 일부 지분권을 이전받은 자가 소송당사자가 되어야 한다. 그렇지 못할 경우에는 소송 전부가 부적법하게 된다(2013다78556 참조).

② 무권리자에 의한 처분행위를 권리자가 추인한 경우에 권리자는 무권리자에 대하여 무권리자가 처분행위로 인하여 얻은 이득의 반환을 청구할 수 있다(2001다44291 참조)

③ 공시송달에 의하여 형식적으로 확정된 공유물분할판결에 따라 甲이 자신 앞으로 소유권이전등기를 경료한 후 제3자에게 공유부동산을 처분하였는데, 다른 공유자들이 위 판결에 대하여 적법한 추완항소가 제기되고 공유부동산 처분에 따른 매매대금의 반환을 구하는 반소를 제기한 경우, 이러한 반소제기는 甲의 무권리자 처분행위를 묵시적으로 추인한 것에 해당한다. 따라서 항소심 변론종결시를 기준으로 본소인 공유물분할청구소송은 당사자적격을 갖추지 못하였고, 반소 청구 중 甲이 반환할 부당이득금은 매매대금 중 다른 공유자들의 지분에 해당하는 부분에 한정된다(2020다210686,210693 참조)

## 3. 토지경계확정의 소 [12변리]

① **[의 의]** '토지경계확정의 소'란 토지경계선에 관하여 다툼이 있는 경우에 법원의 판결로 토지경계를 정하는 소를 말한다. 법적 근거는 없으나 학설 및 判例는 이를 인정한다.

② **[소의 성질]** 토지소유권의 범위에 관한 확인의 소라는 견해(확인소송설)도 있으나, 判例는 "토지경계확정의 소는 인접하는 토지의 경계확정을 구하는 소이고 그 토지에 관한 소유권의 범위나 실체상 권리의 확인을 목적으로 하는 것은 아니므로 당사자가 토지 일부를 시효취득하였는지의 여부는 토지경계확정소송에서 심리할 대상이 되지 못한다"(92다44503)고 하여 **형식적 형성소송설**의 입장이다.

③ **[경계확정방법(처, 불, 청)]** ㉠ 한 필의 경계를 확정하는 것은 공익적 요소가 강하므로 처분권주의가 적용되지 않는다. 따라서 법원은 당사자가 주장하는 경계선에 구속되지 않고 진실한 경계를 확정하여야 하고(95다54761), 당사자로서는 취하는 허용되지만 인낙이나 화해를 할 수는 없다. ㉡ 불이익변경금지원칙도 적용되지 않으므로 항소심에서 제1심판결을 변경하여 정당하다고 판단되는 경계선을 경계로 확정할 수 있고, 그 결과 항소인에게 불이익하고 부대항소를 하지 않은 피항소인에게 유리하더라도 무방하다. ㉢ 원고가 주장하는 경계선보다 유리한 판단을 하여야 할 경우에도 청구기각의 판결을 할 수 없고 경계설정이 필요하다고 인정되는 한 언제나 본안판결로써 경계를 설정하여야 한다.

# I. 서 설

## 1. 의 의

'소송요건'이란 소가 적법하기 위하여 구비하여야 할 사항을 말한다. 소송요건은 소의 본안심리 요건인 동시에 본안판결요건이다. 따라서 법원은 소송요건에 흠이 밝혀진 경우 더 이상 본안심리를 하지 않고 소각하 판결을 하여야 한다(81누420).

## 2. 모 습

① **[적극적 요건과 소극적 요건]** 재판권·관할권·당사자능력·소송능력 등 그것의 존재가 소를 적법하게 하는 것을 적극적 소송요건이라 하고, 중복소제기·기판력·중재합의 등 그것의 부존재가 소를 적법하게 하는 것을 소극적 소송요건이라 한다.

② **[직권조사사항]** '직권조사사항'이란 공익적 필요에 따라 피고의 항변이 없어도 법원이 직권으로 조사하여야 할 사항을 말한다(대부분의 소송요건이 여기에 해당). 따라서 직권조사사항에 대한 규정은 강행규정이며, 피고가 이의를 하지 않아도 이의권 포기·상실의 대상이 아니고, 이의를 하여도 이는 항변이 아니라 법원에 대한 직권발동촉구에 불과하여, 법원이 이를 판단하지 않아도 판단누락의 상고이유가 되지 못한다.

   ※ **직권조사사항으로 본 판례**

   ㉠ **[법인의 대표권 사건]** "법인의 대표자에게 적법한 대표권이 있는지 여부는 소송요건에 관한 것으로서 법원의 직권조사사항이므로, 법원으로서는 그 판단의 기초 자료인 사실과 증거를 직권으로 탐지할 의무까지는 없다 하더라도, 이미 제출된 자료들에 의하여 그 대표권의 적법성에 의심이 갈 만한 사정이 엿보인다면 상대방이 이를 구체적으로 지적하여 다투지 않더라도 이에 관하여 심리·조사할 의무가 있다"(96다40578 ; 2009다22846 ; 2021다306904)(**6·11·13회 선택형**).

   ㉡ **[채권자대위권의 피보전채권]** "채권자대위소송에서 대위에 의하여 보전될 채권자의 채무자에 대한 권리가 존재하는지 여부는 소송요건으로서 법원의 직권조사사항이므로, 법원으로서는 그 판단의 기초자료인 사실과 증거를 직권으로 탐지할 의무까지는 없다 하더라도, 법원에 현출된 모든 소송자료를 통하여 살펴보아 피보전채권의 존부에 관하여 의심할 만한 사정이 발견되면 직권으로 추가적인 심리·조사를 통하여 그 존재 여부를 확인하여야 할 의무가 있다"(2009다3234)(**6회 선택형**).

   ㉢ **[관할권]** "관할권은 법원의 직권조사사항으로서 법원은 관할에 속하지 아니할 때에는 제34조 1항에 의해 직권으로 이송결정한다"(93마524).

   ㉣ **[소송상 합의]** 부제소 합의에 위배된 소의 적법 여부(2011다80449)와 불항소 합의의 유무는(79다2066) 법원의 직권조사사항이다.

## 3. 항변사항에 대한 조사(변론주의)

항변사항은 피고가 문제 삼을 때만 조사하면 족하고, 이의를 하지 않으면 이의권이 포기 · 상실되어 하자가 치유되므로 변론주의에 따라 조사한다.

## Ⅱ. 소송요건의 증명

### 1. 증명방법

소송요건의 존재여부는 실체법상 요건과 마찬가지로 엄격한 증명(법률이 정한 증거방법에 대하여 법률이 정한 절차에 의해 증명하는 것)에 의한다.

### 2. 증명책임

직권조사사항에 관하여도 그 사실의 존부가 불명한 경우에는 입증책임의 원칙이 적용되어야 하는바, 본안판결을 받는다는 것 자체가 원고에게 유리하다는 점에 비추어 **직권조사사항인 소송요건에 대한 입증책임은 원고에게 있고**(96다39301), **항변사항인 소송요건에 대한 입증책임은 피고에게 인정된다.**

### 3. 소송요건 존부의 판단시기

#### (1) 원 칙

소송요건은 '사실심 변론종결시'를 기준으로 판단한다. 따라서 소송요건은 제소 당시에 갖추어지지 아니하여도 사실심 변론종결시까지 구비되면 족하다(전합76다2304).

#### (2) 예 외

1) 제소시를 기준으로 판단하는 것 [관, 당, 본]

① **[관할권]** 관할권의 존부는 '제소시'를 기준으로 한다(제33조). 다만, 제소시에는 관할권이 없었더라도 사실심 변론종결시까지 관할권이 갖추어지면 하자는 치유된다.

② **[당사자자격]** 당사자능력 · 소송능력 · 법정대리권은 '제소시'에 존재하면 소가 적법하고 소송중에 소멸하면 소송중단 사유에 불과하다(제233조 · 제234조 · 제235조).

③ **[본소의 소송요건]** "적법하게 제기된 본소가 그 후 상대방이 제기한 반소로 인하여 소송요건에 흠결이 생겨 다시 부적법하게 되는 것이 아니므로"(2010다2428,2435 : **13회 선택형**).

2) 사실심 변론종결 이후의 사정을 고려한 것

"사실심 변론종결 이후에 소송요건이 흠결되거나 그 흠결이 치유된 경우 상고심에서도 이를 참작하여야 한다"(2016두52064 ; 2016다231198).

## Ⅲ. 조사의 순서 : 소송요건심리의 선순위성 [12사법]

### 1. 문제점

소송요건의 존부에 대한 판단보다 청구기각의 판단이 용이한 경우 또는 소송요건 흠결과 본안요건 흠결이 경합할 때 본안을 심리함에 있어 반드시 소송요건 존부를 확정하여야 하는지 문제된다.

### 2. 판 례(소송요건심리의 선순위성 긍정)[21]

① **[공동상속인누락 사건]** "공동상속인 전원이 당사자가 되어야 할 경우에 그 1인만이 원고가 되어 한 소유권이전등기말소청구는 부적법하여 각하되어야 함에도 불구하고 이를 기각한 것은 위법하다"(4289민상379).

② **[채권자 대위권의 피보전채권]** "채권자대위소송에 있어서 대위에 의하여 보전될 채권자의 채무자에 대한 권리가 인정되지 아니할 경우에는 당사자 적격이 없게 되므로 그 대위소송은 부적법하여 각하할 수밖에 없는데, 원심이 이를 간과하고 본안에 관하여 심리판단한 것은 위법하다"(88다카4727).

## Ⅳ. 조사 후 법원의 조치

### 1. 소송요건이 구비된 경우

계속 본안 심리하면 족하고 소가 적법하다고 판결에서 명시할 필요는 없다. "소의 적법요건은 법원의 직권조사사항이므로 이에 관한 당사자의 주장은 직권발동을 촉구하는 의미밖에 없어 위 주장에 대하여 판단하지 아니하였다 하더라도 판단유탈의 상고이유로 삼을 수 없다"(90다카21589).

### 2. 소송요건에 흠이 있는 경우

① **[법원의 조치]** 소송요건의 흠이 있더라도 ⅰ) 보정이 가능한 경우에는 법원은 기간을 정하여 이를 보정하도록 명하여야 하고(제59조), ⅱ) 흠을 보정할 수 없는 경우에는 변론 없이 판결로 소를 각하할 수 있다(제219조). 즉, 법원은 본안심리를 하지 않고 '원고의 소를 각하한다'라는 소송판결을 할 수 있다. ⅲ) 다만 소송요건에 흠이 있는 경우에도 관할위반의 경우에는 소를 각하하지 아니하고 관할법원에 이송하고(제34조 1항), ⅳ) 병합요건의 흠이 있는 경우 또한 각하하지 아니하고 독립한 소로 심리한다.

② **[소송판결의 기판력]** 소송판결의 기판력은 그 판결에서 확정한 소송요건의 흠결에 관하여 미치는 것이지만, 당사자가 그러한 소송요건의 흠결을 보완하여 다시 소를 제기한 경우에는 그 기판력의 제한을 받지 않는다(2002다70181 : **13회 선택형**).

---

21) **[판례검토]** 소송요건을 판단하지 않고 청구기각의 판결을 하면 당사자의 절차권을 침해하게 된다는 점을 고려하면 소송요건심리의 선순위성을 긍정하는 것이 타당하다.

## Ⅰ. 청구가 소구할 수 있는 구체적인 권리 또는 법률관계에 대한 것일 것 [권, 구, 재, 법]

청구는 ⅰ) 권리 또는 법률관계에 대한 것이어야 하고, ⅱ) 구체적 사건성을 갖추어야 하며, ⅲ) 재판상 소구할 수 있는 것이어야 한다. 또한 ⅳ) 법원의 권한에 속하는 것이어야 한다.

### ※ 대장상 명의말소청구의 적법여부(소극)

대장상 명의의 다툼이 법률상 쟁송인지와 관련하여 견해의 대립이 있는 바, 判例는 "임야대장, 토지대장, 가옥대장등은 조세의 부과징수의 편의를 도모하기 위하여 작성된 장부에 불과한 것으로서 부동산에 관한 권리변동의 공시방법이 아닌 만큼 소유권을 부인하는 자에 대하여 소유권의 확인을 청구함으로써 충분하고 대장상의 명의말소를 청구할 필요가 없다"(78다913)고 한다.

## Ⅱ. 법률상·계약상의 소제기금지사유가 없을 것

① 법률상 금지사유로 중복소제기금지(제259조), 재소금지(제267조 2항)가 있으며, ② 계약상 금지사유로 부제소특약, 소 취하 합의가 있다.

## Ⅲ. 특별구체절차(소제기장애사유)가 없을 것

법률상 간이한 구제절차가 있는 소송비용확정절차나 등기관의 직권사항(예 : 부기등기의 말소등기)에 대해 소를 제기하는 경우, 상소를 제기하여 다투어야 할 것에 대하여 별도로 소를 제기한 경우 소의 이익이 부정된다.

## Ⅳ. 원고가 동일청구에 대하여 승소확정의 판결을 받은 경우가 아닐 것

① **[원칙]** 승소판결을 받은 자가 동일한 소를 제기한 경우, 判例는 기판력의 본질에 관한 '모순금지설'에 따라 권리보호이익의 흠결을 이유로 소를 각하한다(2004다54978).

② **[예외(멸, 특, 중, 공)]** 다만 判例는 ⅰ) 판결원본이 멸실된 경우, ⅱ) 판결내용이 특정되지 않은 경우(97다57658), ⅲ) 시효중단의 필요성이 있는 경우(95다22795,22801), ⅳ) 공정증서의 경우 집행력은 있으나 기판력이 없기 때문에 기판력 있는 판결을 받기 위해 공정증서의 내용과 동일한 청구를 소로 제기할 이익을 인정한다(95다22795,22801).

### ※ 시효중단의 필요성이 있는 경우(예외적으로 소의 이익 긍정) [10회 사례형]

"㉠ 확정판결의 기판력에 의하여 당사자는 확정판결과 동일한 소송물에 기하여 신소를 제기할 수 없는 것이 원칙이나, 시효완성이 임박하여 시효중단의 필요성이 인정되는 등 특별한 사정이 있는 경우에는 예외적으로 신소가 허용된다. ㉡ 그러나 이러한 경우에도 신소의 판결이 전소의 승소확정판결의 내용에 저촉되어서는 안 되므로, 후소 법원으로서는 그 확정된 권리를 주장할 수 있는 모든 요건이 구비되어 있는지에 관하여 다시 심리할 수 없다. ㉢ 다만 전소의 변론종결 후에 새로 발생한 변제, 상계, 면제 등과 같은 채권소멸사유는 후소의 심리대상이 되어 채무자인 피고는 후소 절차에서 위와 같은 사유를 들어 항변할 수 있으나, ㉣ 법률이나 판례의 변경은 전소 변론종결 후에 발생한 새로운 사유에 해당한다고 할 수 없다"(2019다215272)(11·13회 선택형)

📌 ✻ 소멸시효 중단을 위한 후소로서 기존의 '이행소송'외에 이른바 '새로운 방식의 확인소송'을 허용할 것인지 여부(긍정)

대법원은 최근 전원합의체 판결을 통해 확정판결이 있는 청구권의 소멸시효 중단을 위한 후소로서 전소와 같은 내용의 이행소송 외에 전소 판결로 확정된 채권의 시효를 중단시키기 위한 조치, 즉 '재판상의 청구(후소의 제기)'가 있다는 점에 대하여만 확인을 구하는 형태의 '새로운 방식의 확인소송'이 허용되고, 채권자는 두 가지 형태의 소송 중 자신의 상황과 필요에 보다 적합한 것을 선택하여 제기할 수 있다고 판결하였다(전합2015다232316).[22] **(11회 선택형)**

## V. 신의칙위반의 소제기가 아닐 것

신의칙위반의 소제기는 권리보호의 가치가 없는 소로써 소의 이익이 부정된다.

---

## Set 015 권리보호이익 (각종 소의 특수한 소의 이익)

## I. 이행의 소

### 1. 현재이행의 소

#### (1) 의 의

'현재이행의 소'란 현재(변론종결시) 이행기가 도래하였으나 이행되지 아니한 이행청구권의 존재를 주장하는 소로서, 이행기가 도래한 청구권을 강제집행하려면 승소확정판결을 얻어야 하므로 판결을 받기 위한 현재이행의 소는 원칙적으로 권리보호이익이 인정된다.

#### (2) 집행이 불가능하거나 현저하게 곤란한 경우(소의 이익 긍정)

판결절차는 분쟁의 관념적 해결절차로서 강제집행절차와는 별도로 독자적인 존재 의의를 갖는 것으로서 집행권원의 보유는 피고에 대한 심리적 압박이 되어 장래 집행이 가능하게 될 수도 있으므로 소의 이익이 인정된다. [10회 사례형]

1) 순차로 경료된 등기들의 말소를 청구하는 소송

순차로 경료된 등기들의 말소를 청구하는 소송의 경우 후순위 등기에 대한 말소청구가 패소 확정됨으로써 그 전순위 등기의 말소등기 실행이 결과적으로 불가능하게 되더라도, 그 전순위 등기의 말소를 구할 소의 이익이 없다고는 할 수 없다(2007다36445)(4·11회 선택형).

---

22) **[판례해설]** 종래 시효중단을 위한 이행소송은 채권자가 실제로 의도하지도 않은 청구권의 존부에 관한 실체 심리를 진행하게 됨으로써 채권자와 채무자의 법률적 지위마저 불안정하게 되는 문제점이 있었다. 이번 판결은 '기존의 이행소송' 외에 보다 간이한 방식의 '새로운 방식의 확인소송'도 허용된다고 함으로써 이러한 문제점을 해결할 수 있는 방법을 제시하였다는 점에서 의의가 있다.

### 2) 가압류된 '금전채권'에 대한 이행청구 : 청구전부인용 [1회 사례형]

① **[적법여부]** 가압류된 금전채권에 대한 이행청구도 소의 이익이 있다. 즉, "채권가압류가 된 경우 채무자가 제3채무자를 상대로 이행의 소를 제기하여 채무명의(집행권원)를 얻더라도 이에 기하여 제3채무자에 대하여 강제집행을 할 수는 없다고 볼 수 있을 뿐이고 그 채무명의(집행권원)를 얻는 것까지 금지하는 것은 아니라고 할 것이다"(88다카25038 ; 2001다59033)(4·6회 선택형). 이때 제3채무자의 구제수단으로 민사집행법(제248조 1항 및 제291조) 규정에 따른 집행공탁제도가 있다(전합93다951참고).[23]

② **[본안판단]** 이 경우 청구가 이유 있다면 법원은 전부 청구인용판결을 할 수 있다. 제3채무자로서는 이행을 명하는 판결이 있더라도 집행단계에서 이를 저지하면 될 것이기 때문이다(2001다59033).

③ **[가압류된 금전채권 양수인의 이행청구]** "일반적으로 채권에 대한 가압류가 있더라도 이는 가압류채무자가 제3채무자로부터 현실로 급부를 추심하는 것만을 금지하는 것이므로 가압류채무자는 제3채무자를 상대로 그 이행을 구하는 소송을 제기할 수 있고, 법원은 가압류가 되어 있음을 이유로 이를 배척할 수 없는 것이며, 가압류된 채권도 이를 양도하는 데 아무런 제한이 없으나, 다만 가압류된 채권을 양수받은 양수인은 그러한 가압류에 의하여 권리가 제한된 상태의 채권을 양수받는다고 보아야 할 것이다"(99다23888)(11회 선택형) [1회 기록형, 3회 사례형]

### 🌱 ＊ 가압류명령·추심명령·전부명령의 비교

채권자 A가 채무자 B의 제3채무자 C에 대한 채권에 대하여 각각 가압류명령·추심명령·전부명령을 받아 확정된 후, B가 C에 대해 채무이행의 소를 제기한 경우

① **[가압류명령 : 소제기 적법]** 가압류된 금전채권에 대한 이행청구도 소의 이익이 있다. 즉, "제3채무자에 대하여 강제집행을 할 수는 없다고 볼 수 있을 뿐이고 그 집행권원을 얻는 것까지 금하는 것은 아니라고 할 것이다"(2001다59033)(4·6회 선택형).

② **[추심명령 : 원고적격이 없으므로 부적법각하]** 추심명령이 있는 때 압류채권자는 대위절차 없이 압류채권을 추심할 수 있다(민사집행법 제229조 2항). 따라서 判例는 "채권에 대한 압류 및 추심명령이 있으면 제3채무자에 대한 이행의 소는 추심채권자만이 제기할 수 있고 채무자는 피압류채권에 대한 이행소송을 제기할 당사자적격을 상실한다"(99다23888)고 판시하였다. 즉, 금전채권이 압류·추심된 경우에는 갈음형 제3자 소송담당이 인정되므로 제3채무자(C)에 대한 이행의 소는 추심채권자(A)만이 제기할 수 있고, 집행채무자(B)는 피압류채권에 대한 이행의 소를 제기할 당사자적격을 상실하게 되므로(6회 선택형), 이는 소각하의 '본안전 항변'사유이다(4회 선택형).

③ **[전부명령 : 소제기는 적법하나 청구기각]** 전부명령이 있는 때 압류된 채권은 지급에 갈음하여 압류채권자에게 이전된다(민사집행법 제229조 3항). 따라서 전부채권자(A)는 추심채권과는 달리 자신의 권리를 행사하는 것이므로 갈음형 제3자 소송담당이 아니어서, 전부채무자(B)의 소송수

---

23) "ⅰ) 채권의 가압류는 제3채무자에 대하여 채무자에게 지급하는 것을 금지하는 데 그칠 뿐 채무 그 자체를 면하게 하는 것이 아니고, 가압류가 있다 하여도 그 채권의 이행기가 도래한 때에는 제3채무자는 그 지체책임을 면할 수 없다고 보아야 할 것이다. ⅱ) 이 경우 가압류에 불구하고 제3채무자가 채무자에게 변제를 한 때에는 나중에 채권자에게 이중으로 변제하여야 할 위험을 부담하게 되므로 제3채무자로서는 민법 제487조의 규정에 의하여 공탁을 함으로써(실무상 가압류의 경우는 현행 민사집행법상의 집행공탁으로 사실상 통일 : 저자 주)이중변제의 위험에서 벗어나고 이행지체의 책임도 면할 수 있다"

행권은 유지된다. 그리고 이행의 소는 주장자체로 원고적격을 가지기 때문에 전부채무자(B)의 제3채무자(C)에 대한 소제기는 적법하다. 다만, 전부채무자(B)의 제3채무자(C)에 대한 이행청구소송은 실체법상의 이행청구권이 상실되었으므로(집행채권이 B에게서 A로 이전됨), 이는 본안에서 기각되어야 할 '본안에 관한 항변'사유에 해당한다(4회 선택형).

🌶 ✳ 채권압류 및 추심명령을 신청하면서 판결 결과에 따라 제3채무자가 채무자에게 지급하여야 하는 금액을 피압류채권으로 표시한 경우, 채권압류 및 추심명령의 효력이 거기에서 지시하는 소송의 소송물인 청구원인 채권에 미치는지 여부(적극)
"판결 결과에 따라 제3채무자가 채무자에게 지급하여야 하는 금액을 피압류채권으로 표시한 경우 해당 소송의 소송물인 실체법상의 채권이 채권압류 및 추심명령의 대상이 된다고 볼 수밖에 없고, 결국 채권자가 받은 채권압류 및 추심명령의 효력은 거기에서 지시하는 소송의 소송물인 청구원인 채권에 미친다"(2016다203056)(9회 선택형).

3) 가압류·가처분된 '소유권이전등기청구권'에 대한 이행청구 : 청구일부인용 [1회 사례형]

① [적법여부] 가압류·가처분된 소유권이전등기청구권에 대한 이행청구(92다4680)도 소의 이익이 있다.

② [본안판단] 대법원은 "소유권이전등기청구권에 대한 압류나 가압류가 있더라도 채무자는 제3채무자를 상대로 그 이행을 구하는 소송을 제기할 수 있고 법원은 가압류가 되어 있음을 이유로 이를 배척할 수는 없는 것이지만, 소유권이전등기를 명하는 판결(민법 제389조 2항)은 의사의 진술을 명하는 판결로서 이것이 확정되면 채무자는 일방적으로 이전등기를 신청할 수 있고 제3채무자는 이를 저지할 방법이 없게 되므로(소유권이전등기를 명하는 판결의 경우 별도의 집행단계가 존재하지 않고, 집행공탁의 공탁물은 금전에 한정되기 때문에 제3채무자는 채무를 면할 방법이 없다 : 저자주) 위와 같이 볼 수는 없고 이와 같은 경우에는 '가압류의 해제'를 조건으로 하지 않는 한 법원은 이를 인용하여서는 안된다"(전합92다4680 등)(8회,11회 선택형)고 판시하고 있다(원고일부승소). 다만, 변론주의원칙상 제3채무자가 소유권이전등기청구권이 가압류된 사실을 주장하는 등의 사정이 있어야 위와 같은 해제조건부 인용 판결이 가능하다.

🌶 ✳ (가)압류된 주식양도청구권에 대한 이행청구 : 청구일부인용
"주식양도청구권이 압류 또는 가압류된 경우 채무자가 제3채무자를 상대로 주식의 양도를 구하는 소를 제기할 수 있고, 위 주식이 지명채권의 양도방법으로 양도할 수 있는 주권발행 전 주식인 경우, 법원이 위 청구를 인용하려면 가압류의 해제를 조건으로 하여야 하며, 이는 가압류의 제3채무자가 채권자의 지위를 겸하는 경우에도 마찬가지이다"(2017다3222,3239)

③ [제3채무자의 응소의무] "소유권이전등기를 명하는 판결은 의사의 진술을 명하는 판결(민법 제389조 2항)로서 이것이 확정되면 채무자는 일방적으로 이전등기를 신청할 수 있고 제3채무자는 이를 저지할 방법이 없으므로, 소유권이전등기청구권이 가압류된 경우에는 변제금지의 효력이 미치고 있는 제3채무자로서는 일반채권이 가압류된 경우와는 달리 채무자 또는 그 채무자를 대위한 자로부터 제기된 소유권이전등기 청구소송에 응소하여 그 소유권이전등기청구권이 가압류된 사실을 주장하고 자신이 송달받은 가압류결정을 제출하는 방법으로 입증하여야 할 의무가 있다고 할 것이고, 만일, 제3채무자가 고의 또는 과실로 위 소유권이전등기 청구소송에 응소하지 아니한 결과

의제자백에 의한 판결이 선고되어 확정됨에 따라 채무자에게 소유권이전등기가 경료되고 다시 제3자에게 처분된 결과 채권자가 손해를 입었다면, 이러한 경우는 제3채무자가 채무자에게 임의로 소유권이전등기를 경료하여 준 것과 마찬가지로 불법행위를 구성한다고 보아야 한다"(98다22963)(11회 선택형).

🎗️ ＊ **소유권이전등기청구권의 가압류사실이 직권조사사항인지 여부**(소극)

"소유권이전등기청구권이 가압류되어 있다는 사정은 피고측의 항변사유에 해당하는 것이고 직권조사사항은 아닌 만큼, 소유권이전등기 청구소송의 소장에 그와 같은 가압류의 존재 사실이 기재되어 있다고 하더라도 이는 선행자백에 불과하여 피고가 응소하여 그 부분을 원용하는 경우에 비로소 고려될 수 있는 것이므로, 피고가 답변서를 제출하지 아니하고 변론기일에 출석하지도 아니하여 그 사건의 원고가 주장하는 소유권이전등기청구권의 요건 사실에 관하여 의제자백의 효과가 발생한 이상 법원으로서는 전부승소의 판결을 할 것이지 단순히 가압류사실을 알게 되었다고 하더라도 가압류가 해제될 것을 조건으로 한 판결을 할 수는 없는 것이다"(98다22963).

### (3) 목적이 실현되었거나 아무런 실익이 없는 경우

1) 목적이 실현된 경우 : 사해행위의 취소에 의해 복귀를 구하는 재산이 이미 채무자에게 복귀한 경우

判例는 "채권자가 채무자의 부동산에 관한 사해행위를 이유로 수익자를 상대로 그 사해행위의 취소 및 원상회복을 구하는 소송을 제기하여 그 소송계속 '중' 위 사해행위가 해제(해지)되고 채권자가 그 사해행위의 취소에 의해 복귀를 구하는 재산이 벌써 채무자에게 복귀한 경우에는, 그 채권자취소소송은 이미 그 목적이 실현되어 더 이상 그 소에 의해 확보할 권리보호의 이익이 없어지는 것이다"(2007다85157)(1회 선택형)고 하였다. 이러한 법리는 사해행위취소소송이 제기되기 '전'에 사해행위의 취소에 의해 복귀를 구하는 재산이 채무자에게 복귀한 경우에도 마찬가지이다(전합 2012다952).

2) 아무런 실익이 없는 경우 : 등기관련소송 중 등기경료·목적물멸실·저당권실행으로 등기가 말소된 경우

① 원고의 소유권이전등기청구소송 중에 다른 원인에 의하여 원고 앞으로 소유권이전등기가 된 경우(96다785), ② 건물이 전부멸실 된 경우 그 건물에 대한 등기청구(75다399. 아래 비교판례와 구별할 것), ③ 근저당권설정등기의 말소등기절차의 이행을 구하는 소송 중에 그 근저당권설정등기가 경락을 원인으로 말소된 경우(2002다57904. 아래 비교판례와 구별할 것)(2 · 8 · 13회 선택형)에도 권리보호이익이 부정된다.

🎗️ [비교판례] ＊ **종전건물의 소유자가 이를 헐어 내고 건물을 신축한 경우**(위 ②번과 비교)

"소유권보존등기가 되었던 종전건물의 소유자가 이를 헐어 내고 건물을 신축한 경우에 있어 종전건물에 대한 멸실등기를 하고 새 건물에 대한 소유권보존등기를 하기 위하여 종전건물에 대한 소유권보존등기에 터잡아 마쳐진 원인무효의 소유권이전등기 등의 말소를 청구할 소의 이익이 있다"(91다39184)

🎗️ [비교판례] ＊ **근저당설정계약의 취소소송 중 근저당설정등기가 말소된 경우**(위 ③번과 비교).

"채무자와 수익자 사이의 근저당권설정계약이 사해행위인 이상 그로 인한 근저당권설정등기가 경락으로 인하여 말소되었다고 하더라도 수익자로 하여금 근저당권자로서의 배당을 받도록 하는 것은 채권자취소권의 취지에 반하므로, 수익자에게 그와 같은 부당한 이득을 보유시키지 않기 위하여 그 근저당

권설정등기로 인하여 해를 입게 되는 채권자는 근저당권설정계약의 취소를 구할 이익이 있다"(97다8687)**(4회 선택형)**

### 3) 목적의 실현이 실익이 있는 경우(소의 이익 긍정)

"취득시효 완성을 원인으로 하는 소유권이전등기청구권을 피보전권리로 하는 부동산처분금지가처분 등기가 마쳐진 후에 가처분채권자가 가처분채무자를 상대로 가처분의 피보전권리에 기한 소유권이전등기를 청구함과 아울러 가처분 등기 후 가처분채무자로부터 소유권이전등기를 넘겨받은 제3자를 상대로 가처분채무자와 제3자 사이의 법률행위가 원인무효라는 이유로 가처분채무자를 대위하여 제3자 명의 소유권이전등기의 말소를 청구하는 경우, 제3자에 대한 청구는 소의 이익이 있다"(2017다237339)(8회 선택형).

### (4) 제3자를 위한 계약의 경우

'제3자를 위한 계약에서 제3자는 채무자(낙약자)에 대하여 계약의 이익을 받을 의사를 표시한 때에 채무자에게 직접 이행을 청구할 수 있는 권리를 취득하고(민법 제539조), 요약자는 제3자를 위한 계약의 당사자로서 원칙적으로 제3자의 권리와는 별도로 낙약자에 대하여 제3자에게 급부를 이행할 것을 요구할 수 있는 권리를 가진다. 이때 낙약자가 요약자의 이행청구에 응하지 아니하면 특별한 사정이 없는 한 요약자는 낙약자에 대하여 제3자에게 급부를 이행할 것을 소로써 구할 이익이 있다(2018다259565).

## 2. 장래이행의 소

### (1) 의의 및 취지

변론종결시를 기준으로 하여 이행기가 장래에 도래하는 이행청구권을 주장하는 소이다(제251조). 채무자의 '임의이행의 거부에 대비'하기 위한 것이고, '강제집행의 곤란에 대비'하기 위한 것이 아니므로 집행곤란의 사유가 있으면 가압류나 가처분의 사유가 될 뿐이다. 참고로 본래의 급부청구의 '집행불능에 대비'하기 위한 대상청구는 장래이행의 소로서 미리 청구할 필요가 있으므로 허용된다(2005다55411).

### (2) 적법요건

장래이행의 소가 적법하기 위해 ⅰ) 대상적격을 갖추고 있고, ⅱ) 미리 청구할 필요가 있어야 한다.

### 1) 대상적격(청구적격, 권리보호의 자격)

### 가) 요 건

ⅰ) 청구권의 발생의 기초가 되는 사실상, 법률상 관계가 변론종결 당시 존재하고 있어야 하고, ⅱ) 그 청구권의 이행기가 변론종결 이후에 도래하며, ⅲ) 원고가 주장하는 장래이행기까지의 상태계속이 확실하여야 한다(95누4902,4919).

### 나) 조건부청구

조건부 청구는 조건성취의 개연성이 희박하지 않아야 인정된다(**2회 선택형**).

## 📌 ✳ 허가조건부 이행청구

① **[인정된 경우]** "(사립학교법 제28조에 위반되는) 감독청의 허가 없이 학교법인의 기본재산에 대하여 매매계약을 체결한 경우 매수인은 감독청의 허가를 조건으로 소유권이전등기절차의 이행을 구할 수 있다"(96다27988)**(8회 선택형)**.

② **[부정된 경우]** ㉠ 判例는 (국토의 계획 및 이용에 관한 법률상) 토지거래허가구역의 토지매수인이 매도인을 상대로 장차 허가받을 것을 조건으로 하여 소유권이전등기 청구를 허용하지 않았고(전합90다12243), ㉡ 대항요건을 갖추지 않은 채권양수인은 채무자와 사이에 아무런 법률관계가 없어 채무자에 대하여 채권양도인으로부터 양도통지를 받은 다음 채무를 이행하라는 청구(통지조건부 청구)는 부적법하다고 보았다(90다9452).

### 다) 장래의 부당이득반환청구, 장래의 손해배상청구

"채무의 이행기가 장래에 도래할 예정이고 그때까지 채무불이행 사유가 계속 존속할 것이 변론종결 당시에 확정적으로 예정되어 있다면, 장래의 이행을 명하는 판결을 할 수 있다"(2018다227551). **[9회 기록형]**

## 📌 ✳ 점유로 인한 장래부당이득반환청구

① **[불법점유의 경우 : 피고(국가 또는 시)의 점유종료일까지, 피고(사인)의 인도완료일까지]** ㉠ 判例는 국가 또는 시가 타인 소유의 토지를 도로부지로 점유·사용하면서도 이에 대한 임료 상당의 부당이득금의 반환을 거부하는 사안에서, '시가 토지를 매수할 때까지'(91다17139), '1990.6.10.까지'(86다카2151)라는 장래의 기간을 한정한 청구는 그 시기 이전에 피고(국가 또는 시)가 이 사건 토지를 수용하거나 도로폐쇄조치를 하여 점유사용을 그칠 수도 있고 원고가 위 토지를 계속하여 소유하지 못할 수도 있기 때문에 의무불이행 상태가 장래의 이행기까지 존속하는 것이 변론종결 당시 확정적으로 예정할 수 없으므로 **부적법**하다고 하나, '피고의 점유종료일 또는 원고의 소유권상실일까지'(94다32085)를 장래의 기간으로 한정한 청구는 **적법**하다고 하였다.

㉡ 같은 이유에서 사인간의 무단점유의 경우 判例는 임대차종료 후 임차인 甲이 임차 건물에서 퇴거하면서 임대인 乙이 아닌 제3자 丙에게 건물의 열쇠를 건네주어 건물을 점유·사용케 하였다면, 乙의 손해는 '건물을 인도받을 때'까지 계속해서 발생할 것이 확정적으로 예정되어 있다고 보았다(2018다227551).[24]

㉢ 한편, 최근에는 '원고의 소유권 상실일까지'라는 기재는 확정된 이행판결의 집행력에 영향을 미칠 수 없는 무의미한 기재라고 하여 **이행판결의 주문 표시로서 바람직하지 않다**고 판시하였다(2015다244432).[25]

---

24) **[판례해설]** 위 2018다227551판결은 불법점유의 경우 '점유 자체'가 부당이득이 되므로 불법점유시부터 변론종결시까지의 부분은 현재이행의 소, 변론종결시부터 인도시까지는 장래이행의 소에 해당하는바, 특히 장래이행의 소의 적법여부와 관련하여 (사인간의 무단점유의 경우) '목적물을 인도할 때'까지 점유할 것이 분명하고, 이러한 부당이득채무 불이행 상태가 변론종결일 이후부터 인도하는 날까지 변론종결시에 확정적으로 예상할 수 있는 경우에 해당한다고 볼 수 있다고 본 것이다.

25) **[판례해설]** '원고의 소유권 상실일까지'라는 기재는 수소법원이 판단해야 할 사항인 소유권 변동 여부를 수소법원이 아닌 다른 기관의 판단에 맡기는 형태의 주문이다. 또한 '원고의 소유권 상실일'은 장래의 부당이득반환의무의 '임의 이행' 여부와는 직접적인 관련이 없으므로, 이를 기재하지 않더라도 장래의 이행을 명하는 판결에 관한 법리에 어긋나지 않으므로 최근 판례의 태도가 타당하다(2015다244432 판결요지)

② **[적법점유의 경우 : 피고의 사용·수익 종료일이 기준]** "토지임차인이 토지임대인에게 토지를 인도하지 아니하더라도 원심이 이행을 명한 '인도하는 날' 이전에 토지의 사용·수익을 종료할 수도 있기 때문에 의무불이행사유가 '인도하는 날까지' 존속한다는 것을 변론종결 당시에 확정적으로 예정할 수 없는 경우에 해당한다 할 것이어서 그 때까지 이행할 것을 명하는 판결을 할 수 없다"(2000다37517)[26] **(7회 선택형)**.

### 2) 미리 청구할 필요(권리보호이익) [2·5·8·9회 기록형]

① 저당권설정등기 말소등기청구권이나 담보가등기말소등기청구권처럼 원고가 먼저 자기 채무의 이행을 해야 비로소 그 이행기가 도래하는 이행청구권을 대상으로 하는 선이행청구는 원칙적으로 허용되지 않는다. 다만 判例는 "채권자가 그 가등기가 채무담보의 목적으로 된 것임을 다툰다든지 피담보채무의 액수를 다투기 때문에 장차 채무자가 채무를 변제하더라도 채권자가 그 가등기의 말소에 협력할 것으로 기대되지 않는 경우에는 피담보채무의 변제를 조건으로 가등기를 말소할 것을 미리 청구할 필요가 있다"(92다15376,92다15383)고 한다. **(11회 선택형) [13법무]**

> 🔖 **[관련판례]**
> "㉠ ⅰ) 채무자가 피담보채무 전액을 변제하였다고 하거나 ⅱ) 피담보채무의 일부가 남아 있음을 시인하면서 그 변제를 '조건'으로 저당권설정등기의 말소등기절차 이행을 청구하였지만 ㉡ ⅰ) 피담보채무의 범위에 관한 견해 차이로 그 채무 전액을 소멸시키지 못하였거나 ⅱ) 변제하겠다는 금액만으로는 소멸시키기에 부족한 경우에, 그 청구 중에는 확정된 잔존채무의 변제를 '조건'으로 그 등기의 말소를 구한다는 취지까지 포함되어 있는 것으로 해석하여야 하고, 이러한 경우에는 장래 이행의 소로서 그 저당권설정등기의 말소를 미리 청구할 필요가 있다"(95다9310)**(7회 선택형). [2·8회 기록형]**

② 원고가 임대차계약이 이미 기간만료로 종료되었음을 원인으로 건물인도청구를 하였다가 받아들여지지 않자, 원심 변론종결 직전에 제2 예비적 청구로 약 1년 8개월 후 임대차계약의 종료에 따른 건물인도청구를 추가한 사안에서, 判例는 "임대차보증금·권리금·차임 등에 관한 언급 없이 단지 장래의 인도청구권에 관한 집행권원을 부여하는 내용의 원고의 화해권고 요청에 피고가 응하지 않았다는 사정만으로는 '미리 청구할 필요'가 있다고 볼 수 없다"(2022다286786)고 하였다.[27]

---

26) **[판례해설]** 이는 토지임차인 피고의 점유가 <u>동시이행항변권 또는 유치권의 행사</u>에 따른 것이어서 적법한 것이기는 하나 동시이행의 항변권이나 유치권이 있다고 해서 사용·수익권이 인정되는 것은 아니므로 부당이득을 명한 사례이다. 다만 判例는 부당이득반환에 있어서 이득이라 함은 '실질적 이익'을 가리키는 것(84다카108)이라고 하므로 '인도하는 날' 이전에 '사용·수익을 종료'한다면 '실질적인 이익'이 없어 토지임차인의 부당이득반환 채무불이행 상태가 변론종결일 이후부터 인도하는 날까지 변론종결시에 확정적으로 예상할 수 있는 경우에 해당한다고 할 수 없다고 본 것이다.

27) 쌍무계약관계의 이행기가 도래하지 않은 상태임에도 당사자 일방에 대하여 선제적으로 집행권원을 확보할 수 있게 하는 것은 자칫 계약관계의 균형이 상실되어 상대방 당사자의 계약상 권리가 침해될 수 있을 뿐만 아니라 장래의 이행기에 이르기까지 발생할 수 있는 계약상 다양한 변화를 반영하지 못함으로써 이행기 당시 쌍방 당사자의 권리의무관계와 집행권원이 모순·충돌되는 불합리한 결과를 초래할 수 있다(판시사항 中).

## Ⅱ. 확인의 소

### 1. 서 설

확인의 대상은 무제한이므로 남소를 방지하는 차원에서 소의 이익이 특히 중요한 의미를 갖는데, 구체적으로는 ⅰ) 대상적격, ⅱ) 즉시확정의 이익을 요건으로 한다.

먼저 정리하자면 확인의 소는 ⅰ) 대상적격으로 '권리·법률관계'를 대상으로 하는 바, 이는 자기의 권리이며 현재 법률관계의 확인을 구하는 것이어야 한다. ⅱ) 그리고 **즉시확정이 이익**으로 "확인의 이익은 원고의 권리 또는 법률상 지위에 현존하는 불안, 위험이 있고 그 불안, 위험을 제거함에는 확인판결을 받는 것이 가장 유효적절한 수단일 때에만 인정된다"(91다14420).

### 2. 대상적격 [법, 자, 현]

#### (1) 법률성 : 권리·법률관계를 대상으로 할 것

실체법상 권리관계에 한하지 않고, 소송법상 법률관계에 대해서도 확인의 소의 대상이 될 수 있다. 다만 소송법상의 법률관계인 경매절차 자체의 무효확인은 허용하지 않는다(92다43821). 단순한 사실관계 존부의 다툼은 소송의 대상이 되지 않는 것이 원칙이다.

判例는 담보지상권은 당사자의 약정에 따라 담보권의 존속과 지상권의 존속이 서로 연계되어 있을 뿐이므로 지상권설정등기에 관한 피담보채무의 범위 확인을 구하는 청구는 원고의 권리 또는 법률상의 지위에 관한 청구라고 볼 수 없다(2015다65042)고 보았다. 다만 예외적으로 증서진부확인의 소는 사실관계의 확인이지만 허용된다(제250조).

#### (2) 자기성

자기의 권리를 확인하는 것이어야 한다. 다만 예외적으로 당사자 일방과 제3자 사이의 권리관계 또는 제3자 사이의 권리관계에 관하여 당사자 사이에 다툼이 있어서 당사자 일방의 권리관계에 불안이나 위험이 초래되고 있고, 다른 일방에 대한 관계에서 그 법률관계를 확정시키는 것이 당사자의 권리관계에 대한 불안이나 위험을 제거할 수 있는 유효·적절한 수단이 되는 경우에는 당사자 일방과 제3자 사이의 권리관계 또는 제3자 사이의 권리관계에 관하여도 확인의 이익이 있다(96다25449)**(9회 선택형)**.

예컨대 ① 제1매수인은 매도인을 대위하여 등기를 경료한 제2매수인을 상대로 소유권자가 매도인이라는 내용의 확인의 소를 제기할 수 있으며(73다1306), ② 채권자는 채무자를 대위하여 제3채무자를 상대로 채무자의 권리를 확인하는 소를 제기할 수 있고(92다56575), ③ ④ 저당권자는 경매절차에서 신의칙에 반하는 유치권을 배제하기 위해 그 부존재 확인의 소를 제기할 수 있다(2011다84298)**(4회 선택형)**.

🔖 **[비교판례]** ✳ 변제공탁에 있어서 피공탁자가 아닌 사람이 피공탁자를 상대로 공탁물출급청구권 확인판결을 받은 경우에 직접 공탁물출급청구를 할 수 있는지 여부

"변제공탁의 공탁물출급청구권자는 피공탁자 또는 그 승계인이고 피공탁자는 공탁서의 기재에 의하여 형식적으로 결정되므로, 실체법상의 채권자라고 하더라도 피공탁자로 지정되어 있지 않으면 공탁물출급청구권을 행사할 수 없다. 따라서 피공탁자 아닌 제3자가 피공탁자를 상대로 하여 공탁물출급청구권 확인판결을 받았더라도 그 확인판결을 받은 제3자가 직접 공탁물출급

청구를 할 수는 없다"(2005다67476)(**9회 선택형**)

## (3) 현재성

① **[원 칙]** 과거의 법률관계의 존부확인은 청구할 수 없다. 따라서 기간을 정하여 임용된 사립학교 교원이 임용기간 만료 이전에 해임·면직·파면 등의 불이익 처분을 받은 후 그 임용기간이 만료되거나(전합95재다199)[28] 정년이 지난 때(2002다57362), 처분무효확인청구 및 근저당권이 말소된 후에 근저당권의 피담보채무 부존재확인청구(2012다17585)(**9·11회 선택형**)는 과거의 법률관계의 확인청구에 지나지 않아 부적법하다.

② **[예 외 : 현재 법률관계의 확인을 구하는 취지로 선해할 수 있는 경우]** 과거의 법률관계라 할지라도 ⅰ) 현재의 권리 또는 법률상 지위에 영향을 미치고 있고 ⅱ) 현재의 권리 또는 법률상 지위에 대한 위험이나 불안을 제거하기 위하여 그 법률관계에 관한 확인판결을 받는 것이 유효적절한 수단이라고 인정될 때에는 그 법률관계의 확인소송은 즉시확정의 이익이 있다(92다40587). 따라서 매매계약의 무효확인을 구하거나(64다1492), 계약 해제의 확인을 구하는 소(81다108)는 현재 그 계약에 기한 채권 채무가 존재하지 아니함을 확인하는 취지라고 선해할 수 있다.

③ **[예 외 : 과거의 포괄적 법률관계 확인의 경우]** 예외적으로 신분관계·사단관계처럼 포괄적 법률관계의 경우에 과거의 것이라도 일체 분쟁의 직접적·획일적 해결에 유효적절한 수단이 되는 때에는 그 확인을 구하는 것이 허용된다. 判例는 ① 사실혼 배우자 한 쪽 사망 후 사실혼관계존부확인의 소(94므1447)에서 소의 이익을 긍정한 바 있으며, ② "협의이혼으로 혼인관계가 해소된 경우에도 과거의 혼인관계의 무효확인을 구할 정당한 법률상 이익이 있다"(78므7)(**4·8회 선택형**)고 판시하였고, ③ 원고가 사립고등학교 3학년 재학 중 정학 2일의 징계를 받은 후 학교법인인 피고를 상대로 징계무효 확인을 구하는 소를 제기한 후 소 계속 중 고등학교를 졸업한 경우, 학교생활기록부 기재사항과 밀접하게 관련된 현재의 권리 또는 법률상 지위에 대한 위험이나 불안을 제거하기 위하여 그 법률관계에 관한 확인판결을 받는 것이 유효·적절한 수단에 해당하므로 법률상 이익이 인정된다(2022다207547)고 판시하였다.

④ **[확인의 소의 대상이 시간적 경과로 인해 과거의 법률관계가 되어 버린 경우]** 당사자가 현재의 권리나 법률관계에 존재하는 불안·위험이 있어 확인을 구하는 소를 제기하였으나 법원의 심리 도중 시간적 경과로 인해 확인을 구하는 대상이 과거의 법률관계가 되어 버린 경우, 법원으로서는 확인의 대상이 과거의 법률관계라는 이유로 확인의 이익이 없다고 보아 곧바로 소를 각하할 것이 아니라, 당사자에게 현재의 권리 또는 법률상 지위에 대한 위험이나 불안을 제거하기 위해 과거의 법률관계에 대한 확인을 구할 이익이나 필요성이 있는지 여부를 석명하여 이에 관한 의견을 진술하게 하거나 당사자로 하여금 청구취지를 변경할 수 있는 기회를 주어야 한다(2022다207967).[29]

---

28) **[판례정리]** 判例는 국·공립 또는 사립대 교원이 징계에 의하여 '해임이나 파면'되었다면 공직이나 교원으로 임용될 수 있는 법률상의 지위에 대한 위험이나 불안을 제거하기 위하여 무효확인을 구할 이익을 인정하였으나(92다40587), '직위해제 또는 면직'된 경우에는 파면이나 해임된 경우와는 달리 공직이나 교원으로 임용되는 데에 있어서 법령상의 아무런 제약이 없으므로 확인의 이익을 부정하였다(전합95재다199).

29) 퇴임 이사가 임기 만료 후부터 일정 기간 과거 이사의 지위에 있었음에 대하여 확인을 구하는 경우, 이사로서의 보수청구권 발생 등만으로 확인의 이익을 인정할 수 없다는 判例

### 3. 확인의 이익 [법, 현, 유적] [6회 사례형, 3 · 5 · 7 · 9 · 13회 기록형]

"확인의 이익은 원고의 권리 또는 법률상 지위에 현존하는 불안, 위험이 있고 그 불안, 위험을 제거함에는 확인판결을 받는 것이 가장 유효적절한 수단일 때에만 인정된다"(91다14420). 이는 원 · 피고 일방과 제3자 사이 또는 제3자 상호 간의 법률관계가 확인의 소의 대상이 되는 경우 확인의 이익을 판단할 때에도 마찬가지이다(2013다1570). 그리고 확인의 이익 유무는 직권조사사항이므로 당사자의 주장 여부에 관계없이 법원이 직권으로 판단하여야 한다(2020다211238).

### (1) 권리 또는 법률상 지위에 불안

① **[인정한 예]** 判例는 ㉠ ⅰ) "저가낙찰로 인해 경매를 신청한 근저당권자의 배당액이 줄어들거나 경매목적물 가액과 비교하여 거액의 유치권 신고로 매각 자체가 불가능하게 될 위험은 경매절차에서 근저당권자의 법률상 지위를 불안정하게 하는 것이므로 근저당권자는 유치권 신고를 한 사람을 상대로 유치권 전부의 부존재뿐만 아니라 경매절차에서 유치권을 내세워 대항할 수 있는 범위를 초과하는 유치권의 부존재 확인을 구할 법률상 이익이 있고, 심리 결과 유치권 신고를 한 사람이 유치권의 피담보채권으로 주장하는 금액의 일부만이 경매절차에서 유치권으로 대항할 수 있는 것으로 인정되는 경우에는 법원은 특별한 사정이 없는 한 그 유치권 부분에 대하여 일부패소의 판결을 하여야 한다"(2013다99409)(8 · 11회 선택형)고 판시하였다. 같은 이유로 만약 피담보채권자체가 인정되지 않는다면, 근저당권자는 유치권 신고를 한 사람을 상대로 유치권 전부의 부존재확인을 구할 법률상 이익이 인정된다(2004다32848). **[6회 사례형, 9회 기록형]** ⅱ) "경매절차에서 유치권이 주장되지 아니한 경우에는, 담보목적물이 매각되어 그 소유권이 이전됨으로써 근저당권이 소멸하였더라도 채권자는 유치권의 존재를 알지 못한 매수인으로부터 민법 제575조, 제578조 제1항, 제2항에 의한 담보책임을 추급당할 우려가 있고, 위와 같은 위험은 채권자의 법률상 지위를 불안정하게 하는 것이므로, 채권자인 근저당권자로서는 위 불안을 제거하기 위하여 유치권 부존재 확인을 구할 법률상 이익이 있다. 반면 채무자가 아닌 소유자는 위 각 규정에 의한 담보책임을 부담하지 아니하므로, 유치권의 부존재 확인을 구할 법률상 이익이 없다"(2019다247385)(11회 선택형)고 판시하였고, ㉡ 또한 최근 判例는 "보험계약의 당사자 사이에 계약상 채무의 존부나 범위에 관하여 다툼이 있는 경우 그로 인한 법적 불안을 제거하기 위하여 보험회사는 먼저 보험수익자를 상대로 소극적 확인의 소를 제기할 확인의 이익이 있다"(전합2018다257958,25796)고 판시하였다.

> 📌 **[비교판례]** ❋ **물상보증인의 공경매에서의 담보책임 : 제578조**
>
> 물상보증인이 담보물을 제공한 경우 물상보증인이 제578조 1항의 1차적 책임을 지는 채무자에 해당하는지 여부인데, 判例는 "제578조 제1항의 채무자에는 임의경매에 있어서의 물상보증인도 포함되는 것이므로 경락인이 그에 대하여 적법하게 계약해제권을 행사했을 때에는 물상보증인은 경락인에 대하여 원상회복의 의무를 진다"(87다카2641)고 본다.

② **[부정한 예]** 그러나 判例는 ⅰ) 경매절차에서 유치권이 주장되었으나 소유부동산 또는 담보목적물이 매각되어 그 소유권이 이전되어 소유권을 상실하거나 근저당권이 소멸하였다면, 소유자와 근저당권자는 유치권의 부존재 확인을 구할 법률상 이익이 없다[30]"(2019다247385)(11회 선택형)거나, ⅱ) 甲 소유의

---

30) 근저당권자에게 담보목적물에 관하여 각 유치권의 부존재 확인을 구할 법률상 이익이 있다고 보는 것은 경매절차에서 유치권이 주장됨으로써 낮은 가격에 입찰이 이루어져 근저당권자의 배당액이 줄어들 위험이 있다는 데에 근거가 있고, 이는 소유

점포를 乙 주식회사가 점유하고 있는 상황에서 甲이 점포 인도를 구하는 것과 별도로 乙 회사를 상대로 점포에 대한 유치권 부존재확인을 구하는 것은 확인의 이익이 없어 부적법하다(2010다84932)**(11회 선택형)**고 판시하였다.

## (2) 현존하는 위험·불안

피고가 원고의 권리 또는 법률관계를 부인하거나 양립하지 않는 주장을 하는 경우(적극적 확인의 소) 또는 피고가 존재하지 않는 권리를 있다고 주장하는 경우(소극적 확인의 소)는 현존하는 불안이 있다.

判例는 "금전채무에 대한 부존재 확인의 소에서 현재 금전채무가 없다는 점에 대하여 당사자 사이에 다툼이 없다면 원고의 법적 지위에 어떠한 불안·위험이 있다고 할 수 없으므로 특별한 사정이 없는 한 그 채무의 부존재확인을 구할 확인의 이익이 없다"(2021다277525)고 판시하였다.

## (3) 불안제거에 유효적절한 수단(확인의 소의 보충성)

### 1) 적극적 확인이 가능하면 소극적 확인을 구할 것이 아니다.

"배당을 받지 못한 후순위 진정 채권자로서는 배당금지급청구권을 부당이득한 가장 임차인을 상대로 그 부당이득 채권의 반환을 구하는 것이 손실자로서의 권리 또는 지위의 불안·위험을 근본적으로 해소할 수 있는 유효·적절한 방법이므로, 후순위 진정 채권자가 가장 임차인을 상대로 배당금지급청구권 부존재확인을 구하는 것은 확인의 이익이 없다"(96다34009)**(4회 선택형)**.

### 2) 확인의 소가 우회적인 방법으로 인정될 경우에는 확인의 이익이 부정된다.

### 3) 당해 절차에서 판단될 문제에 대하여는 별소를 제기하는 것이 허용되지 않는다.

따라서 소송요건의 존부에 대한 확인의 소(81다636), 소취하무효확인의 소(규칙 제67조에 의해 기일지정신청을 하여야 하기 때문이다)는 소의 이익이 없다.

### 4) 확인의 소의 이행의 소에 대한 보충성

① **[원 칙]** 이행의 소를 제기할 수 있는데도 이행청구권 자체의 존재확인의 소를 제기하는 것은 허용되지 않는다. 근본적인 해결책이 되지 못하기 때문이다. ㉠ 判例도 미등기 건물의 매수인이 매도인에게 소유권이전등기의무의 이행을 소구하지 아니한 채 그 건물에 대한 사용·수익·처분권의 확인을 구한 사안에서는 소의 이익이 없다고 판시하였고(2005다41153), 원래 회사 주주로 기재되어 있던 자가 제3자의 주식매매계약서 등 위조에 의해 타인에게 명의개서가 마쳐졌다는 이유로 회사를 상대로 명의개서절차이행을 구하지 않고 주주권 확인을 구할 경우, 확인의 이익이 인정되지 않는다고 보았으나(2016다240338), ㉡ **근저당권자는 물상보증인에 대하여 채무이행을 청구할 수 없기 때문에 피담보채권의 존부에 관한 확인의 이익이 있다고 보았다**(아래 관련판례 참조).

🖐 **[관련판례]** "물상보증인이 근저당권자의 채권에 대하여 다투고 있을 경우 그 분쟁을 종국적으로 종식시키는 유일한 방법은 근저당권의 피담보채권의 존부에 관한 확인의 소라고 할 것이므로, 근저당권자가 물상보증인을 상대로 제기한 확인의 소는 확인의 이익이 있어 적법하다"(2002다20742).

---

자가 그 소유의 부동산에 관한 경매절차에서 유치권의 부존재 확인을 구하는 경우에도 마찬가지라는 점에서 判例의 입장이 타당하다.

② **[예 외]** ㉠ 시효중단의 필요가 있는 경우 또는 목적물이 압류된 경우, ㉡ 현재 손해액수의 불분명, ㉢ 확인판결이 나면 피고의 임의이행을 기대할 수 있을 때(예컨대, 피고가 국가 또는 공공단체인 경우), ㉣ 선결적 법률관계의 확인은 예외적으로 확인의 이익이 있다. 선결적 법률관계의 확인이 가능한 것은 이행의 소를 제기하여도 선결적 법률관계에 대하여는 기판력이 생기지 않기 때문이다. 判例도 "소유권을 원인으로 하는 급부의 소(이행의 소)를 제기하는 경우에 있어서도, 그 기본되는 소유권의 유무 자체에 관하여 당사자 사이에 분쟁이 있어 즉시 확정의 이익이 있는 경우에는 소유권 확인의 소도 아울러 제기할 수 있다"(2016다245142)고 하였으며, "매매계약해제의 효과로서 이미 이행한 것의 반환을 구하는 이행의 소를 제기할 수 있을지라도 그 기본이 되는 매매계약 존부에 대해 다툼이 있어 즉시 확정의 이익이 있는 때에는 계약해제확인을 구할 수 있다"(81다108)고 한다.

③ **[예외의 예외]** 그런데 判例는 "근저당권설정자가 근저당권설정계약에 기한 피담보채무가 존재하지 아니함의 확인을 구함과 함께 그 근저당권설정등기의 말소를 구하는 경우 피담보채무의 부존재를 이유로 그 등기말소를 청구하면 되므로 그 채무부존재확인의 청구는 확인의 이익이 없다"(2000다5640)고 판시하였다.[31]

## 4. 국가를 상대로 한 소유권확인의 소

① **[등기·등록명의인이 있거나, 미등기라도 국가와 다툼이 없는 경우 소의 이익 부정]** 미등기 '건물'에 대해 국가와 다툼이 없는 경우(94다20464), 이미 제3자 앞으로 등기가 경료된 경우(94다27649), 등기부상 명의인의 기재가 실제와 일치하지 아니하더라도 인격의 동일성이 인정되는 경우(2015다230815), 토지·임야대장상의 소유자로 등록된 자가 있는 경우(2010다45944)에는 그 명의자를 상대로 한 소송에서 당해 부동산이 보존등기신청인의 소유임을 확인하는 내용의 확정판결을 받으면 소유권보존등기를 신청할 수 있는 것이므로, 국가를 상대로 한 소유권확인의 이익이 없다. **[3회 기록형]**

② **[등기·등록명의인이 없다면 국가와 다툼이 없는 경우라도 소의 이익 인정]** "국가를 상대로 한 토지 소유권확인청구는 그 토지가 미등기이고 토지대장이나 임야대장상에 등록명의자가 없거나 등록명의자가 누구인지 알 수 없을 때와 그 밖에 국가가 등기 또는 등록명의자인 제3자의 소유를 부인하면서 계속 국가 소유를 주장하는 등 특별한 사정이 있는 경우에 한하여 그 확인의 이익이 있다"(2010다45944). **[3회 기록형]**
즉, 判例는 멸실 임야대장 복구시 소유자란이 공백이 되어 토지 소유자임을 임야대장으로 증명할 수 없는 경우에는(미등기, 미등록 토지), 부동산등기법 제130조에 의하면 판결에 의하여 소유자임을 증명하고 보존등기를 할 수 밖에 없으니 보존등기를 위한 소유권 증명 때문에 토지 소유자가 국가를 상대로 제기한 소유권 확인의 소는 가사 관계당사자 간에 다툼이 없다 할지라도, 확인의 이익이 있다(78다2399)고 한다. 이 경우 토지대장상 토지소유자의 채권자는 소유권보존등기의 신청을 위하여 토지소유자를 대위하여 국가를 상대로 소유권확인을 구할 이익이 인정된다(2018다242246).

---

31) **[판례검토]** 위 判例에 대해 피담보채무의 부존재확인의 소는 말소청구권의 선결적 법률관계로서 분쟁의 종국적 해결을 위하여 적법하게 처리해야 한다는 반대견해가 있으나(다수설), 채무존부는 당사자의 주된 관심사가 아니므로 확인의 이익이 없다고 보는 判例가 타당하다(김홍엽).

③ **[미등기 토지(임야)대장상 소유권이전등록을 받은 자는 최초 소유자가 등재되어 있지 않은 경우 소의 이익 인정]** 보존등기는 원칙적으로 그가 대장에 최초의 소유자로 등록되어 있음을 전제로 하는 것으로 "토지나 임야대장상 소유권이전등록을 받은 자는 자기 앞으로 바로 보존등기를 신청할 수는 없으며, 대장상 최초의 소유명의인 앞으로 보존등기를 한 다음 이전등기를 하여야 한다. 다만 미등기 토지에 관한 토지대장에 소유권을 이전받은 자는 등재되어 있으나 최초의 소유자는 등재되어 있지 않은 경우, 토지대장상 소유권이전등록을 받은 자는 국가를 상대로 토지소유권확인청구를 할 확인의 이익이 있다"(2009다48633 : 따라서 그는 확인판결에 기해 소유권등기를 할 수 있다).

④ **[미등기 토지(임야)대장의 소유명의인을 특정할 수 없는 경우 그의 채권자는 소의 이익 부정]** "미등기 토지에 대하여 토지대장이나 임야대장의 소유자 명의인 표시란에 구체적 주소나 인적사항에 관한 기재가 없어서 그 명의인을 특정할 수 없는 경우에는 그 소유명의인의 채권자가 국가를 상대로 소유명의인을 대위하여 소유권확인의 확정판결을 받더라도 이 확인판결에는 소유자가 특정되지 않아 특정인이 위 토지의 소유자임을 증명하는 확정판결이라고 볼 수 없다"(2020다300893).

## 5. 증서진부확인의 소 [13변리]

법률관계를 증명하는 서면(처분문서)이 진정한지 아닌지 확정하기 위한 소로써 민사소송법이 예외적으로 사실관계의 확인을 구하는 소를 허용하는 경우이다(제250조).

### (1) 대상적격

증서의 진정 여부를 확인하는 소의 대상이 되는 서면은 직접 법률관계를 증명하는 서면에 한한다.

① **[법률관계를 증명하는 서면]** '법률관계를 증명하는 서면'이란 그 ⅰ) 기재 내용으로부터 직접 ⅱ) 일정한 현재의 ⅲ) 법률관계의 존부가 증명될 수 있는 서면을 말한다(2005다29290,29306). 判例는 임대차계약금으로 일정한 금원을 받았음을 증명하기 위하여 작성된 영수증(2005다29290,29306), 세금계산서(74다24), 당사자본인신문조서(74다24)는 '처분문서'에 해당하지 않는다고 본다.

② **[증서의 진정 여부(성립의 진정)]** 진정여부는 서면작성자라고 주장된 자의 의사에 의하여 작성되었는지 아니면 위조되었는지(성립의 진정)에 관한 것이고, 서면에 기재된 내용이 객관적 진실에 합치하는지(내용의 진정)에 관한 것이 아니다(91다15317). 따라서 법률관계를 증명하는 서면이 형식적 증거력을 갖는 것인지 확정하기 위한 경우에만 대상적격이 있다.

### (2) 확인의 이익 [법, 현, 유적]

증서진부확인의 소는 확인소송으로서 확인의 이익이 있을 것이 요구된다.

判例는 ① 서면으로 증명될 법률관계가 합의에 의하여 이미 소멸되었다는 취지로 주장하고 있다면, 그 서면의 진부가 확정되어도 원고 주장의 법률적 지위의 불안이 제거될 수 없고, 그 법적불안을 제거하기 위하여서는 당해 법률관계 자체의 확인을 구하여야 할 필요가 있으므로, 진부확인의 소는 즉시 확정의 이익이 없어 부적법하다(91다15317)**(9회 선택형)**고 하였고, ② 어느 서면에 의하여 증명되어야 할 법률관계를 둘러싸고 이미 소가 제기되어 있는 경우에는 그 소송에서 분쟁을 해결하면 되므로 그와 별도로 그 서면에 대한 진정 여부를 확인하는 소를 제기하는 것은 확인의 이익이 없다. 그러나 진부확인의 소가 제기된 후에 그 법률관계에 관련된 소가 제기된 경우에는 진부확인의 소의 확인의 이익이 소멸되지 않는다(2005다29290)고 판시하였다.

# I. 의 의

소송의 객체 내지 심판의 대상을 의미한다. 청구의 특정, 청구의 병합, 청구의 변경, 중복소송, 재소금지, 기판력의 객관적 범위, 처분권주의, 시효중단 등을 따지는 데에 관계된다. 判例는 구 실체법설에 따라 실체법상의 권리 또는 법률관계의 주장을 소송물로 보아 실체법상의 권리마다 소송물이 별개로 된다는 입장이다.

| 절차의 개시국면 | | 소송물의 내용 |
|---|---|---|
| 절차의 개시국면 | 관 할 | 토지관할·사물관할의 결정기준 |
| 절차의 개시국면 | 청구의 특정(판결사항, 처분권주의) | 당사자가 신청한 사항 |
| 절차의 진행국면 | 청구의 병합(소의 객관적 병합 제253조) | 청 구 |
| 절차의 진행국면 | 청구의 변경(제262조) | 청구취지, 청구원인 |
| 절차의 진행국면 | 중복제소금지(제259조) | 사 건 |
| 절차의 종결국면 | 재소금지(제267조 2항) | 소 |
| 절차의 종결국면 | 기판력의 객관적 범위(제216조 1항) | 주문에 포함된 것 |
| 실체법상 효과 | 기 간 | 소제기에 의한 시효중단, 제척기간 준수 |

# II. 소송물의 특정

## 1. 이행의 소

### (1) 별개의 소송물인지 구별기준

### 1) 등기청구의 소송물

① **[이전등기청구]** "매매를 원인으로 한 소유권이전등기청구소송과(민법 제568조) 취득시효완성을 원인으로 한 소유권이전등기 청구소송은(민법 제245조 1항) 이전등기청구권의 발생원인을 달리하는 별개의 소송물이므로 전소의 기판력은 후소에 미치지 아니한다"(80다204)(**6회 선택형**). 구소송물이론에 의해 실체법적 근거에 따라 소송물이 특정되기 때문이다.

② **[말소등기청구]** 구소송물이론을 따르면 **말소등기청구소송의 소송물은 민법 제214조의 말소등기청구권 자체이고, 소송물의 동일성 식별표준이 되는 청구원인, 즉 말소등기청구권의 발생원인은 당해 '등기원인의 무효'에 국한된다.** 따라서 등기원인의 무효를 뒷받침하는 개개의 사유는 독립된 공격방어방법에 불과하여 별개의 청구원인을 구성하는 것이 아니다(93다11050)(**6회 선택형**) **[09·12 사법]** 그러나 '등기원인의 무효'가 아닌 '다른 원인'에 기한 청구인 경우에는 소송물이 다르다. 이와 관련하여 判例는 ㉠ "소유권에 기한 방해배제청구권의 행사로서 말소등기청구(민법 제214조)를 한 전소의 확정판결의 기판력이 계약해제에 따른 원상회복으로 말소등기청구(민법 제548조)를 하는 후소에 미치지 않는다"(92다1353)고 하였고(**8회 선택형**). ㉡ "사기에 의한 의사표시취소를 원인으로 한 근저당권설정등기의 말소청구와 피담보채무의 부존재를 원인으로 한 근저당권설정

등기의 말소청구는 각 그 청구원인을 달리하는 별개의 독립된 소송물로서, 그 공격방법을 달리하는 것에 지나지 않는 것으로 볼 것이 아니다"(85다353)는 입장이다.

③ **[진정명의회복을 원인으로 한 소유권이전등기청구권]** 진정명의회복을 원인으로 한 소유권이전등기청구권과 무효등기의 말소청구권은 비록 청구취지는 다르지만 실질적으로 그 목적이 동일하고, 두 청구권 모두 소유권에 기한 방해배제청구권(민법 제214조)으로서 그 법적 근거와 성질이 동일하므로, 소송물은 실질상 동일하다(전합99다37894).

## 2) 금전청구의 소송물

① **[동일한 사고로 인한 손해배상청구권]** 불법행위를 원인으로 한 손해배상(민법 제750조)을 청구한데 대하여 채무불이행을 원인으로 한 손해배상(민법 제390조)을 인정한 것은 당사자가 신청하지 아니한 사항에 대한 판결로 위법하다(63다241)**(2회 선택형)**.

② **[원인채권과 어음채권]** 원인채권과 어음채권은 별개의 소송물이므로, 동시에 주장하면 청구의 병합이 되고, 그 중 하나를 주장하다가 다른 것으로 바꾸는 것은 청구의 변경이 된다**(7회 선택형)**.

③ **[원금, 이자, 지연손해]** 금전채무불이행의 경우에 발생하는 원본채권(민법 제598조)과 지연손해금채권(민법 제390조)도 별개의 소송물이므로, 불이익변경에 해당하는지 여부는 원금과 지연손해금 부분을 각각 따로 비교하여 판단하여야 하고, 별개의 소송물을 합산한 전체 금액을 기준으로 판단하여서는 아니된다(2009다12399).

④ **[부당이득반환청구권]** "부당이득반환청구에서 법률상의 원인 없는 사유인 계약의 불성립, 취소, 무효, 해제 등은 공격방어방법에 불과하다(2000다5978).

⑤ **[부당이득반환청구권과 불법행위로 인한 손해배상청구권]** "부당이득반환청구권(민법 제741조)과 불법행위로 인한 손해배상청구권(민법 제750조)은 서로 실체법상 별개의 청구권으로 존재하고 그 각 청구권에 기초하여 이행을 구하는 소는 소송법적으로도 소송물을 달리하므로, 채권자가 먼저 부당이득반환청구의 소를 제기하였을 경우 특별한 사정이 없는 한 손해 전부에 대하여 승소판결을 얻을 수 있었을 것임에도 우연히 손해배상청구의 소를 먼저 제기하는 바람에 과실상계 또는 공평의 원칙에 기한 책임제한 등의 법리에 따라 그 승소액이 제한되었다고 하여 그로써 제한된 금액에 대한 부당이득반환청구권의 행사가 허용되지 않는 것도 아니다"(2013다45457)**(11회 선택형) [1·3회 기록형]**

⑥ **[부당이득반환청구권과 계약해제로 인한 원상회복청구권]** "채무불이행을 이유로 한 이 사건 매매계약 해제에 따른 원상회복으로서 이미 지급한 매매대금 반환을 구하는 소송은 이 사건 매매계약이 자동으로 해제 또는 실효되었음을 이유로 이미 지급한 매매대금의 반환을 부당이득반환으로서 구하는 소송과 소송물이 동일하다(2000다5978 ; 2006다81141 ; 2018다244013).

## (2) 일부청구의 허용여부

判例는 "가분채권의 일부에 대한 이행청구의 소를 제기하면서 나머지를 유보하고 일부만을 청구한다는 취지를 명시하지 아니한 이상 그 확정판결의 기판력은 청구하고 남은 잔부청구에까지 미치는 것이므로 그 나머지 부분을 별도로 다시 청구할 수 없다"(92다33008)고 판시하여 **명시적 일부청구설**의 입장이다.[32]

**(3) 손해배상청구의 소송물(손해3분설) [17법행]**

判例는 "불법행위로 신체의 상해를 입었기 때문에 가해자에게 대하여 손해배상을 청구할 경우에 있어서는 그 소송물인 손해는 통상의 치료비 따위와 같은 ⅰ) 적극적 재산상 손해와 ⅱ) 일실수익 상실에 따르는 소극적 재산상 손해 및 ⅲ) 정신적 고통에 따르는 정신적 손해(위자료)의 3가지로 나누어진다고 볼 수 있다"(76다1313)고 하여 **손해3분설**의 입장이다.

## 2. 확인의 소

① [원 칙] 判例는 소유권확인의 청구원인으로 매매, 시효취득, 상속 등을 주장하는 경우 확인의 소의 기판력의 범위에 대해서는 "특정토지에 대한 소유권확인의 본안판결이 확정되면 그에 대한 권리 또는 법률관계가 그대로 확정되는 것이므로 변론종결 전에 그 확인 원인이 되는 다른 사실이 있었다 하더라도 그 확정판결의 기판력은 거기까지도 미치는 것이다"(84다카2132)고 하여 청구취지만으로 특정된다고 본 입장이 있다.

② [예 외] 확인의 소의 재소금지 범위에 관하여는 "부동산을 '증여'받았음을 원인으로 한 소유권확인청구를 했다가 소취하 뒤에, 지분소유권을 '상속'받았음을 원인으로 지분소유권확인청구를 한 것은 '동일한 소'라고 볼 수 없다"(91다5730)고 보아 청구원인사실에 의해 소송물이 특정된다는 입장이 있다.

## 3. 형성의 소

형성의 소는 判例의 구실체법설 입장에서 '실체법상 형성권의 주장'이 소송물이 된다.

① 각 이혼사유(62다812, 민법 제840조 1호 내지 6호)(10회 선택형) 및 각 재심사유(69다1888, 민사소송법 제451조 1호 내지 11호)는 개개의 사유마다 독립된 소송물이 된다.

② 채권자취소소송의 소송물은 '채권자 자신의 채권자 취소권(민법 제406조)'이며, 채권자가 사해행위 취소를 청구하면서 그 피보전채권을 추가하거나 교환하는 것은 그 사해행위 취소권(소송물)을 이유 있게 하는 공격방법을 변경하는 것일 뿐이지 소송물 자체를 변경하는 것이 아니므로 '소의 변경'(제262조)이라 할 수 없다(2004다10985)(6회 선택형).

---

32) [판례검토] 분할청구의 자유를 이유로 긍정하는 견해와 분쟁의 일회적 해결을 위해 부정하는 견해가 있으나, 원고의 분할청구이익과 함께 법원과 피고의 부담 경과를 조화시키는 명시적 일부청구설이 타당하다.

## I. 재판장의 소장각하명령과 즉시항고

### 1. 재판장 등의 소장심사 대상 [당, 법, 지, 인]

① **[소장의 필요적 기재사항 및 인지 첨부 : 적극]** 당사자, 법정대리인, 청구취지와 청구원인은 소장의 필수적 기재사항(제249조 1항)으로 하나라도 기재의 흠결이 있으면 소송이 성립할 수 없다. 또한 원고는 국가의 소송제도 이용의 대가로 소정의 인지를 붙여야 한다. 따라서 필수적 기재사항의 기재여부 및 인지 첨부여부가 심사의 대상이 된다. 한편 보정명령은 재판장의 명을 받아 법원사무관도 할 수 있으며(제254조 1항), 실무상 기일에 구두로도 할 수 있으며 반드시 서면으로 해야 하는 것은 아니다.

② **[소송요건 구비여부 : 소극]** "소장에 일응 대표자의 표시가 되어 있는 이상 설령 그 표시에 잘못이 있다고 하더라도 이를 정정 표시하라는 보정명령을 하고 그에 대한 불응을 이유로 소장을 각하하는 것은 허용되지 아니하고, 오로지 판결로써 소를 각하할 수 있을 뿐이다"(2013마1273). 즉, 소송요건의 구비여부는 심사의 대상이 아니다.

③ **[청구취지 및 청구원인 : 소극]** "소장심사의 대상이 되는 것은 소장에 필요적 기재 사항, 즉 청구취지 및 원인 등이 빠짐없이 기재되어 있는지의 여부에 있고, 소장에 일응 청구의 특정이 가능한 정도로 청구취지 및 원인이 기재되어 있다면 비록 그것이 불명확하여 파악하기 어렵다 하더라도 그 후는 석명권 행사의 문제로서 민사소송법 제254조 제1항의 소장심사의 대상이 되지는 않는다고 할 것이고, 석명권 행사에 의하여도 원고의 주장이 명확하게 되지 않는 경우에는 비로소 원고의 청구를 기각할 수 있을 뿐이다(2004무54).

### 2. 소장각하명령의 행사시기(소장부본송달시설)

判例는 "항소심 재판장이 독자의 권한으로 항소장각하명령을 할 수 있는 것은 항소장의 송달 전, 즉 항소장의 송달이 불능하여 그 보정을 명하였는데도 보정에 응하지 않은 경우에 한하고, 항소심의 변론이 개시된 후에는 재판장은 명령으로 항소장을 각하할 수 없다"(81마275)고 하여 소장부본송달시설(소송계속시설)의 입장이다.[33]

따라서 항소심재판장이 항소장 각하명령을 할 수 있는 시기도 항소장 송달 전까지이므로, 독립당사자참가소송의 제1심 본안판결에 대해 일방이 항소하고 피항소인 중 1명에게 항소장이 적법하게 송달되어 항소심법원과 당사자들 사이의 소송관계가 일부라도 성립한 것으로 볼 수 있는 경우, 항소심재판장이 단독으로 항소장 각하명령을 할 수 없다(2019마5599,5600)고 하였다.

### ✱ 항소인의 주소보정명령의 불이행과 항소장각하명령

대법원은 항소심에서 항소장 부본을 송달할 수 없는 경우 항소심재판장은 민사소송법 제402조 제1항, 제2항에 따라 항소인에게 상당한 기간을 정하여 그 기간 이내에 피항소인의 주소를 보정하도록 명하여야 하고, 항소인이 그 기간 이내에 피항소인의 주소를 보정하지 아니한 때에는

---

33) **[판례검토]** 보정되지 아니한 소장이라도 일단 피고에게 송달되면 이당사자대립구조가 성립하므로 소장각하명령은 소송이 계속되기 전, 즉 소장부본송달 전까지만 할 수 있다고 보는 判例의 태도가 타당하다.

명령으로 항소장을 각하하여야 한다는 법리를 선언하여 왔고, 항소장의 송달불능과 관련한 법원의 실무도 이러한 법리를 기초로 운영되어 왔다. 위와 같은 대법원 판례는 타당하므로 그대로 유지되어야 한다(전합2017마6438).[34]

### 3. 소장각하명령에 대한 불복(즉시항고)

소장각하명령에 대하여는 즉시항고를 할 수 있다(제254조 3항). 다만 소장각하명령에 대하여 즉시항고를 제기한 후 보정하는 것이 가능한지와 관련하여 判例는 "소장의 적법여부는 **각하명령을 한 때를 기준으로** 할 것이고, 각하명령에 대한 즉시항고를 제기하고 인지를 더 붙였다고 하여 그 하자가 보정되는 것은 아니"라고 하였다(95두61).

최근 判例도 "이미 **각하명령이 성립한 이상** 그 명령정본이 당사자에게 고지되기 전에 부족한 인지를 보정하였다 하여 위 각하명령이 위법한 것으로 되거나 재도의 고안에 의하여 그 명령을 취소할 수 있는 것은 아니다"(2013마670)고 한다. 보정기간은 불변기간이 아니며 시기에 제한이 없으므로 변론 개시 후라도 보정을 명할 수 있지만, 判例에 의하면 각하명령의 성립 전까지만 가능하다.

## Ⅱ. 무변론판결제도

### 1. 의 의

'무변론판결제도'는 피고가 소장부본을 송달받은 날로부터 최초의 답변서를 30일 이내에 제출하지 아니하거나 자백취지의 답변서를 제출한 경우 변론 없이 원고승소 판결을 할 수 있는 제도(제257조)이다.

### 2. 요 건 [공, 직, 자, 형, 선]

피고는 공시송달 이외의 방법으로 소장부본을 송달받은 경우 그 날로부터 30일 이내에 최초의 답변서를 제출하여야 하는바(8회 선택형). ⅰ) 피고가 답변서를 부제출(2회 선택형) 또는 모두 자백하는 취지의 답변서를 제출한 경우여야 하고, ⅱ) 예외에 해당하지 않아야 한다.

즉, 답변서 제출의무가 없는 공시송달 사건(제256조 1항 단서), 직권조사사항이 있는 사건(제257조 1항 단서)(2·6회 선택형), 판결선고일까지 원고의 청구를 다투는 취지의 답변서를 제출한 경우(제257조 1항 단서)(8회 선택형), 형식적 형성의 소, 자백간주의 법리가 적용되지 아니하는 사건에는 무변론판결제도가 적용되지 않는다. 한편, 법원이 변론기일을 지정한 경우에는 무변론판결제도는 문제되지 않는다. [15사법, 17법무]

---

34) [반대의견] 소송절차의 연속성을 고려할 때 항소장 부본의 송달불능은 소송계속 중 소송서류가 송달불능된 것에 불과한 점, 항소인이 항소장 부본의 송달불능을 초래한 것이 아닌데도 그 송달불능으로 인한 불이익을 오로지 항소인에게만 돌리는 것은 부당한 점, 소장각하명령과 항소장각하명령은 본질적으로 다른 재판인 점 등을 종합하여 고려할 때, 항소장 부본이 송달불능된 경우 민사소송법 제402조 제1항, 제2항에 근거하여 항소인에게 주소보정명령을 하거나 그 불이행 시 항소장각하명령을 하는 것은 허용될 수 없다고 보아야 한다. 또한 관련 법 조항의 문언해석상으로도 그러하다.

## 3. 효 과

① **[답변서 제출의 효과]** 자백취지의 답변서를 제출하면 답변서부제출의 효과와 같다.

② **[답변서 부제출의 효과]** ⑤ 무변론 원고승소판결을 할 수 있다. 무변론 판결을 할지 변론기일을 열 것인지는 법원의 재량이다. ⑥ 원고의 청구가 주장 자체로 이유가 없는 경우 刹例는 곧바로 원고의 청구를 기각한 원심의 조치에는 석명권을 적정하게 행사하지 아니하여 필요한 심리를 다하지 아니하거나 자백간주의 법리를 오해한 잘못이 있다고 판시하였다(2017다201033). 따라서 변론을 하여 보정의 기회를 주고 통상의 판결로 그 이유를 밝혀주는 것이 타당하다.

## 4. 제1심법원의 위법한 무변론판결(피고의 답변서 제출을 간과)에 대한 항소심의 조치

제1심법원이 피고의 답변서 제출을 간과하여 무변론판결을 선고하였고 피고가 항소하면서 그 위법을 다투었음에도, 항소심이 변론을 진행한 후 항소기각의 판결을 선고한 사건에서, 대법원은 답변서 제출을 간과한 무변론판결 선고는 제1심판결의 절차가 법률에 어긋날 때에 해당하여 항소법원은 제417조에 따라 제1심판결을 취소하고 환송 또는 자판하여야 함에도 이러한 조치를 취하지 않은 채 항소기각 판결을 선고한 것은 위법하다고 판단하여 파기환송하였다(2020다255085).

## ※ 중복소제기 · 재소금지 · 기판력의 구별

| | 중복소제기의 금지 | 재소금지 | 기판력 |
|---|---|---|---|
| 의 의 | 이미 사건이 계속되어 있을 때, 그와 동일한 사건에 대해 당사자는 다시 소를 제기하지 못한다(제259조) | 본안에 관하여 종국판결이 있은 뒤에는 이미 취하한 소와 같은 소를 제기할 수 없다(제267조 2항) | 확정된 종국판결에 있어 당사자가 되풀이하여 다투는 소송은 허용되지 아니한다(제216조 · 218조) |
| 취 지 | 기판력 있는 판결의 모순 · 저촉을 피하고, 소송경제를 도모 | 종국판결의 농락방지, 재소남용방지, 소취하의 남용제제 | 법적 안정성 |
| 요 건 | (당, 소, 계)<br>ⅰ) 전 · 후소 당사자 동일<br>ⅱ) 소송물의 동일<br>ⅲ) 전소계속 중 별소제기 | (당, 소, 리, 본)<br>ⅰ) 당사자 동일<br>ⅱ) 소송물 동일<br>ⅲ) 권리보호이익 동일<br>ⅳ) 본안에 관한 종국판결 이후에 소를 취하 | (주, 객, 시)<br>ⅰ) 주관적 범위(당사자동일)<br>ⅱ) 객관적 범위(소송물동일)<br>ⅲ) 시적 범위(표준시의 권리관계) |
| 당사자 | 원 · 피고가 바뀌어도 중복제소에 해당 | 전소의 원고만 재소금지에 저촉 | 원 · 피고가 바뀌어도 기판력의 주관적 범위에 해당 |
| 특정<br>승계인 | 특정승계인의 후소도 중복소제기에 해당 | 당사자의 동일성은 인정되나 새로운 권리보호이익이 있어 재소가능 | 변론종결한 뒤의 승계인에게도 기판력이 미침(제218조 1항). 다만, 계쟁물의 승계인은 소송물이 물권적 청구권인 경우에 한정 |
| 채권자<br>대위권 | ⅰ) 대위소송 중 채무자소송,<br>ⅱ) 채무자소송 중 대위소송,<br>ⅲ) 대위소송 중 다른 채권자의 대위소송 모두 중복 소제기에 해당(채무자 선 · 악 불문) | 채권자가 대위소송에서 소를 취하한 경우 채무자의 재소는 대위소송이 제기된 사실을 채무자가 알았을 때 금지 | ⅰ) 채권자대위권에 의한 소송이 제기된 사실을 채무자가 알았을 경우에는 ㉠ 그 판결의 효력은 채무자에게 미치고, ㉡ 다른 채권자가 제기한 후소인 채권자대위소송에도 미친다. ⅱ) 채무자의 확정판결의 효력도 대위채권자에게 미친다. |
| 선결<br>관계 | 중복소제기금지는 소송물 동일만 | 재소금지는 소송물 동일 + 선결관계 | 기판력은 소송물 동일 + 선결관계 + 모순관계까지 포함 |
| 전소의<br>적법성 | 전소가 부적법해도 중복제소에 해당 | 전소가 부적법 각하되면 후소는 재소가능 | 소송판결도 소송요건의 흠결로 소가 부적법하다는 판단에 한하여 기판력이 발생 |

| 소송<br>요건 | 소극적 소송요건에 해당 | 소극적 소송요건에 해당 | ⅰ) 소극적 소송요건에 해당<br>(반복금지설), ⅱ) 권리보호이<br>익(모순금지설) |
|---|---|---|---|
| 효 과 | 소각하 판결<br>(제259조) | 소각하 판결<br>(제267조 2항) | **승소한 자가 동일한 후소를<br>제기한 때에는 소의 이익의<br>흠결로 후소각하, 패소한 자**<br>가 동일한 소를 제기한 때에는<br>**후소기각**(모순금지설) |

## Ⅰ. 의 의

이미 사건이 계속되어 있을 때는 그와 동일한 사건에 대하여 당사자는 다시 소를 제기하지 못한다(제259조). 기판력 있는 판결의 모순·저촉을 피하고, 소송경제를 도모하기 위함이다.

## Ⅱ. 요 건 [당, 소, 계]

중복소제기에 해당하려면, ⅰ) 전·후소 당사자의 동일, ⅱ) 소송물의 동일, ⅲ) 전소계속 중 소제기라는 요건을 갖추어야 한다(제259조). 이때 전소와 후소의 구분은 소송계속의 효과 발생 시점인 소장부본송달시를 기준으로 한다.

### 1. 당사자 동일

#### (1) 원 칙

전소의 원고와 피고가 후소에서 바뀌어도 무방하다. 그리고 전소와 후소의 당사자가 동일하지 않더라도 기판력이 미치는 자라면 동일 당사자로 볼 수 있다. ① 변론종결 후 승계인이 전소의 소송계속 중 같은 당사자에 대하여 소를 제기한 경우나(제218조 1항), 선정당사자가 소제기한 뒤에 선정자가 또 소를 제기한 경우(제218조 3항)는 중복제소에 해당한다. ② 그러나 피해자와 피보험자 사이에 손해배상책임의 존부 내지 범위에 관한 판결이 선고되고 그 판결이 확정된 후에 피해자가 보험자를 상대로 하여 손해배상금을 직접 청구하는 사건의 경우에 있어서는 당사자가 다를 뿐만 아니라 소송상 판결의 효력이 미치는 관계에 있는 것이 아니므로 중복제소에 해당하지 않는다 (99다42797)**(4회 선택형)**.

#### (2) 채권자취소소송

① **[수인의 채권자가 채권자취소권을 행사하는 경우(중복제소 부정)]** 判例는 "채권자취소권의 요건을 갖춘 각 채권자는 고유의 권리로서 채무자의 재산처분 행위를 취소하고 그 원상회복을 구할 수 있는 것이므로 여러 명의 채권자가 동시에 또는 시기를 달리하여 사해행위취소 및 원상회복청구의 소를 제기한 경우 이들 소가 중복제소에 해당하지 아니할 뿐 아니라, 어느 한 채권자가 동일한 사해행위에 관하여 사해행위 취소 및 원상회복청구를 하여 승소판결을 받아 그 판결이 확정되었다는 것만으로는 그 후에 제기된 다른 채권자의 동일한 청구가 권리보호이익이 없어지게 되는 것은 아니다"(2007다84352)**(1회 선택형)**고 판시하였다.[35] **[15사법]** 그러나 수익자를 상대로 사해행위의 취소

및 원상회복을 구하는 목적 재산이 벌써 채무자에게 복귀한 경우라면 그 채권자취소소송은 이미 그 목적이 실현되어 더 이상 그 소에 의해 확보할 권리보호 이익이 없어지는 것으로 보아야 한다(2007다85157).

② **[한 명의 취소채권자가 피보전권리를 달리하여 채권자취소권을 이중으로 행사하는 경우(중복제소 긍정 가능)]** 判例는 이 경우 소송물이 동일하므로 기판력의 문제로 보아 청구를 기각하였으나(2010다80503), 당사자가 동일하고, 소송물도 동일하며, 전소 계속 중 후소를 제기하였으므로 중복소제기로 볼 수 있다. 중복소제기인지 여부는 소극적 소송요건으로 직권조사사항이므로, 소송요건 심리 선순위성을 긍정하는 견해(88다카4727)에 따른다면 후소법원은 소를 각하하였어야 한다. 다만 위 判例는 중복소제기임을 간과(당연무효 아님)하여 후소가 본안판단에 이르렀고 그 후 전소가 확정되었기 때문에 기판력의 문제로 해결한 것으로 보인다.

**(3) 채권자대위소송**

① **[채권자대위소송 계속 중 채무자의 소제기(중복제소 긍정)]** 判例는 "채권자대위소송 계속 중 채무자가 제3채무자에 대해서 소송이 제기된 경우, 양 소송은 동일소송이므로 (저자 주 : 채무자의 채권자대위소송 계속 중이라는 것에 대한 선·악을 불문하고) 후소는 중복소제기금지원칙에 위배되어 제기된 부적법한 소송이라 할 것이다"(91다41187)**(10·13회 선택형)**고 판시하였다.[36] **[01·12사법]**

② **[채무자의 소송계속 중 채권자대위소송의 제기(중복제소 긍정)]** 判例는 "채무자가 제3채무자를 상대로 제기한 소송이 계속 중 채권자대위소송을 제기한 경우에는 양 소송은 동일소송이므로 후소는 중복소제기금지 규정에 저촉된다"(80다2751)고 한다.

　**✱ 채무자의 소송계속 중 제기된 채권자대위소송을 당사자적격의 문제로 본 判例**

　㉠ **[채무자가 패소한 경우 : 권리불행사(당사자적격) 부정]** "채권자대위권은 채무자가 제3채무자에 대한 권리를 행사하지 아니하는 경우에 한하여 채권자가 자기의 채권을 보전하기 위하여 행사할 수 있는 것이어서 채권자가 대위권을 행사할 당시는 이미 채무자가 권리를 재판상 행사하였을 때에는 설사 패소의 본안판결을 받았더라도 채권자는 채무자를 대위하여 채무자의 권리를 행사할 당사자적격이 없다고도 볼 수 있다"(92다30016).

　㉡ **[채무자가 반소제기 후 취하한 경우 : 권리불행사(당사자적격) 부정]** "채권자 대위권은 채무자가 제3채무자에 대한 권리를 행사하지 않는 경우에 한해 채권자가 자기의 채권을 보전하기 위해 행사할 수 있는 것이어서, 채권자가 대위권을 행사할 당시에 이미 채무자가 그 권리를 재판상 행사하였을 때는 채무자를 대위해 채무자의 권리를 행사할 당사자 적격이 없다. 채무자가 반소를 제기한 후 설령 그 반소가 적법하게 '취하'되었다고 하더라도 반소 후에 제기된 채권자에 의한 채권자대위권의 행사는 부적법하다"(2015다69372).

---

35) **[판례검토]** 채권자취소소송의 경우에는 채권자가 '자신의 권리로서 채권자취소권'을 행사하는 것이기 때문에 소송물은 각 채권자의 채권자취소권이 되고, 채권자간에는 기판력을 받는 관계도 아니어서 당사자동일 요건도 갖추지 못하였으므로 결국 중복된 소제기에 해당하지 않는다.

36) **[판례해설]** 채권자대위소송의 법적 성질은 법정소송담당으로 보는 것이 타당하고 중복소송의 취지는 기판력 제도의 취지와 다르므로 일률적으로 처리하는 긍정설이 타당하다. 즉, 확정판결에 대한 채무자의 절차보장을 위해 기판력(전합74다1664)과 재소금지의 원칙의 적용(93다20177,20814)에 있어서는 '채무자가 알았을 때' 한하여 이를 인정하고 있는 것과 달리 소송계속 중의 별소제기인 중복제소의 경우에는 '채무자가 알았을 것'을 요하지 않는다.

ⓒ [비법인사단인 채무자가 제3채무자를 상대로 소를 제기한 경우 : 권리불행사(당사자적격) 긍정] "비법인사단이 사원총회의 결의 없이 제기한 소는 소제기에 관한 특별수권을 결하여 부적법하고, 그 경우 소제기에 관한 비법인사단의 의사결정이 있었다고 할 수 없다. 따라서 비법인사단인 채무자 명의로 제3채무자를 상대로 한 소가 제기되었으나 사원총회의 결의 없이 총유재산에 관한 소가 제기되었다는 이유로 '각하'판결을 받고 그 판결이 확정된 경우에는 채무자가 스스로 제3채무자에 대한 권리를 행사한 것으로 볼 수 없다"(2018다210539)

③ [채권자대위소송 계속 중 다른 채권자의 대위소송의 제기(중복제소 긍정)] 判例는 "어느 채권자대위소송의 계속 중 다른 채권자가 채권자대위권에 기한 소를 제기한 경우 시간적으로 나중에 계속하게 된 소송은 중복소제기금지의 원칙에 위배하여 제기된 부적법한 소송이 된다"(93다53092)고 판시하고 있다.[37] **[06사법, 15행정]**

**(4) 채무자가 제소한 후 압류채권자의 추심소송제기가 중복소제기에 해당하는지 여부 [14사법]**

전소가 계속되기만 하면 전소가 부적법하더라도 후소가 중복소송이 된다는 것이 判例(97다45532)의 태도인데, 추심명령의 경우에도 동일하게 볼 수 있는지 문제된다. 判例는 " i ) 채무자가 제3채무자를 상대로 제기한 이행의 소가 이미 법원에 계속되어 있는 상태에서 압류채권자가 제3채무자를 상대로 제기한 추심의 소의 본안에 관하여 심리·판단한다고 하여, 제3채무자에게 불합리하게 과도한 이중 응소의 부담을 지우고 본안 심리가 중복되어 당사자와 법원의 소송경제에 반한다거나 판결의 모순·저촉의 위험이 크다고 볼 수 없다. ii ) 압류채권자는 채무자가 제3채무자를 상대로 제기한 이행의 소에 민사소송법 제81조, 제79조에 따라 참가할 수도 있으나, 채무자의 이행의 소가 상고심에 계속 중인 경우에는 승계인의 소송참가가 허용되지 아니하므로 압류채권자의 소송참가가 언제나 가능하지는 않으며, 압류채권자가 채무자가 제기한 이행의 소에 참가할 의무가 있는 것도 아니다. iii ) 채무자가 제3채무자를 상대로 제기한 이행의 소가 법원에 계속되어 있는 경우에도 압류채권자는 제3채무자를 상대로 압류된 채권의 이행을 청구하는 추심의 소를 제기할 수 있고, 제3채무자를 상대로 압류채권자가 제기한 추심의 소는 채무자가 제기한 이행의 소에 대한 관계에서 민사소송법 제259조가 금지하는 중복된 소제기에 해당하지 않는다"고 한다(전합2013다202120)**(7·10회 선택형)**.[38]

## 2. 청구의 동일(소송물의 동일)

통설은 기판력의 작용과 달리 청구 동일의 범위를 동일관계에 한정한다. 判例도 선결적 법률관계나(아래 ①번 판례 참조) 모순관계는(아래 ②번 판례 참조) 청구 동일로 보지 않는다. 나아가 判例는 청구취지가 동일하더라도 청구의 원인을 이루는 실체법적 근거나 사실관계가 상이하면 청구 동일에 해당하지 않는다는 입장이다.

---

37) **[판례검토]** 채권자대위소송의 법적 성질은 법정소송담당으로 보는 것이 타당하고 중복소송의 취지는 기판력 제도의 취지와 다르므로 채무자의 인식 여부를 고려하지 않고 일률적으로 처리하는 긍정설이 타당하다. 주의할 것은 채권자대위소송 도중 다른 채권자의 당사자참가(공동소송참가 : 2013다30301)는 합일확정의 필요성 및 중복소송의 취지에 비추어 중복소송에 해당하지 않는다.

38) **[판례검토]** 압류 및 추심명령은 갈음형 제3자 소송담당으로서 채무자는 제3채무자를 상대로 이행의 소를 제기할 당사자적격을 상실하고, 이는 직권조사사항으로서 당사자의 주장이 없더라도 법원이 이를 직권으로 조사하여 부적법 각하하게 된다. 따라서 압류채권자가 제3채무자를 상대로 제기한 추심의 소의 본안에 관하여 심리·판단한다고 하여, 제3채무자에게 불합리하게 과도한 이중 응소의 부담을 지우고 본안 심리가 중복되어 당사자와 법원의 소송경제에 반한다거나 판결의 모순·저촉의 위험이 크다고 볼 수 없다.

📌 **✻ 소송물이 달라 중복제소에 해당하지 않는다고 한 판례**

① **[선결적 법률관계]** "소유권을 원인으로 이행의 소가 계속중인 경우에도 소유권 유무 자체에 관하여 분쟁이 있어 즉시확정의 이익이 있는 경우에는 그 소유권확인의 소를 아울러 제기할 수 있다"(65다2371) 즉, 判例는 전소의 선결적 법률관계가 후소의 소송물인 경우 양 소는 청구취지가 다르므로 중복제소에 해당하지 않는다고 보았다.

② **[모순관계]** 判例는 "사위판결은 아직 확정되지도 아니하고 따라서 기판력도 없는 판결이므로, 이에 대하여 불복할 수도 있으나 별도로 사위판결로 인한 소유권이전등기의 말소등기절차를 구할 수 있다"고 하면서 "전소(사위판결)에 있어서의 소송물은 매매를 원인으로 한 등기청구권의 유무이고 이 사건에 있어서의 소송물은 원인무효 인한 소유권이전등기말소 등기청구권의 유무이어서 동일한 소송물이라고 볼 수는 없다 할 것이므로 중복제소에 해당하지 않는다"(79다1468)고 하였다.

③ **[청구취지와 청구원인이 다른 경우]** "채권자가 채무인수자를 상대로 제기한 채무이행청구소송(전소)과 채무인수자가 채권자를 상대로 제기한 원래 채무자의 채권자에 대한 채무부존재확인소송(후소)은 그 청구취지와 청구원인이 서로 다르므로 중복제소에 해당하지 않는다."(2001다22246)**(13회 선택형)**.

**(1) 항변으로 제출된 권리의 별소제기 [12회 사례형, 11사법]**

**1) 문제점**

소송물이 아닌 공격방어방법을 이루는 선결적 법률관계나 항변으로 주장한 권리는 별소를 제기하여도 중복소송의 문제는 발생하지 않는다. 하지만 상계항변은 기판력이 발생하는 점(제216조 2항)에서 중복소송으로 볼 수 있는지 문제된다.

**2) 판 례**

① **별소로 청구한 반대채권을 가지고 상계항변을 한 사건에서**(별소선행형) "사실심 재판부로서는 전소와 후소를 같은 기회에 심리·판단하기 위하여 이부, 이송 또는 변론병합 등을 시도함으로써 기판력의 저촉·모순을 방지함과 아울러 소송경제를 도모함이 바람직하였다고 할 것이나, 그렇다고 하여 특별한 사정이 없는 한 별소로 계속 중인 채권을 자동채권으로 하는 소송상 상계의 주장이 허용되지 않는다고 볼 수는 없다"(2000다4050)**(1·3·4·5·8·11회 선택형)**고 하여, 중복소제기가 아니라는 입장이다.

② **상계항변으로 제출한 자동채권과 동일한 채권으로 별소를 제기**(상계항변선행형)**한 경우에는 판시한 바가 없다가, 최근 判例는 별소선행형과 마찬가지로 중복소제기에 해당하지 않는다고 판시하였다**(대판 2022.2.17. 2021다275741). 상계항변 자체가 소송물이 아니고 방어방법이므로 소송계속이 발생하지 않으므로 별소선행형 사안과 마찬가지로 중복소제기에 해당하지 않는다.[39]

---

39) **[검토]** 상계항변이 판결에서 판단되어 기판력이 발생할 것인지 분명하지도 않은데 전면적으로 반대채권의 별소를 배척하는 것은 피고의 권리보호를 외면하는 것이므로 원칙적으로 중복소제기 유추를 부정하되, 판결의 모순을 막기 위해 별소 제기시에 이송·이부·변론의 병합으로 병합심리하는 것이 바람직하다.

### (2) 일부청구와 잔부청구

判例는 "전 소송에서 불법행위를 원인으로 치료비청구를 하면서 일부만을 특정하여 청구하고 그 이외의 부분은 별도소송으로 청구하겠다는 취지를 명시적으로 유보한 때에는 그 전 소송의 소송물은 그 청구한 일부의 치료비에 한정되는 것이므로 판결의 기판력은 유보한 나머지 부분의 치료비에까지는 미치지 아니하므로 전 소송의 계속 중에 동일한 불법행위를 원인으로 유보한 나머지 치료비청구를 별도소송으로 제기하였다 하더라도 중복제소에 해당하지 아니한다"(84다552)(3·4·6·12회 선택형)고 하여 명시적 일부청구설의 입장이다.

## 3. 전소의 소송계속 중에 후소를 제기하였을 것 [4회 사례형]

① **[전소의 소송계속 중]** 소의 형태는 제한이 없고, 전소는 소송요건을 구비하지 못한 부적법한 소라도 무방하나 후소의 소제기 당시에 전소가 계속되어 있어도 후소의 변론종결 시까지 취하, 각하 등에 의하여 그 계속이 소멸되면 중복소송에 해당하지 않는다(97다45532 ; 2018다259213)(4·7·13회 선택형).

② **[후소를 제기]** 동일한 소송절차 내에서 소송참가하는 것에 대해 判例는 "상법 제404조 제1항에서 규정하고 있는 회사의 참가는 공동소송참가를 의미하는 것으로 해석함이 타당하고, 나아가 이러한 해석이 중복제소를 금지하고 있는 민사소송법 제259조에 반하는 것도 아니다"(2000다9086)는 입장이다.

## Ⅲ. 효 과

중복소송금지원칙 위반 여부는 소극적 소송요건으로 직권조사사항이며, 후소법원은 소를 각하하여야 한다(88다카25274). 간과판결은 당연무효가 아니므로(94다59028)(10·13회 선택형), 판결 확정 전에는 상소할 수 있으나, 판결 확정 후에는 재심사유에 해당하지 않는다(3·4회 선택형). 다만 전·후소 판결이 모두 확정되었으나 판결이 모순되는 경우에는 어느 것이 먼저 제소되었는지를 불문하고 뒤에 '확정된 판결'이 재심에 의해 취소된다(제451조 1항 10호)(2회 선택형).

## ※ 소송계속의 실체법적 효과

### 1. 시효중단의 효과(민법 제170조 : 민법 소멸시효 참고)

### 2. 법률상 기간준수의 효과

判例는 채권자취소권과 같은 형성소권의 제척기간은 제소기간으로 보나, 취소권(제146조), 매매예약완결권과 같은 그 밖의 형성권의 제척기간은 재판 외 행사기간이라고 한다. 제소기간의 도과여부는 소송요건으로 직권조사사항이므로 항변사항인 시효기간과 구별된다(96다25371).

## Ⅰ. 의 의

① 절차의 개시(제248조), ② 심판의 대상과 범위(제203조), ③ 절차의 종결(제220조, 제266조)에 대하여 당사자에게 주도권을 주어 그의 처분에 맡기는 원칙을 말한다(절차의 진행은 직권진행주의). 사적자치의 소송법적 측면으로 설명된다. 처분권주의는 변론주의와 합하여 당사자주의로 불리고 있지만, 처분권주의는 소송물에 대한 처분의 자유를 의미하는 반면 변론주의는 소송자료에 대한 당사자의 수집책임을 의미한다.

## Ⅱ. 심판의 대상과 범위

### 1. 내 용

법원은 당사자가 특정하여 '신청'한 사항에 대하여 당사자의 신청범위 내에서만 판단하여야 한다(제203조). 당사자의 신청사항과 완전히 일치하지 않더라도 신청사항에 의하여 추단되는 원고의 합리적 의사에 부합되는 정도이면 된다.

> ＊ 신청사항에 의하여 추단되는 원고의 합리적 의사의 범위

判例는 ㉠ "사해행위인 계약 전부의 취소와 부동산 자체의 반환을 구하는 청구취지(원물반환청구) 속에는 일부취소와 가액배상을 구하는 취지도 포함되어 있으므로 청구취지의 변경이 없더라도 바로 가액반환을 명할 수 있다"(99다20612)(1·3회 선택형)고 하였고, ㉡ "당사자 일방이 금전소비대차가 있음을 주장하면서 약정이율에 따른 이자의 지급을 구하는 경우 대여금채권의 변제기 이후의 기간에 대해서는 약정이율에 따른 지연손해금을 구하는 것으로 볼 수 있다"(2017다22407)고 하였다. 반면, ㉢ 지연손해금만 구하였는데 약정이자도 인정하는 것은 처분권주의에 위반된다고 판시했으며(88다카19231), ㉣ "의사표시가 강박에 의한 것이어서 당연무효라는 주장 속에는 강박을 이유로 취소를 구한다는 주장이 당연히 포함되어 있다고 볼 수 없다"(95다40038)고 하였다.

### 2. 질적 동일

① [법원은 원고가 신청한 소송물에 대해서만 심판해야 한다] 예를 들어 ㉠ 소유권상실을 원인으로 한 손해배상청구(민법 제750조)에 소유권보존등기말소의무 불이행을 원인으로 한 손해배상청구(민법 제390조)를 인정한 것(전합2010다28604)(3회 선택형), ㉡ 매매를 원인으로 한 소유권이전등기를 청구한 데 대하여 양도담보약정을 원인으로 한 소유권이전등기를 명한 것(91다40696)(8회 선택형), ㉢ (부진정)연대청구한 데 대하여 개별책임을 명한 것(2012다89832)은 당사자가 신청하지 아니한 사항에 대하여 판결한 것으로서 처분권주의에 반하여 위법하다. 반면, ㉣ 자동차 사고로 인한 손해배상 청구에 있어서 자배법 제3조는 불법행위에 관한 민법 규정의 특별규정이므로 손해를 입은 자가 자배법에 의한 손해배상을 주장하지 않았다 하더라도 법원은 민법에 우선하여 자배법 제3조를 적용하여야 한다(95다29390).

② [법원은 원고가 신청한 소의 종류와 순서에 구속되어야 한다] 법원은 원고가 특정한 소의 종류에 구속되며, 청구의 예비적 병합과 같이 당사자가 구하고 있는 권리구제의 순서에도 구속된다(

4291민상793). 다만, 형식적 형성의 소는 형식은 소송이지만 실질은 비송이므로 제203조가 적용되지 않는다. 따라서 **경계확정의 소**(93다41792·41808)나 **공유물분할청구의 소**(2004다30583)의 경우 법원은 당사자 주장에 구속되지 않는다.

## 3. 양적 동일

### (1) 양적상한

양적상한의 초과는 처분권주의 위반이 된다. 가령 600만 원의 대여금청구소송에서 원고에게 700만 원을 받을 실체법상 권리가 있더라도 700만 원의 지급을 명하는 판결을 할 수 없다.

① **[신체상해로 인한 손해배상청구]** 손해3분설(判例)에 따를 때 적극손해, 소극손해, 위자료는 각각 소송물이므로 원고가 청구한 적극손해보다 법원이 더 많은 적극손해를 인정하면 인정된 총액이 청구 총액에 미달하더라도 처분권주의에 위반된다.

② **[일부청구와 과실상계]** 피해자가 일부청구를 하는 경우에 과실상계를 어떻게 할 것인가에 관하여, ㉠ 청구 부분에 한하여 과실상계 비율을 정한다는 '안분설'이 있으나, ㉡ **일부청구를 하는 당사자의 통상적 의사에 비추어 볼 때** 判例가 판시하는 바와 같이, (청구부분에 비례하여 과실상계비율을 정하지 않고) 손해의 전액에서 과실비율에 의한 감액을 하고 그 잔액(금액)이 청구액을 초과하지 않을 경우에는 그 잔액을 인용하고, 잔액이 청구액을 초과할 경우에는 청구의 전액을 인용하는 '외측설'이 타당하다(75다819 ; 2008다51649 : **2·6회 선택형**). **[17행정, 11법무]**

🐤 **\* 금전채권의 일부청구에 대한 피고의 상계항변과 청구인용 범위**

判例는 과실상계(원고의 과실참작)의 경우뿐만 아니라 피고의 반대채권으로 상계를 하는 경우에도 외측설을 취한다(83다323)(**2회 선택형**).[40]

### (2) 일부인용 [2회 사례형]

원고가 신청한 일부만 인정되는 경우에는 청구기각판결을 하여서는 아니되고 일부인용 판결을 하여야 한다. 일부인용판결은 처분권주의에 반하지 않는다는 것이 통설과 判例의 입장이다. 다만 원고의 명시적 반대의사가 있으면 청구기각 판결을 하여야 한다.

#### 1) 채무부존재확인의 소에 대한 일부인용판결

① **[채무의 상한을 명시하지 않은 채무일부부존재확인의 소의 적법여부]** '4천만 원을 초과하여서는 존재하지 아니함을 확인한다.'와 같이 청구취지에 채무상한을 명시하지 않은 경우라도 적법하다(다수설).

② **[채무의 상한을 명시하지 않은 채무일부부존재확인의 소의 소송물]** 채무부존재확인의 소의 소송물은 원고와 피고 사이에서 소멸여부가 다투어지는 부분이다.

---

40) **[구체적 예]** 예컨대, 甲은 乙에게 과실로 인한 손해배상으로 3천만 원을 청구하는 소를 제기하였고, 이에 乙은 甲에 대하여 가지는 5천만 원의 대여금채권으로 상계한다는 항변을 하였다. 만약 법원이 심리결과 수동채권인 甲의 손해배상채권액은 5천만 원, 자동채권인 乙의 대여금채권액은 1천만 원이라는 심증을 형성하였을 경우 외측설에 따르면 수동채권(=소구채권)의 전액 5천만 원에서 자동채권 1천만 원을 상계하면 잔액이 4천만 원이 되므로, 이는 청구액 3천만 원을 초과하는 금액이어서 법원은 청구전액인 3천만 원을 인용하는 판결을 하면 된다.

**가) 채무의 존부만 다투는 경우(일부인용판결 불허)**

원고가 자신에게 고의·과실이 없다는 이유로 손해배상채무의 부존재확인의 소를 제기하는 것과 같이 소송물이 '채무의 존부' 그 자체인 경우, 법원은 청구인용 또는 청구기각판결을 할 수 있을 뿐 일부인용판결을 할 수는 없다.

**나) 채무의 존부 및 액수를 다투는 경우(일부인용판결 허용)**

① "원고의 피고에 대한 2021.4.21.자 차용금채무는 4천만 원을 초과하여서는 존재하지 아니함을 확인한다."와 같이 **청구취지에 채무상한을 명시하지 않은 경우**, 소송물은 4천만 원을 초과하는 채무 전부이다. 判例는 "원고가 상한을 표시하지 않고 일정액을 초과하는 채무의 부존재의 확인을 청구하는 사건에 있어서 일정액을 초과하는 채무의 존재가 인정되는 경우에는, 특단의 사정이 없는 한, 법원은 그 청구의 전부를 기각할 것이 아니라 존재하는 채무부분에 대하여 일부패소의 판결을 하여야 한다"(93다9422)고 판시하여 일부패소(=일부인용)설의 입장이다(**5·10회 선택형**).

② 반면 "원고의 피고에 대한 2021.4.21.자 차용금채무 1억 원 중 4천만 원을 초과하여서는 존재하지 아니함을 확인한다."와 같이 **청구취지에 채무상한을 명시한 경우**. 소송물은 1억 원 중 4천만 원을 초과하는 6천만 원이며, 위 判例(93다9422)와 같은 이유로 일부인용판결이 허용된다.

ㄱ 따라서 위의 경우 6천만 원의 채무가 인정된다고 판단되면, 법원은 "원고의 피고에 대한 2021.4.21.자 차용금채무 1억 원 중 6천만 원을 초과하여서는 존재하지 아니함을 확인한다. 원고의 나머지 청구는 기각한다."라는 판결을 하여야 한다. ㄴ 반면, 잔존채무가 2천만 원이 인정되는 경우에는 "원고의 피고에 대한 2021.4.21.자 차용금채무 1억 원 중 4천만 원을 초과하여서는 존재하지 아니함을 확인한다."고하여 전부인용판결을 하여야 한다. "1억 원 중 2천만 원을 초과하여서는 존재하지 아니함을 확인한다."고 판결을 하면 8천만 원의 채무부존재를 인정하여 양적상한을 초과하는 판결로 처분권주의에 반하기 때문이다.

**2) 단순이행청구에 대한 상환이행판결 [피, 원, 미] [1회 사례형]**

**가) 피고의 동시이행항변이나 유치권항변이 있는 경우(상환이행판결 긍정)**

그러한 항변이 이유 있을 때에는 원고가 반대의 의사표시를 하지 않는 한 상환이행판결을 하여야 한다. 쌍방채무의 이행기가 도래하지 않은 경우에 상환이행판결을 하려면 미리 청구할 필요도 있어야 한다. 判例도 "매매계약 체결과 대금완납을 청구원인으로 하여 (무조건) 소유권이전등기를 구하는 청구취지에는 대금 중 미지급금이 있을 때에는 위 금원의 수령과 상환으로 소유권이전등기를 구하는 취지도 포함되어 있다고 할 것이다"(79다1508)(**3회 선택형**)고 하여 같은 입장이다.

**나) 토지임대인의 건물철거청구 소송 중에 임차인의 매수청구권 행사시(상환이행판결 부정)**

判例는 "토지임대차 종료시 임대인의 건물철거와 그 부지인도 청구에는 건물매수대금 지급과 동시에 건물명도를 구하는 청구가 포함되어 있다고 볼 수 없다. 법원으로서는 임대인이 종전의 청구를 계속 유지할 것인지, 아니면 대금지급과 상환으로 지상물의 명도를 청구할 의사가 있는 것인지(예비적으로라도)를 석명하고 임대인이 그 석명에 응하여 소를 변경한 때에는 지상물 명도의 판결을 함으로써 분쟁의 1회적 해결을 꾀하여야 한다"(전합94다34265)(**1·3·8회 선택형**)고 판시하였다.[41]

---

41) **[판례검토]** 건물 철거·토지인도 청구(민법 제213조, 제214조)와 건물 인도청구(민법 제643조)는 청구취지와 원인이 다르므

3) 현재의 이행의 소에 대한 장래이행판결 [피, 원, 미] [06사법]

가) 원고가 피담보채무의 '소멸'을 원인으로 근저당권설정등기의 말소등기청구의 소를 제기(장래이행판결 긍정)

단순이행청구의 경우에 선이행판결을 하는 것도 원고의 신청범위를 일탈하는 것이 아니므로 처분권주의에 반하지 않는다. 즉, 원고가 피담보채무의 소멸을 이유로 저당권설정등기의 말소나 소유권이전등기의 말소청구를 한 경우에(단순이행청구), ⅰ) 변론주의 원칙상 피고의 선이행의 항변이 있었고(원고의 채무가 아직 남아 있다는 항변) 심리결과 항변이 이유 있을 때, ⅱ) 원고가 반대의 의사표시를 하지 않는 한, ⅲ) 미리 청구할 필요가 있으면 원고청구기각이 아니라 원고의 남은 채무의 선이행을 조건으로 피고의 채무이행(등기말소)을 명하는 장래이행판결을 할 수 있다(96다33938 ; 2007다83694 : 아래 관련판례 참조)(2·3회 선택형).

🍃 [관련판례] "채무자가 피담보채무 전액을 변제하였다고 하거나, 피담보채무의 일부가 남아 있음을 시인하면서 그 변제와 상환으로 담보목적으로 경료된 소유권이전등기의 회복을 구하고 채권자는 그 소유권이전등기가 담보목적으로 경료된 것임을 다투고 있는 경우, 채무자의 청구 중에는 만약 위 소유권이전등기가 담보목적으로 경료된 것이라면 소송과정에서 밝혀진 잔존 피담보채무의 지급을 조건으로 그 소유권이전등기의 회복을 구한다는 취지까지 포함되어 있는 것으로 해석하여야 할 것이고, 이러한 경우에는 장래 이행의 소로서 미리 청구할 필요가 있다고 보아야 할 것이다(96다33938)(8회 선택형).

나) 원고가 피담보채무의 '부존재'를 원인으로 근저당권설정등기의 말소등기청구의 소를 제기(장래이행판결 부정)

'ⅱ)' 요건과 관련하여 원고가 피담보채무가 발생하지 않았음을 근거로 등기말소를 요구하는 경우에는 피담보채무의 변제를 조건으로 장래의 이행을 구하는 취지가 포함된 것으로 보이지 않으므로 장래이행판결을 하여서는 아니된다(91다6009)(11회 선택형).

## Ⅲ. 처분권주의 위반의 효과

당연무효의 판결이 아니므로 판결 확정 전에는 상소 등으로 취소할 수 있지만, 확정 후에는 재심사유에 해당하지 않는다.

---

로 포함되어 있지 않다고 보는 것이 타당하며(처분권주의 관련), 전부패소보다는 대금지급과 상환으로 지상물 인도를 명하는 판결을 받는 것이 원고에게 불리한 것도 아니고 피고의 항변도 있었으므로 적극적 석명(변론주의 보완과 관련)을 인정하는 判例의 태도가 타당하다.

## Ⅰ. 의 의

'변론주의'란, 소송자료, 즉 사실과 증거의 수집·제출을 당사자에게 맡기고, 당사자가 변론에 제출한 소송자료만을 재판의 기초로 삼는 원칙을 말한다. 변론주의는 ⅰ) 사실의 주장책임, ⅱ) 자백의 구속력, ⅲ) 증거제출책임을 그 내용으로 한다. **[주, 자, 증]**

## Ⅱ. 주요사실의 주장책임

### 1. 주요사실

변론주의는 '주요사실'에 대하여만 인정되고 간접사실과 보조사실에는 인정되지 않는다. 주요사실은 증명의 목표이지만 간접사실 등은 증명의 수단으로서 증거자료와 같은 기능을 하는데, 변론주의가 적용된다면 법관의 자유심증을 제한하기 때문이다.

### 2. 주장책임

### ※ 주장책임과 증명책임의 비교

|  | 주장책임 | 증명책임 |
|---|---|---|
| 의 의 | 자기에게 유리한 주요사실을 당사자가 주장하지 않으면 없는 것으로 취급되어 불이익한 판단을 받게 되는 불이익 | 주요사실의 존부가 확정되지 않을 때에 당해 사실이 존재하지 않는 것으로 취급되어 법률판단을 받게 되는 당사자 일방의 불이익 |
| 취 지 | 당사자의사 존중 | 재판거부의 방지 |
| 직권탐지주의 | 직권탐지주의하에서는 인정되지 않음 (주장책임은 변론주의의 제1명제) | 직권탐지주의하에서도 사실의 존부가 불명한 경우에 필요 |
| 양자의 관계 | ① 변론주의하에서는 사실의 주장이 없는 한 증명의 대상이 되지 않으므로 주장책임의 문제는 증명책임에 선행함 ② 주장책임의 분배도 증명책임의 분배원칙에 의함 ③ 패소의 불이익을 면하기 위해 주장·증명이 필요 | |
| 대 상 | 주요사실 | |

① [의 의] '주장책임'이란 자기에게 유리한 주요사실을 당사자가 주장하지 않으면 없는 것으로 취급되어 불이익한 판단을 받게 되는 불이익을 말한다. 주요사실은 당사자가 변론에서 주장하여야 하며, 주장되지 않은 사실은 판결의 기초로 삼을 수 없다. ㉠ "동시이행 항변권은 당사자가 이를 원용하여야 그 인정 여부에 대하여 심리할 수 있는 것이다"(2005다53187)**(3·6회 선택형)**, ㉡ "소멸시효기간 만료에 인한 권리소멸에 관한 것은 소멸시효의 이익을 받은 자가 소멸시효완성의 항변을 하지 않으면, 그 의사에 반하여 재판할 수 없다"(79다1863 등)**(1회 선택형)**

② [대 상] 주장책임의 대상은 주요사실이고, 간접사실과 보조사실은 대상이 아니다.

③ [주장책임의 분배] '주장책임의 분배'는 법률요건분류설에 따른다. 권리근거규정의 요건사실(권리발생사실 : 주로 실체법의 본문)은 권리자가, 반대규정의 요건사실(권리 장애·멸각·저지 사실 : 주로 실체법의 단서)은 의무자가 주장책임을 진다.

④ [주장공통의 원칙] 변론주의는 법원과 당사자간의 역할분담의 문제이므로, 그 사실이 어느 당사자에 의해서든 변론에서 주장되기만 하면 주장책임을 지는 자가 주장하였는지 여부를 불문하고 판결의 기초로 삼을 수 있다(89다카15359).

## 3. 주요사실과 간접사실·보조사실의 구별

### (1) 통설, 판례의 태도(법규기준설) [10사법, 15행정]

주요사실과 간접사실의 구별기준에 관한 判例의 입장인 '법규기준설'에 의하면 '주요사실'이란 권리의 발생·변경·소멸이라는 법률효과를 발생시키는 실체법상의 구성요건 해당사실을 말하고(전합83다카1489), '간접사실'이란 주요사실의 존부를 경험칙에 의하여 추인하게 하는 사실을 말하며(2003다57697), '보조사실'이란 증거능력이나 증거력에 관한 사실을 말한다. 이는 간접사실에 준하여 취급된다.

① [주요사실의 예] ㉠ 判例는 "소멸시효의 기산일"(94다35886)(1·4·7·8·12회 선택형), [6회 사례형], ㉡ 유권대리와 무권대리(87다카982), ㉢ 유권대리와 표현대리(전합83다카1489) [2회 사례형, 15사법], ㉣ 불법행위로 인한 일실수익의 현가산정에 있어서 기초사실인 수입, 가동연한, 공제할 생활비(83다191)(2·4회 선택형)은 주요사실이다.

🌱 [비교판례] ＊ 사실에 관한 주장이 아닌 것

㉠ [어떤 소멸시효의 기간이 적용되는지에 관한 주장] "어떤 시효기간이 적용되는지에 관한 주장은 권리의 소멸이라는 법률효과를 발생시키는 요건을 구성하는 사실에 관한 주장이 아니라 단순히 법률의 해석이나 적용에 관한 의견을 표명한 것이다. 이러한 주장에는 변론주의가 적용되지 않으므로 법원이 당사자의 주장에 구속되지 않고 직권으로 판단할 수 있다"(2016다258124) (8·9회 선택형) [7회 사례형]

㉡ [현가 산정방식에 관한 주장] "현가 산정방식에 관한 주장(호프만식에 의할 것이냐 또는 라이프니쯔식에 의할 것이냐에 관한 주장)은 당사자의 평가에 지나지 않는 것이므로, 당사자의 주장에 불구하고 법원은 자유로운 판단에 따라 채용할 수 있고, 이를 변론주의에 반한 것이라 할 수 없다"(83다191)(2회 선택형)

② [간접사실의 예] ㉠ 判例는 "취득시효의 기산점은 법률효과의 판단에 관하여 직접 필요한 주요사실이 아니고 간접사실에 불과하여 법원으로서는 이에 관한 당사자의 주장에 구속되지 아니하고 소송자료에 의하여 진정한 점유의 시기를 인정하여야 하는 것"(93다60120 : 1회 선택형)이라 하여 '간접사실'로 보고 있다(94다37868)(1·7·8회 선택형) [1회 사례형, 04사법] 그 외에 ㉡ 점유의 권원(96다53789)(4·8·12회 선택형)등이 간접사실에 해당한다.

## 4. 소송자료와 증거자료의 구별 [간, 묵, 다]

① [의 의] 소송자료와 증거자료의 구별을 강조하면 구체적 타당성을 기할 수 없으므로 통설·判例는 간접적 주장, 묵시적 주장을 허용한다.

② [간접적 주장] 당사자가 직접적인 사실주장을 하지 않았지만 현출된 소송자료나 증거자료를 통해 당사자가 그 사실주장을 한 것으로 의제하는 경우를 간접적 주장이라 한다. ㉠ 당사자가 법원에 서증을 제출하며 그 증명취지를 진술함으로써 서증에 기재된 사실을 '주장'한 경우(2008다38361), ㉡ 당사자의 변론을 전체적으로 관찰하여 간접적으로 주장한 것으로 볼 수 있는 경우(2005다21531 : 아래 관련판례 참조)(1·7회 선택형), ㉢ 최근 判例는 "청구원인에 관한 주장이 불분명한 경우에 그 주장이 무엇인지에 관하여 석명을 구하면서 이에 대하여 가정적으로 항변한 경우에도 주요사실의 주장이 있다고 볼 수 있다"(2017다865)고 하였다. [10사법]

🐾 ＊ 변론을 전체적으로 관찰하여 간접적으로 주장한 것으로 인정된 경우
"甲이 소장에서 토지를 乙로부터 매수하였다고 주장하고 있으나 甲이 위 매매당시 불과 10세 남짓한 미성년이었고 증인신문을 신청하여 甲의 조부인 丙이 甲을 대리하여 위 토지를 매수한 사실을 입증하고 있다면, 甲이 그 변론에서 위 대리행위에 관한 명백한 진술을 한 흔적은 없다 하더라도 위 증인신청으로서 위 대리행위에 관한 간접적인 진술은 있었다고 보아야 한다"(87다카982).

③ [묵시적 주장] 당사자의 주장 취지에 비추어 다른 주장이 내포된 경우에 묵시적으로 주장한 것으로 본다. 따라서 ㉠ 채무불이행이 되지 않는다는 주장에는 동시이행의 항변권 또는 불안의 항변권의 주장이 포함되어 있고(93다83887), ㉡ 대리 주장에는 대행적 대리(타인명의를 사용한 법률행위)의 주장이 포함되어있는 것으로 본다(94다19341).

🐾 ＊ 묵시적 주장으로 인정받지 못한 예 : 주요사실을 달리하는 경우
㉠유권대리에 관한 주장 가운데 무권대리에 속하는 표현대리의 주장이 포함되어 있다고 볼 수 없고(전합83다카1489)(3회 선택형), ㉡ 증여를 원인으로 한 소유권이전등기청구에 대하여 피고가 시효취득을 주장하였다고 하여도 그 주장 속에 원고의 위 이전등기청구권이 시효소멸하였다는 주장까지 포함되었다고 할 수 없으며(81다534)(1회 선택형), ㉢ 채무불이행으로 인한 손해배상청구권에 대한 소멸시효 항변이 불법행위로 인한 손해배상청구권에 대한 소멸시효 항변을 포함한 것으로 볼 수 없다(96다51110)(4회 선택형). ㉣ 채권자가 동일한 목적을 달성하기 위하여 복수의 채권을 가지고 이를 행사하는 경우 각 채권이 발생시기와 발생원인 등을 달리하는 별개의 채권인 이상 별개의 소송물에 해당하므로, 이에 대하여 채무자가 소멸시효 완성의 항변을 하는 경우에 그 항변에 의하여 어떠한 채권을 다투는 것인지 특정하여야 하고 그와 같이 특정된 항변에는 특별한 사정이 없는 한 청구원인을 달리하는 채권에 대한 소멸시효 완성의 항변까지 포함된 것으로 볼 수는 없다 (2012다68217)(6회 선택형).

🐾 ＊ 유권대리주장 속에 표현대리주장이 포함되는지 여부 [2회 사례형, 09·15사법]
判例는 "ⅰ) 대리행위에 의한 계약체결사실은 실체법상 법률행위의 특별유효요건으로서 권리발생사실에 해당하므로 이는 주요사실에 해당하고(95다27998), 표현대리가 성립된다고 하여 무권대리의 성질이 유권대리로 전환되는 것은 아니므로, 양자의 구성요건 해당사실 즉 주요사실은

서로 다르다고 볼 수밖에 없다. ⅱ) 그러므로 유권대리에 관한 주장 가운데 무권대리에 속하는 표현대리의 주장이 포함되어 있다고 볼 수 없다(전합83다카1489). ⅲ) 나아가 법원은 당사자에게 표현대리에 관한 요건사실의 주장이나 입증을 촉구할 의무도 없다"고 한다(2001다1126).

④ [주장사실과 인정사실의 다소차이의 허용]

## Ⅲ. 자백의 구속력

주요사실에 관하여 당사자 간에 다툼이 없는 사실은 증거조사를 할 필요가 없이 그대로 판결의 기초로 하여야 한다(제288조). 다만, 경험칙과 현저한 사실에 반하는 자백에는 재판상 자백으로서 효력을 발할 수 없다(4291민상551).

## Ⅳ. 증거의 제출책임

증거도 당사자가 세워야 하기 때문에 당사자가 신청한 증거에 대해서만 증거조사하며, 원칙적으로 법원은 직권으로 증거조사해서는 안 된다(변론주의가 적용되지 않는 경우는 직권조사가 가능하다). 법원의 직권증거조사(제292조)는 보충적으로 적용된다.

### ☞ ✽ 직권조사사항의 예

①소송법적 요소로서 소송요건, 상소요건, 상고심의 심리 불속행 사유와 ②실체법적 요소로서 소송계속의 유무(81다849), 과실상계(2011다21143), 손익상계(2000다37296), 위자료의 액수(2008다3517), 신의칙 · 권리남용(97다37821 : **13회 선택형**), ③**법률의 적용으로서** 절차적 강행법규의 준수, 실체법의 해석적용은 직권조사사항이다.

---

### Set 021 | 석명권

## Ⅰ. 의 의

'석명권'이란 소송관계(신청, 주장, 증명)를 분명하게 하기 위하여 사실상 · 법률상 사항에 대하여 당사자에게 질문하고 증명촉구를 할 뿐만 아니라, 당사자가 간과한 법률상 사항을 지적하여 의견진술의 기회를 주는 법원(재판장, 합의부원)의 권능으로(제136조), 변론주의의 결함을 시정하고 실질적 당사자평등을 보장하는 기능을 한다.

석명권은 법원의 권능이이면서 동시에 의무이므로 **석명권의 중대한 해태로 심리가 현저히 조잡하게 되었다고 인정되는 경우**(법관의 객관적 자의가 인정되는 경우)에는 석명의무의 위반으로 일반적 상고이유(제423조)가 된다고 본다(절충설, 법원실무제요).

## Ⅱ. 석명의 범위

### 1. 소극적 석명

'소극적 석명'이란 당사자의 신청이나 주장에 불분명, 불완전, 모순이 있는 점을 제거하는 석명으로 제한이 없다.

## 2. 적극적 석명 [15사법]

### (1) 문제점

'적극적 석명'이란 새로운 신청이나 주장을 하도록 시사하거나 구체적으로 증명방법까지 제시하여 증거신청을 종용하는 것으로 '변론주의'에 위배되는지 문제된다.

### (2) 학설 및 판례

① **[원칙적 부정]** 判例는 "당사자가 주장하지도 아니한 법률효과에 관한 요건사실이나 독립된 공격방어방법을 시사하여 그 제출을 권유함과 같은 행위를 하는 것은 변론주의의 원칙에 위배되는 것으로 석명권 행사의 한계를 일탈하는 것이다"(2001다15576)**(2회 선택형)**고 하여 원칙적으로 적극적 석명을 인정하지 않는다.

② **[제한적 인정]** 다만, 토지임대인이 임차인을 상대로 건물철거를 구하자 임차인이 **건물매수청구권을** 행사한 사건에서 判例는 "법원으로서는 임대인이 종전의 청구를 계속 유지할 것인지, 아니면 대금지급과 상환으로 지상물의 명도를 청구할 의사가 있는 것인지를 석명하고 임대인이 그 석명에 응하여 소를 변경한 때에는 지상물 명도의 판결을 함으로써 분쟁의 1회적 해결을 꾀하여야 한다"(94다34265 : 소변경의 석명)**(1·3회 선택형)**고 판시하여 적극적 석명권을 제한적으로 인정하였다.[42]

## Ⅲ. 석명의 대상

### 1. 청구취지 및 소송물의 석명

① **[청구취지의 석명]** 청구가 불분명, 불특정, 법률상 부정확한 경우에는 제한 없이 석명할 수 있으나(소극적 석명), 적극적 석명권은 제한적으로 인정된다(94다34265).

② **[소송물의 특정을 위한 석명]** 여러 개의 손해배상채권을 가진 채권자가 총 손해액 중 일부에 대해 청구하는 경우 어느 배상채권에 대해 얼마씩의 청구인지가 특정되지 아니한 때 석명의 대상이다(2007다25865). 또 재산적 손해 및 정신적 손해로 인한 손해배상청구에서 원고가 구분하지 않고 청구한 경우 석명할 의무가 있다(2006다32569).

### 2. 주장의 석명(공격방어방법의 석명)

당사자가 변론에서 제출한 청구원인사실이나 부인·항변사실 등의 주장이 **불분명·불완전·모순**인 경우 석명하여야 한다(소극적 석명). 전혀 새로운 주장을 권유하는 석명은 불허된다(적극적 석명).

---

42) **[검토]** 적극적 석명은 변론주의원칙과 충돌하므로 무제한 인정할 수는 없으나 실체적 진실 발견 또한 중요한바 제한적 긍정설이 타당하다. 그 인정기준으로는 통상 ⅰ) 종전의 소송자료에 비추어 법률상 또는 논리상 예기되는 것일 것, ⅱ) 상대방 당사자의 방어권 행사에 불이익이 없을 것, ⅲ) 소송경제에 반하지 않을 것, ⅳ) 당사자의 의사에 반하지 않을 것 등을 들고 있다. [예, 불, 경, 당]

## 3. 증명촉구

① **[소극적 석명]** 다툼이 있는 사실에 대하여 증거를 대지 못하는 경우 법원은 증명촉구의무를 진다. 判例는 당사자가 부주의 또는 오해로 증명하지 않은 것이 분명하거나 쟁점으로 될 사항에 관하여 당사자 사이에 명시적인 다툼이 없는 경우에는 법원은 석명을 구하면서 증명을 촉구하여야 하나(2018다261605), 다툼이 있는 사실에 관하여 입증이 없는 모든 경우에 법원이 심증을 얻을 때까지 입증을 촉구하여야 하는 것은 아니다(97다38442). 입증책임을 진 당사자에게 주의를 환기시켜 입증을 촉구할 책임이 있다는 것이지 구체적으로 입증방법까지 지시하여 증거신청을 종용할 수는 없다(64다325)고 한다.

② **[적극적 석명 : 소극적 석명을 적극적으로 발동해야 하는 경우]** 증거자료에 대하여는 법원이 보충적으로 직권증거조사를 할 수 있어 사실자료보다 적극적으로 입증촉구하는 것이 자유롭다. 判例는 ㉠ 불법행위에 기한 손해배상책임이 인정되지만 배상액에 대해 아무런 증명이 없는 경우(2018다301336, 제202조의2 관련 SET 31. 참조)**(1회 선택형)**, ㉡ 점유자의 회복자에 대한 유익비상환청구권이 인정되는 경우(93다30471), ㉢ 변제의 항변이 있는 경우(72다393) 각각의 손해액, 상환액, 변제액에 대해 관한 입증을 촉구해야 한다고 한다.

## 4. 지적의무

① **[의의 및 요건]** 법원은 당사자가 간과하였음이 분명한 법률상 사항에 관하여 당사자에게 의견진술의 기회를 부여하여야 한다(제136조 4항). ⅰ) 당사자가 간과하였음이 분명한 ⅱ) 법률상 사항이고 ⅲ) 판결의 결과에 영향이 있어야 한다. **[법, 명, 결]**

② **[판 례(지적의무의 인정례)]** ㉠ "민사소송법 제136조 제4항에 따라 당사자가 부주의 또는 오해로 인하여 명백히 간과한 법률상의 사항이 있거나 당사자의 주장이 법률상의 관점에서 보아 모순이나 불명료한 점이 있는 경우 법원은 적극적으로 석명권을 행사하여 당사자에게 의견 진술의 기회를 주어야 하고, 만일 이를 게을리 한 경우에는 석명 또는 지적의무를 다하지 아니한 것으로서 위법하다. 청구취지나 청구원인의 법적 근거에 따라 요건사실에 대한 증명책임이 달라지는 중대한 법률적 사항에 해당되는 경우라면 더욱 그러하다"(2019다200843 ; 2015다236820,236837). ㉡ "만일 당사자가 전혀 의식하지 못하거나 예상하지 못하였던 법률적 관점을 이유로 법원이 청구의 당부를 판단하려는 경우에는 그러한 관점에 대하여 당사자에게 의견진술의 기회를 주어야 한다"(2018다261605),

判例는 소송요건을 법률상 사항으로 보아 전혀 쟁점이 된 바 없었던 원고적격 흠결(2013다25217), 피고적격 흠결(94다17109) **[15법행]**, 제척기간 경과(2005다37185)**(2회 선택형)**, 부제소 합의의 존재(2011다80449)**(8회 선택형)**를 이유로 소각하를 할 때에는 이점에 대해 원고에게 의견진술의 기회를 주어야 한다는 입장이다.

③ **[지적의무 위반의 효과]** 지적의무의 위반은 석명의무 위반처럼 소송절차 위반에 해당하므로 판결확정 전에는 상고이유가 된다. 다만 그 요건에서 판결에 영향이 있을 것을 전제하기 때문에 절대적 상고이유가 아닌 일반적 상고이유(제423조)가 된다**(2회 선택형)**. 그러나 판결확정 후에는 재심사유는 아니므로 재심이 불가하며, 당연 무효도 아니어서 유효하다.

💐 ✳ 당사자 사이에 종중의 대표자 지위에 관하여 쟁점이 되지 않은 경우 법원의 지적의무

判例는 甲 종중이 乙을 상대로 제기한 소에서 변론종결 당시까지 당사자 사이에 대표자 丁이 적법한 대표권이 있는지, 대표자 지위에 관해서 쟁점이 되지 않았다면 법원은 당사자에게 이 부분에 관하여 증명이 필요함을 지적하고 적극적으로 석명권을 행사하여 당사자에게 의견진술의 기회를 부여할 의무가 있는데도, 이러한 조치를 전혀 취하지 않은 채 당사자표시정정신청서 제출 당시 丁에게 추인을 할 수 있는 적법한 대표권이 있다고 볼 증거가 부족하다는 이유로 소를 각하한 법원의 판단은 예상외의 재판으로 당사자 일방에게 뜻밖의 판결을 한 것으로서 석명의무를 다하지 않아 심리를 제대로 하지 않은 잘못이 있다(2021다276973)고 한다.

## Set 022 　실기한 공격방어방법

## Ⅰ. 실기한 공격방어방법의 각하

이는 적시제출주의를 어겨 당사자의 고의 또는 중과실로 공격방어방법이 늦게 제출되었을 때에는 각하하고 심리하지 아니하는 법원의 권한을 말한다(제149조).

### 1. 각하의 요건 [적, 고, 지]

① [적시제출주의 규정을 어기어 공격방어방법을 뒤늦게 제출할 것] 항소심에서 시기에 늦었는지를 판단할 경우 항소심을 속심구조로 하는 민사소송법의 구조와 제149조가 총칙규정임을 고려하여 **제1심·제2심을 합쳐서 판단해야** 한다(4294민상1122 : 유치권 항변을 항소심 4회 변론기일에서 항변한 경우 실 공방이라고 판단)라고 한다(2017다1097참조).

💐 ✳ 적시제출주의의 예외

적시제출주의는 변론주의가 적용되는 부분에 한정되며, 절차의 촉진보다 실체적 진실발견의 요청이 선행되는 직권탐지주의나 직권조사사항에 대해서는 적용이 배제된다. 따라서 "민사소송에 있어서 기판력의 저촉여부와 같은 권리보호요건의 존부는 법원의 직권조사사항이나 이는 소위 직권탐지사항과 달라서 그 요건 유무의 근거가 되는 구체적인 사실에 관하여 사실심의 변론종결 당시까지 당사자의 주장이 없는 한 법원은 이를 고려할 수 없고, 또 다툼이 있는 사실에 관하여는 당사자의 입증을 기다려서 판단함이 원칙이라 할 것이다"(81다124)

② [당사자에게 고의 또는 중대한 과실이 있을 것] 예비적 주장이나 출혈적인 상계의 항변, 건물매수청구권은 일찍 제출하는 것을 기대하기 어려우므로 중과실이 부정된다. 예를 들어, 判例는 "매도인이 약정해제권을 행사하기 위하여는 계약금의 배액을 배상하여야 하므로 약정해제권의 행사는 상계항변, 건물매수청구권의 행사 등과 같이 조기에 그 행사를 기대할 수 없으므로 이를 제1심에서 패소한 후 원심에서 행사하였다는 등의 사정만으로는 이를 실기한 공격방어방법에 해당한다고 할 수 없다"(2004다51054)고 판시하였다. 다만 判例는 "환송 전 원심 소송절차에서 상계항변을 할 기회가 있었음에도 불구하고 환송 후 원심 소송절차에서 비로소 주장하는 상계항변은 실기한 공격방어방법에 해당한다"(2003다44387)고 판시하였다(**11회 선택형**).[43]

③ **[이를 심리하면 각하할 때보다 소송의 완결이 지연될 것]** 실기한 공격방어방법을 받아들이는 것이 각하는 것보다 절차가 더 오래 걸리면 지연된다고 본다(통설). 다만 判例는 법원이 당사자의 공격방어방법에 대하여 각하결정을 하지 아니한 채 그 공격방어방법에 관한 증거조사까지 마친 경우에는 더 이상 소송의 완결을 지연할 염려는 없어졌다고 할 것이므로, 각하할 수 없다(2003두988)고 보았다. 그러나 "법원이 당사자의 변론재개신청을 받아들여 **변론재개를 한 경우에는 소송관계는 변론재개 전의 상태로 환원되므로, 그 재개된 변론기일에서 제출된 주장·증명이 실기한 공격방어방법에 해당되는지 여부를 판단함에 있어서는 변론재개 자체로 인한 소송완결의 지연은 고려할 필요 없이** 민사소송법 제149조 제1항이 규정하는 요건을 충족하는지를 기준으로 그 해당 여부를 판단하면 된다"(2010다20532).

## 2. 효 과

① 각하당한 자는 독립하여 항고할 수 없고, 종국판결에 대한 상소로 불복하여야 한다(제392조).
② 그러나 **각하신청이 배척된 경우**, 이는 법원의 소송지휘에 관한 사항이기 때문에 불복신청이 허용되지 않는다. ③ 한편 시기에 늦은 공격·방어방법이 각하되지 않은 경우, 소송을 지연시킨 당사자는 승소하였더라도 증가된 소송비용을 부담하는 불이익을 받을 수 있다(제100조).

### ✽ 제척기간도과여부에 대한 조사

㉠ "매매예약완결권의 제척기간이 도과하였는지 여부는 소위 직권조사 사항으로서 이에 대한 당사자의 주장이 없더라도 법원이 당연히 직권으로 조사하여 재판에 고려하여야 하므로, 상고법원은 매매예약완결권이 제척기간 도과로 인하여 소멸되었다는 주장이 적법한 상고이유서 제출기간 경과 후에 주장되었다 할지라도 이를 판단하여야 한다"(99다18725)**(8·11회 선택형).**

㉡ "상법 제814조 제1항의 제척기간을 도과하였는지는 법원의 직권조사사항이므로 당사자의 주장이 없더라도 법원이 이를 직권으로 조사하여 판단하여야 한다. 또한 당사자가 제척기간의 도과여부를 사실심 변론종결 시까지 주장하지 아니하였다 하더라도 상고심에서 이를 새로이 주장·증명할 수 있다"(2019다205947).

---

43) **[판례검토]** 예비적, 출혈적 항변인 상계항변을 각하했다는 점에서 논란의 여지가 있을 수 있다. 하지만 구체적 사안에서 뒤늦은 상계항변인 점과 자동채권의 존재 자체부터 의심할 사정이 있는 등 소송의 의도적 지연이라는 특별한 사정이 인정되어 예외적으로 상계항변을 각하한 것으로 보인다.

## 1. 본안의 항변(실체법상 효과에 관계있는 항변, 피고의 방어방법) [06 · 15 · 17사법]

'본안의 항변'이란 원고청구를 배척하기 위하여 원고의 주장사실(권리근거규정의 요건사실)과 양립가능한 별개사실(반대규정의 요건사실)을 주장하는 피고의 진술을 말한다.

## 2. 부인과 항변의 구별기준 및 실익

| | 부 인 | 항 변 |
|---|---|---|
| 양립가능성 | ×<br>(예 : 원고의 대여금청구에 대해 피고가 증여임 주장) | ○<br>(예 : 원고의 대여금청구에 대해 피고가 면제를 주장) |
| 증명책임 | 상대방에게 증명책임이 있는 사실을 주장(예 : 원고가 대여사실을 증명해야 함) | 자기에게 증명책임이 있는 사실을 주장(예 : 피고가 면제사실을 증명해야 함) |
| 주장이 인정되지 않는 경우 | 판결이유에서 판단하지 않아야 함 | 따로 판단하여야 함. 만약 판단하지 않으면 판단누락의 위법으로<br>① 상고이유(제424조 1항 6호)<br>② 재심사유(제451조 1항 9호) |

① **[양립가능성]** 부인은 상대방의 주장과 양립할 수 없는 주장을 함으로써 상대방의 주장을 직접 배척하는 진술이고, 항변은 상대방 주장과 모순되지 않고 양립할 수 있는 다른 사실을 주장하여 결국은 상대방 주장에 의한 법률효과를 배제하는 진술이다.

② **[증명책임의 소재]** ㉠ 자기에게 증명책임이 있는 사실의 주장은 항변이 되고, 그렇지 않은 사실의 주장은 부인이 된다. ㉡ 주장이 인정되지 않을 경우 부인은 판결 이유에서 판단하지 않아도 되나(66다2291), 항변에 대해서는 따로 판단하여야 하며 이를 누락한 경우 판단누락의 위법이 있어 상고이유(제424조 1항 6호) · 재심사유(제451조 1항 9호)가 된다(64다1437)(**6회 선택형**).

## 3. 상계항변의 특수성(상계항변이 먼저 이루어지고 그 후 소멸시효항변이 있었던 경우)

判例는 "소송에서의 상계항변은 예비적 항변의 성격을 갖는다. 따라서 상계항변이 먼저 이루어지고 그 후 대여금채권의 소멸을 주장하는 소멸시효항변이 있었던 경우에, 상계항변 당시 채무자인 피고에게 수동채권인 대여금채권의 시효이익을 포기하려는 효과의사가 있었다고 단정할 수 없다. 그리고 항소심 재판이 속심적 구조인 점을 고려하면 제1심에서 공격방어방법으로 상계항변이 먼저 이루어지고 그 후 항소심에서 소멸시효항변이 이루어진 경우를 달리 볼 것은 아니다"(2011다21556)고 하였다(**6회 선택형**).[44)]

---

44) **[판례해설]** 소멸시효완성 후의 포기는 ⅰ) 처분능력과 처분권한을 갖춘 자가 ⅱ) 시효완성 사실을 알고, ⅲ) 권리를 잃을 자에게 '시효이익을 포기하는 의사표시'로 할 수 있다. 특히 ⅲ) 요건과 관련하여 '시효완성 후 채무승인'이 문제되는바, 시효이익의 포기에는 '효과의사'가 필요하므로, '관념의 통지'로 효과의사가 필요하지 않는 시효중단사유로서의 승인과 다르며, 따라서 채무승인만으로 언제나 시효이익의 포기가 되는 것은 아니다. 위 判例는 이러한 '효과의사'가 있었다고 단정할 수 없다고 본 사안이다.

## Set 024 　형성권의 행사

## Ⅰ. 소송에 있어 형성권의 행사 [17사법]

### 1. 문제점

사법상 형성권 행사와 소송상 항변이 동시에 이루어지는 경우, 소취하, 실기한 공격방어방법 각하 등으로 실질적인 판단을 받지 못할 때 사법상 효력이 유지되는지 문제이다.

### 2. 판 례

① **[해제의 항변(병존설)]** 대법원은 해제권을 행사한 사안에서, "소제기로써 계약해제권을 행사한 후 그 뒤 그 소송을 취하하였다 하여도 해제권은 형성권이므로 그 행사의 효력에는 아무런 영향을 미치지 아니한다"(80다916)고 하여 병존설로 평가된다.

② **[상계의 항변(신병존설)]** 判例는 상계의 항변에 대해서는 "소송상 방어방법으로서의 상계항변은 그 수동채권의 존재가 확정되는 것을 전제로 하여 행하여지는 일종의 예비적 항변으로서 당사자가 소송상 상계항변으로 달성하려는 목적, 상호양해에 의한 자주적 분쟁해결수단인 조정의 성격 등에 비추어 볼 때 당해 소송절차 진행 중 당사자 사이에 '조정'이 성립됨으로써 수동채권의 존재에 관한 법원의 실질적인 판단이 이루어지지 아니한 경우에는 그 소송절차에서 행하여진 소송상 상계항변의 사법상 효과도 발생하지 않는다"(2011다3329)(11회 선택형)고 하여 신병존설로 평가된다.

## Ⅱ. 상계항변에 대한 상계의 재항변 가부

### 1. 소송상 방어방법으로서의 상계항변이 실체법상 효과를 가져오는 경우

소송상 상계항변은 통상 수동채권의 존재가 확정되는 것을 전제로 하여 행하여지는 예비적항변으로서 소송상 상계의 의사표시에 의해 확정적으로 효과가 발생하는 것이 아니라 당해 소송에서 수동채권의 존재 등 상계에 관한 법원의 실질적 판단이 이루어지는 경우에 비로소 실체법상 상계의 효과가 발생한다(2013다95964)(5·11회 선택형).

### 2. 소송상 상계의 재항변이 허용되는지 여부

(1) 피고의 상계항변에 대하여 원고가 상계의 재항변을 하는 경우(불허)

① 피고의 소송상 상계항변에 대하여 원고가 다시 피고의 자동채권을 소멸시키기 위하여 소송상 상계의 재항변을 하는 경우, 법원이 원고의 소송상 상계의 재항변과 무관한 사유로 피고의 소송상 상계항변을 배척하는 경우에 소송상 상계의 재항변을 판단할 필요가 없다(2013다95964).

② 피고의 소송상 상계항변이 이유 있다고 판단하는 경우에는 원고의 청구채권인 수동채권과 피고의 자동채권이 상계적상 당시에 대등액에서 소멸한 것으로 보게 될 것이므로 원고가 소송상 상계의 재항변으로써 상계할 대상인 피고의 자동채권이 그 범위에서 존재하지 아니하는 것이 되어 이때에도 역시 원고의 소송상 상계의 재항변에 관하여 판단할 필요가 없게 된다. 피고의 소송상 상계항변에 대하여 원고가 소송상 상계의 재항변을 하는 것은 다른 특별한 사정이 없는 한 허용되지 않는다(同 判例)(5·6회 선택형). [15행정]

(2) 원고가 2개의 채권을 청구하고, 피고가 그 중 1개의 채권을 상계항변을 하자, 원고가 상계의 재항변을 하는 경우(불허)

위 법리는 원고가 2개의 채권을 청구하고, 피고가 그중 1개의 채권을 수동채권으로 삼아 소송상 상계항변을 하자, 원고가 다시 청구채권 중 다른 1개의 채권을 자동채권으로 소송상 상계의 재항변을 하는 경우에도 마찬가지로 적용된다(2012다107662).

## Set 025 소송행위

## Ⅰ. 소송상 합의(소송계약) [14사법]

### 1. 의 의

'소송상 합의'란 현재 계속 중이거나 장래 계속될 특정의 소송에 대하여 일정한 법적 효과의 발생을 목적으로 하는 당사자 간의 합의를 말한다. 법률상 명문의 규정이 있는 관할의 합의(제29조) 담보제공방법에 대한 합의(제122조 단서), 담보물변경의 합의(제126조 단서), 기일변경의 합의(제165조 2항), 불항소합의(제390조 1항 단서)등이 있는바, 명문의 규정이 있는 한 당연히 허용된다.

### 2. 명문의 규정이 없는 소송상 합의의 허용 여부 [처, 변, 예, 합]

명문규정이 없는 소취하합의, 불상소합의, 부제소합의 등도 인정되는지 문제되는바, 통설·判例는 ① 처분권주의·변론주의가 행해지는 범위 내에서 이루어져야 하며 ② 당사자가 그 합의의 법효과를 명확히 예측하고 합의를 한때에는 적법성을 인정한다.

### 3. 소송상 합의의 법적 성질

① [문제점] 명문규정이 있는 경우는 '소송행위'이나, 명문 규정이 없는 '소취하합의' 등의 법적성질이 문제된다.

② [판 례] 判例는 소취하계약의 법적 성질을 사법계약으로 보고 있으며, ㉠ "소취하계약을 위반하여 소를 유지하는 경우 그 취하이행의 소구는 허용되지 않는다"(66다564)고 하여 사법계약설 중 의무이행소구설을 배척하였고, ㉡ "소취하계약을 어긴 경우에 권리보호이익이 없다고 하여 소각하를 구하는 본안 전 항변권이 발생한다"(96후1743 등)고 하여 **항변권발생설의 입장이다(4·7회 선택형).**[45] 이러한 입장은 재판상화해에 대해서도 마찬가지이다(2005다14861).

---

45) [검토] 소송계약설은 소송법상 아무런 규정이 없는 소송계약을 소송행위로 보는 문제가 있고, 사법계약설 중 의무이행소구설은 그 구제방법으로 우회적이고 간접적이므로 보다 간이한 해결책이 되는 항변권발생설이 타당하다. 항변권발생설에 의하면 피고는 위 합의의 존재를 항변으로 주장할 수 있고, 법원은 권리보호의 이익이 없다는 이유로 소를 각하하게 될 것이다.

## 4. 소송상 합의가 직권조사사항인지 여부(적극)

判例는 불상소 합의(79다2066)와 부제소 합의(2011다80449)를 직권조사사항으로 보았다. 즉, '소송상 합의의 존재'여부는 소의 적법요건에 관한 것(권리보호이익 판단기준)이므로 직권조사사항이고 '소송상 합의의 위반'여부는 소송요건에 대한 항변이므로 본안 전 항변사항에 해당한다(항변권발생설).

## 5. 소송상 합의의 유효요건

소송상 합의가 유효하기 위해서는 ⅰ) 명문의 규정이 있는 소송상 합의는 소송행위로서 소송능력이 필요하며 ⅱ) 명문의 규정의 유무를 불문하고 조건과 기한을 붙일 수 있으며 ⅲ) 처분권주의와 변론주의의 범위내에서 특정한 법률관계에 대하여 합의하여야 한다.

만일 당사자의 의사가 불분명하다면, 가급적 소급적 입장에서 부제소합의의 존재를 부정할 수밖에 없다. 권리주체인 당사자 간에서의 부제소합의라도 그 당사자가 처분할 수 있는 특정된 법률관계에 관한 것으로서 그 합의 당시 각 당사자가 예상할 수 있는 상황에 관한 것이어야 유효하게 된다(2017다217151).

## 6. 개별적 고찰

### (1) 부제소합의(무효인 경우)

"매매계약이 민법 제104조에서 정하는 '불공정한 법률행위'에 해당하여 무효라고 한다면, 그 계약으로 인하여 불이익을 입는 당사자로 하여금 사법적 구제수단을 통하여 주장하지 못하도록 하는 부제소합의 역시 무효이다"(2009다50308)(1・2회 선택형). 또한 "강행법규인 구 임대주택법 등 관련 법령에서 정한 산정기준에 따른 금액을 초과한 분양전환가격으로 분양계약을 체결하면서 이에 부수하여 부제소합의를 한 때와 같이, 강행법규의 입법 취지를 몰각하는 결과가 초래되는 경우 그 부제소합의는 특별한 사정이 없는 한 무효이다"(2018다261773)

### (2) 소취하계약(상소취하계약)

① [소취하계약을 하고서도 소를 계속 유지하고 있는 경우 : 각하] 항변권발생설에 의하면 권리보호이익의 흠결로 소각하판결을 할 것이다. 判例도 "당사자 사이에 항소취하의 합의가 있는데도 항소취하서가 제출되지 않는 경우 상대방은 이를 항변으로 주장할 수 있고, 이 경우 항소심법원은 항소의 이익이 없다고 보아 그 항소를 각하함이 원칙"(2017다21411)(9회 선택형)이라고 판시하였다. 그러나 소송계약설은 소송종료선언을 해야 한다고 한다.

② [당사자 사이에 조건부 소취하의 합의를 한 경우, 그 소송을 계속 유지할 법률상의 이익이 있는지 여부] "조건부 '소취하의 합의'를 한 경우에는 조건의 성취사실이 인정되지 않는 한 그 소송을 계속 유지할 법률상의 이익을 부정할 수 없다"(2013다19571)(7회 선택형).

③ [소취하합의가 민법상의 화해계약에 해당하는 경우 착오를 이유로 취소할 수 있는 요건] "민법상의 화해계약을 체결한 경우 당사자는 착오를 이유로 취소하지 못하고 다만 화해 당사자의 자격 또는 화해의 목적인 분쟁 이외의 사항에 착오가 있는 때에 한하여 이를 취소할 수 있다(민법 제733조). '화해의 목적인 분쟁 이외의 사항'이라 함은 분쟁의 대상이 아니라 분쟁의 전제 또는 기초가 된 사항으로서, 쌍방 당사

자가 예정한 것이어서 상호 양보의 내용으로 되지 않고 다툼이 없는 사실로 양해된 사항을 말한다"(2020다227523, 227530).

④ [소취하합의가 민법상의 화해계약에 이르지 않은 법률행위에 해당하는 경우 착오를 이유로 취소할 수 있는 요건] "소취하합의가 민법상의 화해계약에 이르지 않은 법률행위에 해당하는 경우 소취하합의의 의사표시 역시 민법 제109조에 따라 법률행위의 내용의 중요 부분에 착오가 있는 때에는 취소할 수 있을 것이다"(2020다227523,227530).

**(3) 불상소계약**

① [의 의] '불상소계약'이란 상소하지 않기로 하는 당사자 간의 소송 외에서의 합의로서, 항소만 하지 않기로 하는 불항소합의(=비약상고합의)(제390조 1항 단서)와 구별된다.

② [불상소계약을 하고도 일방이 상소를 한 경우 : 각하] 항변권발생설에 의하면 상소이익 흠결로 상소를 부적법 각하해야 한다.

## Ⅱ. 소송행위의 철회와 취소

### 1. 소송행위의 철회

'취효적 소송행위'(법원에게 재판 내지 행위를 요구하거나, 재판의 기초가 되는 자료를 제공하는 행위로서, 신청·소제기, 주장, 증거신청 등의 행위)는 재판이 있을 때까지 자유롭게 철회할 수 있으나(**5회 선택형**), '여효적 소송행위'(소·상소취하, 청구의 포기·인낙, 화해, 소송고지 등의 행위)는 법원의 행위가 개입하지 않고 직접 소송상 효력을 발생하므로, 상대방의 이익을 고려하여 원칙적으로 철회가 허용되지 않는다.

또한, 당해 행위를 한 당사자에게 불리한 소송행위나, 상대방에게 유리한 법률상 지위가 형성된 경우(소제기에 대해 피고가 본안에 대해 응소한 경우, 증거신청에 대하여 이미 증거조사가 개시된 경우가 이에 해당한다)에도 '구속적 소송행위'로서 철회가 제한된다.

### 2. 의사표시의 하자와 소송행위의 취소 [09사법, 14법행]

**(1) 문제점**

절차조성적 소송행위에 대해서는 민법규정을 유추하여 취소할 수 없다는 것에 견해가 일치된다. 그러나 **절차종료적 소송행위**(소취하, 항소취하, 화해)에 사기·강박, 착오 등 의사표시의 하자가 있는 경우 민법규정을 유추적용하여 취소할 수 있는지 문제된다.

**(2) 판 례**

① [소송행위에 의사표시의 하자에 관한 민법규정 적용(소극)] 判例는 "원래 민법상 법률행위에 관한 규정은 민사소송법상의 소송행위에는 특별한 규정 기타 특별한 사정이 없는 한 적용이 없는 것이므로 소송행위가 강박에 의하여 이루어진 것임을 이유로 취소할 수는 없다"(80다76)고 하여 절차종료적 소송행위에도 의사표시의 하자에 관한 민법규정이 적용되지 않는다는 입장이다(하자불고려설).

🦋 **[관련판례]** "원고들 소송대리인으로부터 원고 중 1인에 대한 '소 취하'를 지시받은 사무원은 원고들 소송대리인의 표시기관에 해당되어 그의 '착오'는 원고들 소송대리인의 착오로 보아야 하므로, 그 사무원의 착오로 원고들 소송대리인의 의사에 반하여 원고들 전원의 소를 취하하였다 하더라도 이를 무효라 볼 수는 없고, 적법한 소 취하의 서면이 제출된 이상 그 서면이 상대방에게 송달되기 전·후를 묻지 않고 원고는 이를 임의로 '철회'할 수 없다"(97다6124)(**4·9회 선택형**).

② **[제451조 1항 5호 유추적용에 의한 소송행위의 효력부정(유죄판결의 확정 + 의사에 부합하지 않을 것)]** 判例는 "소송행위가 '사기', '강박' 등 형사상 처벌을 받을 타인의 행위로 인하여 이루어졌다고 하여도 그 타인의 행위에 대하여 유죄판결이 확정되고 또 그 소송행위가 그에 부합되는 의사없이 외형적으로만 존재할 때에 한하여 민사소송법 제451조 1항 5호의 규정을 유추해석하여 그 효력을 부인할 수 있다고 해석함이 상당하므로 타인의 범죄행위가 소송행위를 하는데 '착오'를 일으키게 한 정도에 불과할 뿐 소송행위에 부합되는 의사가 존재할 때에는 그 소송행위의 효력을 다툴 수 없다"(82다카963)고 판시하였다. 즉, 判例는 '유죄판결의 확정'과 '의사에 부합하지 않을 것' 두 가지 요건을 모두 갖추어야 제451조 1항 5호를 유추적용할 수 있다는 점이다. 실체법상 착오·사기·강박 등 의사표시하자의 유형은 기준이 되지 못한다. 위 82다카963 判例도 민법 제109조의 착오와 관련된 사례가 아니라 '상대방의 기망에 의하여 착오(민법 제110조)로 한 소송행위의 효력'에 관한 판시였다. 결국 사기의 경우에도 타인이 유죄판결을 받았다고 하여 제451조가 무조건 유추적용되는 것은 아니다.

🦋 **[비교판례]** ✱ **형사책임이 수반되는 타인의 강요와 폭행에 의하여 이루어진 소취하의 약정**(유죄의 확정판결 없이 무효)
判例는 "형사책임이 수반되는 타인의 강요와 폭행에 의하여 이루어진 소취하의 약정과 소취하서의 제출은 무효이다"(82다카312,313,314)고 판시하여 **제451조 1항 5호를 유추적용할 것 없이, 즉 '유죄의 확정판결 없이'** 소송행위의 효력을 무효로 보았다.[46]

🦋 **[비교판례]** ✱ **당사자의 대리인이 한 항소취하가 배임죄에 해당하는 경우 제451조 1항 5호 적용요건**(유죄판결의 확정 + 대리권에 실질적인 흠이 발생할 것)
判例는 "제451조 제1항 제5호의 '형사상 처벌을 받을 다른 사람의 행위'에는 당사자의 대리인이 범한 배임죄도 포함될 수 있으나, 이를 재심사유로 인정하기 위해서는 단순히 대리인이 문제된 소송행위와 관련하여 배임죄로 유죄판결을 받았다는 것만으로는 충분하지 않고, 위 대리인의 배임행위에 소송의 상대방 또는 그 대리인이 통모하여 가담한 경우와 같이 대리인이 한 소송행위의 효과를 당사자 본인에게 귀속시키는 것이 절차적 정의에 반하여 도저히 수긍할 수 없다고 볼 정도로 대리권에 실질적인 흠이 발생한 경우라야 한다"(2010다86112)고 판시하였다.[47]

---

46) **[판례검토]** 이 判例는 민법 제110조의 강박행위에 대한 사례가 아님을 주의해야 한다. 굳이 해석하자면 강박의 정도가 극심하여 표의자의 의사결정의 자유가 박탈될 정도인 경우(절대적 강박)에는 의사 자체가 없는 것이 되어 '무효'라는 대법원의 입장(2002다56031 등)이 소송법적으로 반영된 것이다.

47) **[판례검토]** 이는 의사표시의 하자사례와는 별개의 문제이다. 제451조 1항 5호를 유추적용하여 하자있는 의사표시에 의한 소송행위의 효력을 부정하려는 것이 아니라, 재심을 하기 위해 제451조 1항 5호의 '형사상 처벌을 받을 다른 사람의 행위'에 당사자의 대리인이 범한 배임죄가 포함되는지 여부가 문제된 사안이다.

## I. 의 의

'기일의 해태'란 적법한 기일통지를 받은 당사자가 기일에 출석하지 않거나 출석하더라도 변론하지 않은 경우를 말한다. 불출석으로 인한 소송지연을 방지하는 취지이다. 한쪽 당사자가 결석한 경우에는 진술간주 및 자백간주, 양쪽 당사자가 결석한 경우에는 소의 취하간주가 규정되어 있다.

## II. 기일의 해태의 요건 [필, 통, 불] [2회 사례형]

당사자의 결석(기일의 해태)이 인정되기 위해서는 ⅰ) 당사자가 결석한 기일이 필요적 변론기일이어야 하고, ⅱ) 당사자에게 적법한 기일통지가 있었어야 하며, ⅲ) 불출석 또는 출석·무변론한 경우여야 한다.

'ⅰ)'요건과 관련하여 변론준비기일(제286조)과 증거조사기일도 변론기일에 해당되나, 법정 외에서 실시하는 증거조사기일은 해당되지 않으며(65다2296)(5회 선택형),

'ⅱ)'요건과 관련하여 유효하지만 부적법한 공시송달의 경우 "변론기일의 송달절차가 적법하지 아니한 이상 비록 그 송달이 유효하고 그 변론기일에 당사자 쌍방이 출석하지 아니하였다고 하더라도 쌍방 불출석의 효과는 발생하지 않는다"(96므1380)(12회 선택형)

## III. 양쪽 당사자의 결석 : 소의 취하간주

### 1. 의 의

적법한 기일통지를 받았음에도 불구하고 양쪽 당사자가 결석한 경우에 우리 민소법은 취하간주로 처리한다(제268조).

### 2. 취하간주의 요건

#### (1) 양쪽 당사자의 1회 결석(양 쪽 당사자에게 기일통지)

양쪽 당사자가 변론기일에 1회 불출석이거나 출석무변론이어야 한다. 변론기일은 1회 변론기일이든 속행기일이든 가리지 않는다. 이때 재판장은 다시 변론기일을 정하여 양 쪽 당사자에게 통지하여야 한다(제268조 1항).

#### (2) 양쪽 당사자의 2회 결석

양쪽 당사자의 1회 결석 후의 신기일 또는 그 뒤 기일에 불출석이거나 무변론이어야 한다. 따라서 2회 연속 결석일 필요는 없다. 2회 결석한 때에는 1월 이내에 기일지정신청을 하지 아니하면 소를 취하한 것으로 보는데(제268조 2항), 법원이 변론을 종결하지도 않고 신기일을 지정함도 없이 기일을 종료시키는 것이 통례이다(사실상 휴지). 한편 1월의 기일지정신청 기간은 불변기간이 아니므로 추완이 허용되지 않는다.

#### (3) 2회 결석 후 1월 이내에 기일지정신청이 없거나 양쪽 당사자의 3회 결석(기일지정신청 후 양쪽의 결석 : 소취하 간주)

① **[불출석 또는 출석 무변론 : 소취하 간주]** 제268조 2항의 기일지정신청에 따라 정한 변론기일 또는 그 뒤의 변론기일에 양쪽 당사자가 출석하지 아니하거나 출석하였다 하더라도 변론하지 아니한 때에는 소를 취하한 것으로 본다(제268조 3항).

② **[동일심급 동종기일에서의 불출석이어야]** 결석은 단속적이어도 되며 '같은 심급'의 같은 종류의 기일에서의 불출석이어야 한다. 환송판결 전후의 쌍방 불출석은 동일 심급이 아니며(63다166), 변론기일과 변론준비기일(제286조, 제268조 참조)은 동종의 기일이 아니다(2004다69581)**(12회 선택형)**.

③ **[법원이 직권으로 신 기일을 지정한 경우도 동일]** 2회 불출석의 기일에 법원이 직권으로 신 기일을 지정한 때에도 당사자의 기일지정신청에 의한 기일지정이 있는 경우와 마찬가지로 보아 소취하간주의 효력이 발생한다(2001다60491)**(5·12회 선택형)**.

## 3. 효 과(취하간주)

법률상 소가 취하된 것으로 간주되며 소송계속의 효과는 소급하여 소멸하여 소송이 종결된다. 상소심에서는 상소의 취하로 보아(제268조 4항)**(8회 선택형)** 원심판결이 확정된다(제267조 1항, 제393조 2항, 제498조).

🌱 **[관련판례]** "민사소송법 제268조 제4항에서 정한 항소취하 간주는 그 규정상 요건의 성취로 법률에 의하여 당연히 발생하는 효과이고 법원의 재판이 아니므로 상고의 대상이 되는 종국판결에 해당하지 아니한다. 항소취하 간주의 효력을 다투려면 민사소송규칙 제67조, 제68조에서 정한 절차에 따라 항소심 법원에 기일지정신청을 할 수는 있으나 상고를 제기할 수는 없다"(2018다259541).

## Ⅳ. 한쪽 당사자의 결석 : 진술간주, 자백간주

### 1. 진술간주(구술변론주의의 예외)

**(1) 의 의**

법원은 기일을 해태한 당사자가 미리 제출한 소장·답변서 그 밖의 준비서면에 적혀 있는 사항을 진술한 것으로 간주하고, 출석한 상대방에게 변론을 명하고 심리를 진행할 수 있다(제148조 1항)**(2회 선택형)**.

**(2) 요 건**

① **[한 쪽 당사자의 변론기일의 해태]** '기일의 해태'란 필요적 변론기일에 적법한 기일통지를 받고도 출석하지 않거나 출석하더라도 변론을 하지 않은 경우를 말한다.

② **[준비서면 등의 제출]** 진술간주가 되는 서면은 소장, 답변서 그 밖의 준비서면이다.

**(3) 효 과**

① 한쪽 당사자가 불출석한 경우에 진술간주 제도를 적용하여 **변론을 진행하느냐 기일을 연기하느냐는** 법원의 재량에 속하나, 출석한 당사자만으로 변론을 진행할 때에는 반드시 불출석한 당사자가 그때까지 제출한 소장·답변서, 그 밖의 준비서면에 적혀 있는 사항을 **진술한 것으로 보아야 한다**(2008다2890 : 진술간주기속설)**(1·5·12회 선택형)**.

② [**서면에서 자백한 경우 재판상 자백인지 자백간주 인지**] 한 쪽 당사자가 상대방의 주장사실을 자백한 내용의 준비서면을 제출한 채 기일을 해태한 경우, 재판상 자백설과 자백간주설의 견해대립이 있다. 判例는 "법원에 제출되어 상대방에게 송달된 답변서나 준비서면에 자백에 해당하는 내용이 기재되어 있는 경우라도 그것이 변론기일이나 변론준비기일에서 진술 또는 진술간주되어야 재판상 자백이 성립한다"(2014다229870)고 하여 진술간주의 경우에도 '재판상 자백'의 성립을 인정한다(8·12회 선택형).[13회 사례형][48]

③ [**진술간주 확대적용의 문제**] ⅰ) 서면의 청구포기·인낙의 의사표시가 있고, ⅱ) 공증사무소의 인증의 요건을 갖춘 경우 청구포기·인낙의 효력이 인정된다(제148조 2항)(1회 선택형). 서면에 의한 재판상 화해의 효력도 인정된다(제148조 3항)(3회 선택형).

④ [**진술간주의 한계**] 진술간주가 되어도 변론관할이 인정되지는 않으며(80마403)(5회 선택형), 준비서면에 증거를 첨부하여 제출하였을 때 그 서면이 진술간주되어도 증거신청의 효과는 생기지 않는다(91다15775).

## 2. 자백간주 [15사법, 17법무]

① [**의의 및 요건**] 제150조 1항과 제150조 3항에 따라서 ⅰ) 출석한 당사자는 준비서면을 미리 제출하고(제276조), ⅱ) 불출석한 당사자는 준비서면을 미리 제출하지 않은 경우, ⅲ) 공시송달에 의하지 않은 기일통지가 있음에도 책임 있는 사유에 의한 불출석의 경우(쌍방심문주의의 원칙)의 의제자백이 성립한다. [2회 사례형]

② [**효 과**] 자백간주시 법원에 대한 구속력은 발생하나 당사자에 대한 구속력은 생기지 않으므로 당사자는 재판상 자백의 철회사유 없이도 자백간주의 효과를 번복할 수 있다. 따라서 당사자는 사실심 변론 종결시까지 상대방의 주장사실을 다투어 자백간주의 효력을 배제할 수 있고(87다386 등), 당사자가 파기환송된 뒤에 상대방의 주장을 다투는 경우에도 환송 전의 자백간주의 효력은 없어진다(68다1147). 다만 실기한 공격방어방법의 각하(제149조), 변론종결 후의 공격방어의 제출불허(제285조)의 한계는 존재한다.

---

**Set 027** 추후보완

## Ⅰ. 추후보완의 의의

당사자 등이 행위기간을 넘겼지만 당사자가 책임질 수 없는 사유로 말미암아 불변기간을 지키지 못한 경우에 예외적으로 구제하는 제도이다(제173조).

---

48) [**검토**] 결석자가 법정에 출석하였더라도 자백 취지의 진술을 하였을 것인바, 재판상 자백으로 보는 것이 결석자에게 불이익하다고 보기 어려우므로 재판상 자백설이 타당하다(통설)

## Ⅱ. 요 건 [책, 불, 이]

소송행위의 추후보완이 적법하기 위하여는 ⅰ) '당사자가 책임질 수 없는 사유'로 ⅱ) '불변기간'의 해태가 있어야 하고, ⅲ) 그 사유가 없어진 날부터 '2주' 이내에 추완항소를 제기하여야 한다.

### 1. 추후보완의 대상 : 불변기간

추후보완대상은 상소기간(제396조, 제425조), 재심기간(제456조) 등의 불변기간이다. 기간의 길이가 법에 의하여 미리 정하여져 있는 법정기간 중 법률이 특히 불변기간으로 규정하고 있는 기간이 불변기간이다.

### 2. 추후보완 사유

#### (1) 당사자가 책임질 수 없는 사유

① **[의미]** '당사자가 책임질 수 없는 사유'란 천재지변 기타 피할 수 없었던 사변보다는 넓은 개념으로서, 당사자가 당해 소송행위를 하기 위한 일반적 주의를 다하였어도 그 기간을 준수할 수 없는 사유를 말한다(2004다2083).

② **[증명책임]** 판결의 선고 및 송달 사실을 알지 못하여 자신이 책임질 수 없는 사유로 말미암아 불변기간인 상소기간을 지키지 못하게 되었다는 사정은 상소를 추후보완하고자 하는 당사자 측에서 주장·증명하여야 한다(2019다244980,244997)

③ **[구체적 예]** 判例는 ㉠ '소송대리인이 판결정본의 송달을 받고도 당사자에게 그 사실을 알려주지 아니하여 당사자가 그 판결정본의 송달사실을 모르고 있다가 상고제기기간이 경과된 후에 비로소 그 사실을 알게 되었다 하더라도 이를 가리켜 당사자가 책임질 수 없는 사유로 인하여 불변기간을 준수할 수 없었던 경우에 해당한다고는 볼 수 없다(84다카744)고 본 반면, ㉡ 조정이 성립되지 아니한 것으로 사건이 종결된 후 피신청인의 주소가 변경되었음에도 피신청인이 조정법원에 주소변경신고를 하지 않은 상태에서 민사조정법 제36조 제1항 제2호에 따라 조정이 소송으로 이행되었는데, 통상의 방법으로 변론기일통지서 등 소송서류를 송달할 수 없게 되어 발송송달이나 공시송달의 방법으로 송달한 경우에는 처음부터 소장 부본이 적법하게 송달된 경우와 달라서 피신청인에게 소송의 진행상황을 조사할 의무가 있다고 할 수 없다. 따라서 피신청인이 이러한 소송의 진행상황을 조사하지 않아 상소제기의 불변기간을 지키지 못하였다면 이는 당사자가 책임질 수 없는 사유로 말미암은 것에 해당한다(2015다213322)고 보았다.

#### (2) 공시송달과 상소추후보완

1) 추후보완 허용요건(송달받을 사람이 송달사실을 몰랐고 또 모른 데 과실이 없을 것)

2) 처음부터 공시송달의 방법으로 소송이 진행된 경우(원칙적으로 과실부정)

① **[원칙적으로 무과실 : 추후보완 허용]** ⅰ) 처음부터 공시송달의 방법으로 소송이 진행된 경우라면, 그것이 원고가 허위의 주소를 신고한 때문인 경우는 물론 그렇지 않다 하더라도 특별한 사정이 없는 한 항소제기기간을 준수하지 못한 것은 당사자의 책임질 수 없는 사유로 인한 것이어서 **추후보완이 허용된다**(2000므87). ⅱ) 더 나아가 제1심법원이 소장부본과 변론기일통지서를 공시송달의 방법으로 피고에게 송달한 후 피고의 휴대전화번호로 전화하여 '소장부본을 피고의 주소

지로 송달하겠다.'고 고지하고 변론기일과 장소를 알려주었는데, 이후 피고가 출석하지 않은 상태에서 소송절차를 진행하여 원고 승소판결을 선고한 다음 피고에게 판결정본을 공시송달의 방법으로 송달하였다 하더라도, 피고는 항소기간 도과한 후에도 추후보완항소를 제기할 수 있다(2021다228745).

② **[예외적으로 과실 : 추후보완 불허]** ⅰ) 교도소 수감으로 인하여 처음부터 공시송달된 경우나(66마958), ⅱ) 피고가 처음부터 소송을 회피할 목적 하에 등기부에 허위주소를 기재하는 바람에 송달불능 되어 처음부터 공시송달된 경우(71다1991)는 당사자가 책임질 수 있는 사유에 해당한다. 또한 ⅲ) 법인인 소송당사자가 법인이나 그 대표자의 주소가 변경되었는데도 이를 법원에 신고하지 아니한 경우나(90다9636), ⅳ) 당사자가 주소변경신고를 하지 않아 결과적으로 공시송달의 방법으로 판결 등이 송달된 경우(2004다2083)[49]에도 추후보완이 허용되지 아니한다.

### 3) 통상의 송달이후 공시송달이 이루어진 경우(원칙적으로 과실인정)

① **[원칙적으로 과실 : 추후보완 불허]** 判例는 일단 통상의 방식에 따라 적법한 송달이 이루어져 당사자가 소송계속 여부를 알고 있는 경우에는 소송의 진행상태를 조사하여 그 결과까지도 알아보아야 할 의무가 있으므로, 그 후 공시송달로 진행되어 판결이 송달되었더라도 항소기간을 지킬 수 없었던 것에 당사자의 책임을 인정한다(2012다44730)**(7·8회 선택형)**.

② **[예외적으로 무과실 : 추후보완 허용]** "원고가 주소가 바뀌었다고 하면서 송달장소변경신고를 했는데도 항소심은 송달장소신고를 간과하고 원고의 이전 주소지로 변론기일통지서를 송달했다가 송달불능되자 공시송달을 명한 경우는 원고는 책임질 수 없는 사유로 불변기간을 준수할 수 없었던 경우이므로 추후보완상고는 허용된다"(2001다30339).

### (3) 허위주소로 송달한 사위판결의 경우

① **[허위주소에 의한 피고모용 사건 : 송달이 무효 따라서 판결확정×, 기판력발생×, 추후보완·재심×, 상소가능]** 判例는 자백간주에 의한 판결의 편취의 경우 허위주소송달에 의한 것으로 그 판결의 송달 자체가 무효이므로 아직 그 판결이 피고에게 송달되지 않은 상태가 계속되는 것으로 보고 있으며, 따라서 피고는 언제든지 통상의 방법에 의한 **상소**를 제기할 수 있고, 상소의 추후보완이라든가 재심청구(제451조 1항 3호, 대리권의 흠)는 허용되지 않는다는 입장이다(전합75다634)**(7회,13회 선택형) [4회 기록형]**

② **[공시송달에 의한 판결의 편취 : 송달은 유효 따라서 판결확정○, 기판력발생○, 추후보완·재심○, 상소불가]** 判例는 "공시송달방법에 의하여 송달하여 원고승소의 제1심판결이 선고된 경우라 하더라도 그 **송달은 유효**한 것이고 그때부터 상소제기기간이 도과되면 그 판결은 확정되는 것이므로 피고는 **재심의 소**(제451조 1항 11호)를 제기하거나 추완항소를 제기하여 그 취소변경을 구하여야 한다"(79다1528)고 판시하였다.

---

49) 원고가 이 사건 소제기 후 1개월도 되지 아니하여 자신의 주거를 옮겼으므로 주소변경 사실을 법원에 신고하여야 했는데, 그 주소를 변경신고하지 아니하여 제1심법원에서 최초변론기일 소환장을 소장 기재 원고의 주소지로 발송하였으나 주소불명 등의 사유로 송달불능되자 원고에게 발송송달하였음에도 원고 스스로 위 사실을 알아내어 변론기일에 혼자 출석하여 재판을 받았으며, 또한 제1심법원이 그 판결정본을 원고의 주소지로 발송하였으나 수취인부재로 송달불능되자 원고에 대하여 공시송달하였음에도 그 후 원고는 위 판결정본을 직접 수령하였고, 이에 기하여 집행문을 부여 받아 강제집행까지 신청한 사건

## Ⅲ. 추후보완절차

① 해태의 원인이 된 사유가 없어진 후부터 2주 이내이다(제173조 1항 본문).

② '그 사유가 없어진 때'라 함은 천재지변 기타 이에 유사한 사실의 경우에는 그 재난이 없어진 때이고, 판결의 송달사실을 과실 없이 알지 못한 경우에는 당사자나 소송대리인이 단순히 판결이 있었던 사실을 안 때가 아니라 나아가 그 판결이 공시송달의 방법으로 송달된 사실을 안 때를 가리키는 것으로서, 다른 특별한 사정이 없는 한 통상의 경우에는 당사자나 소송대리인이 그 사건기록의 열람을 하거나 또는 새로이 판결정본을 영수한 때에 비로소 그 판결이 공시송달의 방법으로 송달된 사실을 알게 되었다고 보아야 한다(2000므87)(4·7회 선택형).

③ 다만 ⅰ) 피고가 당해 판결이 있었던 사실을 알았고 ⅱ) 사회통념상 그 경위에 대하여 당연히 알아볼 만한 **특별한 사정**이 있었다고 인정되는 경우에는 ⅲ) 그 경위에 대하여 알아보는 데 통상 소요되는 시간이 경과한 때에 그 판결이 공시송달의 방법으로 송달된 사실을 알게 된 것으로 추인하여 그 책임질 수 없는 사유가 소멸하였다고 봄이 상당하다(2020다46601).

㉠ [**특별한 사정이 인정되는 경우**] ⅰ) 당사자가 다른 소송의 재판절차에서 송달받은 준비서면 등에 당해 사건의 제1심 판결문과 확정증명원 등이 첨부된 경우에는 위의 특별한 사정을 인정할 수 있고(그러나 다른 소송에서 선임된 소송대리인이 그 재판절차에서 위와 같은 준비서면 등을 송달받았다는 사정만으로 이를 당사자가 직접 송달받은 경우와 동일하게 볼 수는 없다는 2021다305796 ; 2022다231038 判例), ⅱ) 제1심판결이 있었던 사실을 알게 된 후 그 대처방안에 관하여 변호사와 상담을 하거나 추완항소 제기에 필요한 해외거주증명서 등을 발급받은 경우에도 마찬가지이다(2020다46601)

㉡ [**특별한 사정이 부정되는 경우**] 그러나 ⅰ) 유체동산 압류집행을 당하였다는 등의 사정만으로는 위의 특별한 사정을 인정하기 어렵고, ⅱ) 나아가 채권추심회사 직원과의 통화 과정에서 사건번호 등을 특정하지 않고 단지 "판결문에 기하여 채권추심을 할 것이다."라는 이야기를 들은 경우에도 당해 제1심판결이 있었던 사실을 알았다거나 위의 특별한 사정이 인정된다고 볼 수 없다. ⅲ) 또한 제1심판결에 관한 내용이 전혀 언급되어 있지 않은 문자메시지를 받았다는 사정만으로는 이 사건 제1심판결이 있었던 사실을 알았다거나, 사회통념상 그 경위를 알아볼만한 특별한 사정이 있었다고 보기 어렵다(2020다46601).

④ 피고가 제1심판결 선고사실을 알게 된 경위 주장에 관한 증거가 현출되지 않은 경우 이는 소송요건에 해당하므로 법원은 직권으로라도 심리하여야 한다. 당사자의 주장이 분명하지 아니한 경우 법원은 석명권을 행사하여 이를 명확히 하여야 할 것이다. 법원의 석명에도 불구하고 피고가 그 주장한 추후보완사유의 증명을 하지 않는다면 그 불이익은 피고에게 돌아간다(2022다247538)

⑤ 추후보완기간은 재심기간(제456조 1항, 3항)과는 별개로 진행한다. 추후보완상소는 제173조 1항에 근거한 것으로, 제451조 이하에 근거하는 재심과 그 요건과 효과를 달리한다. 따라서 "공시송달에 의하여 판결이 선고되고 판결정본이 송달되어 확정된 이후에 추완항소의 방법이 아닌 재심의 방법을 택한 경우에는 추완상소기간이 도과하였다 하더라도 재심기간 내에 재심의 소를 제기할 수 있다"(2011다73540)(4·6·7·13회 선택형). [14법무]

## Ⅰ. 송달실시의 방법

### 1. 교부송달

#### (1) 제183조 1항과 동조 2항의 관계(1항이 원칙) [4회 기록형]

송달은 받을 사람의 주소 · 거소 · 영업소 또는 사무소(송달받을 사람의 주소)에서 송달받을 자를 만나 그에게 직접 서류의 등본(=복사본) 또는 부본(=송달에 쓰이는 등본, 원본이 아님)을 교부하는 교부송달이 원칙이고(제178조 1항, 제183조 1항), 위 주소 등을 알지 못하거나 그 장소에서 송달할 수 없는 때에는 근무장소(다른 사람의 주소)에서 송달할 수 있다(제183조 2항).

📌 ✳ 제183조 2항에 위반된 근무장소에서의 송달 [13법행]

송달받을 사람이 경영하는 그와 별도의 법인격을 가지는 회사의 사무실은 송달받을 사람의 영업소나 사무소라 할 수 없고, 이는 근무장소에 지나지 않는다. 그런데, 근무장소에서의 송달은 송달 받을 자의 주소 등의 장소를 알지 못하거나 그 장소에서 송달할 수 없는 때에 한하여 할 수 있는 것이므로 소장 등에 기재된 주소 등의 장소에 대한 송달을 시도하지 않은 채 근무장소로 한 송달은 위법하다 (2004마535)

#### (2) 제183조 1항의 의미

① [송달받을 자에게 직접 교부] "피고에게 송달되는 판결정본을 ⅰ) 원고가 집배인으로부터 수령하여 ⅱ) 자기 처를 통하여 피고의 처에게 교부하고 ⅲ) 다시 피고의 처가 이를 피고에게 교부한 경우에 위 판결정본의 피고에 대한 송달은 그 절차를 위배한 것이어서 부적법한 송달이다"(78다2448).

② [영업소 또는 사무소] 判例는 "영업소 또는 사무소는 송달받을 사람의 영업 또는 사무가 일정 기간 지속하여 행하여지는 중심적 장소로서, 한시적 기간에만 설치되거나 운영되는 곳이라고 하더라도 어느 정도 반복해서 송달이 이루어질 것이라고 객관적으로 기대할 수 있는 곳이라면 위 조항에서 규정한 영업소 또는 사무소에 해당한다"(2014다43076)고 하여 선거사무소를 영업소 또는 사무소로 보았다.

또한, 영업소 또는 사무소는 송달받을 사람 자신이 경영하는 영업소 또는 사무소를 의미하는 것이지 송달받을 사람의 근무장소는 이에 해당하지 않는다고 본다(97다31267).

③ [제183조 1항 단서의 본인의 영업소나 사무소의 의미] 법정대리인 · 대표자에게 송달을 할 경우에도 법정대리인 · 대표자의 주소 등에서 하는 것이 원칙이나(제179조, 제64조), 법정대리인 · 대표자에게 할 송달은 본인의 영업소나 사무소에서도 할 수 있다(제183조 1항 단서). 따라서 "법인의 대표자의 주소지가 아닌 소장에 기재된 법인의 주소지로 발송하였으나 이사불명(주소불명)으로 송달불능된 경우에는, 원칙으로 되돌아가 원고는 법인의 대표자의 주소지로 소장 부본 등을 송달하여 보고 그 곳으로도 송달되지 않을 때에 주소 보정을 명하여야 하므로, 법인의 주소지로 소장 부본을 송달하였으나 송달불능되었다는 이유만으로 그 주소 보정을 명한 것은 잘못이므로 그 주소 보정을 하지 아니하였다는 이유로 한 소장각하명령은 위법하다"(97마600).

(3) 제183조 2항의 근무장소의 의미

제183조 2항의 '근무장소'는 현실의 근무장소로서 고용계약 등 법률상 행위로 취업하고 있는 지속적인 근무장소를 말한다(2012다16063). 따라서 判例는 "다른 주된 직업을 가지고 있으면서 회사의 비상근(사외)이사의 직에 있는 피고에게 그 회사의 본점은 지속적인 근무장소라고 할 수 없으므로 제183조 2항에 정한 '근무장소'가 아니고, 위 소외 1이 피고에 대한 소장부본을 그 회사의 본점 소재지에서 수령한 것을 제186조 2항의 보충송달로서 효력이 있다고 볼 수도 없다"(2012다16063)고 판시하였다(7회 선택형).

## 2. 조우(遭遇)송달

송달받을 사람의 주소 등 또는 근무장소가 국내에 없거나 알 수 없는 때(제183조 3항), 주소 등 또는 근무장소가 있는 사람의 경우에도 송달받기를 거부하지 아니하면 '그'를 만나는 장소에서 송달할 수 있다(제183조 4항). 조우송달은 송달받을 사람 본인을 만난 때에 하는 송달이기 때문에, 송달받을 사람 본인 이외에 보충송달을 받을 수 있는데 불과한 동거인 등 수령대행인에 대한 조우송달은 할 수 없다(2001마3790)

## 3. 보충송달

① [의 의] ㉠ '근무장소 외'의 송달할 장소(주소, 영업소 등)에서 송달을 받을 자를 만나지 못한 경우에는 그 사무원, 고용인, 또는 동거인으로서 사리를 변식할 수 있는 자에게 교부하는 보충송달을 할 수 있다(제186조 1항)(4회 선택형). [4회 기록형] ㉡ '근무장소'에서 송달받을 사람을 만나지 못한 때에는 그를 고용하고 있는 사람 또는 그 법정대리인이나 피용자 그 밖의 종업원으로서 사리를 분별할 지능이 있는 사람이 서류의 수령을 거부하지 아니하면 그에게 서류를 교부할 수 있다(동조 2항).

② [요 건] ㉠ 동거인이라 함은 송달을 받을 사람과 동일세대에 속하여 생계를 같이하는 사람으로서 반드시 법률상 친족관계에 있어야 하는 것은 아니다. 특히 원칙적으로 법률상 부부는 동거의무가 있으므로(민법 제826조 1항) 사회통념상 통상적으로 '동거인'으로 인정할 수 있으나, 별거와 혼인공동체의 실체 소멸 등으로 '동거인'으로서 보충송달을 받을 수 있는 지위를 인정할 수 없는 특별한 경우에는 송달의 효력에 관하여 심리하여 판단할 필요가 있다(2022다229936). ㉡ 사무원·피용자는 반드시 송달받을 사람과 고용관계가 있어야 하는 것은 아니고 평소 본인을 위하여 사무 등을 보조하는 자면 충분하다(2010다48455)(7회 선택형). ㉢ 수령대행인이 소송서류를 송달받을 본인과 당해 소송에 관하여 이해의 대립 내지 상반된 이해관계가 있는 경우에는 보충송달을 할 수 없다(2014다54366)(7·13회 선택형). 동일한 수령대행인이 이해가 대립하는 소송당사자 쌍방을 대신하여 소송서류를 동시에 수령하는 경우 마찬가지이다(2020므11658) [12회 사례형]

③ [효 력] ㉠ 보충송달은 위 법 조항에서 정하는 '송달장소'(=근무장소 외의 장소 또는 근무장소)에서 하는 경우에만 허용되고 송달장소가 아닌 곳에서 사무원, 고용인 또는 동거자를 만난 경우에는 그 사무원 등이 송달받기를 거부하지 아니한다 하더라도 그 곳에서 그 사무원 등에게 서류를 교부하는 것은 보충송달의 방법으로서 부적법하다(2001마3790)(3회 선택형). 따라서 '우체국 창구'에서 송달받을 자의 동거자에게 서류를 교부한 것은 동거자가 거부하지 않더라도 부적법하다(위 판례의 사실관계). [12회 사례형]

ⓛ 사무원 또는 동거인에게 교부된 때에 송달의 효력이 발생하고, 송달받을 자에게 교부되었는 지는 묻지 않는다(84누405). ⓒ 한편 외국법원의 확정재판 등을 국내에서 승인·집행하기 위해서는 공시송달과 비슷한 송달을 제외한 적법한 송달이 요구되는데(제217조 제1항 제2호), 종래 判例는 '보충송달'을 공시송달과 비슷한 송달로 보아 배제하였으나, 최근 判例는 외국재판 과정에서 패소한 피고의 남편에게 소송서류가 '보충송달'된 경우에도 그 송달이 방어에 필요한 시간 여유를 두고 적법하게 이루어졌다면 외국법원의 확정재판 등을 국내에서 승인·집행하기 위한 요건을 규정한 민사소송법 제217조 제1항 제2호의 '적법한 송달'에 해당한다고 태도를 변경하였다(전합2017다257746).

### 4. 우편송달

① **[의 의]** 보충·유치송달 규정(제186조)에 따라 송달할 수 없는 때에는 법원사무관 등은 서류를 등기우편 등 대법원이 정하는 방법으로 발송할 수 있다(제187조). ⓐ 우편송달은 송달받을 자의 주소 등 송달하여야 할 장소는 밝혀져 있으나 송달받을 자는 물론이고 그 사무원, 고용인, 동거인 등 보충송달을 받을 사람도 없거나 부재하여서 원칙적 송달방법인 교부송달은 물론이고 민사소송법 제186조의 보충송달이나 유치송달이 불가능한 경우에 할 수 있는 것이므로 '폐문부재'와 같이 송달을 받을 자는 물론 그 사무원, 고용인 또는 동거자 등 서류를 수령할만한 자를 만날 수 없는 경우라면 모르거니와 단지 송달을 받을 자만이 장기출타로 부재중이어서 그 밖의 동거자 등에게 보충송달이나 유치송달이 가능한 경우에는 위 우편송달을 할 수 없다(91마162) **(3회 선택형)**. ⓛ 여기에서 '송달하여야 할 장소'란 실제 송달받을 자의 생활근거지가 되는 주소, 거소, 영업소 또는 사무소 등 송달받을 자가 소송서류를 받아 볼 가능성이 있는 적법한 송달장소를 말하는 것이다(2009마1029 ; 2020다216462). ⓒ 또한 위 요건이 구비되어 우편송달이 이루어졌다 하더라도 그 이후에 송달할 별개의 서류를 우편송달하기 위하여서는 이 별개의 서류의 송달에 관하여 법 제187조의 요건이 따로 구비되어야한다(89마939)**(7회 선택형)**.

② **[요 건]** ⓐ 당사자·법정대리인 또는 소송대리인이 송달받을 장소를 바꿀 때에는 바로 그 취지를 법원에 신고하여야 하며(제185조 1항, 송달장소변경의 신고의무), 주소변경신고를 하지 아니한 사람에게 송달할 서류는 달리 송달할 장소를 알 수 없는 경우 종전에 송달받던 장소에 대법원규칙이 정하는 방법으로 발송할 수 있다(제185조 2항). 따라서 "ⅰ) 송달받을 장소를 바꾸었으면서도 그 취지를 신고하지 아니한 경우이거나 ⅱ) 송달받을 장소를 바꾸었다는 취지를 신고하였는데 그 바뀐 장소에서의 송달이 불능되는 경우"에 우편송달을 할 수 있다(2001다30025 ; 2009다5292 ; 2011다85796). ⓛ 그러나 비록 당사자가 송달장소로 신고한 바 있다고 하더라도 그 송달장소에 송달된 바가 없다면 그 곳을 민사소송법 제185조 제2항에서 정하는 '종전에 송달받던 장소'라고 볼 수 없다(2005마201 ; 2011다85796). ⓒ 제185조 2항에서 말하는 '달리 송달할 장소를 알 수 없는 경우'라 함은 상대방에게 주소보정을 명하거나 직권으로 주민등록표 등을 조사할 필요까지는 없지만, 적어도 기록에 현출되어 있는 자료로 송달할 장소를 알 수 없는 경우에 한하여 등기우편에 의한 발송송달을 할 수 있음을 뜻한다(2009마1029 ; 2017다53623). 이때 우편송달은 발송한 때에 송달된 것으로 본다(제189조)(도달주의 예외)**(2·13회 선택형)**

③ **[효 력]** 한편 항소심 소송 계속 중 원고가 구속되어 구치소에 수감되었으나 법원에 그 사실을 밝히거나 수감된 장소를 신고하지 아니하였고, 이에 법원이 원고에 대하여 종전에 송달받던

장소로 등기우편에 의한 발송송달의 방법으로 변론재개기일통지서를 송달한 경우, 위 변론재개기일통지서의 발송송달은 적법한 송달로서의 효력을 가질 수 없다(2021다53)(제182조 참조).

## 5. 공시송달

① **[의 의]** '공시송달'이란 당사자의 주소 등 또는 근무장소를 알 수 없어 통상의 방법으로는 송달을 할 수 없을 경우에 하는 송달을 말한다(민법 제113조 참조).

② **[대 상]** 당사자의 주소 등 또는 근무장소를 알 수 없는 경우 또는 외국에서 하여야 할 송달의 경우 제191조(외국에서 하는 송달의 방법)의 규정에 따를 수 없거나 이에 따라도 효력이 없을 것으로 인정되는 경우이어야 하고(제194조 1항), 다른 송달방법에 의한 송달이 불가능할 경우이어야 한다(공시송달의 보충성).

③ **[효력발생시기]** 첫 공시송달은 그 실시한 날부터 2주(외국에서 할 송달에 대한 공시송달의 경우에는 2월 : 제196조 2항, 위 2주·2월의 기간은 늘일 수는 있으나 줄일 수는 없다 : 제196조 3항)가 지나야 효력이 생긴다(제196조 1항 본문). 다만, 같은 당사자에게 하는 그 뒤의 공시송달은 실시한 다음 날부터 효력이 생긴다(제196조 1항 단서)**(6회 선택형)**.

④ **[공시송달의 흠]** ⅰ) 흠이 있는 공시송달이라고 하여도 재판장의 명령에 의한 송달이므로, 송달의 효력에는 영향이 없다고 한다(전합84마20). ⅱ) 또한 당사자가 소송 계속 중에 수감된 경우에도 법원이 판결정본을 민사소송법 제182조에 따라 교도소장 등에게 송달하지 않고 당사자 주소 등에 공시송달 방법으로 송달하였다면, 공시송달의 요건을 갖추지 못한 하자가 있다 하더라도 재판장의 명령에 따라 공시송달을 한 이상 송달의 효력은 있다(2019다220618 : **13회 선택형**). 따라서 판결정본이 공시송달된 경우에는 상소제기기간이 도과되어 확정된 것을 전제로 상소의 추후보완(제173조)이나 재심(제451조 1항 11호)을 제기하여 구제받을 수 있을 것이다(82다카1912). **[13사법]**

## Ⅱ. 송달의 하자와 치유

① **[하자있는 송달의 효력]** 법정의 방식을 위배한 송달은 무효이다. 예를 들어, 미성년자는 법정대리인에 의해서만 소송행위를 할 수 있으므로 미성년자가 단독으로 한 소송행위는 무효이고(제55조), 미성년자에 대한 소송행위 역시 무효라 할 것이므로 판결정본이 미성년자에게만 송달된 경우 판결이 소송무능력을 이유로 소를 각하한 것이라는 등 특별한 사정이 없는 한 그 송달은 부적법하며 무효이다 (2020다8586 : 따라서 제1심에서 패소한 피고 미성년자측의 항소 제기기간은 진행하지 않으므로 항소를 제기하지 못한 데에 책임질 수 있는 사유가 있는지와 무관하게 피고측의 항소는 적법하다)(제179조 참조). 그러나 ⅰ) 공시송달의 요건에 흠결이 있더라도 공시송달은 유효하며, ⅱ) 피고의 영업소의 종업원이 피고의 주소지에 일시적으로 들렀다가 그 주소지에서 판결 정본을 송달받은 경우에 '보충송달'은 무효이지만, 피고에게 전달한 그 때에 송달이 완성된다(93다25875). 반면 '교부송달'의 경우 피고에게 전달된 경우에도 하자 치유를 인정하지 않은 경우도 있다(78다2448).

② **[하자의 치유]** 절차규정인 송달규정이 임의규정인 경우에는 이의권의 포기상실에 의해 하자가 치유될 수 있다(95다15667)**(6회 선택형)**. 그러나 불변기간에 영향이 있는 송달, 예컨대 항소 제기기간에 관한 규정은 성질상 강행규정이므로, 그 기간 계산의 기산점이 되는 판결정본의 송달의 흠은 이에 대한 이의권의 포기나 상실(제396조)로 인하여 치유될 수 없다(2001다84497).

| 소송계속 중 당사자 사망 | | 소송절차<br>중단시점 | 중단의 해소<br>(중단이 해소되어야 판결이 확정됨) |
|---|---|---|---|
| 소송대리인이 없는 경우 | | 당사자 사망시<br>소송절차 중단<br>(제233조1항) | ① 상속인, 상속재산관리인, 법률에 의하여 소송을 계속하여 수행할 사람이 소송절차를 수계하여야 중단해소(제233조 2항)<br>② 중단을 간과한 판결은 상소 및 재심으로 구제 |
| 소송<br>대리인이<br>있는 경우 | 상소제기의<br>특별수권이<br>없는 경우 | 판결정본이<br>소송대리인에게<br>송달된 때 중단 | ① 판결정본이 소송대리인에게 송달된 때 소송대리권은 소멸<br>② 중단이 해소되지 않으면 상소기간이 진행되지 않으므로 판결은 확정되지 않음 |
| | 상소제기의<br>특별수권이<br>있는 경우 | 상소제기시<br>소송절차 중단 | ① 상소제기가 없으면 상소기간 도과시 판결확정<br>② 상소를 제기하면 상소심에서의 대리권은 소멸하고 소송절차가 중단됨. 수계절차를 거쳐야 중단해소 |

## I. 의 의

'소송절차의 중단'이란 당사자나 소송행위자에게 소송을 수행할 수 없는 사유가 발생하였을 경우에 새로운 소송수행자가 나타나 소송에 관여할 수 있을 때까지 법률상 당연히 절차의 진행이 정지되는 것을 말하는 바, 이는 상속인의 절차관여권을 보장하여 쌍방심문주의를 관철시키기 위한 제도이다.

## II. 중단사유와 예외

### 1. 중단사유

#### (1) 당사자의 사망 [5회 사례형]

이하 논의는 소송대리인이 없는 경우임을 주의해야 한다. 소송대리인이 있는 경우에는 제233조 1항이 적용되지 아니한다(제238조).

① 소송계속 후 변론종결 전 당사자가 사망할 것, ② 소송물인 권리의무가 상속의 대상일 것, ③ 통상공동소송의 경우에는 사망한 당사자와 그 상대방 사이에서만 가분적으로 중단되는 반면(제66조), 필수적 공동소송의 경우에는 전면적으로 중단된다(제67조 3항)(10회 선택형), ④ 당사자가 사망하고 상속인이 있는데 소송대리인이 선임되어있지 않은 경우 소송절차는 바로 중단되고 상속인들은 각자 소송수계신청을 할 수 있다. 判例는 "제1심 원고이던 甲이 소송계속중

사망하였고 소송대리인도 없었는데 그 공동상속인들 중 1인인 제1심 공동원고 乙만이 甲을 수계하여 심리가 진행된 끝에 제1심법원은 乙만을 甲의 소송수계인으로 하여 판결을 선고한 경우, 만일 甲을 수계할 다른 사람이 있음에도(공동상속인 丙) 수계절차를 밟지 않았다면 그에 대한 관계에서는 그 소송은 중단된 채로 제1심법원에 계속되어 있다"(93다31993)고 하였다. 한편 소제기 후 부재자에 대한 실종선고가 확정됨으로써 소급하여 사망간주가 되더라도 소송법적으로는 실종선고 확정시를 사망으로 인한 중단사유 발생시점으로 보아야 한다(77다81, 82).

**(2) 법인의 합병, 소송능력의 상실, 법정대리권의 소멸**

법인이 합병에 의하여 소멸된 경우에는 절차가 중단되고 합병에 의하여 설립된 법인 또는 합병한 뒤의 존속법인이 소송절차를 수계하여야 한다(제234조)**(7회 선택형)**. 당사자가 소송능력을 잃은 때(성년후견개시심판을 받은 때) 또는 법정대리인이 죽거나 대리권을 잃은 때에도 소송절차는 중단된다(제235조 전단). 이 경우 소송능력을 회복한 당사자 또는 법정대리인이 된 사람이 소송절차를 수계하여야 한다(제235조 후단). 다만 법정대리권이나 대표권이 소멸한 경우에는 통지가 있어야 중단된다(제63조, 제64조).

## 2. 중단의 예외

**(1) 소송이 종료되는 경우**

소송물이 상속의 대상이 되지 않거나, 상속인이 없는 경우에는 (소송대리인이 있더라도)소송은 종료한다.

**(2) 소송대리인이 있는 경우(제238조)**

**1) 소송의 효력**

① [**소송수계(불발생)**] "소송대리인이 있는 경우에는 소송절차가 중단되지 아니하고(제238조), 소송대리권도 소멸하지 아니한다(제95조 제3호).

② [**상속인이 수계를 하지 않은 경우(구당사자로 표시된 판결 : 유효)**] 신당사자의 수계가 없더라도 상속인 전원에 미치므로, 판결의 효력은 당연히 상속인 전원에게 미친다. 따라서 구당사자로 표시되어 판결이 선고된 때에도 하자가 없고 소송승계인을 당사자로 판결경정하면 된다(2000다49374).

③ [**일부만 수계하고 나머지는 수계를 하지 않은 경우(구당사자로 표시된 판결 : 유효)**] 判例는 "당사자가 사망하였으나 그를 위한 소송대리인이 있어 소송절차가 중단되지 않는 경우에 비록 상속인으로 당사자의 표시를 정정하지 아니한 채 망인을 그대로 당사자로 표시하여 판결하였다고 하더라도 그 판결의 효력은 망인의 소송상 지위를 당연승계한 상속인들 모두에게 미치는 것이므로, 망인의 **공동상속인 중 소송수계절차를 밟은 일부만을 당사자로 표시한 판결 역시 수계하지 아니한 나머지 공동상속인들에게도 그 효력이 미친다**"(2007다22859)**(3 · 6 · 7 · 9 · 10회 선택형) [13회 사례형]**고 판시하여 판결의 효력이 수계하지 않은 상속인에게도 미친다고 하였다.

**2) 상소의 특별수권이 없는 경우(판결정본 송달시 중단)**

이 경우에는 중단사유에도 불구하고 소송절차는 중단되지 않는다. 다만 심급대리의 원칙상 그 심급의 판결정본이 당사자에게 송달되면 소송절차는 중단된다(94다61649)**(2 · 7 · 9회 선택형) [3회 사례형]**

소송대리인이 있는 상태에서 신당사자는 수계절차(=표시정정으로 선해함)를 밟을 수 있다(72다1271,1272).

3) 상소의 특별수권이 있는 경우(상소제기시 중단, 제90조 2항 3호)

① [상소제기의 특별수권만 있을 뿐 상급심에서의 소송대리권은 없음(심급대리원칙)] 소송대리인에게 상소제기의 특별수권이 있는 경우에는 판결정본이 송달되어도 소송절차는 중단되지 않는다. 그러나 이 경우에도 심급대리의 원칙상 상소제기 시부터 소송절차가 중단된다(2014다210449).

② [일부 상속인만이 스스로 항소한 경우] 判例는 제1심 소송 계속 중 원고가 사망한 사실을 간과한 제1심 패소 판결 후 일부 상속인만이 항소제기를 한 사안에서 "당사자가 사망하였으나 소송대리인이 있어 소송절차가 중단되지 아니한 경우 원칙적으로 소송수계라는 문제가 발생하지 아니하고 소송대리인은 상속인들 전원을 위하여 소송을 수행하게 되는 것이며 그 사건의 판결은 상속인들 전원에 대하여 효력이 있다 할 것이고, 소송대리인이 상소제기의 특별수권을 부여받고 있었으므로 항소제기기간은 진행된다고 하지 않을 수 없어 제1심판결 중 나머지 상속인의 상속지분에 해당하는 부분은 그들(누락상속인)이나 소송대리인이 항소를 제기하지 아니한 채 항소제기기간이 도과하여 이미 그 판결이 확정되었다고 하지 않을 수 없다"(91마342)고 하였다(7·9회 선택형).

③ [소송대리인이 상속인 일부를 누락하고 항소한 경우] 제1심 소송 계속 중 원고가 사망하자 공동상속인 중 甲만이 수계절차를 밟아 甲만을 망인의 소송수계인으로 표시하여 원고 패소 판결을 선고한 제1심판결에 대하여, 상소제기의 특별수권을 부여받은 망인의 소송대리인이 항소인을 甲으로 기재하여 항소를 제기하였고, 항소심 소송 계속 중에 망인의 공동상속인 중 乙 등이 소송수계신청을 한 사안에서 判例는, "제1심판결의 효력은 그 당사자 표시의 잘못에도 불구하고 당연승계에 따른 수계적격자인 망인의 상속인들 모두에게 미치는 것인데 그 항소 역시 소송수계인으로 표시되지 아니한 나머지 상속인들 모두에게 효력이 미치는 위 제1심판결 전부에 대하여 제기된 것으로 보아야 할 것이므로 위 항소로 인하여 제1심판결 전부에 대하여 확정이 차단되고 항소심절차가 개시되었으며, 다만 제1심에서 이미 수계한 甲 외에 망인의 나머지 상속인들 모두의 청구 부분과 관련하여서는 항소제기 이후로 소송대리인의 소송대리권이 소멸함에 따라 민사소송법 제233조에 의하여 그 소송절차는 중단된 상태에 있었으므로 원심으로서는 망인의 정당한 상속인인 乙 등의 위 소송수계신청을 받아들여 그 부분 청구에 대하여도 심리 판단하였어야 한다"(2007다22859)고 보았다.[50] [2회 사례형]

## Ⅲ. 중단의 해소

### 1. 중단해소방법

① [수계신청권자] 수계신청은 중단사유가 있는 당사자 측의 신수행자뿐만 아니라 상대방 당사자도 할 수 있다(제241조). 공동상속재산은 상속인들의 공유(통상공동소송관계)이므로 필수적 공동소송관계라고 인정되지 아니한 이상 반드시 공동상속인 전원이 공동으로 수계해야 하는 것은 아니며, 상속인

---

50) [판례검토] 누락상속인에 대해 대리할 권한이 없는 일부상속인이 스스로 항소한 91마342 사안과 달리, 2007다22859 사안은 모든 상속인을 대리할 권한을 가진 소송대리인이 항소한 경우이다. 따라서 소송대리인의 항소제기의 효과는 모든 상속인에게 미치므로, 判例의 견해에 따르면 공동상속인 중 乙 등의 소송수계신청이 가능하다. 따라서 이 경우엔 누락상속인의 구제책이 문제되지 않는다.

각자가 개별적으로 수계하여도 무방하다(63다974). 그리고 상속인 중 한사람만 수계절차를 밟아 재판을 받았다면 수계절차를 밟지 않은 다른 상속인의 소송관계는 중단된 채 제1심에 그대로 계속되어 있게 된다(93다31993). 다만 공동상속인 중 일부만이 소송수계절차를 밟아 당사자로 표시된 판결은 수계하지 아니한 나머지 공동상속인에게 미친다(2007다22859).

② [수계신청법원] 재판이 송달된 뒤에 중단된 소송절차의 수계에 대하여는 그 재판을 한 법원이 결정하여야 한다(제243조 2항). 그런데 종국판결이 송달된 다음에 중단된 경우에도 원심법원에 하여야 하는지 문제된다. 判例는 "소송계속 중 어느 일방 당사자의 사망에 의한 소송절차 중단을 간과하고 변론이 종결되어 (항소심)판결이 선고된 경우 ⅰ) 적법한 상속인들이 원심법원에 수계신청을 하여 판결을 송달받아 상고하거나 또는 ⅱ) 사실상 송달을 받아 상고장을 제출하고 상고심에서 수계절차를 밟은 경우에도 그 수계와 상고는 적법한 것으로 보아야 한다"(전합94다28444)고 하여 선택설의 입장이다. 또한, 수계신청을 하여야 할 소송절차의 중단 중에 제기된 상소는 부적법한 것이지만 상소심법원에 수계신청을 하여 그 하자를 치유시킬 수 있다는 입장이다(94다61649).

## 2. 중단 해소의 범위

공동상속인들은 그 공동상속재산에 관하여 저마다 지분권을 가지고 있으므로 통상공동소송이다. 통상공동소송은 공동소송인 독립의 원칙에 의하여(제66조), 소송자료와 소송진행이 독립되므로 한 사람에 대해 생긴 중단사유는 그 자의 소송관계에 대해서만 절차가 중단되고, 상속인 중 일부만이 수계절차를 밟아 중단이 해소되었으면 그 자에 대해서만 중단이 해소되며, 수계절차를 밟지 않은 다른 상속인의 소송관계는 중단된 채 원심에 그대로 계속된다(93다31993).

# Ⅳ. 소송절차 중단의 효과

## 1. 당사자의 소송행위

소송절차 정지 중의 당사자의 소송행위는 무효인 것이 원칙이다. 다만 예외적으로 소송절차 이외에서 하는 소송대리인의 선임 등은 유효하게 할 수 있다. 그러나 무효라고 하더라도 상대방이 아무런 이의를 하지 아니하여 이의권이 상실되면 유효하게 된다.

## 2. 법원의 소송행위

소송절차의 중단 중에는 판결의 선고를 제외하고, 일체의 소송행위를 할 수 없으며, 기간의 진행이 정지된다(제247조 1항). 따라서 소송절차 중단 중의 당사자나 법원의 행위는 무효가 된다. 상대방이 이의를 하지 아니하여 이의권이 상실되면 유효하게 되고(제233조), 사망한 자의 상속인이 추인하면 유효하게 된다.

## 3. 중단사유를 간과한 판결의 효력(당연무효 아님)

① [판결선고 : 위법] 제247조 1항의 판결선고는 변론종결 후 소송절차가 중단된 경우 종국판결을 선고할 수 있다는 의미로서, 변론종결 전에 소송절차가 중단된 경우에는 종국판결을 선고할 수 없으며 이 때 판결은 위법한 판결이 된다. 따라서 변론종결 전 당사자 사망에 의한 소송절차 중단을 간과하고 내려진 선고는 위법하다.

② **[중단사유를 간과한 판결 : 위법]** "소송계속 중 어느 일방 당사자의 사망에 의한 소송절차 중단을 간과하고 변론이 종결되어 판결이 선고된 경우에는 **절차상 위법은 있지만 그 판결이 당연무효라 할 수는 없고**, 다만 그 판결은 대리인에 의하여 적법하게 대리되지 않았던 경우와 마찬가지로 보아 대리권흠결을 이유로 **상소**(제424조 1항 4호) 또는 재심(제451조 1항 3호)에 의하여 그 취소를 구할 수 있을 뿐이다"(94다28444).

③ **[사망자 명의 판결문에 기한 강제집행]** "사망한 자가 당사자로 표시된 판결에 기하여 사망자의 승계인을 위한 또는 사망자의 승계인에 대한 강제집행을 실시하기 위하여는 민사집행법 제31 조를 준용하여 승계집행문을 부여함이 상당하다"(98그7)

## 제1관 재판상자백 [07 · 12사법]

### I. 의 의 [일치, 불, 주사]

'재판상자백'이란 변론 또는 변론준비절차에서 상대방주장과 일치하고 자기에게 불리한 상대방의 주장사실을 진실한 것으로 인정하는 당사자의 주요사실의 진술을 말한다(제288조). 따라서 상대방의 주장에 단순히 침묵하거나 불분명한 진술을 하는 것만으로는 자백이 있다고 인정하기에 충분하지 않다(2018다267900)

### II. 요 건 [구, 불, 일, 소]

재판상자백이 인정되기 위해서는, 구체적인 사실을 대상으로 하였을 것(대상적격), 자기에게 불리한 사실상의 진술일 것(자백의 내용), 상대방의 주장사실과 일치하는 진술일 것(자백의 모습), 변론(변론준비기일)에서 소송행위로서 진술하였을 것(자백의 형식)을 요한다.

#### 1. 구체적인 사실을 대상으로 하였을 것(대상적격)

**(1) 사실상 진술**

① **[구체적 사실을 대상으로 하였을 것]** 자백의 대상은 구체적 사실에 한한다. 간접사실이나 보조사실에 관하여는 구속력이 생기지 아니한다. 判例는 "시효취득에 있어서 점유기간의 산정기준이 되는 점유개시의 시기는 간접사실에 불과하므로, 이에 대한 자백은 법원이나 당사자를 구속하지 않는다"(2006다28065)(6회 선택형)고 한 반면, "타인의 불법행위로 인하여 피해자가 상해를 입게 되거나 사망하게 된 경우, 피해자가 입게 된 소극적 손해인 일실수입은 자백의 대상이 된다"(96다24668)고 보았다(7회 선택형). 또한 인신사고로 인한 손해배상 사건에서 손해배상액을 산정하는 기초가 되는 피해자의 기대여명 역시 변론주의가 적용되는 주요사실로서 재판상 자백의 대상이 된다(2016다41869)고 한다.

② **[보조사실 중 문서의 진정성립에 대한 자백 가부(적극)]** 문서의 성립에 관한 자백은 보조사실에 관한 자백이기는 하나 그 취소에 관하여는 주요사실의 자백취소와 동일하게 처리하여야 할 것이므로 문서의 진정성립을 인정한 당사자는 자유롭게 이를 철회할 수 없고(2001다5654)(4 · 10 · 11회 선택형) 문서에 찍힌 인영의 진정성립에 관하여도 자백의 효력이 생긴다(2001다5654)(6 · 10회 선택형).[51] [7회 사례형, 11사법, 16법행]

**(2) 법률상 진술(권리자백에 재판상자백의 효력을 인정할 수 있는지 여부)**

① **[원 칙]** "사실에 대한 법적 판단이나 평가 또는 적용할 법률이나 법적 효과는 '권리자백'으로 자백의 대상이 되지 아니한다"(2013다81514).

---

51) **[판례검토]** 심리촉진과 금반언 및 상대방의 신뢰보호의 관점에서 자백의 구속력을 인정하는 判例의 태도가 타당하다.

따라서 判例는 "법정변제충당의 순서를 정함에 있어 기준이 되는 이행기나 변제이익에 관한 사항 등은 구체적 사실로서 자백의 대상이 될 수 있으나, 법정변제충당의 순서 자체는 법률 규정의 적용에 의하여 정하여지는 법률상의 효과여서 그에 관한 진술이 비록 그 진술자에게 불리하더라도 이를 자백이라고 볼 수는 없다"고 하며(98다6763)**(11회 선택형)**, 특약의 해석에 관한 나름대로의 의견 또는 법적평가(4294민상1071), 법률상 유언이 아닌 것을 유언이라고 시인한 것 (2000다66430), 매매계약이 원고에 의하여 해제되었다고 자백한 것(80다851), 법률상 혼인 외의 자가 아닌 것을 혼인 외의 자라고 시인한 것(79다62), 이행불능에 관한 주장(2000다66430,66447)은 권리자백으로서 법원을 구속하지 않는다고 한다.

② **[법률용어를 사용한 사실**(단순하고 일반적으로 알려진 법개념)**]** 判例는 "법률용어를 사용한 당사자의 진술이 동시에 구체적인 사실관계의 표현으로서 사실상의 진술도 포함하는 경우에는 그 범위 내에서 자백이 성립한다"(84다122)고 하였다. **[10회 사례형]**

③ **[선결적 법률관계의 진술]** 判例는 "소송물의 전제문제가 되는 권리관계를 인정하는 진술은 권리자백으로서 법원을 기속하는 것도 아니며, 상대방의 동의 없이 자유로이 철회할 수 있다"(2007다87061)고 하면서도, "소유권에 기한 이전등기말소청구소송에 있어서 피고가 원고 주장의 소유권을 인정하는 진술은 그 소전제가 되는 소유권의 내용을 이루는 사실에 대한 진술로 볼 수 있으므로 이는 재판상 자백이라 할 것이다"(87다카749)**(1회 선택형)**고 판시하여 소유권을 인정하는 진술에 대하여 재판상 자백이 성립될 수 있다는 취지의 판결을 하고 있다.

## 2. 자기에게 불리한 사실상의 진술(자백의 내용)

① 상대방에게 증명책임이 있는 사실이라는 증명책임설이 있으나, ② 상대방 신뢰를 보호한다는 측면에서 인정사실로 패소가능성이 있다면 자기에게 증명책임이 있는 사실이라도 재판상 자백에 포함된다고 보아야 한다(패소가능성설 : 92다24899)

## 3. 상대방의 주장사실과 일치하는 진술(자백의 모습)

**[선행자백]** 判例는 "재판상 자백의 일종인 이른바 '선행자백'은 당사자 일방이 자진하여 자기에게 불리한 사실상의 진술을 한 후 상대방이 이를 원용함으로써 사실에 관하여 당사자 쌍방의 주장이 일치함을 요하므로 일치가 있기 전에는 전자의 진술을 선행자백이라 할 수 없고, 따라서 일단 자기에게 불리한 사실을 진술한 당사자도 그 후 상대방의 원용이 있기 전에는 자인한 진술을 철회하고 이와 모순되는 진술을 자유로이 할 수 있으며 이 경우 앞의 자인사실은 소송자료에서 제거된다"(2014다64752)**(6·7·11회 선택형)**고 한다(즉, 判例는 상대방의 원용이 있으면 '선행자백'이라고 하지만, 학설은 당사자 일방이 먼저 불리한 진술을 하는 경우를 '선행자백'이라 하고, 상대방이 이를 원용하면 '재판상 자백'이 된다고 한다). 한편 "당사자 일방이 한 진술에 잘못된 계산이나 기재, 기타 이와 비슷한 표현상의 잘못이 있고, '잘못이 분명한 경우'에는 비록 상대방이 이를 원용하였다고 하더라도 당사자 쌍방의 주장이 일치한다고 할 수 없으므로 자백(선행자백)이 성립할 수 없다"(2018다229564)**(11회 선택형)**. **[17법행, 13회 사례형]**

## 4. 변론이나 변론준비기일에서 소송행위로서 진술하였을 것(자백의 형식)

소송행위로서의 진술을 의미하므로 당사자신문 중에 상대방의 주장과 일치하는 진술을 하더라도 이는 증거자료에 그칠 뿐 재판상 자백으로 되지 아니하고(78다879), 다른 소송에서 한 자백은 하나의 증거원인이 될 뿐 제288조에 의한 구속력이 없다(95다37988). 또한, 법원에 제출되어 상대방에게 송달된 답변서나 준비서면에 자백에 해당하는 내용이 기재되어 있는 경우라도 그것이 변론기일이나 변론준비기일에서 진술 또는 진술간주되어야 재판상 자백이 성립한다(2014다229870)(6 · 12회 선택형). 한편, 당사자 본인신문의 당사자진술은 증거자료에 불과하고 당사자주장이라고 볼 수 없으므로 본인신문에서의 불리한 진술은 재판상 자백이라 볼 수 없다(78다879)

## Ⅲ. 효 력

재판상 자백이 성립된 내용에 대해서는 증명을 요하지 않는다(제288조 본문).

### 1. 법원에 대한 구속력 [13회 사례형, 12법무]

법원은 증거조사 및 변론 전체의 취지로부터 자백한 사실과 반대되는 심증을 얻었다 하더라도 자백사실에 반하는 사실을 인정할 수 없다. 다만 직권탐지주의가 적용되는 경우나 소송요건 등의 직권조사사항에 대하여는 자백의 효력이 인정되지 않는다(2000다42908)(6 · 7 · 11회 선택형). 현저한 사실에 반하는 자백은 구속력이 부정된다(4291민상551).

### 2. 당사자에 대한 구속력

(1) 철회가 제한되어 자백한 당사자는 임의로 취소할 수 없다.

(2) 예외적으로 인정되는 자백의 철회 [오, 동, 착, 경]

① **[자백이 형사상 처벌할 행위로 인하여 이루어진 때(5호)]** 형사상 처벌을 받을 만한 다른 사람의 행위로 말미암아 자백한 경우는 무효인 소송행위이므로 철회가 가능하다(제451조 1항 5호 유추적용). 判例는 유죄의 확정판결을 필요로 한다(2000다42939,42946).

② **[상대방의 동의가 있는 경우]** 判例는 "일단 자백이 성립되었다고 하여도 그 후 그 자백을 한 당사자가 종전의 자백과 배치되는 내용의 주장을 하고 이에 대하여 '상대방이 이의를 제기함이 없이 그 주장내용을 인정한 때'에는 종전의 자백은 취소되고 새로운 자백이 성립된 것으로 보아야 한다"(90다카20548)(4회 선택형) [3회 사례형] 다만, 자백의 취소에 대하여 상대방이 아무런 이의를 제기하고 있지 않다는 것만으로는 동의하였다고 인정할 수 없다(94다22897)고 한다.

③ **[자백이 진실에 반하고 착오로 말미암은 것임을 증명한 경우(제288조 단서)]** ㉠ 자백이 진실에 반한다는 증명이 있다고 하여 그 자백이 착오로 인한 것이라고 추정되는 것은 아니지만 그 자백이 진실과 부합되지 않는 사실임이 증명된 경우라면 변론 전체의 취지에 의하여 그 자백이 착오로 인한 것이라는 점을 인정할 수 있다(2000다23013)(1 · 4 · 7회 선택형) [3회 사례형] ㉡ 자백의 취소는 묵시적으로도 할 수 있다(89다카14240).

④ **[소송대리인의 자백을 당사자가 곧 취소하거나 경정하는 경우(제94조)]** 소송대리인의 사실상 진술은 당사자가 이를 곧 취소하거나 경정한 때에는 그 효력을 잃는다(제94조). 재판상 자백의 성립 후 청구를 교환적으로 변경하여 원래 주장사실을 철회한 때에도 마찬가지로 자백이 실효된다(95다10204)(11회 선택형).

# 제2관 자백간주

## I. 성립요건 [7회 사례형]

① **[제257조에 따른 변론 없이 하는 판결]** 법원은 피고가 제256조 제1항의 답변서를 제출하지 아니한 때에는 청구의 원인이 된 사실을 자백한 것으로 보고 변론 없이 판결할 수 있다(제257조 1항 본문). 피고가 청구의 원인이 된 사실을 모두 자백하는 취지의 답변서를 제출하고 따로 항변을 하지 아니한 때에는 제1항의 규정을 준용한다(2항).

② **[제150조에 따른 자백간주]** 당사자가 변론에서 상대방이 주장하는 사실을 명백히 다투지 아니한 때에는 그 사실을 자백한 것으로 본다(제150조 1항 본문). 당사자가 변론기일에 출석하지 아니하는 경우에는 제1항의 규정을 준용한다(3항 본문). 다만 그 불출석 당사자가 공시송달에 의한 기일통지를 받은 경우에는 위 자백간주는 적용되지 않는다(3항 단서)**(13회 선택형)**.

③ **[적용범위]** 자백간주 역시 재판상 자백의 경우와 마찬가지로 상대방의 사실에 관한 주장에 대해서만 적용되고 법률상의 주장에 대해서는 적용되지 않는다(2011다62274 ; 2021다280781)

🔖 **[관련판례]** 제1심에서 원고의 주장사실을 명백히 다투지 아니하여 의제자백으로 패소한 피고가 항소심에서도 원고 청구기각의 판결을 구하였을 뿐 원고가 청구원인으로 주장한 사실에 대하여는 아무런 답변도 진술하지 않았다면 그 사실을 다툰 것으로 인정되지 않는 한 항소심에서도 의제자백이 성립한다(89다카4045).

## II. 효력

### 1. 법원에 대한 구속력(적극)

법원에 대한 구속력이 발생하여 법원은 자백간주 사실에 반하는 사실을 인정할 수 없다. 일단 자백간주의 효과가 발생한 후에는 그 이후의 기일통지서가 송달불능으로 되어 공시송달로 진행되었다 하더라도 그 자백간주의 효과는 그대로 유지되므로, 증거로 판단하여 자백간주된 사실과 배치되는 사실인정을 하는 것은 위법하다(87다카961)**(7회 선택형)**.

### 2. 당사자에 대한 구속력(소극)

재판상 자백과 달리 당사자에 대한 구속력이 인정되지 않는다(제150조 1항 단서 참조).

# 제3관 현저한 사실

## I. 현저한 사실의 유형

### 1. 공지의 사실

일반인에게 널리 알려져 있고 법원도 이를 잘 알고 있는 사실을 말한다. 역사적으로 유명한 사건, 천재지변, 전쟁 등이 이에 해당한다.

## 2. 법원에 현저한 사실

① **[긍정한 예]** 소장의 송달과 같이 당해 기록상 명백한 사실이나, 가압류·가처분의 취소사건에서 그 대상인 가압류·가처분 결정이 발령된 사실, 본안의 제소명령이 발령되어 송달된 사실 등이 이에 해당한다. 피해자의 장래 수입상실액을 인정하는 데 이용되는 직종별임금실태조사보고서와 한국직업사전의 존재와 그 기재내용은 법원에 현저한 사실이고(전합94다20051)**(1회 선택형)**, 통계청이 정기적으로 조사·작성하는 한국인의 생명표에 의한 남녀별 각 연령별 기대여명(99다41886), 같은 법원에서 한 다른 판결이 선고된 사실도 법원에 현저한 사실이다.

② **[부정한 예]** "피고와 제3자 사이에 있었던 민사소송의 확정판결의 존재를 넘어서 그 판결의 이유를 구성하는 사실관계들까지 법원에 현저한 사실로 볼 수는 없다"(2019다222140 : 이를 법원에 현저한 사실로 그대로 인정하는 것은 변론주의 위반이다)**(10회 선택형)**고 판시하였다.

# Ⅱ. 소송법적 효과

## 1. 주장책임 여부

判例는 "법원에서 현저한 사실은 당사자가 이를 변론에서 원용하였던가 현출되지 아니하였다 하여서 그 소송법상의 성질이 변경될 리 없고 증명을 요하지 아니하는 효력에 어떠한 영향을 받을 바 아니다"(63다494)고 **부정하는 것**과 "변론주의하에서는 아무리 법원에 현저한 사실이라 할지라도 당사자가 그 사실에 대한 진술을 하지 않는 한 법원은 그것을 사실인정의 자료로 할 수 없다"(64다1761)라는 긍정하는 것이 병존한다.

## 2. 현저한 사실에 반하는 자백에 구속되는지 여부(불구속설)

현저한 사실에 반하는 자백은 구속력이 부정된다(4291민상551).

# I. 증거신청의 채부 결정

## 1. 원 칙 : 증거신청채부의 재량

법원은 당사자가 신청한 증거라도 쟁점과 직접 관련이 없거나 쟁점의 판단에 도움이 되지 아니하는 등 불필요하다고 인정한 때에는 조사하지 않을 수 있어서(제290조 본문), 증거의 채부는 원칙으로 법원의 재량에 맡겨져 있다.

## 2. 예 외 : 유일한 증거

증거신청에 대한 채부가 원칙적으로 재량이라고 하더라도, 당사자가 주장하는 사실에 대한 유일한 증거인 때에는 반드시 증거조사를 하여야 한다(제290조 단서).

① [대 상] ㉠ 유일한 증거는 '주요사실'에 대한 증거만 해당하고, ㉡ 당사자가 증명책임이 있는 사항에 관한 유일한 증거를 말하는 것으로 '본증'에 한하므로, 유일한 증거라도 그것이 반증일 경우에는 조사하지 아니하여도 무방하다(97다38510). ㉢ 그리고 유일한 증거인지 여부는 사건 전체에 대해서가 아니라 '쟁점 단위'로 유일한가 아닌가를 판단하여야 하므로, 사건 전체로 보아 수개의 증거가 있어도 어느 특정 쟁점에 관하여는 하나도 조사하지 아니하면 유일한 증거를 각하한 것이 된다. ㉣ 유일한가의 여부는 '전 심급'을 통하여 판단하여야 한다.

② [예 외] 유일한 증거는 반드시 증거조사하여야 함이 원칙이나(제290조 단서), 다음과 같은 경우는 예외이다. ⅰ) 증거신청이 부적법한 경우(4290민상59), ⅱ) 신청한 증거가 쟁점판단에 불필요하거나 부적절할 경우(4294민상135 등), ⅲ) 증인여비를 예납하지 않거나 감정사항을 제출하지 않는 등 당사자가 증거조사절차를 이행하지 않는 경우(68다2188 등), ⅳ) 증거조사에 부정기간의 장애(제291조)가 있는 경우(73다711 등) 등이다. ⅰ), ⅱ)의 경우에는 증거를 채택하지 않을 수 있고, ⅲ), ⅳ)의 경우에는 증거채택을 취소할 수 있다.

③ [위반의 효과] 유일한 증거를 조사하지 않으면 채증법칙 위반으로 상고이유가 되나(70다2218), 조사를 한 이상 그 내용을 받아들일 것인지의 여부는 법원의 자유심증에 맡겨져 있다(66다697).

## 3. 위법수집증거의 증거능력과 증거조사방법

① '증거능력'이란 증거방법으로서 증거조사의 대상이 될 수 있는 자격을 말한다. "자유심증주의를 채택하고 있는 우리 민사소송법하에서 상대방 부지 중 비밀리에 상대방과의 대화를 녹음하였다는 이유만으로 그 녹음테이프가 증거능력이 없다고 단정할 수 없고, 그 채증 여부는 사실심 법원의 재량에 속하는 것이며, 녹음테이프에 대한 증거조사는 검증의 방법에 의하여야 한다"(99다1789 : 당해 판례는 '불법감청'이라는 표현이 없다)

② 그러나 제3자가 설령 전화통화 당사자 일방만의 동의를 받고 그 통화 내용을 녹음하였다면, 이는 통신비밀보호법 제3조 제1항 위반이 되고, 이와 같은 '불법감청'에 의하여 녹음된 전화통화의 내용은 제4조에 의하여 증거능력이 없다(2021다236999).

## Ⅱ. 직권증거조사와 변론주의의 관계 [9회 사례형]

① 변론주의 하에서 증거자료 수집·제출책임을 당사자에게 맡기고 있기 때문에 직권증거조사는 보충적·예외적일 수밖에 없다(제292조 참조). 다만 判例는 금전청구권은 인정되지만 그 액수가 밝혀지지 않은 경우(63다378), 손해배상의무의 존재는 인정되지만 그 손해액이 불명인 경우(85다카2453)에는 법원이 석명권을 행사하여 입증을 촉구하거나 직권증거조사를 하여야 하며 손해액 등의 입증이 없다는 이유로 청구를 기각하는 것은 부당하다고 하였다. "이에 개정 민사소송법 제202조의2(2016.9.30.시행)는 종래의 判例를 반영하여 '손해가 발생한 사실은 인정되나 구체적인 손해의 액수를 증명하는 것이 사안의 성질상 매우 어려운 경우에 법원은 변론 전체의 취지와 증거조사의 결과에 의하여 인정되는 모든 사정을 종합하여 상당하다고 인정되는 금액을 손해배상 액수로 정할 수 있다.'라고 정하고 있다"(2014다27425).

② 최근 판례도 제202조의2는 "채무불이행이나 불법행위로 인한 손해배상뿐만 아니라 특별법에 따른 손해배상에도 적용되는 일반적 성격의 규정이다. 손해가 발생한 사실이 인정되나 구체적인 손해의 액수를 증명하는 것이 매우 어려운 경우에는 법원은 손해배상청구를 쉽사리 배척해서는 안 되고, 적극적으로 석명권을 행사하여 증명을 촉구하는 등으로 구체적인 손해액에 관하여 심리하여야 한다. 그 후에도 구체적인 손해액을 알 수 없다면 손해액 산정의 근거가 되는 간접사실을 종합하여 손해액을 인정할 수 있다"(2018다301336)고 한다.

## Ⅲ. 증거조사의 유형

### 1. 유 형

증거조사는 증인신문, 감정, 서증, 검증, 당사자본인신문의 5가지 외에 그 밖의 증거에 대한 조사까지 해서 6가지 유형이 있다.

### 2. 증인신문

#### (1) 의 의

증인이라 함은 과거에 경험하여 알게 된 사실을 법원에 보고할 것을 명령받은 사람으로서 당사자 및 법정대리인 이외의 제3자를 말하고, 감정증인(제340조)도 포함된다(1회 선택형). 증인의 증언으로부터 증거자료를 얻는 증거조사를 증인신문이라고 한다.

🖌 [관련판례] "민사소송절차에서 재판장이 증인에게 증언거부권을 고지하지 아니하였다 하여 절차위반의 위법이 있다고 할 수 없고, 따라서 적법한 선서절차를 마쳤는데도 허위진술을 한 증인에 대해서는 달리 특별한 사정이 없는 한 위증죄가 성립한다"(2009도14928)(7회 선택형).

#### (2) 증인신문의 원칙

#### 1) 구술신문의 원칙

재판장이 허가하는 경우를 제외하고 증인은 서류에 의하여 진술하지 못한다(제331조). 다만, 법원은 효율적인 증인신문을 위하여 필요하다고 인정하는 때에는 증인을 신청한 당사자에게 증인진술서를 제출하게 할 수 있다(규칙 제79조)(7회 선택형).

**[관련판례]** 증인진술서가 제출되었으나 그 작성자가 증인으로 출석하지 않고, 당사자가 반대신문권을 포기하여 그 증인진술서의 진정성립을 다투지 않는 경우, 법원은 이를 서증으로 채택할 수 있으나, 그 증인진술서의 내용이 허위라고 하더라도 그 작성자에 대하여 위증죄의 책임을 물을 수 없다(2007도1397)**(1회 선택형)**.

### 2) 격리신문의 원칙

증인은 따로따로 신문하여야하며(제328조 1항), 신문하지 아니한 증인이 법정 안에 있을 때에는 법정에서 나가도록 명하여야 한다(제328조 2항 본문). 다만, 필요하다고 인정한 때에는 신문할 증인을 법정 안에 머무르게 할 수 있고(제328조 2항 단서), 증인 서로의 대질을 명할 수도 있다(제329조).

### 3) 교호신문의 원칙

① **[재판장의 허가를 받아야 하는 경우]** 증인의 신문은 원칙적으로 증인신문의 신청을 한 당사자의 신문(주신문), 상대방의 신문(반대신문), 증인신문을 한 당사자의 재신문(재주신문)의 순으로 진행되고, 그 이후의 신문(재반대신문, 재재주신문 등)은 재판장의 허가를 얻은 경우에 한하여 허용되며, 재판장은 원칙적으로 당사자에 의한 신문이 끝난 다음에 신문한다(제327조 1·2항, 규칙89조). 따라서 상대방의 재신문(재반대신문)은 재판장의 허가를 얻어야 허용된다**(2회 선택형)**.

② **[재판장에 의한 제한]** 당사자의 신문이 중복되거나 쟁점과 관계가 없거나 그 밖에 필요한 사정이 있는 때(제327조 5항), 증인을 모욕하거나 증인의 명예를 해치는 내용의 신문(규칙 제95조 2항 1호), 위 신문방식에 있어서의 제한을 위반하는 신문(동항 2호), 의견의 진술을 구하는 신문(동항 3호), 증인이 직접 경험하지 아니한 사항에 관하여 진술을 구하는 신문(동항 4호)은 재판장이 제한할 수 있다.

③ **[유도신문에 대한 제한]** 유도신문은 허위증언 유도의 위험성 때문에 원칙적으로 주신문에서는 금지된다(규칙 제91조 2항). 그러나 증인은 반대신문자에게 호의를 갖지 않는 경우가 대부분이므로 반대신문에서 필요한 때에는 유도신문을 할 수 있다(규칙 제92조 2항)**(10회 선택형)**. 다만 재판장은 유도신문의 방법이 상당하지 아니하다고 인정하는 때에는 제한할 수 있다(규칙 제92조 3항). **[12변리]**

### 4) 증언거부와 선서무능력자

① **[증언거부권]** ㉠ 증인은 그 증언이 자기나 ⅰ) 증인의 친족 또는 이러한 관계에 있었던 사람, ⅱ) 증인의 후견인 또는 증인의 후견을 받는 사람이 공소제기되거나 유죄판결을 받을 염려가 있는 사항 또는 자기나 그들에게 치욕이 될 사항에 관한 것일 때에는 이를 거부할 수 있다(제314조). ㉡ 증인은 ⅰ) 변호사 등 그 밖에 법령에 따라 비밀을 지킬 의무가 있는 직책 등에 있거나 이러한 직책에 있었던 사람이 직무상 비밀에 속하는 사항에 대하여 신문을 받을 때, ⅱ) 기술 또는 직업의 비밀에 속하는 사항에 대하여 신문을 받을 때 증언을 거부할 수 있다(제135조 1항). 증인이 비밀을 지킬 의무가 면제된 경우에는 제1항의 규정을 적용하지 아니한다(2항)

② **[선서무능력자]** 16세 미만이거나 선거의 취지를 이해하지 못하는 자를 증인으로 신문할 때에는 선서를 시키지 못한다(제322조 각호 : 위증죄의 주체가 되지 않음).

## 3. 감 정

| | 증 인 | 감정인 |
|---|---|---|
| 대체성 | 없음(자신의 과거 경험사실보고) | 있음(전문적 경험지식에 의한 판단의 보고) |
| 불출석시 제재 | 감치저분·구인조치 가능(제311조·312조) (대체성이 없기 때문) | 감치저분·구인조치 불가 (대체성이 있기 때문) |
| 지 정 | 증명책임 있는 자가 지정(제308조) | 법원에 일임(제335조) |
| 능 력 | 제한없음 | 결격사유(제334조 2항) 있음 |
| 기 피 | 기피에 대한 규정 없음 | 기피사유(제336조) 있음 |
| 법 인 | 증인적격 없음 | 법인에 대한 감정촉탁 가능(제341조) |
| 진 술 | 구두진술원칙(제331조) (예외적으로 서면증언 가능) | 서면 또는 말로 함(제339조 1항) |
| 공동진술 | 공동증언 불허(격리신문) | 공동감정 허용 |

## 4. 당사자신문

① '당사자신문'이란 당사자본인을 증거방법으로 하여 마치 증인처럼 그가 경험한 사실에 대하여 진술케 하는 증거조사로서(제367조), 당사자신문에는 증인신문에 관한 규정이 대부분 준용된다(제373조).

② 당사자의 법정대리인이나 당사자가 법인 기타 단체인 경우 대표자나 관리인에 대하여는 증인능력이 없으므로 당사자신문에 의하여야 하며(제367조, 제372조 본문), 이 경우 당사자 본인도 신문할 수 있다(제372조 단서). 그러나 법인의 대표자에 대해 증인신문방식에 의해 증거조사를 한 경우 상대방이 이를 지체 없이 이의하지 아니하면 이의권 포기, 상실로 인하여 그 하자가 치유된다(92다32463)(2회 선택형).

③ 구법은 당사자본인신문의 보충성을 규정하였지만, 개정법은 보충성을 폐지하고 당사자본인이 독립한 증거방법임을 분명히 하였다(1회 선택형).

④ 당사자가 정당한 사유 없이 출석하지 아니하거나 선서 또는 진술을 거부한 때에는 법원은 신문사항에 관한 상대방의 주장을 진실한 것으로 인정할 수 있다(제369조). 이에 대하여 判例는 법원이 진실한 것으로 인정할 수 있는 것은 "신문사항에 관한 상대방의 주장", 즉 신문사항에 포함된 내용에 관한 것이므로 법원이 이를 적용함에 있어서는 상대방당사자의 요건사실에 관한 주장사실을 진실한 것으로 인정할 것이라고 설시할 것이 아니라 당사자 본인신문사항 가운데 어느 항을 진실한 것으로 인정한 연후에 그에 의하면 상대방 당사자의 요건사실에 관한 주장사실을 인정할 수 있다고 판시하는 것이 정당하다(89다카1084)고 한다.

## Ⅰ. 문서의 증거능력

증거방법으로서 증거조사의 대상이 될 수 있는 자격을 '증거능력'이라 한다. 민사소송법은 자유심증주의를 채택하고 있으므로, 문서에 대하여 증거능력의 제한이 없다. 判例는 사본(66다636)은 물론, 소제기 이후에 작성된 사문서(91다24755)와, 소송에 유리한 자료로 제출하기 위하여 소송 중에 작성된 증거(89다카1596)에도 증거능력을 인정한다.

## Ⅱ. 문서의 증거력 [08사법]

### 1. 문서의 형식적 증거력 [2회 사례형]

#### (1) 의 의

문서가 입증자가 주장하는 특정인의 의사에 기하여 작성된 것을 '문서의 진정성립'이라고 하고, 진정하게 성립된 문서를 '형식적 증거력'(성립의 진정)이 있다고 한다. 다시 말하면 문서의 진정성립이란 작성자라고 주장되는 자가 진실로 작성한 것으로서 타인에 의하여 위조·변조된 것이 아님을 뜻한다.

#### (2) 성립의 인부(형식적 증거력의 판단절차)

① [상대방의 인정·침묵] 상대방이 서증의 진정성립에 관한 제출자의 주장을 '인정'한 때에는, 보조사실에 대한 자백이나 그 자백은 주요사실에 대한 자백과 같은 효력이 있고 그 취소도 주요사실에 대한 자백과 동일하게 처리한다(2001다5654). '침묵'한 때에는 자백간주의 법리에 따라 성립인정으로 '간주'된다(제150조 1항).

② [상대방의 부인·부지] 상대방이 '부인'한 경우에는 제출자가 입증하여야 한다(94다31549). '부지'라고 답변하면 부인한 것으로 '추정'된다(제150조 2항). 제출자가 성립의 진정을 증명하지 아니한 경우에도, 법원은 변론 전체의 취지를 참작하여 자유심증으로써 성립의 진정을 인정할 수 있다(92다12070)(5회,12회 선택형).

#### (3) 사문서의 진정성립의 추정 및 복멸 [2회 사례형]

##### 1) 2단의 추정[52]

判例는 ⅰ) '인영의 진정'(인영의 동일성, 자기 인장이란 점)이 인정되면 '날인의 진정'(인장 소유자의 의사에 의해 날인된 것)이 사실상 추정(1단계 : 사실상 추정)되고 ⅱ) 날인의 진정이 추정되면 제358조에 의해 그 문서 전체의 진정성립이 추정(2단계 : 증거법칙적 추정)된다고 하여 2단계의 추정으로 형식적 증거력을 추정하고 있다(85다카1009)(3·12회 선택형).

---

[52] [제357조 (사문서의 진정의 증명)] 사문서는 그것이 진정한 것임을 증명하여야 한다(5·6회 선택형)
[제358조 (사문서의 진정의 추정)] 사문서는 본인 또는 대리인의 서명이나 날인 또는 무인(拇印)이 있는 때에는 진정한 것으로 추정한다.

## 2) 추정의 복멸

① **[1단계 추정의 복멸 이전 : 인영위조의 항변]** 1단계 추정의 복멸 이전에 그 전제사실인 인영의 진정에 대해 다툴 수 있다. 인영위조나 서명위조의 항변으로 추정의 복멸을 위한 항변은 아니며 검증·감정 절차에 의하는 직접반증이다.

② **[1단계 추정을 복멸하는 방법 : 인장도용·강박날인의 항변(간접반증)]** 1단계 추정을 복멸하는 방법으로 인장도용·강박날인·원본부존재·자격모용의 항변이 있다. 이러한 항변은 '인영의 진정'(인영과 인장의 동일성)과 양립가능한 별개의 사실을 주장하는 것으로 간접반증에 해당한다.[53]

인영의 진정성립, 즉 날인행위가 작성 명의인의 의사에 기한 것이라는 추정은 사실상의 추정이므로, 인영의 진정성립을 다투는 자가 '반증'을 들어 인영의 진정성립, 즉 날인행위가 작성 명의인의 의사에 기한 것임에 관하여 법원으로 하여금 의심을 품게 할 수 있는 사정을 입증하면 그 진정성립의 추정은 깨어진다(96재다462)**(11회 선택형)**.

그리고 날인사실의 추정은 그 날인행위가 작성명의인 이외의 자에 의하여 이루어진 것(도용사실 등)임이 밝혀진 경우에는 깨지고(96재다462), 위와 같은 사실은 그것을 주장하는 자가 적극적으로 증명하여야 하고, 이 항변사실을 증명하는 증거의 증명력은 개연성만으로는 부족하고, '본증'과 같은 증명도로써 증명하여야 한다(2007다82158)고 한다. 만약, 추정이 복멸되면 '문서제출자'는 날인행위가 작성명의인으로부터 위임받은 정당한 권원에 의한 것이라는 사실까지 입증할 책임이 있다(94다41324 ; 2009다37831)**(6·9·11회 선택형)**.

③ **[2단계 추정을 복멸하는 방법 : 백지보충항변, 변조항변(간접반증)]** 2단계 추정을 복멸하는 방법으로 백지보충항변과 변조항변이 있다. 백지날인과 변조는 '날인의 진정'과 양립가능한 별개의 사실을 주장하는 것으로 간접반증에 해당한다. 따라서 문서의 진정성립을 깨기 위해 문서제출자의 상대방이 날인의 진정을 인정하고 이와 양립 가능한 사실인 '자신이 만든 문서를 타인이 변조했다거나 자신의 백지문서에 제3자가 보충기재 했다는 사실'을 법관에게 확신을 줄 정도로 주장·증명하여야 한다.

> ✽ **백지문서에 날인한 경우 진정성립이 추정되는지 여부(소극)**
>
> 判例는 "작성명의인의 날인만 되어 있고 그 내용이 백지로 된 문서를 교부받아 후일 그 백지부분을 '작성명의자'가 아닌 자가 보충한 문서의 경우에 있어서는 '문서제출자'는 그 기재 내용이 작성명의인으로부터 위임받은 정당한 권원에 의한 것이라는 사실을 입증할 책임이 있다"(2001다11406)**(3·6·9·11회 선택형)**고 판시한바, 작성명의인 보호측면에서 判例(추정복멸설)가 타당하다(다수설은 백지로 날인된 문서를 준 것이라면 백지보충권도 준 것이라고 보아야 하므로 문서의 진정성립은 계속 추정된다고 본다).

## 2. 문서의 실질적 증거력 [10사법, 17행정]

① **[의 의]** 문서의 '실질적 증거력'이란 문서의 증거가치를 의미한다. 문서의 요증사실을 증명하는 가치에 대한 판단은 법관의 자유심증에 일임되어 있다. 다만, 변론조서의 증명력(제158조)과 같이 법률이 자유심증주의의 예외를 인정한 경우도 있다.

---

53) 간접반증이란 주요사실에 대하여는 진위불명의 상태에 빠뜨리면 되므로 '반증'이지만, 양립하는 별개의 간접사실 자체의 존재에 대하여는 법관에게 확신을 줄 정도로 증명해야 하므로 '본증'이다.

② **[추정 및 복멸]** 처분문서의 경우 형식적 증거력이 인정되면 실질적 증거력이 '사실상 추정'되므로, 처분문서의 성립을 인정하는 이상 '반증'이 있거나 또는 이를 '조신'(신뢰)할 수 없는 합리적인 이유설시 없이는 그 기재내용을 조신할 수 없다고 하여 배척할 수 없다(전합70다1630)**(3회 선택형)**. 예컨대, 매매계약서의 진정성립이 인정되면, 실제로 매매계약의 존재와 내용은 계약서대로 인정되어야 한다. 다만 判例는 "처분문서라 할지라도 그 기재 내용과 다른 명시적, 묵시적 약정이 있는 사실이 인정될 경우에는 그 기재 내용과 다른 사실을 인정할 수 있다"(2005다34643)**(6회 선택형)**고 하였다.

## Ⅲ. 서증신청의 절차

### 1. 문서의 직접제출(제343조 전단)

#### (1) 사본을 원본에 갈음하여 제출하는 경우

判例는 "문서제출은 원본으로 하여야 하고, 원본이 아닌 사본만에 의한 증거제출은 정확성의 보증이 없어 원칙적으로 부적법하므로, 원본의 존재 및 원본의 성립의 진정에 관하여 다툼이 있고 사본을 원본의 대용으로 하는 데 대하여 상대방으로부터 이의가 있는 경우에는 사본으로써 원본을 대용할 수 없다"(2002다73319)**(6·11회 선택형)**고 하였다. 즉, ⅰ) 상대방이 원본의 존재나 성립을 인정하고, ⅱ) 사본으로써 원본에 갈음하는 것에 대하여 이의가 없는 경우에는 사본의 실질적 증거력이 인정된다(91다45608).

#### (2) 사본 그 자체를 원본으로서 제출하는 경우

① 반면에 사본을 원본으로서 제출하는 경우에는 그 사본이 독립한 서증이 된다고 할 것이나 그 대신 이에 의하여 원본이 제출된 것으로 되지는 아니하고, 이때에는 **증거**(변론 전체의 취지에 의해서는 인정될 수 없다)에 의하여 사본과 같은 원본이 존재하고 또 그 원본이 진정하게 성립하였음이 인정되지 않는 한 그와 같은 내용의 사본이 존재한다는 것 이상의 증거가치는 없다(2009마2050 ; 2023다217534).

② 다만, "ⅰ) 서증사본의 신청 당사자가 문서 원본을 분실하였다든가, ⅱ) 선의로 이를 훼손한 경우, 또는 ⅲ) 문서제출명령에 응할 의무가 없는 제3자가 해당 문서의 원본을 소지하고 있는 경우, ⅳ) 원본이 방대한 양의 문서인 경우 등 원본 문서의 제출이 불가능하거나 비실제적인 상황에서는 원본의 제출이 요구되지 아니한다고 할 것이지만, 그와 같은 경우라면 해당 서증의 신청당사자가 원본 부제출에 대한 정당성이 되는 구체적 사유를 주장·입증하여야 할 것이다"(2000다66133)**(9회 선택형)**고 판시한 경우도 있다.

### 2. 문서제출명령신청(제343조 후단, 제345조) [11사법]

#### (1) 문서제출명령의 의의 및 요건

① **[서증신청의 방법]** 직접제출(제343조 전단), 제출명령신청(제343조 후단), 문서송부촉탁(제352조)(제294조와 조사송부촉탁, 이른바 사실조회와 구별), 소재장소에서 서증조사(제297조, 규칙 제112조) 등이 있는데, 문서제출명령은 상대방·제3자가 가지고 있는 제출의무 있는 문서에 대한 서증신청방법이다. 이는 현대형 소송에 있어서 증거의 구조적 편재현상에서 오는 당사자 간의 실질적 불평등을 시정하기 위한 제도이다.

② [**문서제출명령의 요건**] ⅰ) 문서제출의무가 있는 문서[54]이어야 하며, ⅱ) 문서의 존재와 소지 및 제출의무가 증명되어야 한다. 따라서 문서제출명령 신청이 있으면 법원은 그 문서의 소지 여부 및 문서제출의무의 존부를 심리하여야 하고, 이에 대한 증명책임은 원칙적으로 신청인에게 있다(95마415). 법원은 그 제출명령신청의 대상이 된 문서가 서증으로 필요한지를 판단하여 제290조 본문에 따라 그 신청의 채택 여부를 결정할 수 있다(2015무423).

③ [**문서제출명령의 절차**] 제3자에 대하여 문서의 제출을 명하는 경우에는 제3자 또는 그가 지정하는 자를 심문하여야 한다(제347조 2항)(**13회 선택형**). 법원은 문서가 문서제출명령의 대상이 되는지(제344조에 해당하는지)를 판단하기 위하여 문서를 가지고 있는 사람에게 그 문서를 제시하도록 명할 수 있다. 이 경우 법원은 그 문서를 다른 사람이 보도록 하여서는 안된다(제347조 4항)(**13회 선택형**). 문서제출의 신청에 관한 결정에 대하여는 즉시항고를 할 수 있다(제348조)(**13회 선택형**).

### (2) 문서제출의무

① [**제344조 1항에 열거된 제출의무 있는 문서와 거부사유(당사자 소지)**] 제344조 1항에서 문서제출의무가 있는 문서로 인용문서(1호), 인도 및 열람문서(2호), 이익문서·법률관계문서(3호)(이익문서란 신청자의 실체적 이익을 위하여 작성된 문서를 말하며, 법률관계문서란 신청자와 소지자 사이의 법률관계 자체를 기재한 문서를 말한다)를 열거하고 있으며, 다만 이익문서·법률관계문서에 있어서 공무원의 직무상 비밀과 같이 동의를 필요로 하는 경우에 동의를 받지 아니한 문서, 증인의 증언거부사유와 같은 일정한 사유가 있는 문서는 제출을 거부할 수 있다(제344조 1항 3호 단서). [공, 증]그러나 자신의 직업의 비밀에 속하는 사항에 대하여 신문을 받는 증인에게 그에 대한 비밀을 지킬 의무가 면제되는 경우에는 증언거부권이 인정되지 않는다(제315조 2항, 제344조 2항)(**7회 선택형**).

② [**제344조 2항의 일반문서와 거부사유(제3자 소지)**] 증거개시제도와 거의 같은 효과를 거둘 수 있도록 1항에서 정한 문서에 해당하지 아니하는 문서라도 원칙적으로 문서의 소지자는 이를 모두 제출할 의무가 있는 것으로 규정하여 **문서제출의무를 일반적 의무로 확장**하였다(제344조 2항). 다만, 공무원의 직무상 보관문서(동조 2항 본문), 증언거부사유가 있는 때(동조 2항 1호), 오로지 소지인이 이용하기 위한 문서(동조 2항 2호) 등은 **제출의무대상에서 제외**하였다. [공, 증, 이용]

### (3) 문서의 부제출·훼손 등에 대한 제재

① [**문제점**] 제3자가 문서제출명령에 불응한 경우는 500만원 이하의 과태료의 제재를 받을 뿐이다(제351조)(**2회 선택형**). 그러나 당사자가 문서제출명령에 불응하거나 문서의 사용을 방해한 경우 법원은 그 문서의 기재에 관한 상대방의 주장을 진실한 것으로 인정할 수 있다고 규정하는데(제349조, 제350조)(**13회 선택형**) 그 의미에 대해 견해가 대립한다.

② [**판 례**] 判例는 "당사자가 문서제출명령에 따르지 아니한 경우에는 법원은 상대방의 그 문서에 관한 주장 즉, 문서의 성질, 내용, 성립의 진정 등에 관한 주장을 진실한 것으로 인정하여야

---

54) 음성·영상자료에 해당하는 동영상 파일은 검증의 방법으로 증거조사를 하여야 하므로, 제366조에 따라 검증 목적물 제출명령의 대상이 될 수 있음은 별론으로 하고, 문서가 아닌 동영상 파일이 문서제출명령의 대상이 될 수는 없는 것이며, 사진이나 도면의 경우에는 그 사진·도면의 형태, 담겨진 내용 등을 종합하여 감정·서증조사·검증의 방법 중에서 가장 적절한 증거조사 방법을 택하여 이를 준용하여야 한다(2009마2105)(**13회 선택형**).

한다는 것이지 그 문서에 의하여 입증하고자 하는 상대방의 주장사실까지 반드시 증명되었다고 인정하여야 한다는 취지가 아니며, 주장사실의 인정 여부는 법원의 자유심증에 의하는 것"(93다15991 ; 93다41938)**(12회 선택형)**이라고 하여 자유심증설의 입장이다.

---

**Set 033** 　自유심증주의

## Ⅰ. 의 의

자유심증주의는 사실주장의 진위여부를 판단함에 있어서 법관이 증거법칙의 제약을 받지 않고 변론 전체의 취지와 증거자료를 참작하여 형성된 자유로운 심증으로 행할 수 있다는 원칙이다 (제202조). 자유심증의 자료가 되는 것이 증거원인인데, ① 변론 전체의 취지와 ② 증거조사의 결과의 두 가지가 있다.

## Ⅱ. 증거원인

① **[변론 전체의 취지]** 증거원인으로서 변론 전체의 취지란 증거조사의 결과를 제외한 일체의 소송자료로서 당사자의 주장내용, 태도, 주장입증시기, 기타 변론과정에서 얻은 인상 등 변론에서 나타난 일체의 적극·소극의 사항을 말한다. **변론의 일체성을 말하는 제150조 1항의 변론전체의 취지와 구별**된다.

다른 증거자료가 없는 경우 변론 전체의 취지만으로 다툼있는 사실을 인정할 수 있는지, 즉 독립적 증거원인이 되는지 문제된다. 判例는 ㉠ 주요사실에 관하여는 "변론의 취지가 사실인정의 한 자료가 될 수 있음은 물론이나, 증거로서의 변론의 취지는 '보충적 효력'에 그치는 것에 불과하여 변론의 취지만으로는 사실인정의 자료로 할 수 없다"(84누329)고 하여 **보충적 증거원인설**의 입장이나, ㉡ 보조사실에 관하여는 **문서의 진정성립**(80다1857)과 자백의 철회 요건으로서의 착오(제288조 단서, 91다15591,15607)는 변론 전체의 취지만으로 인정할 수 있다고 한다.

② **[증거조사의 결과]** ㉠ 자유심증주의에서는 증거방법이나 증거능력에 제한이 없다. 따라서 처분문서라 하더라도 그 기재 내용과 다른 특별한 명시적, 묵시적 약정이 있는 사실이 인정될 경우에는 그 기재 내용의 일부를 달리 인정할 수 있고(95다45125)**(12회 선택형)**, 소 제기 후 다툼이 있는 사실을 증명하기 위해 작성한 문서라도 증거능력을 인정할 수 있다(91다24775). 또한, 민사판결이 있은 후 형사절차에서 민사판결과 상반된 사실을 인정한 경우에도 법원은 그 형사판결에서 인정된 사실을 민사판결에서 인정된 사실보다 진실에 부합하고 신빙성이 있는 것으로 받아들일 수 있고(93다29051), 형사소송과 달리 전문증거라도 증거능력이 있다고 본다(4294민상386). ㉡ 증거자료의 증거력은 법관의 자유평가에 의하므로 직접증거와 간접증거 간, 서증과 인증 간에 그 증거력에 있어 차이가 없다. ㉢ 증거조사의 결과는 증거공통의 원칙이 적용되므로 증거는 어느 당사자에 의하여 제출되거나 또 상대방이 이를 원용하는지 여부에 불구하고 이를 당사자 어느 쪽의 유리한 사실인정 증거로 할 수 있다(78다358). 다만, 피고측에서 제출·신청한 증거를 원고가 원용한바 없다면 원고의 주장과 관련하여 여기에 대한 증거판단을 아니하였더라도 원고로서는 판단유탈을 들어 원심을 공격할 수 없다(73다160). **[10사법]**

## Ⅲ. 자유심증주의의 예외

### 1. 명문규정에 의한 예외

① 증거방법의 제한으로 대리권이 있는 사실은 서면으로 증명하여야 하고(제58조 1항, 제89조 1항), 소명은 즉시 조사할 수 있는 증거에 의하여야 한다(제299조 1항), ② 증거능력의 제한으로 당사자와 법정대리인에 대한 증인능력 부정(제367조, 제372조), ③ 증거력의 자유평가의 제한으로 변론방식에 의한 변론조서의 법정증거력(제158조), 공·사문서의 증거력에 관한 추정규정(제356조)이 있다.

### 2. 명문규정이 없는 해석에 의한 증명방해

① [의 의] '증명방해'란 증명책임을 부담하지 않는 당사자가 고의나 과실에 의하여 증명책임을 부담하는 당사자의 증명을 불가능하게 하거나 곤란하게 하는 것을 말한다.

② [요 건] ① 객관적으로는 증명책임을 지지 않는 당사자의 적극적 방해행위가 있어야 하며, ② 주관적으로는 증거방법을 고의·과실 있는 행위로 훼손하였을 것과 이로 인하여 증명방해가 된다는 것을 알았거나 부주의로 알지 못하였을 것을 요한다(2단의 요건). 다만, 증거자료에의 접근이 훨씬 용이한 피고가 원고들의 증명활동에 협력하지 않는다고 하여 원고들의 증명을 방해하는 것이라고 단정할 수 없다(95다23835).

③ [증명방해의 효과(자유심증설)] 대법원은 "당사자 일방이 입증을 방해하는 행위를 하였더라도 법원으로서는 이를 하나의 자료로 삼아 자유로운 심증에 따라 방해자 측에게 불리한 평가를 할 수 있음에 그칠 뿐 입증책임이 전환되거나 곧바로 상대방의 주장사실이 증명된 것으로 보아야 하는 것도 아니다"(98다9915)고 하여 **자유심증설**의 입장이다. 따라서 判例는 법원에 제출된 피고 작성의 의사진료기록(차트)의 기재 중 원고에 대한 진단명의 일부가 흑색 볼펜으로 가필되어 원래의 진단명을 식별할 수 없도록 변조된 사례에서 "의사측이 진료기록을 변조한 행위는 입증방해 행위로서 법원으로서는 이를 하나의 자료로 하여 **자유로운 심증에 따라 의사측에게 불리한 평가를 할 수 있다**"(94다39567 : **13회 선택형**)고 판시하였다. **[17법행]**

## Ⅳ. 자유심증주의의 한계

'사실인정'은 사실심의 전권사항이나(제432조), 논리칙과 경험칙에 반하는 경우에는 자유심증주의의 내재적 한계를 일탈한 것으로서 상고이유가 된다(2016두55933).

원칙적으로 사실심법원의 증거배척은 배척한 뜻을 설시하면 족하고 배척이유까지 설시할 필요는 없으나(80다3198), ㉠ 민사재판에 있어서 형사재판의 사실인정에 구속을 받는 것은 아니라고 하더라도 동일한 사실관계에 관하여 이미 확정된 형사판결이 유죄로 인정한 사실은 유력한 증거자료가 된다고 할 것이므로 민사재판에서 제출된 다른 증거들에 비추어 형사재판의 사실판단을 채용하기 어렵다고 인정되는 특별한 사정이 없는 한 이와 반대되는 사실을 인정할 수 없으므로(2021다243430) 배척하는 경우에는 그 이유를 설시해야 하고, ㉡ 진정성립이 증명된 처분문서의 증명력을 배척하거나 ㉢ 경험칙상 통상적인 사실과 배치되는 사실을 인정하는 경우에는 배척 이유를 설시하여야 한다(88므1088).

## I. 의 의

'증명책임'이란 주요사실의 존부가 확정되지 않을 때에 당해 사실이 존재하지 않는 것으로 취급되어 법률판단을 받게 되는 당사자 일방의 불이익을 말한다.

## II. 증명책임의 분배 [15행정]

### 1. 일반적인 경우

통설·判例는 증명책임의 분배에 있어서 **법률요건분류설(규범설)**에 따라 각 당사자는 자기에게 유리한 법규의 요건사실의 존부에 대해 **증명책임**을 지는 것으로 분배시키고 있다. 즉, ① 본안의 요증사실의존부와 관련해서는 권리의 존재를 주장하는 자가 권리근거규정의 요건사실에 대한 주장·증명책임을 지고, 그 존재를 다투는 상대방은 반대규정(권리장애규정, 권리멸각규정, 권리저지규정)의 요건사실에 대한 증명책임을 지게 된다. ② **직권조사사항인 소송요건의 존부**는 본안판결을 받는 것 자체가 원고에게 이익이므로 원고에게 증명책임이 있으나, **항변사항인 소송요건**은 피고에게 증명책임이 있다.

### 2. 구체적 예

① **[확정된 지급명령에 대한 청구이의의 소]** "확정된 지급명령의 경우 그 지급명령의 청구원인이 된 청구권에 관하여 지급명령 발령 전에 생긴 불성립이나 무효 등의 사유를 그 지급명령에 관한 이의의 소에서 주장할 수 있고, 이러한 청구이의의 소에서 청구이의 사유에 관한 증명책임도 일반 민사소송에서의 증명책임 분배의 원칙에 따라야 한다. 따라서 확정된 지급명령에 대한 청구이의 소송에서 원고가 피고의 채권이 성립하지 아니하였음을 주장하는 경우에는 피고에게 채권의 발생원인 사실을 증명할 책임이 있고, 원고가 그 채권이 통정허위표시로서 무효라거나 변제에 의하여 소멸되었다는 등 권리 발생의 장애 또는 소멸사유에 해당하는 사실을 주장하는 경우에는 원고에게 그 사실을 증명할 책임이 있다"(2010다12852).

② **[직권조사사항]** "직권조사사항에 관하여도 그 사실의 존부가 불명한 경우에는 입증책임의 원칙이 적용되므로 본안판결을 받는다는 것 자체가 원고에게 유리하다는 점에 비추어 직권조사사항인 소송요건에 대한 입증책임은 원고에게 있다"(96다39301)**(6회 선택형).**

③ **[추심금 청구의 소에서 피압류채권의 존재]** "채권압류 및 추심명령에 기한 추심의 소에서 피압류채권의 존재는 채권자가 증명하여야 한다"(2022다279733,279740).

④ **[변제충당]** "채무자가 특정한 채무의 변제조로 금원을 지급하였다고 주장함에 대하여, 채권자가 이를 수령한 사실을 인정하면서도 다른 채무의 변제에 충당하였다고 주장하는 경우에는 채권자는 그 다른 채권이 존재한다는 사실과 그 다른 채권에 변제충당하기로 하는 합의나 지정이 있었다거나 그 다른 채권이 법정충당의 우선순위에 있었다는 사실을 주장·증명하여야 할 것이다"(2021다251813).

### 3. 소극적 확인소송의 경우 [6회 사례형]

소극적 확인소송도 법률요건분류설이 적용된다. 다만 통상의 경우와 달리 증명책임이 그 역으로 바뀌게 되어 '원고'가 권리의 장애·멸각·저지사실 즉 항변사실에 대해, '피고'가 권리근거규정의 요건사실에 대하여 증명책임을 지게 된다.

① **[유치권 부존재 확인소송]** "소극적 확인소송에서는 원고가 먼저 청구를 특정하여 채무발생원인사실을 부정하는 주장을 하면 채권자인 피고는 권리관계의 요건사실에 관하여 주장·증명책임을 부담하므로, 유치권 부존재 확인소송에서 유치권의 요건사실인 유치권의 목적물과 견련관계 있는 채권의 존재에 대해서는 피고가 주장·증명하여야 한다"(2013다99409)(**8회 선택형**).

② **[승계집행문 부여에 대한 이의의 소]** "채무자가 채무자 지위의 승계를 부인하여 다투는 경우에는 승계집행문 부여에 대한 이의의 소를 제기할 수 있고(민사집행법 제45조), 이때 승계사실에 대한 증명책임은 승계를 주장하는 채권자에게 있다"(2015다52190).

## Ⅲ. 증명책임의 완화

### 1. 법률상의 추정

#### (1) 의 의

'법률상의 추정'이란 법규화된 경험칙 즉 추정규정을 적용하여 행하는 추정을 말한다. 법규를 적용하여 행하는 추정이라는 점에서 경험칙을 적용하는 사실상 추정과 구별된다. 점유계속의 추정(민법 제198조)과 같은 '법률상의 사실 추정'과 점유자 권리의 적법 추정(민법 제200조)과 같은 '법률상의 권리추정'이 있다.

#### (2) 효 과

① **[증명주제의 선택(증명책임의 완화)]** 증명책임이 있는 사람은 추정되는 사실 또는 권리를 증명할 수도 있으나, 보통은 그보다도 증명이 쉬운 전제사실을 증명함으로써 이에 갈음할 수 있으므로(증명주제의 선택), 추정규정은 증명책임을 완화시키는 것이다.

② **[반대사실의 증명(증명책임의 전환)]** 상대방은 ⅰ) 반증에 의하여 전제사실의 존재 여부를 불명확하게 하여 추정규정의 적용을 방해할 수 있고, ⅱ) 추정사실이 부존재한다는 것을 증명함으로써 추정을 번복할 수 있는데, 상대방이 추정사실의 부존재에 대하여 증명책임을 진다는 의미에서는 증명책임이 전환되는 것이다. 여기서 추정을 번복하기 위해 상대방이 세우는 증거는 본증(반대사실의 증거)이고 반증이 아니다.

#### (3) 등기의 추정력

① **[내 용]** 등기가 있으면 등기권리(2009다37831), 등기원인(94다10160), 등기절차(대2001다72029)의 적법성이 법률상 추정된다. 뿐만 아니라 判例는 매매계약 및 등기가 대리인에 의해 행해지는 경우 대리인이 대리권을 수여받아 유효한 대리행위를 하였다는 점도 추정된다고 한다(아래 관련판례 참고). **[2회 사례형, 06·15사법]** 한편 근저당권은 근저당권설정행위와는 별도로 근저당권의 피담보채권을 성립시키는 법률행위가 있어야 하는바 근저당권등기의 추정력은 설정행위에만 미치고 피담보채권을 성립시키는 법률행위가 있었는지 여부에 대한 입증책임은 그 존재를 주장

하는 측에 있다(2009다72070).

⚖️ **[관련판례]** "전등기명의인의 직접적인 처분행위에 의한 것이 아니라 제3자가 그 처분행위에 개입된 경우 현등기명의인이 그 제3자가 전등기명의인의 대리인이라고 주장하더라도 현등기명의인의 등기가 적법히 이루어진 것으로 추정되므로 그 등기가 원인무효임을 이유로 말소를 청구하는 전등기명의인으로서는 그 반대사실 즉, 그 제3자에게 전등기명의인을 대리할 권한이 없었다든지, 또는 그 제3자가 전등기명의인의 등기서류를 위조하였다는 등의 무효사실에 대한 입증책임을 진다"(93다18914)(1 · 8회 선택형)

② **[등기의 추정력이 법률상 추정인지 여부]** 判例는 이전등기가 경료된 사건에서 "이전등기는 권리의 추정력이 있으므로 이를 다투는 측에서 무효사유를 주장·증명하지 않는 한 그 등기를 무효라고 판정할 수 없다"(79다741, 92다30047)고 하고, **[1회 기록형]** "지분이전등기가 경료된 경우 그 등기는 적법하게 된 것으로서 진실한 권리상태를 공시하는 것이라고 추정되므로, 그 등기가 위법하게 된 것이라고 주장하는 상대방에게 그 추정력을 번복할 만한 반대사실을 입증할 책임이 있다"(92다30047)고 하여 **법률상 추정**으로 본다. 다만, 소유권이전등기의 원인으로 주장된 계약서가 진정하지 않은 것으로 증명된 경우에는 그 등기의 적법추정은 복멸되는 것이고 계속 다른 적법한 등기원인이 있을 것으로 추정할 수는 없다고 한다(98다29568)(1회 선택형).

**(4) 유사적 추정**

'유사적 추정'이란 추정으로 규정되어 있지만 엄격한 의미의 법률상 추정이 아닌 것을 말한다. 유사적 추정으로는 잠정적 진실, 의사추정, 증거법칙적 추정이 있다.

① '잠정적 진실'은 전제사실 없이 일정한 사실을 추정하는 것을 말한다. 점유자의 자주점유추정이 이에 해당한다(민법 제197조 1항)(3 · 12회 선택형), ② '의사추정'은 '법률'이 '법률행위'를 해석하는 경우이다. 예컨대 기한의 이익은 채무자를 위한 것으로 추정되고(민법 제153조 1항), 위약금 약정은 손해배상액의 예정으로 추정된다(민법 제398조 4항). ③ '증거법칙적 추정'이란 실체법의 요건사실이나 법률효과와는 무관하게 증거법상으로 일정한 사실을 추정하는 것을 말한다. 공문서의 진정추정(제356조), 사문서의 진정추정(제358조)이 그 예이다.

## 2. 일응의 추정(표현증명)

**(1) 의의 및 효과**

'일응의 추정'이란 사실상 추정 가운데 고도의 개연성이 있는 경험칙을 이용하여 간접사실로부터 주요사실을 추정하는 경우를 말한다. 일응추정에 의해 증명책임자의 증명책임이 완화되는 바, 이는 증명책임과는 무관하게 법관의 자유심증에 의한 경험칙을 이용하는 '사실상의 추정'과는 구별된다.

**(2) 적용범위**

주로 불법행위의 요건으로서 인과관계 및 과실을 인정할 경우 이른바 '정형적 사상경과'에 해당되는 경우에 적용된다. 교통사고가 운전자의 도로교통법규 위반으로 인하여 발생한 때에는 특별한 사정이 없는 한 그 운전자의 과실은 (일응) 추정된다(80다2569).

## (3) 일응의 추정의 복멸

### 1) 직접반증

반증에 의하여 간접사실의 존재에 대하여 법관에게 의심을 불러일으키는 방법으로 일응의 추정을 복멸할 수 있다.

### 2) 간접반증

#### 가) 의 의

이미 증명된 간접사실을 인정하면서 그 추정의 전제사실과 양립되는 별개의 간접사실을 증명하여 일응의 추정을 복멸하는 증명활동이다. 예컨대 중앙선을 침범한 자동차에 치인 사실이 증명되면 운전자의 과실이 추정되는바, 다른 대형차가 들이받아서 중앙선을 침범하게 되었다는 사정을 증명하면 운전자의 과실에 대한 일응의 추정은 복멸된다. ① 주요사실에 대하여는 진위불명의 상태에 빠 드리면 되므로 반증이지만, ② 양립하는 별개의 간접사실 자체의 존재에 대하여는 법관에게 확신을 줄 정도로 증명해야 하므로 본증이다.

#### 나) 현대형 소송에서의 일응추정과 간접반증이론의 응용

현대형 소송에서 判例는 피해자의 인과관계의 증명곤란을 완화하는 방안으로 간접반증이론을 응용하려 하고 있다. 이러한 간접반증이론을 도입하려는 判例의 태도는 증명이 곤란한 주요사실의 증명을 위하여 관련간접사실에 대한 증명의 부담을 양당사자에게 부담시켜 증명책임제도의 공평한 운영을 기하려는 것으로 평가되고 있다.

① **[공해소송]** 공장의 폐수에 의해 피해를 입은 경우에 있어서 인과관계의 고리를 크게 ⅰ) 유해한 원인물질의 배출, ⅱ) 원인물질의 피해물건에 도달 및 손해발생, ⅲ) 기업에서 생성·유출된 원인물질이 손해발생에의 유해성 등 세 가지 간접사실로 대별할 수 있는데, ⅰ)ⅱ)에 대하여는 원고로 하여금 증명을 하게 하여 증명이 성공하면 인과관계가 있는 것으로 일응의 추정을 하되, ⅲ)에 대하여는 피고측의 간접반증의 대상으로 하여 그 부존재(원인물질이 무해, 유출과정에서의 희석, 다른 원인의 존재 등)의 증명이 성공하면 인과관계에 관한 일응의 추정에서 벗어난다(81다558)**(3회 선택형)**.

② **[의료소송]** ㉠ 의료소송에서는 "환자측에서 일응 일련의 의료행위 과정에서 저질러진 ⅰ) 일반인의 상식에 바탕을 둔 의료상의 과실 있는 행위를 입증하고 ⅱ) 그 결과와 사이에 일련의 의료행위 외에 다른 원인이 개재될 수 없다는 점, 이를테면 환자에게 의료행위 이전에 그러한 결과의 원인이 될 만한 건강상의 결함이 없었다는 사정을 증명한 경우에 있어서는, ⅲ) 의료행위를 한 측이 그 결과가 의료상의 과실로 말미암은 것이 아니라 전혀 다른 원인으로 말미암은 것이라는 입증을 하지 아니하는 이상, 의료상 과실과 결과 사이의 인과관계를 추정하여 손해배상책임을 지울 수 있도록 입증책임을 완화하는 것이 손해의 공평·타당한 부담을 그 지도원리로 하는 손해배상제도의 이상에 맞는다"(94다39567)**(3회 선택형)**고 판시하였다. 그리고 ㉡ 의사의 설명의무는 침습적인 의료행위로 나아가는 과정에서 의사에게 필수적으로 요구되는 절차상의 조치로서, 의사가 그러한 문서에 의해 설명의무의 이행을 입증하기는 매우 용이한 반면 환자측에서 설명의무가 이행되지 않았음을 입증하기는 성질상 극히 어려운 점 등에 비추어, 특별한 사정이 없는 한 의사측에 설명의무를 이행한 데 대한 증명책임이 있다(2005다5867)고 한다.

③ [제조물 책임소송] 제조물 책임소송에서는 "소비자 측에서 ⅰ) 그 사고가 제조업자의 배타적 지배 하에 있는 영역에서 발생한 것임을 입증하고, ⅱ) 그러한 사고가 어떤 자의 과실 없이는 통상 발생하지 않는다고 하는 사정을 증명하면, ⅲ) 제조업자 측에서 그 사고가 제품의 결함이 아닌 다른 원인으로 말미암아 발생한 것임을 입증하지 못하는 이상, 위와 같은 제품은 이를 유통에 둔 단계에서 이미 그 이용시의 제품의 성상이 사회통념상 당연히 구비하리라고 기대되는 합리적 안전성을 갖추지 못한 결함이 있었고, 이러한 결함으로 말미암아 사고가 발생하였다고 추정하여 손해배상책임을 지울 수 있도록 입증책임을 완화하는 것이 손해의 공평·타당한 부담을 그 지도원리로 하는 손해배상제도의 이상에 맞는다"(98다15934)고 판시하였다.

2025 해커스변호사
민사소송법 암기장

# 제 4 편

---

# 소송의 종료

## Ⅰ. 의 의

'소송종료선언'이라 함은 계속 중인 소송이 유효하게 종료되었음을 확인하는 것으로, 종국판결이자 소송판결에 해당하며 상소가 허용된다(민사소송규칙 제67조, 제68조).

## Ⅱ. 소송종료선언의 사유 [기, 간, 당]

### 1. 기일지정신청이 이유없는 경우

**(1) 기일지정신청의 의의**

'기일지정신청'이란 ⅰ) 확정판결에 의하지 않고 소송이 종료된 것으로 처리된 후, ⅱ) 당사자가 소송이 종료되었다는 것을 다투면서 당사자가 기일을 열어줄 것을 신청하는 제도를 말한다.

**(2) 기일지정신청이 가능한지 문제되는 경우**

① **[소취하 또는 상소취하의 효력에 관한 다툼이 있는 경우(적극)]** 소 또는 상소의 취하(취하간주 포함, 제268조)의 효력에 관한 다툼이 있어 당사자가 기일지정신청을 하는 경우, 법원은 기일을 열어 신청사유를 심리하고, 신청이 이유 없을 경우 소송종료선언을 한다(규칙 제67조·제68조).

② **[청구의 포기·인낙, 화해의 효력에 관한 다툼이 있는 경우(원칙적 소극)]**

㉠ **[원칙]** 청구의 포기·인낙, 소송상 화해의 경우 준재심의 대상이 되는 것 이외에 그 하자의 구제책을 인정하지 않는다(제461조, 제451조). 따라서 이에 대한 흠은 재심사유가 있는 경우 준재심의 절차로만 다툴 수 있고, 원칙적으로 기일지정신청으로 하자를 다툴 수는 없다.

㉡ **[예외]** 다만, 判例는 "재판상의 화해를 조서에 기재한 때에는 그 조서는 확정판결과 동일한 효력이 있고 당사자간에 기판력이 생기는 것이므로 확정판결의 당연무효 사유와 같은 사유가 없는 한 재심의 소에 의하여만 효력을 다툴 수 있는 것이나, 당사자 일방이 화해조서의 당연무효 사유를 주장하며 기일지정신청을 한 때에는 법원으로서는 그 무효사유의 존재 여부를 가리기 위하여 기일을 지정하여 심리를 한 다음 무효사유가 존재한다고 인정되지 아니한 때에는 판결로써 소송종료선언을 하여야 한다"(99다67703)고 하여 예외를 인정한다.

### 2. 법원이 소송종료를 간과한 때

확정판결, 소의 취하 또는 취하간주, 청구의 포기·인낙, 소송상 화해 등에 의하여 소송이 종료되었음에도 불구하고 이를 간과하고 심리를 계속 진행한 사실이 발견된 경우, 법원은 직권으로 소송종료선언을 하여야 한다(2010다103048)(**3회 선택형**).

### 3. 당사자대립구조가 소멸한 때

소송계속 중 대립당사자구조가 소멸되면 당연히 소송이 종료된다. 그런데 당사자가 소송이 종료되었는지 여부에 대하여 다투면서 기일지정을 신청한 경우, 심리결과 소송종료가 적법하다면 법원은 판결로서 소송종료선언을 해야 한다(**1회 선택형**).

## Ⅲ. 효 과

소송종료선언은 소송완결의 확인적 성질을 가진 종국판결로서 이에 대한 **불복상소는** 허용되나, 본안판결이 아닌 소송판결이므로 소송종료선언의 판결이 선고된 후 그 판결이 확정되기 전에 소가 취하되더라도 **재소금지가 적용되지는 않는다.** 재소금지는 본안의 종국판결에만 적용되기 때문이다.

---

## Set 036 │ 소의 취하

# Ⅰ. 서 설

## 1. 의 의

'소의 취하'는 원고가 소의 전부 또는 일부를 철회하는 법원에 대한 단독적 '소송행위'이다(제266조). 반면, '소취하 합의'에 대해서 判例는 "소송당사자가 소송 외에서 그 소송을 취하하기로 합의한 경우에는 그 합의는 유효하여 원고에게 권리보호의 이익이 없다"(81다1312)고 하여, 소송외에서의 소취하 합의에 소취하의 효력을 인정하지 않고 소송상 항변권 발생만을 인정한다(**4회 선택형**).

## 2. 구별개념

| | 항소취하 | 소취하 |
|---|---|---|
| **행사기간** | 항소심판결선고시까지(제393조 1항) | 판결확정시까지(제266조 1항) |
| **동의여부** | 피항소인의 동의 불요(제393조 2항) | 상대방 동의필요(제266조 2항) |
| **원심판결에 영향** | 항소심이 소급적으로 소멸되므로 제1심판결이 확정(원심판결에 영향 없음 : 기판력 발생o, 항소만을 철회) | 소송이 소급적으로 소멸(원심판결의 효력 상실 : 기판력 발생x, 소 그 자체의 철회, 제267조 1항) |
| **효력 발생 시기** | 항소취하서를 제출한 때 효력발생 | 동의를 요하는 경우에는 소취하서가 상대방에게 도달한 때, 동의를 요하지 않는 경우에는 소취하서를 제출한 때 효력발생 |
| **일부 취하** | 항소불가분의 원칙과 상대방의 부대항소권의 보장을 이유로 불허 | 당사자처분권주의 원칙상 당연히 허용(제266조 1항) |

## Ⅱ. 요 건 [당, 소, 시, 동, 소]

### 1. 당사자

소를 취하하는 원고에게 소송능력이 있어야 하며, 법정대리인 또는 소송대리인이 소를 취하하려면 특별한 권한을 따로 받아야 한다(제56조 2항, 제90조 2항 2호).

### 2. 소송물

가사소송 등 직권탐지주의의 적용을 받는 소송물을 포함해 모든 소송물에 대하여 원고는 자유롭게 취하할 수 있다. 다만, 주주 대표소송(상법 제403조 6항), 증권관련집단소송 등은 법원의 허가를 요한다(증권관련집단소송법 제35조 1항).

### 3. 시 기

① 소의 취하는 소제기 후 종국판결의 '확정' 전까지 할 수 있으므로(제266조 1항), 항소심·상고심에서도 할 수 있으나 '본안에 대한 종국판결'이 있은 뒤에 소를 취하하면 재소금지의 제재가 따른다(제267조 2항)(7회 선택형). 관련해서 判例는 선행 추심소송이 항소심에서 취하된 경우라면 다른 채권자가 제기한 추심금 청구의 소는 재소금지 원칙에 반하지 않는다고 보았다(2018다259213).

② 판결이 확정되어 소송계속이 발생하면 소의 취하는 불가능하고 소송계속이 없는 상태에서 이루어진 소 취하 의사표시는 그 대상을 결여하여 무효이다(2018다27393).

### 4. 피고의 동의

① [동의를 요하는 경우] 피고가 응소(본안에 관하여 준비서면을 제출하거나 변론준비기일에서 진술하거나 변론을 한 경우)한 뒤에는 피고에게 원고청구기각 판결을 받을 이익이 발생했기 때문에 피고의 동의를 받아야 취하의 효력이 생긴다(제266조 2항).

② [동의를 요하지 않는 경우] ㉠ 피고가 주위적으로 소각하판결, 예비적으로 청구기각판결을 구한 경우에는 청구기각의 본안판결을 구하는 것은 예비적인 것에 그치므로 피고의 동의가 필요 없다(68다217)(3회 선택형). ㉡ 본소의 취하 후에 반소를 취하함에는 원고의 동의가 필요 없다(제271조).

③ [동의의 효과] 일단 피고가 동의를 거절하였으면 소취하의 효력이 생기지 아니하므로, 후에 다시 동의하더라도 소취하의 효력이 생기지 않는다(69다130)(9회 선택형).

### 5. 소송행위의 유효요건 구비

소송요건의 흠이 있어 적법한 소가 아니어도 이를 취하할 수는 있으나, 소의 취하 자체는 소송행위이므로 소송행위의 유효요건을 갖추어야 하고, 조건을 붙여서는 아니 되며, 착오·사기·강박에 의한 것이라도 취소할 수 없다(하자불고려설).

## Ⅲ. 절차

### 1. 서면 또는 구술

원칙적으로 취하서를 제출하여야 하나(제266조 3항 본문), 예외적으로 변론기일 또는 변론준비기일에서는 말로 소를 취하할 수 있다(제266조 3항 단서)(**4회 선택형**). 이 경우 **제3자나 상대방**(피고)에 의한 소취하서 제출이 허용된다(2001다37514). 변론준비기일에 피고가 불출석한 경우에도 말로써 소를 취하할 수 있는데 이 경우에는 상대방에게 소취하의 진술을 기재한 조서의 등본을 송달하여야 한다(제266조 5항). 다만, 적법한 소 취하의 서면이 제출된 이상, 상대방에 송달전후를 불문하고 임의철회는 할 수 없다(97다6124).

### 2. 피고동의의 방법

소취하에 대한 상대방의 동의도 서면 또는 말로 한다. 상대방의 동의 여부가 명확하지 아니한 경우에는, 취하서가 송달된 날로부터 2주 이내에, 말로 취하할 때에는 출석한 날로부터 2주 이내에 이의를 제기하지 않으면 소의 취하에 동의한 것으로 본다(제266조 6항).

## Ⅳ. 효과

### 1. 소송계속의 소급적 소멸

#### (1) 소송상 효과

소가 취하되면 처음부터 소송이 계속되지 아니하였던 것과 같은 상태에서 소송이 종료된다(제267조 1항). 그러나 소 취하에 앞서 제기한 독립당사자참가·반소·중간확인의 소는 본소의 취하에 불구하고 원칙적으로 아무런 영향을 받지 않는다.

#### (2) 사법상 효과

① [**시효중단·기간준수**(소급소멸)] 소의 제기에 의한 실체법적 효과인 시효중단과 출소기간 준수의 효과는 소취하에 의하여 소급적으로 소멸된다(민법 제170조).

② [**형성권의 행사**(신병존설)] 判例는 소송에서 공격방어방법의 전제로 형성권을 행사한 경우 소의 취하에 의하여 형성권 행사의 효력이 소멸하지 않는다는 입장을 보였으나(80다916 : 해제권 사례), 최근에는 법원의 실질적인 판단이 이루어지지 아니한 경우에는 소멸한다는 입장이다(2011다3329 : 상계항변 사례)

### 2. 재소의 금지(후술함)

### 3. 소취하의 효력에 관한 다툼이 있을 때에는 기일지정신청(규칙 제67조 1항)

확인의 이익이 없으므로 별소로써 무효확인청구를 할 수는 없다.

## Ⅰ. 의 의

소가 취하되면 소송계속이 소급적으로 소멸되므로 재차 같은 소를 제기할 수 있다. 그러나 종국판결을 '선고'한 뒤에 소를 취하한 다음 다시 재소의 제기를 허용한다면 본안판결에 이르기까지 법원이 들인 노력과 비용이 무용지물이 되고 **법원의 종국판결이 당사자에 의하여 농락당할 수 있으므로**(재소남용방지, 소취하남용제재), 본안에 관하여 종국판결이 있은 뒤에는 이미 취하한 소와 같은 소를 제기할 수 없다(제267조 2항).

## Ⅱ. 요 건 (당, 소, 리, 본)

재소가 금지되기 위해서는 ⅰ) 당사자가 동일해야 하고, ⅱ) 소송물이 동일해야 하며, ⅲ) 권리보호이익도 동일해야 하고, ⅳ) 본안에 관한 종국판결 이후에 소를 취하한 경우이어야 한다.

### 1. 당사자의 동일

#### (1) 전소의 원고, 선정당사자, 변론종결 후의 일반승계인

재소를 제기할 수 없는 것은 전소의 원고만이고, 전소의 피고나 보조참가인 등은 재소의 제기에 제한을 받지 않는다. 소를 취하한 자가 선정당사자일 때에는 선정자도 재소금지의 효과를 받는다. 변론종결 후의 일반승계인도 효과를 받는다(제218조 1항).

#### (2) 변론종결 후의 특정승계인에게도 재소금지의 효력이 미치는지 여부

① [변론종결 뒤 특정승계인의 경우 당사자의 동일성이 충족되는지 여부(적극)] "제267조 2항 소정의 소를 취하한 자에는 변론종결한 뒤의 특정승계인을 포함한다"(81다64,65)

② [권리보호이익의 동일성 여부(소극)] 다만, 判例는 "전소취하 후 토지를 양수한 원고는 소유권을 침해하고 있는 피고에 대하여 그 배제를 구할 새로운 권리보호이익이 있으니 전소와 본건 소는 동일한 소라고 할 수 없다"(95다48599,48605)고 하여 당사자의 동일성은 인정되나 새로운 권리보호이익이 있어 재소가 금지되지 않는다고 한다.

#### (3) 채권자가 대위소송에서 소를 취하한 경우 채무자의 재소가 금지되는지 여부(적극)

"대위소송이 제기된 사실을 채무자가 알았을 때에는 그 판결의 효력은 채무자에게 미치므로(제218조 3항), 채권자대위소송이 제기된 사실을 피대위자가 알게 된 이상, 대위소송에 관한 종국판결 후 그 소가 취하된 때에는 피대위자도 재소금지규정의 적용을 받아 동일한 소를 제기하지 못한다"(93다20177,20814)[55] **[06사법]**

---

55) [검토] 대위소송이 제기된 사실을 채무자가 알았을 때에는 그 판결의 효력은 채무자에게 미치므로 당사자의 동일성을 인정할 수 있고, 대위소송을 법정소송담당으로 보는 이상 소송물의 동일성을 인정할 수 있으므로 채무자가 대위소송이 제기된 것을 알았다면 채무자의 재소는 부적법하다.

## 2. 소송물의 동일

### (1) 소송물이론

재소금지가 적용되기 위하여서는 소송물의 동일성만 인정되면 되고 공격방어방법까지 동일할 필요는 없다.

① [청구취지와 사실관계는 동일하지만 청구원인의 실체법상 권리가 다른 경우] 判例(구실체법설)에 따르면 전·후소의 권리가 다르므로 소송물은 다르게 된다.

② [청구취지가 같지만 청구원인의 사실관계와 권리가 다른 경우] 구실체법설은 전·후소의 권리가 다르므로 소송물은 다르다.

> 📌 ✳ 소송물이 달라서 재소금지원칙에 저촉되지 않는다는 취지의 판례
>
> ㉠ [물권≠채권] 같은 가옥명도청구라도 물권인 소유권에 기한 경우와 채권적인 약정에 기한 경우는 같은 소가 아니다(90다카25970).
>
> ㉡ [계약관계종료≠소유권] "명의신탁자는 명의수탁자에 대하여 신탁해지를 하고 신탁관계의 종료 그것만을 이유로 하여 소유 명의의 이전등기절차의 이행을 청구할 수 있음은 물론, 신탁해지를 원인으로 하고 소유권에 기해서도 그와 같은 청구를 할 수 있다. 이 경우 양 청구는 청구원인을 달리하는 별개의 소송이다"(전합79다634).
>
> ㉢ [청구기간이 다른 경우] "제1심에서 일정 기간의 부정경쟁행위로 인한 손해배상청구를 하였다가 패소한 후 항소심에서 이를 철회하는 등 청구원인을 변경한 자가, 다시 다른 기간의 부정경쟁행위로 인한 침해금지청구 및 손해배상청구를 추가한 사안에서, 추가한 청구가 제1심의 청구와 소송물이 동일하다고 보기 어렵고 다시 청구할 필요도 있어 재소금지의 원칙에 저촉되지 않는다"(2009다22037)

### (2) 선결관계

① [전소의 소송물이 후소의 선결관계에 있는 경우(재소금지 적용긍정)] 예컨대 전소가 소유권 확인의 소이고 후소가 같은 피고에 대한 소유권에 기한 인도청구의 소인 경우 "후소가 전소의 소송물을 선결적 법률관계로 할 때에는 비록 소송물은 다르지만 원고는 전소의 목적이었던 권리·법률관계의 존부에 대해서는 다시 법원의 판단을 구할 수 없는 관계상(기판력이 미침) 위 제도의 취지에 비추어 후소에 대하여도 동일한 소로써 판결을 구할 수 없다"(88다카18023 ; 2022두58599)고 하여 긍정설의 입장이다.

② [후소의 소송물이 전소의 선결관계에 있는 경우(재소금지 적용부정)] 이 경우에는 전소의 기판력이 후소에 미치지 않으므로(97다22904, 판결이유에는 기판력이 미치지 않음), 재소금지규정도 적용되지 않는다고 해석된다.

## 3. 권리보호이익의 동일

재소금지의 취지는 당사자가 권리보호의 이익이 없이 법원의 종국판결을 농락한 데 대한 제재이기 때문에, 당사자에게 소취하 후 재소를 제기할 새로운 권리보호이익(소제기를 필요로 하는 정당한 사정)이 있는 경우에는 재소가 허용된다(2018다259213).

💡 ✱ **새로운 권리보호이익을 인정한 판례** (재, 이, 허, 추)

① 본안판결이 난 다음 피고가 소유권침해를 중지하여 소를 취하하였는데 그 뒤 재침해하는 경우(81다64,65), ② 피고가 전소취하의 전제조건인 약정사항을 이행하지 않아 약정이 해제·실효되는 사정변경이 있는 경우(2000다46399) **[09사법]**, ③ 토지거래허가 전에 소유권이전등기청구의 소를 제기하여 승소판결을 받은 후 취하했는데 그 뒤에 허가를 받은 경우(97다45341), ④ 선행추심소송이 항소심에서 취하된 경우 다른 채권자가 제기한 추심금 청구의 소(2018다259213) ⑤ 구분소유자가 부당이득반환청구 소송을 제기하였다가 본안에 대한 종국판결이 있은 뒤에 소를 취하하였더라도 관리단이 부당이득반환청구의 소를 제기한 경우(2021다239301) 등에는 권리보호이익이 동일하다고 볼 수 없어 후소는 허용된다

## 4. 본안에 대한 종국판결이 선고된 뒤의 취하

① **[본안에 대한 것일 것]** 소송판결(소각하판결, 소송종료선언)이 있은 뒤에 소를 취하한 경우에는 재소가 금지되지 않는다. 본안판결인 이상 원고승소판결이든 원고패소판결이든 불문한다.

② **[당연 무효인 판결의 포함 여부]** "사망자를 상대로 한 판결에 대하여 그 망인의 상속인인 피고가 항소를 제기하여 원고가 항소심변론에서 그 소를 취하하였다 하더라도 위 판결은 당연무효의 판결이므로 원고는 재소금지의 제한을 받지 않는다"(67다2494) **(9회 선택형)**

③ **[소취하 내용의 소송상 합의가 있는 경우]** "화해권고결정에 '원고는 소를 취하하고, 피고는 이에 동의한다.'는 화해조항이 있고, 이러한 화해권고결정에 대하여 양 당사자가 이의하지 않아 확정되었다면, 화해권고결정의 확정으로 당사자 사이에 소를 취하한다는 내용의 소송상 합의를 하였다고 볼 수 있다. 따라서 본안에 대한 종국판결이 있은 뒤에 이러한 화해권고결정이 확정되어 소송이 종결된 경우에는 소취하한 경우와 마찬가지로 민사소송법 제267조 제2항의 규정에 따라 같은 소를 제기하지 못한다"(2018다230229).[56]

④ **[항소심에서 교환적 변경을 두 번한 경우]** 항소심에서 소를 교환적으로 변경하면 구청구는 종국판결이 선고된 뒤에 소를 취하한 것이 되므로, 그 뒤 다시 구청구를 제기하는 것은 재소금지에 위반되어 부적법해진다 (87다카1405). **[10사법, 14변리]**

⑤ **[제1심에서 주장한 상계 항변을 항소심에서 철회한 경우]** 선행소송의 제1심에서 상계 항변을 제출하여 제1심판결로 본안에 관한 판단을 받았다가 항소심에서 상계 항변을 철회한 경우, 그 자동채권과 동일한 채권에 기하여 별도로 제기한 후소가 재소금지 원칙에 반하는지와 관련하여 判例는 "소송상 방어방법으로서의 상계 항변은 그 수동채권의 존재가 확정되는 것을 전제로 하여 행하여지는 일종의 예비적 항변으로서 상대방의 동의 없이 이를 철회할 수 있고, 그 경우 법원은 처분권주의의 원칙상 이에 대하여 심판할 수 없으므로" 선행소송의 제1심판결로 본안에 관한 판단을

---

56) 甲이 乙을 상대로 대여금청구 소송을 제기하여 승소판결을 선고받았고(甲소송), 그 후 甲으로부터 대여금 채권을 양수한 丙이 乙을 상대로 양수금청구 소송을 제기하여 승소판결을 선고받았으며(丙소송), 乙이 위 판결들에 대하여 항소를 제기하였는데, 양수금청구 소송의 항소심법원이 '丙 회사는 소를 취하하고, 乙은 소취하에 동의한다.'는 내용의 화해권고결정을 하였고, 화해권고결정이 확정되기 전 丙이 대여금청구 소송(甲소송)의 항소심에서 승계참가신청을 한 경우, 丙의 승계참가신청은 재소금지 원칙에 위반되지 않는다(2018다230229 : 이는 소송계속의 중복상태를 해소하고 소송관계를 간명하게 정리한 것일 뿐이고, 승계참가신청을 통해 대여금청구 소송을 승계할 정당한 사정이 있는 등 양수금청구 소송과 권리보호이익이 동일하지 않아 위 승계참가신청이 재소금지원칙에 위반된다고 보기 어렵다고 한 사례).

받았다가 항소심에서 상계항변을 철회한 것은 소송상 방어방법의 철회에 불과하여 동일한 자동채권에 기하여 제기한 후소는 민사소송법 제267조 제2항의 재소금지 원칙이 적용되지 않는다고 한다(2021다275741).**(13회 선택형) [12회 사례형]**

## Ⅲ. 효 과

① **[위반시 효과 및 간과 판결의 효력]** 재소금지 위반 여부는 소송요건이므로 당사자의 주장을 불문하고 직권으로 심리·조사해야 하는 직권조사사항이다. 즉, 재소금지위반의 경우 소를 각하하여야 한다(67다1848)**(4회 선택형).** 이를 간과한 판결은 무효라고 볼 수 없고 상소의 대상이 되지만 재심사유는 아니다(87다카2406).

② **[실체법상 효력]** 재소금지는 소송법상의 효과에 그치고 실체법상의 권리관계에는 영향이 없다(68다1722). 재소금지의 효과는 당사자 사이에 같은 소송물에 관하여 다시 소를 제기하지 못하게 하는 것으로서 원고는 피고 명의 소유권이전등기의 말소를 소송을 통해 강제할 수 없을 뿐이므로, 이 사건 부동산 소유권은 계속 원고에게 남아있다. 따라서 乙이 원인무효인 소유권이전등기의 말소를 거부하고 있을 뿐인데도 甲의 소유권이 침해되어 부동산 가액 상당 손해가 발생했다고 볼 수는 없다(2022다266874 : 乙이 이 사건 부동산을 제3자에게 처분할 경우에 비로소 원고가 소유권을 상실하게 된다 : 부동산실명법 제4조 3항).[57]

📌 ＊ **불법행위로 인한 재산상 손해의 발생 시점**
불법행위로 인한 재산상 손해는 위법한 가해행위로 생긴 재산상 불이익, 즉 그 위법행위가 없었더라면 존재하였을 재산상태와 그 위법행위가 가해진 현재의 재산상태의 차이를 말한다. 이 사건 부동산 교환가치 전액이 원고의 손해가 되려면, 피고의 행위 때문에 이 사건 부동산이 멸실되거나 원고가 소유권을 잃는 등의 결과가 사회통념상 현실적으로 발생해야 한다(2022다266874).

---

57) 甲이 乙 앞으로 마쳐준 부동산 소유권이전등기가 양자 간 명의신탁에 의한 것으로 무효라고 주장하면서 乙을 상대로 소유권이전등기말소청구의 소를 제기하여 제1심과 항소심 모두 승소하였으나 상고심 계속 중 소를 취하하였는데, 그 후 재차 乙을 상대로 소유권이전등기의 말소를 구하는 소를 제기하였다가 부동산 가액 상당 손해배상을 구하는 것으로 청구를 변경한 사안

## I. 서 설

청구의 포기는 원고가 자기의 소송상의 청구가 이유 없음을 자인하는 법원에 대한 일방적 의사표시이며, 청구의 인낙은 피고가 원고의 소송상의 청구가 이유 있음을 자인하는 법원에 대한 일방적 의사표시이다. 청구의 포기 또는 인낙이 변론조서 또는 변론준비조서에 기재되면 그 기재에 관하여 전자는 '청구기각'의, 후자는 '청구인용'의 확정판결이 있었던 것과 동일한 효력이 있게 되고(제220조) 소송은 당연히 종료된다.

## II. 요 건

① **[당사자에 관한 요건]** 당사자는 소송행위의 유효요건인 **당사자능력과 소송능력을 갖추어야** 하고, 대리인이 대리할 경우에는 소송법상 대리권이 필요하다(제56조 2항, 제90조 2항 2호).

② **[변론주의에 의한 소송일 것]** 포기와 인낙은 당사자의 의사에 의해 승패를 결정하는 것이므로, 당사자가 자유로이 처분할 수 있는 소송물을 대상으로 하여야 한다. 따라서 **변론주의에 의한 절차**에서만 허용되고 직권탐지주의에 의하는 가사소송이나 행정소송에서는 허용되지 않는다.

③ **[조건·기한·의사표시하자]** 포기와 인낙은 소송행위이므로 조건이나 기한을 붙일 수 없으며, 포기·인낙조서가 작성된 후에는 민법상 의사표시에 관한 규정을 유추적용하여 포기·인낙무효확인소송을 제기하거나 무효임을 전제로 '기일지정신청'의 방식으로 기일속행을 구하는 것은 허용되지 않는다(민법유추적용부정설 : 통설·判例). 즉, 청구의 포기·인낙의 경우 '준재심'의 대상이 되는 것 이외에 그 하자의 구제책을 인정하지 않는다(제461조, 제451조).

④ **[소송요건]** 청구의 포기·인낙은 본안에 관한 확정판결과 동일한 효력을 가지므로 소송요건이 구비되지 않으면 청구의 포기·인낙에도 불구하고 소를 각하하여야 한다(소송요건 심사의 선순위성).

## III. 시기 및 방식

청구의 포기·인낙은 소송계속 중이면 어느 때나 가능하고, 항소심·상고심에서도 할 수 있다. 포기·인낙은 기일에 당사자가 출석하여 말로 진술하는 것이 원칙이나, 당사자가 진술한 것으로 보는 답변서, 그 밖의 준비서면에 청구의 포기 또는 인낙의 의사표시가 적혀있고 공증사무소의 인증을 받은 때에는 그 취지에 따라 청구의 포기 또는 인낙이 성립된 것으로 본다(제148조 2항)**(3회 선택형)**.

## IV. 효 과

### 1. 소송종료효

소송상 청구 중에서 포기나 인낙이 된 부분은 소송이 종료된다. 포기·인낙을 간과하고 심리가 속행된 경우에는 당사자의 신청 또는 직권으로 소송종료선언을 한다.

## 2. 확정판결과 동일한 효력(제220조) : 기판력, 집행력, 형성력

① 이행청구에 관한 인낙조서는 '집행력'이 발생하나, 청구의 인낙이 피고가 원고의 주장을 승인하는 소위 관념의 표시에 불과한 소송상 행위인 이상, 이를 조서에 기재한 때에는 확정판결과 동일한 효력(기판력, 집행력)이 발생되어 그로써 소송을 종료시키는 효력이 있을 뿐이고 실체법상 채권·채무의 발생 또는 소멸의 원인이 되는 법률행위(형성력)라 볼 수는 없다(2020다271919)[58].

② 포기조서는 기판력만 발생할 뿐 집행력이나 형성력이 발생하지는 않는다.

## 3. 청구의 포기·인낙의 효력에 대한 다툼

① 조서작성 전에는 자백의 철회에 준하여 상대방의 동의를 얻거나 철회할 수 있으나, ② 조서작성 후에는 확정판결과 동일한 효력이 있으므로(제220조), 제220조의 조서 또는 즉시항고로 불복할 수 있는 결정이나 명령이 확정된 경우에 제451조 제1항에 규정된 사유가 있는 때에는 확정판결에 대한 제451조 내지 제460조의 규정에 준하여 재심을 제기할 수 있다(제461조, 준재심의 소).

---

58) 주채무자 A의 차용금 채무를 연대보증한 B는 채권자인 C로부터 연대보증금 지급을 구하는 소송을 제기당하여 패소한 후, A와 함께 C를 상대로 채무부존재확인 소송을 제기하였는데, C가 제1심에서 주채무자 A에 대하여만 청구인낙을 하고 B에 대하여 다투어 B만 패소하자 B가 항소한 사건에서, 피고가 주채무자의 채무부존재확인 청구를 인낙한 이상 A의 주채무가 소멸되어 B의 연대보증채무도 함께 소멸하였다고 본 원심판단을 파기환송한 사례

# 제1관 소송상 화해

## Ⅰ. 의 의

'소송상 화해'라 함은 소송의 계속 중에 당사자가 소송물인 권리 또는 법률관계에 관하여 상호 그 주장을 양보함에 의하여 다툼을 해결하는 기일 내의 소송상 합의를 말한다. 화해가 성립되어 당사자 쌍방의 일치된 진술을 조서에 기재한 때에는 확정판결과 동일한 효력이 있으므로(제 220조), 화해가 이루어진 소송물 범위 내에서 소송은 당연히 종료한다.

## Ⅱ. 법적성질

判例는 "소송상의 화해는 판결의 내용으로서 소송물인 법률관계를 확정하는 효력이 있으므로 순연한 소송행위로 볼 것이다"(4293민재6)고 하여 **소송행위설의 입장**이다. 다만, 실효조건부 화해를 인정하기도 하고(64다1514), "재판상 화해나 제소전 화해는 확정판결과 동일한 효력이 있으며 당사자 간의 사법상의 화해계약이 그 내용을 이루는 것이면 화해는 창설적 효력(민법 제732조)을 가져 화해가 이루어지면 종전의 법률관계를 바탕으로 한 권리의무관계는 소멸한다"(99다17319)고 하여 **양성설의 태도**를 보이기도 하였다.[59]

## Ⅲ. 요 건

### 1. 당사자

화해는 소송행위이므로 당사자는 소송능력이 있어야 하며, 대리인에 의한 화해에는 특별한 권한을 받아야 한다(제56조 2항, 제90조 2항). 필수적 공동소송에서는 공동소송인 전원이 일치하여 화해하여야 한다(제67조 1항). 소송상 화해는 제3자도 가입할 수 있다(78다2278).[60]

### 2. 소송물

화해의 대상은 당사자가 자유롭게 처분할 수 있는 것(변론주의에 의하는 소송일 것)이어야 한다(2010다97846).[61] **(2 · 13회 선택형).**

---

59) **[검토]** '사법행위설'은 조서가 확정판결과 동일한 효력을 갖는 것(제220조)을 설명할 수 없고, '소송행위설'은 사법상의 분쟁을 해결함이 없이 소송만을 종결시키는 것은 당사자의 의사에 맞지 않고, 조건과 기한을 붙이지 못하게 되어 분쟁의 탄력적 해결에 반하며, 실체법적 하자를 다투는 것이 배제(하자불고려설)되어 화해가 탈법적 수단으로 악용될 우려가 있으므로 '양성설'이 타당하다.

60) "재판상 화해의 당사자는 소송당사자 아닌 보조참가인이나 제3자도 될 수 있고, 또 재판상 화해를 위하여 필요한 경우에는 소송물 아닌 권리 내지 법률관계를 첨가할 수도 있으므로, 재판상 화해의 효력이 반드시 원래의 소송당사자 사이의 소송물에만 국한되어 미치는 것이라고 할 수 없고, 그 효력은 화해조서에 기재된 화해의 내용에 따라 그 조서에 기재된 당사자에게 미치는 것이라고 할 것이다. 따라서 원고 甲과 피고 乙, 丙의 3인이 당사자로 되어 이루어진 재판상 화해가 계쟁토지는 甲, 乙, 丙의 각 3분의 1 지분의 공유임을 확인한다는 내용이라면 乙이 丙과 함께 같은 피고의 지위에 있었다하더라도 위 재판상 화해의 효력은 乙, 丙사이에서도 발생된다 할 것이다"

61) "재심대상판결을 취소한다.'는 조정조항은 법원의 형성재판 대상으로서 甲과 乙이 자유롭게 처분할 수 있는 권리에 관한 것이 아니어서 당연무효이고(절차법상 하자 : 저자주), 확정된 재심대상판결이 당연무효인 위 조정조항에 의하여 취소되었

## 3. 강행법규 또는 사회질서 위반, 의사표시의 하자(실체법적 하자)가 있는 경우

'양성설'에 의하면 소송상 화해에 강행법규 또는 사회질서에 위반되거나 의사표시의 하자가 있으면 무효가 된다. 그러나 判例는 '소송행위설'의 입장에서 화해의 내용이 강행법규에 위반하거나(74다2030), 화해에 이르게 된 동기나 경위에 반윤리적·반사회적인 요소가 있더라도 화해가 무효가 아닌 것으로 본다(98다38760). 소송상의 화해를 사기·착오·강박으로 취소할 수 없으며(78다1094), 화해가 통정허위표시라고 무효를 주장할 수도 없다(92다19033).

## 4. 조건부화해의 허용 여부

① 소송상 화해에 있어서 이행의무의 발생에 조건을 붙이는 것(예컨대 피고가 언제까지 금 얼마를 지급하지 못하면 피고는 원고 앞으로 가등기에 기한 본등기 절차를 이행한다는 조건)은 무방하나, ② 소송상의 화해 자체에 성립이나 효력발생에 조건(예컨대 제3자의 이의가 있으면 화해의 효력이 실효된다는 조건)을 붙일 수 있는가에 대해 대법원은 소송행위설을 따르면서도 소송상 화해가 실효조건의 성취로 실효된 경우에는 화해가 없었던 상태로 돌아가며, 준재심의 소에 의하여 취소된 경우와 같다고 하여 실효조건부화해의 효력을 인정한다(92다56056)(13회 선택형).

## Ⅳ. 효 과

### 1. 소송종료효

화해가 된 부분의 소송은 종료됨과 동시에 그 화해조서를 집행권원으로 하여 강제집행을 할 수 있다.

#### 🗿 ❋ 추심금소송에서 청구의 일부를 포기한 사안

"추심금소송에서 추심채권자가 제3채무자와 '피압류채권 중 일부 금액을 지급하고 나머지 청구를 포기한다.'는 내용의 재판상 화해를 한 경우 '나머지 청구 포기 부분'은 추심채권자가 적법하게 포기할 수 있는 자신의 '추심권'에 관한 것으로서 제3채무자에게 더 이상 추심권을 행사하지 않고 소송을 종료하겠다는 의미로 보아야 한다. 이와 달리 추심채권자가 나머지 청구를 포기한다는 표현을 사용하였다고 하더라도 이를 애초에 자신에게 처분 권한이 없는 '피압류채권' 자체를 포기한 것으로 볼 수는 없다(추심채권자는 추심권을 포기할 수 있으나(민사집행법 제240조 제1항), 그 경우 집행채권이나 피압류채권에는 아무런 영향이 없다). 따라서 위와 같은 재판상 화해의 효력은 별도의 추심명령을 기초로 추심권을 행사하는 다른 채권자에게 미치지 않는다"(2016다35390). [12회 사례형]

### 2. 기판력

① [무제한 기판력설] 소송상 화해의 진술을 조서에 적은 때에는 그 조서는 확정판결과 같은 효력이 있다(제220조). 기판력과 관련하여 대법원은 "화해가 강행법규에 위배되더라도 화해조서의 당연무효사유가 있다고 할 수 없고 단지 재판상 화해에 하자가 있음에 불과하므로 기판력은 존속

다고 할 수 없으므로, 위 판결에 기한 근저당권설정등기의 말소등기는 원인무효인 등기가 아니고 따라서 丁은 근저당권설정등기의 말소회복에 승낙을 하여야 할 실체법상 의무를 부담하지 아니한다"

한다"(90다9872)고 하여 무제한 기판력설의 입장이다.[62]

② **[기판력의 발생범위]** "조정조서에 인정되는 확정판결과 동일한 효력은 소송물인 법률관계에만 미치고 그 전제가 되는 법률관계에까지 미치지는 않는다. 부동산 소유권이전등기에 관한 조정조서의 기판력은 소송물이었던 이전등기청구권의 존부에만 미치고 부동산의 소유권 자체에까지 미치지는 않는다. 따라서 부동산 소유자가 부동산 소유권이전등기에 관한 조정의 당사자로서 조정조서의 기판력으로 말미암아 부동산등기부에 소유명의를 회복할 방법이 없어졌다고 하더라도 소유권이 그에게 없음이 확정된 것은 아니고, 부동산등기부에 소유자로 등기되어 있지 않다고 하여 소유권을 행사하는 것이 전혀 불가능한 것도 아니다. 그러한 소유자는 소유권을 부인하는 조정의 상대방을 비롯하여 제3자에 대하여 다툼의 대상이 된 부동산이 자기의 소유라는 확인을 구할 법률상 이익이 있다"(2015다205086).

## 3. 집행력과 형성력

① **[집행력]** 화해조서가 이행의무를 내용으로 할 경우에는 집행력을 가지나(민사집행법 제56조 5호), 화해조서의 효력은 화해의 당사자 사이에만 효력을 갖는 것으로 민법상 비법인사단에 해당하는 재건축조합을 당사자로 하는 화해조서의 효력은 그 구성원인 조합원들에게 미치지 않는다고 할 것이고, 또 재건축조합과 체결한 계약의 효력이 직접 조합원들을 구속하는 것은 아니다(2004다3864).

② **[형성력]** 조정은 재판상화해와 동일한 효력이 인정되므로(민사조정법 제29조), 조정조서에도 '형성력'이 인정되는지 문제되는바(민법 제187조), 判例는 ㉠ 형성의 소는 법률에 명문의 규정이 있어야 제기할 수 있고 그 판결이 확정됨에 따라 효력이 생기므로, 이러한 형성판결의 효력을 개인 사이의 합의로 창설할 수는 없어 **형성소송의 판결과 같은 내용으로 재판상 화해를 하더라도 판결을 받은 것과 같은 효력은 생기지 않는다**(2022그534)고 하거나, ㉡ 공유부동산을 '현물분할'하는 내용의 조정이 성립하였다고 하더라도, 그와 같은 사정만으로 재판에 의한 공유물분할의 경우와 마찬가지로 그 즉시 공유관계가 소멸하고 각 공유자에게 그 협의에 따른 새로운 법률관계가 창설되는 것은 아니라고 판시하였다(전합2011두1917)**(12·13회 선택형)**. 따라서 이 경우에는 민법 제186조에 따라 공유지분이전등기가 필요하다.

## 4. 창설적 효력

"재판상 화해는 확정판결과 동일한 효력이 있고 창설적 효력을 가지는 것이어서 화해가 이루어지면 종전의 법률관계를 바탕으로 한 권리·의무관계는 소멸하나, **재판상 화해 등의 창설적 효력이 미치는 범위는 당사자가 서로 양보를 하여 확정하기로 합의한 사항에 한하며, 당사자가 다툰 사실이 없었던 사항은 물론 화해의 전제로서 서로 양해하고 있는 데 지나지 않은 사항에 관하여는 그러한 효력이 생기지 아니한다**"(2012다98225 ; 2019다299058). 이러한 법리는 소정의 기간 내에 이의신청이 없으면 재판상 화해와 같은 효력을 가지는 화해권고결정 및 제소전 화해의 경우에도 마찬가지이다(77다235 ; 2005다42880). 또한 判例는 물권적 청구권을 소송물로 한 사건에서 화해권고결정

---

62) **[학설]** 무제한 기판력설에 따르면 화해의 내용이 부적법한 경우에도 재심에 의해서만 효력을 부인할 수 있으므로 불법적 내용의 화해에 대처하기 어려울 것이고, 화해는 당사자의 합의에 의한 자주적 분쟁해결 결과인데도 법원의 공권적 판단에 인정되는 기판력을 전면적으로 인정하는 것은 불합리하다는 점에 비추어 '제한적 기판력설'이 있다(다수설).
검토하건대 법정안정성 및 제220조, 제461조 규정의 취지에 비추어 '무제한 기판력설'이 타당하다. 이는 판결의 기판력이 '실체법상의 흠'의 유무를 묻지 않고 그 판결에 반하는 주장과 판단을 허용하지 않는 것임에 고려하더라도 그러하다

이 내려졌다고 하여 그 창설적 효력에 의해 소송물의 성질이 채권적 청구권으로 바뀌는 것도 아니라고 하였다(2010다2558).

## V. 효력을 다투는 방법

### 1. 준재심의 소(당연무효 이외의 사유로 다투는 경우)

무제한 기판력설을 따르는 判例에 의하면 재심사유에 해당될 흠이 있는 경우에 한하여 준재심의 소(제461조)로 다투는 방법 이외에는 그 무효를 주장할 수 없다(98다38760).

### 2. 기일지정신청과 화해무효확인의 소(당연무효의 사유로 다투는 경우)

제한적 기판력설에 따르면 기일지정신청이나 화해무효확인의 소로 무효를 주장할 수 있다. 그러나 判例의 입장인 무제한 기판력설에 의하면 그러하지 아니하다(예외 : 99다67703).

### 3. 판결의 경정

화해조서에 잘못된 계산이나 기재, 그 밖에 이와 비슷한 잘못이 있음이 분명한 때에 법원은 직권으로 또는 당사자의 신청에 따라 경정결정을 할 수 있다(제211조).

### 4. 의무불이행을 이유로 하는 화해의 해제(소극)[63]

대법원은 재판상 화해를 하여 조서에 기재한 후 화해 내용에 따라 원고가 일정 금액을 지불해야 되는데 이를 행사하지 않자 피고가 화해를 해제하고 화해가 실효되었다는 이유로 기일신청을 한 사건에서 "재판상 화해를 한 당사자는 재심의 소에 의하지 않고서는 화해를 사법상 화해계약임을 전제로 화해 해제를 주장하는 것과 같은 화해조서의 취지에 반하는 주장을 할 수 없다"(61다914)고 하였다. [8회 사례형]

🐾 [비교판례] ✱ 제소전화해 이후에 발생한 사실을 주장하여 화해에 반하는 청구를 할 수 있는지 여부(적극)

"부동산에 관한 소유권이전등기가 제소전화해조서의 집행으로 이루어진 것이라면 제소전화해가 이루어지기 전에 제출할 수 있었던 사유에 기한 주장이나 항변은 그 기판력에 의하여 차단되므로 그와 같은 사유를 원인으로 제소전화해의 내용에 반하는 주장을 하는 것은 허용되지 않는다 할 것이나, 제소전화해가 이루어진 이후에 새로 발생한 사실을 주장하여 제소전화해에 반하는 청구를 하여도 이는 제소전화해의 기판력에 저촉되는 것은 아니라고 할 것이다"(94다17680).[64]

---

63) **[학설]** ① 무제한 기판력설은 소송상 화해는 소송행위이므로 해제 등 민법 규정이 적용되지 않아 해제가 허용되지 않는다고 본다. ② 제한적 기판력설은 화해에 실체법상 하자가 없는 경우에만 제220조에 의한 기판력이 생기므로, 화해에 실체법상 해제 사유가 있는 경우 해제가 허용된다고 한다.

64) 이는 제소전화해의 해제가 아니라 화해로 생긴 법률관계를 채무불이행을 이유로 해제하는 것이라는 점에서, 화해조서의 의무불이행을 이유로 소송상화해 자체의 해제를 주장한 위 61다914판례와 구분해야 한다.

## VI. 화해권고결정

### 1. 의 의

법원·수명법관 또는 수탁판사는 소송에 계속 중인 사건에 대하여 **직권으로**(당사자 신청이 아님) 당사자의 이익, 그 밖의 모든 사정을 참작하여 청구의 취지에 어긋나지 아니하는 범위 안에서 사건의 공평한 해결을 위한 화해권고'**결정**'을 할 수 있는 것이므로(제225조 1항)**(9회 선택형)**, 청구권의 발생 자체는 명백하지만 신의칙에 의하여 이를 배척하는 경우에 판결에 앞서 화해적 해결을 시도하지 않았다고 하여 위법이라고 할 수 없다(2008다78279)**(13회 선택형)**.

### 2. 요 건

소송 중이면 법원은 소송의 정도와 관계없이 화해를 권고하거나, 수명법관 또는 수탁판사로 하여금 권고하게 할 수 있다(제145조 1항 : 화해권고, 임의조정, 민사조정법상 조정, 강제력 없음). 그러나 화해권고가 화해권고결정의 요건은 아니다. 법원·수명법관 또는 수탁판사는 소송에 계속 중인 사건에 대하여 직권으로 모든 사정을 참작하여 청구의 취지에 어긋나지 아니하는 범위 안에서 화해권고결정을 할 수 있다(제225조 1항 : 화해권고결정, 강제조정, 민사소송법상 조정, 강제력 있음).

### 3. 효 과

**(1) 이의신청을 한 경우**

당사자는 화해권고결정에 대하여 그 결정서의 정본을 송달받은 날부터 2주 이내에 이의를 신청할 수 있다. 다만, 그 정본이 송달되기 전에도 이의를 신청할 수 있다. 이 기간은 불변기간으로 한다(제226조)**(3회 선택형)**.

**(2) 이의신청을 하지 않은 경우**

① **[권고결정 확정 후 기판력 승계인]** 화해권고결정의 기판력은 그 '확정시'(사실심 변론종결시가 아님)를 기준으로 하여 발생한다고 해석함이 상당하다(2010다2558)**(2·9회 선택형)**. 또한, 소유권에 기한 물권적 방해배제청구로서 소유권등기의 말소를 구하는 소송이나 진정명의 회복을 원인으로 한 소유권이전등기절차의 이행을 구하는 소송 중에 그 소송물에 대하여 화해권고결정이 확정되면 상대방은 여전히 물권적인 방해배제의무를 지는 것이고, 화해권고결정에 창설적 효력이 있다고 하여 그 청구권의 법적 성질이 채권적 청구권으로 바뀌지 아니한다(同 判例)**(2회 선택형)**.

② **[권고결정 확정 후 후소 제기]** 소송에서 다투어지고 있는 권리 또는 법률관계의 존부에 관하여 동일한 당사자 사이의 전소에서 확정된 화해권고결정이 있는 경우 당사자는 이에 반하는 주장을 할 수 없고 법원도 이에 저촉되는 판단을 할 수 없다(2012다29557)**(13회 선택형) [5회 기록형]**

# 제2관 제소전 화해

## Ⅰ. 의 의

'제소전 화해'라 함은 일반 민사분쟁이 소송으로 발전하는 것을 방지하기 위하여 소제기 전에 **지방법원 단독판사** 앞에서 화해를 성립시키는 절차를 말한다(제385조).

## Ⅱ. 제소전 화해의 법적 성질

判例는 소송행위설 및 무제한 기판력설을 취한다**(2회 선택형)**, 다만 실효조건부 화해를 인정하기도 하고(64다1514), 화해에 창설적 효력을 인정하는 등(99다17319) 양성설을 취한 것도 있다(판례의 기본적 태도가 양성설인 것은 아니다).

## Ⅲ. 효 력

判例는 무제한 기판력설에 따라 실체법적 하자가 있더라도 재심사유가 있는 경우에 한하여 준재심의 소로 취소하여야 한다고 보면서도(92다19033), 조건부 화해와 창설적 효력을 인정한다.

🔖 **[관련판례]** "제소전 화해조서는 확정판결과 같은 효력이 있어 당사자 사이에 기판력이 생기는 것이므로, 원고가 피고에게 이 사건 각 토지에 관하여 신탁해지를 원인으로 한 소유권이전등기절차를 이행하기로 한 이 사건 제소전 화해가 준재심에 의하여 취소되지 않은 이상, 그 제소전 화해에 기하여 마쳐진 소유권이전등기가 원인무효라고 주장하며 말소등기절차의 이행을 청구하는 것은 제소전 화해에 의하여 확정된 소유권이전등기청구권을 부인하는 것이어서 그 **기판력에 저촉된다**"(2002다44014)**(2·13회 선택형)**.

## Ⅳ. 제소전 화해의 효력을 다투는 방법

判例는 준재심의 소로 다투어야 한다고 본다(92다19033). 양성설에 의하면 제소 전이므로 기일지정신청은 할 수 없고 화해무효확인의 소로 다투어야 한다.

| | 일부판결이 허용되는 경우<br>(판결의 모순·저촉이 없는 경우) | 일부판결이 허용되지 않는 경우<br>(판결의 모순·저촉의 우려가 있는 경우) |
|---|---|---|
| 구체적 예 | ① 단순병합<br>② 통상공동소송<br>③ 가분적 금전청구 | ① 선택적·예비적 병합<br>② 필수적·예비적·선택적 공동소송<br>③ 독립당사자참가 |
| 일부에<br>대해서만<br>판결을 한 경우 | ① 알면서 일부러 일부판결을 한 경우<br>  ☞ 나머지 청구에 대해 잔부판결<br>② 모르고 일부판결을 한 경우<br>  ☞ 나머지 청구에 대해 추가판결<br>(잔부판결은 재판누락으로서 추가판결<br>가능. 제212조) | ① 일부판결이 허용되지 않으므로 재판<br>누락이 아님<br>② 판단누락에 준해 상소·재심으로 구제(판<br>단누락설) |

## I. 일부판결

① **[일부판결의 허용범위(판결의 모순·저촉이 상관없는 경우)]** 일부판결(제200조 1항)은 소송심리의 정리·집중화, 당사자의 권리구제의 신속에 이바지 하는 장점이 있으나 소송불경제와 재판의 모순을 초래할 우려가 있다. 따라서 ㉠ 가분적 금전청구, 단순병합, 통상공동소송의 경우에는 일부판결이 허용되나, ㉡ 독립상소에 의하여 소송불경제와 재판의 모순이 나타날 수 있는 경우에는 일부판결이 허용되지 아니하는 바, 선택적 병합, 예비적 병합, 필수적 공동소송, 예비적·선택적 공동소송, 독립당사자참가의 경우가 이에 해당한다.

② **[일부판결이 허용되는 경우의 소송상 취급(의도적 잔부판결, 비의도적 재판누락·추가판결)]** 청구의 일부에 대하여 의도적으로 일부판결을 한 경우에 나머지 청구에 대하여는 **잔부판결로서** 완결하여야 하지만, 법원이 청구의 전부에 대하여 재판할 의사로 재판을 하였지만 객관적으로는 청구의 일부에 대하여 재판을 누락하였을 때(제212조), 즉 모르고 일부판결을 하였을 때에 그 나머지 부분은 **추가판결로서** 완결하여야 한다. 판결이 누락된 부분은 "그 법원에 계속 중이라고 보아야 할 것이어서 적법한 **상소의 대상이 아니다"**(94다50274)

🎐 **[관련판례]** "원고가 실제로 감축한다고 진술한 것보다 더 많은 부분을 감축한 것으로 보아 판결을 선고한 경우, 원고가 감축한 금액을 제외한 나머지 부분에 관한 청구에 관하여는 아무런 판결을 하지 아니한 셈이고, 이는 결국 재판의 탈루에 해당하여 이 부분 청구는 여전히 원심에 계속중이라 할 것이므로, 원고로서는 원심법원에 그 부분에 관한 추가판결을 신청할 수 있음은 별론으로 하고, 그 부분에 관한 아무런 판결도 없는 상태에서 제기한 상고는 상고의 대상이 없어 부적법하다"(97다22843)**(11회 선택형)**.

③ [**일부판결이 허용되지 않는 경우의 소송상 취급**(판단누락에 준하여 상소·재심 가능)] 일부판결을 할 수 없는 경우임에도 일부판결을 한 경우에는 이는 위법한 판결인 바, 이때 그 형식은 일부판결이라도 전부판결로 취급하며 판결하지 않은 부분은 판단누락에 준하여 취급되므로 상소의 대상적격이 있다. 이러한 일부판결에 대해서는 확정 전에는 상소로서 구제받을 수 있으며, 상소에 의하여 사건 전체가 상소심에 이심되며, 상소심은 그 위법을 이유로 원심판결 전체를 취소하여야 한다.

🐾 [비교쟁점] ✽ **재판누락**(주문에서 판단누락)과 **판단누락**(판결이유에서의 판단누락)

재판누락은 법원이 청구의 전부에 대해 재판할 의사였지만 과실로 청구의 일부에 대한 재판을 빠뜨린 경우로서 원심에서 **추가판결**(제212조)로 구제할 뿐 상소의 대상이 되지 않는다. 반면, 판단누락은 판결의 이유 중에 판단의 대상인 공격방어방법에 대한 판단을 빠뜨린 경우로서 하자가 있는 하나의 **전부판결**이므로 판결 전부가 **상소나 재심**으로 구제받는다(제451조 1항 9호).

재판누락인지 여부는 판결주문의 기재에 의해 판단한다. 따라서 판결이유 속에 판단이 있어도 판결주문에 아무 표시가 없다면 재판누락에 해당하나(2017다237339)(**11회 선택형**), 판결이유에 아무 표시가 없어도 판결주문에 기재가 있다면 재판누락에 해당하지 않는다(2003다13604)(**7회 선택형**).

한편, 판단누락의 위법이 있는지 여부를 판단함에 있어 判例는 "당사자가 주장한 사항에 대한 구체적·직접적인 판단이 판결 이유에 표시되어 있지 아니하더라도 판결 이유의 전반적인 취지에 비추어 그 주장을 인용하거나 배척하였음을 알 수 있는 정도라면 판단누락이라고 할 수 없고, 설령 실제로 판단을 하지 아니하였더라도 판결 결과에 영향이 없다면 판단누락의 위법이 있다고 할 수 없다"(2015다231894 ; 2017다9657 ; 2020다292411)고 한다.

## Ⅲ. 재판의 누락과 추가판결여부

① [**일부판결이 허용되는 경우 : 추가판결**] 재판의 누락이 있는 부분은 계속하여 그 법원에 계속되어 있으므로, 법원은 직권 또는 당사자의 신청에 따라 추가판결을 하여야 하는데, 이 경우 당사자가 신소를 제기하여 시정을 구할 수는 없다. 재판의 누락이 있어 추가판결이 이루어진 경우 추가판결과 전의 판결은 각각 별개의 판결로서 상소기간도 개별적으로 진행한다.

② [**일부판결이 허용되지 않는 경우 : 판단누락에 준함**] 재판의 누락이 있는 경우에는 잔부판결과 같은 성질을 가지는 추가판결을 할 수 없으므로, 이러한 판결은 판단누락이 있는 경우에 준하여 상소 또는 재심으로 취소를 구하여야 한다(80다577). 이 경우 판단하지 아니한 청구는 기판력이 생기지 않는데, 일부판결의 위법을 상소로 다툴 수 있음에도 다투지 아니하고 다시 소를 제기하는 것은 소의 이익의 흠결로 부적법하다(95다17145).

## Ⅰ. 기판력 일반

### 1. 의 의

기판력은 확정된 종국판결에 있어 당사자가 되풀이하여 다투는 소송이 허용되지 아니하며 법원도 그와 모순·저촉되는 판단을 해서는 안 되는 구속력을 의미한다. 기판력의 정당성은 **법적 안정성**에 있다.

### 2. 요 건

기판력이 발생하기 위해서는 ⅰ) 유효하고 ⅱ) 확정된 ⅲ) 종국판결이어야 한다. 당사자 사망의 경우처럼 이당사자대립구조가 무너진 경우, 재판권이 없는 경우, 당사자 적격이 없는 경우 등 하자가 중대한 경우 그 판결은 당연무효이고, 무효인 판결에는 기판력이 발생하지 않는다. (이, 재, 적)

### 3. 효 과

① **[기판력 있는 재판]** ㉠ 본안판결이라면 청구인용판결이든 청구기각판결이든 모두 기판력이 발생한다. ㉡ 소송판결도 소송요건의 흠결로 소가 부적법하다는 판단에 한하여 기판력이 발생한다. 어떠한 소송요건이 흠으로 판단된 것인가는 판결이유를 참작할 것이며, 이에 의하여 정해지는 소송요건의 흠에 대한 판단에만 기판력이 생긴다. 따라서 판단된 당해 소송요건의 흠을 보정(변론 종결 뒤의 사유)한 후 다시 소를 제기하는 것은 소송판결의 기판력에 반하지 않는다(2002다70181)**(4·13회 선택형)**. **[3회 기록형]**

② **[관련판례]**

㉠ "기판력 있는 전소판결과 저촉되는 후소판결이 그대로 확정된 경우에도 전소판결의 기판력이 실효되는 것이 아니고 재심의 소에 의하여 후소판결이 취소될 때까지 전소판결과 후소판결은 저촉되는 상태 그대로 기판력을 갖는 것이고 또한 후소판결의 기판력이 전소판결의 기판력을 복멸시킬 수 있는 것도 아니어서, 기판력 있는 전소판결의 변론종결 후에 이와 저촉되는 후소판결이 확정되었다는 사정은 변론종결 후에 발생한 새로운 사유에 해당되지 않으므로, 그와 같은 사유를 들어 전소판결의 기판력이 미치는 자 사이에서 전소판결의 기판력이 미치지 않게 되었다고 할 수 없다"(96다32706)**(11회 선택형)**.

㉡ "대여금 중 일부를 변제받고도 이를 속이고 대여금 전액에 대하여 소송을 제기하여 승소 확정판결을 받은 후 강제집행에 의하여 위 금원을 수령한 채권자에 대하여, 채무자가 그 일부 변제금 상당액은 법률상 원인 없는 이득으로서 반환되어야 한다고 주장하면서 부당이득반환 청구를 하는 경우, 그 변제주장은 대여금반환청구 소송의 확정판결 전의 사유로서 그 판결이 재심의 소 등으로 취소되지 아니하는 한 그 판결의 기판력에 저촉되어 이를 주장할 수 없으므로, 그 확정판결의 강제집행으로 교부받은 금원을 **법률상 원인 없는 이득**이라고 할 수 없다"(94다41430)**(13회 선택형)**

㉢ "선행 경매절차에서 피고의 유치권이 존재하지 않는다는 **전소 유치권부존재확인 판결** 확정 이후 피고가 스스로 선행 경매절차를 취하하고 근저당권자가 신청한 후행 경매절차에서 유치권이 있다고 주장하는 것은 전소 유치권부존재확인 판결의 기판력에 반하지 않고, 비록 이와 같은 피고의

유치권 행사가 부동산담보거래에 부담을 주는 것이기는 하지만, 이를 유치권제도 남용으로서 신의성실의 원칙에 반하는 정도에 이르렀다고 평가할 수는 없다"(2019다271685)

## Ⅱ. 기판력의 본질 [09·12사법]

① **[학 설]** ㉠ 모순금지설은 기판력은 확정판결과 모순된 판단을 불허하는 효력이라 본다. 따라서 승소한 자가 동일한 후소를 제기한 경우에는 권리보호이익의 흠결로 후소를 각하해야 하고, 패소한 자가 동일한 후소를 제기한 때에는 전 소송과 모순되는 판단을 해서는 안 되는 구속력 때문에 기각해야 한다고 한다. ㉡ 반복금지설은 기판력은 분쟁해결의 일회성을 위해 후소법원에 대해 다시 변론이나 재판하는 것 자체를 금지하는 효력이라 본다. 전소 판결의 승패를 불문하고 동일한 후소를 제기한 경우 기판력에 저촉됨을 이유로 후소를 각하해야 한다고 하여, 기판력 자체를 독자적인 소극적 소송요건으로 이해한다. 그런데 소송요건은 직권조사사항이므로 (70다44), 이 견해에 따르면 기판력에 저촉되는지 여부는 당사자의 주장 없이도 법원이 직권으로 조사해야 한다.

② **[판 례(모순금지설)]** 判例는 승소한 자가 동일한 후소를 제기한 경우에는 **권리보호이익의 흠결로 후소를 각하해야** 하고(2009다64215), **패소한 자가** 동일한 후소를 제기한 때에는 전 소송과 모순되는 판단을 해서는 안되는 구속력 때문에 기각해야 한다(87다카2478)고 하여 **모순금지설**의 입장이다. 判例의 입장에 따르면 원고가 승소한 경우 기판력의 존부는 소송요건에 해당하나, 패소한 경우에는 기판력의 존부는 소송요건에는 해당하지 않는다. 다만 후자의 경우에도 判例는 확정판결의 기판력의 존부를 직권조사사항으로 본다(89다카23329).[65]

---

65) **[검토]** 생각건대, 반복금지설은 선결 또는 모순관계와 같이 소송물이 다른 경우에 이를 '반복'이라고 할 수 없음에도 불구하고 기판력이 작용하는 근거를 설명하기 어려우므로 '모순금지설'이 타당하다.

## Ⅰ. 표준시의 결정

확정판결은 사실심의 변론종결시(표준시)의 권리관계의 존부에 기판력이 생긴다.

## Ⅱ. 표준시 전에 존재한 사유

### 1. 표준시 이전의 권리관계 [9회 사례형]

표준시 이전의 권리관계에 대하여는 법원이 판단하지 않아 기판력이 발생하지 않는다. 判例는 "원고의 청구중 확정판결의 사실심 변론종결시 후의 지연이자 청구부분은 그 선결문제로서 확정판결에 저촉되는 금원에 대한 피고의 지급의무의 존재를 주장하게 되어 논리상 확정판결의 기판력의 효과를 받게 되는 것이라고 할 것이나 그 외의 부분(변론종결당시까지의 분)의 청구는 확정판결의 기판력의 효과를 받지 않는다"(76다1488).

### 2. 표준시 이전의 사실자료 – 실권효·차단효·배제효

#### (1) 실권효의 발생범위 - 공격방어방법

표준시 전에 당사자가 제출할 수 있었던 공격방어방법은 기판력의 실권효(차단효, 배제효)에 의해서 차단되어 후소에서 이를 주장할 수 없다. 소송자료를 제출하지 못한 데 과실유무는 불문한다(80다473 ; 2020다231928). 매매를 이유로 소유권확인의 소를 제기하여 패소확정판결을 받았다면 후소로 소유권확인의 소를 제기하면서 전소 변론종결 전에 주장할 수 있었던 취득시효 사유를 다시 주장할 수 없다(84다카2132)(6회 선택형). 공격방어방법에 한정되고 소송물은 실권되지 않는다.

#### (2) 변론종결 전의 한정승인 사실

① [상속채무 이행의 소에서 채무자(상속인)가 한정승인 사실을 주장한 경우] 채권자가 제기한 상속채무 이행의 소에서 채무자가 한정승인의 주장을 한 경우, 법원은 상속재산이 없거나 그 상속재산이 상속채무의 변제에 부족하더라도 상속채무 전부에 대한 이행판결을 선고하여야 하고, 다만, 집행력을 제한하기 위하여 이행판결의 주문에 상속재산의 한도에서만 집행할 수 있다는 취지를 명시하여야 한다(2003다30968)(2회,6회 선택형). 위와 같이 집행권원인 확정판결에 한정승인의 취지가 반영되었음에도 불구하고, 그 집행권원에 기초하여 채무자의 '고유재산에 대하여 집행'이 행하여질 경우, 채무자는 그 집행에 대하여 제3자이의의 소를 제기할 수 있을 뿐(채권압류 및 전부명령의 경우는 그 자체에 대한 즉시항고), 상속인의 고유재산에 관하여는 이러한 판결의 기판력·집행력이 미치지 않기 때문에 한정승인을 이유로 청구이의의 소를 제기할 수는 없다(2005그128).

② [상속채무 이행의 소에서 채무자(상속인)가 한정승인 사실을 주장하지 않은 경우] 判例는 "채무자가 한정승인 사실을 주장하지 않으면 책임의 범위는 현실적인 심판대상으로 등장하지 아니하여 주문에서는 물론 이유에서도 판단되지 않으므로 그에 관하여 기판력이 미치지 않는다. 그러므로 채무자가 한정승인을 하고도 채권자가 제기한 소송의 사실심 변론종결시까지 그 사실을 주장하지 아니하여 책임의 범위에 관한 유보가 없는 판결이 선고되어 확정되었다고 하더라도, 채무자는 그 후 위 한정승인 사실을 내세워 청구에 관한 이의의 소를 제기할 수 있다"(2006다23138)고 한다(2·4·10회 선택형).

(3) 변론종결 전의 상속포기 사실

① **[상속채무 이행의 소에서 채무자(상속인)가 상속포기 사실을 주장한 경우]** 상속의 포기는 상속이 개시된 때에 소급하여 그 효력이 있으므로, 상속포기를 한 채무자는 상속채무를 승계하지 않는다. 따라서 채권자가 채무자를 상대로 제기한 상속채무 이행의 소에서 채무자가 상속포기의 주장을 한 경우, 법원은 채권자의 청구를 기각하여야 한다.

② **[상속채무 이행의 소에서 채무자(상속인)가 상속포기 사실을 주장하지 않은 경우]** 채권자가 채무자를 상대로 제기한 상속채무 이행의 소에서 채무자가 상속포기의 주장을 하지 않은 경우에도 한정승인에서와 같이 채무자가 위 상속포기의 사실을 적법한 청구이의사유로서 주장할 수 있는 지가 문제된다. 이에 대해 判例는 "한정승인 사안에서 판시한 기판력에 의한 실권효 제한의 법리는 채무의 상속에 따른 책임의 제한 여부만이 문제되는 한정승인과 달리 상속에 의한 채무의 존재 자체가 문제되어 그에 관한 확정판결의 주문에 당연히 기판력이 미치게 되는 상속포기의 경우에는 적용될 수 없다"(2008다79876)(2회 선택형)고 판시하였는데, 이에 따르면 채무자는 위 상속포기의 사실을 내세워 청구이의의 소를 제기할 수 없다.

| 상속채무 이행의 소에서 상속인의 주장 | 법원의 판결 | 확정판결(집행권원)의 집행력의 범위 | 상속인 고유재산에 대해 집행하는 경우 |
|---|---|---|---|
| 상속인의 한정승인 주장 ○ | 책임범위를 유보한 청구인용판결 | 상속재산에 한정 | 청구이의의 소 × (제3자이의의 소 ○) |
| 상속인의 한정승인 주장 × | 책임범위의 유보 없는 청구인용판결 | 상속재산 및 상속인의 고유재산 | 청구이의의 소 ○ |
| 상속인의 상속포기 주장 ○ | 청구기각판결 | – | – |
| 상속인의 상속포기 주장 × | 책임범위의 유보 없는 청구인용판결 | 상속재산 및 상속인의 고유재산 | 청구이의의 소 × |

## Ⅲ. 표준시 이후에 발생한 사유

### 1. 의 의

확정판결의 기판력은 사실심 변론종결시 이후의 권리관계를 확정하는 것은 아니다. 다만 표준시 이후의 권리관계의 선결관계가 된다. 표준시 이후에 발생한 사유에는 실권효가 미치지 않으므로 그 새로운 사정에 기하여 후소를 제기할 수 있다. 변론종결 이후의 변제, 조건성취, 소멸시효 완성 등이 여기에 해당한다. **[6회 기록형]** 그러나 법률이나 判例의 변경 등 법률평가는 이에 해당되지 않는다(2016다222149).

## 2. 기판력에 저촉되지 않는 사례

### (1) 패소한 원고의 동일한 소제기

① **[변론 종결 후 변제를 조건]** "전소에서 피담보채무의 변제로 양도담보권이 소멸하였음을 원인으로 한 소유권이전등기의 회복 청구가 기각되었다고 하더라도, 장래 잔존 피담보채무의 변제를 조건으로 소유권이전등기의 회복을 청구하는 것은 전소의 확정판결의 기판력에 저촉되지 아니한다"(2013다64793)**(9회 선택형)**

② **[변론 종결 후 조건성취]** "전소에서 정지조건 미성취를 이유로 청구가 기각되었다 하더라도 변론종결 후에 그 조건이 성취되었다면, 이는 변론종결 후의 취소권(해제권)과 같은 형성권 행사의 경우와는 달리 동일한 청구에 대하여 다시 소를 제기할 수 있다"(2000다50909)

③ **[변론 종결 후 재산분할협의]** ㉠ "전소에서 원고가 단독상속인이라고 주장하여 소유권확인을 구하였으나 공동상속인에 해당한다는 이유로 상속분에 해당하는 부분에 대해서만 원고의 청구를 인용하고 나머지 청구를 기각하는 판결이 선고되어 확정되었다면, 전소의 기판력은 전소 변론종결 후에 상속재산분할협의에 의해 원고가 소유권을 취득한 나머지 상속분에 관한 소유권확인을 구하는 후소에는 미치지 않는다"(2011다24340). ㉡ **사실심 변론종결 후에 상속재산분할협의가 이루어지거나 상속재산분할심판이 확정되었다면**, 비록 상속재산분할의 효력이 상속이 개시된 때로 소급한다(민법 제1015조 본문) 하더라도 상속재산분할협의나 상속재산분할심판에 의한 소유권의 취득은 **변론종결 후에 발생한 사유에 해당한다**(2017다249295).[66]

### (2) 패소한 피고의 청구이의의 소제기

전소에서 패소한 채무자는 '변론이 종결된 뒤(변론 없이 한 판결의 경우에는 판결이 선고된 뒤)에 생긴 사유'를 근거로 전소 판결에 따라 확정된 청구에 관하여 이의의 소를 제기할 수 있다(민사집행법 제44조).

### (3) (현저한) 사정변경이 있는 경우

"토지의 소유자가 법률상 원인 없이 토지를 점유하고 있는 자를 상대로 장래의 이행을 청구하는 소로서, 그 점유자가 토지를 인도할 때까지 토지를 사용 수익함으로 인하여 얻을 토지의 임료에 상당하는 부당이득금의 반환을 청구하여, 그 청구의 전부나 일부를 인용하는 판결이 확정된 경우에, 그 소송의 사실심 변론종결 후에 토지의 가격이 현저하게 앙등하고 조세 등의 공적인 부담이 증대되었을 뿐더러 그 인근 토지의 임료와 비교하더라도 그 소송의 판결에서 인용된 임료액이 상당하지 아니하게 되는 등 경제적 사정의 변경으로 당사자간의 형평을 심하게 해할 특별한 사정이 생긴 때에는, 토지의 소유자는 점유자를 상대로 새로 소를 제기하여 전소 판결에서 인용된 임료액과 적정한 임료액의 차액에 상당하는 부당이득금의 반환을 청구할 수 있다"(전합92다46226).[67]

---

66) 부동산 공유자인 甲 주식회사가 다른 공유자인 乙 등을 상대로 제기한 공유물분할청구의 소의 원심판결 선고 이후 '위 부동산 중 丙의 지분을 乙의 단독 소유로 분할한다'는 내용의 상속재산분할심판이 확정된 경우, 이는 변론종결 후에 발생한 사유에 해당하므로, 乙은 변론종결 후 승계인으로서 원심판결문에 승계집행문을 부여받아 집행할 수 있다.

67) 判例의 다수의견은, 일부청구임을 명시하지는 아니하였지만 명시한 경우와 마찬가지로 일부청구이었던 것으로 보아, 전소 판결의 기판력이 그 일부청구에서 제외된 위 차액에 상당하는 부당이득의 청구에는 미치지 않는 것이라고 해석하였다.

## Ⅳ. 변경의 소(장래이행판결의 구제책) [07사법]

### 1. 의 의

'정기금지급'을 명하는 판결이 '확정'된 뒤에 그 액수 산정의 기초가 된 사정이 '현저하게' 바뀐 경우 장차 지급할 정기금의 액수를 바꾸어 달라고 제기하는 소이다(제252조).

### 2. 정기금판결에 대한 변경의 소의 소송물

변경의 소는 전소판결에서 반영하지 못한 변경된 정기금 산정의 기초사실을 반영하기 위하여 전소판결을 변경하는 것이므로 전소와 소송물이 동일하다.

### 3. 변경의 소의 요건

(1) 소송요건 [관, 당, 판, 사, 전]

① [관할요건] 전소 확정판결이 상소심판결이더라도 변경의 소는 제1심 법원의 전속관할이다(제 252조 2항). 변경된 사정에 대한 심리의 편의를 위해서이다.

② [당사자 요건] 원칙적으로 전소의 판결의 당사자가 변경의 소의 당사자가 되겠지만, 승계로 제3 자에게 기판력이 미치는 경우는 그 제3자도 당사자가 될 수 있다(제218조 1항).

　🦶 ✱ **정기금판결에 대한 변경의 소의 요건 관련 판례 정리**

ⓐ 정기금판결에 대한 변경의 소는 정기금판결의 확정 뒤에 발생한 현저한 사정변경을 이유로 확정된 정기금판결의 기판력을 예외적으로 배제하는 것을 목적으로 하므로, 확정된 정기금판결의 당사자 또는 민사소송법 제218조 제1항에 의하여 확정판결의 기판력이 미치는 제3자만 정기금판결에 대한 변경의 소를 제기할 수 있다.

ⓑ 한편 토지의 소유자가 소유권에 기하여 토지의 무단 점유자를 상대로 차임 상당의 부당이득 반환을 구하는 소송을 제기하여 무단 점유자가 점유 토지의 인도 시까지 매월 일정 금액의 차임 상당 부당이득을 반환하라는 판결이 확정된 경우, 이러한 소송의 소송물은 채권적 청구권인 부당이득반환청구권이므로, 소송의 **변론종결 후에 토지의 소유권을 취득한 사람은** 민사소송법 제218조 제1항에 의하여 확정판결의 기판력이 미치는 **변론을 종결한 뒤의 승계인에 해당한다고 볼 수 없다.**

ⓒ 따라서 전 토지소유자가 제기한 부당이득반환청구소송의 **변론종결 후에 토지 소유권을 취득한 사람에 대해서는** 소송에서 내려진 정기금 지급을 명하는 확정판결의 기판력이 미치지 아니하므로, 토지의 새로운 소유자가 토지의 무단 점유자를 상대로 다시 부당이득반환청구의 소를 제기하지 아니하고, 토지의 전 소유자가 앞서 제기한 부당이득반환청구소송에서 내려진 정기금 판결에 대하여 변경의 소를 제기하는 것은 부적법하다(2014다31721).

③ [변경대상이 되는 판결] 정기금 지급을 명한 기판력 있는 확정판결에 한한다(2014다31721).

④ [현저한 사정변경을 주장할 것] 당사자는 전소의 변론종결 이후에 현저한 사정변경이 있음을 주장하여야 한다.

⑤ [집행이 끝나기 전일 것] 변경의 소는 정기금판결의 집행이 끝나기 전에 제기하여야 한다. 집행이 종료한 후에는 권리보호이익이 없기 때문이다.

### (2) 본안요건(변론종결 후의 현저한 사정변경) [후, 사]

① **[판결 확정 후(변론종결 이후)]** 판결 확정 뒤에 발생한 사정변경을 요건으로 하므로, 단순히 종전 확정판결의 결론이 위법·부당하다는 등의 사정을 이유로 본조에 따라 정기금의 액수를 바꾸어 달라고 하는 것은 허용될 수 없다(2015다243996). 이는 재심사유이다.

② **[현저한 사정변경]** 사정변경은 현저하여야 한다. '현저한 사정변경'이란 당사자 사이의 형평을 크게 침해할 특별한 사정을 의미한다.

### 4. 적용범위의 확대 : 후유증 또는 여명연장에 따른 손해

① **[후유증 또는 여명연장에 따른 손해가 전소와 별개의 소송물인지 여부]** 判例는 '후유증 발생으로 추가청구'하는 경우(80다1671)와 '여명연장으로 추가청구'하는 경우(2006다78640) 이는 별개의 소송물에 해당하여 전소의 기판력에 저촉되지 않는다는 입장이다.[68]

② **[변경의 소의 허용여부(소극)]** 변경의 소의 소송물은 전소의 소송물과 동일하므로 후유증에 의한 확대손해와 같이 소송물이 달라지는 경우는 변경의 소를 제기할 수는 없고 추가청구·별소제기로 해결해야 한다(다수설).

> 🔖 **[비교판례]** ✱ 피해자가 '기대여명보다 일찍 사망한 경우'와의 구별
>
> 불법행위로 인한 손해배상청구소송의 판결(일시금 판결)이 확정된 후 피해자가 그 판결에서 손해배상액 산정의 기초로 인정된 기대여명보다 일찍 사망하자 기지급된 손해배상금 일부를 부당이득으로 반환을 구한 사례에서 判例는 "판결이 재심의 소 등으로 취소되지 않는 한 그 판결에 기하여 지급받은 손해배상금 중 일부를 법률상 원인 없는 이득이라 하여 반환을 구하는 것은 그 판결의 기판력에 저촉되어 허용될 수 없다" (2009다56665)고 판시하였다. 기대여명과 관련된 사례이지만 전소에서 일시금 배상을 명하였으므로 정기금지급판결에 대한 변경의 소 제기 가부는 논점이 아니다. 기판력의 시적범위에 관한 일반론으로 해결해야 한다.

## V. 표준시 이후의 형성권 행사 [07·10사법]

### 1. 문제점

전소 변론종결 전에 발생한 형성권(취소권, 해제권, 상계권, 건물매수청구권)을 변론종결 이후에 행사하여 청구이의의 소나 채무부존재확인의 소로써 다툴 수 있는지 문제된다.

### 2. 판 례

① **[취소권, 해제권 등 형성권 일반의 경우(실권 긍정)]** 判例는 표준시 전에 행사할 수 있었던 취소권(4291민상830), 해제권(79다1105), 백지보충권(2008다59230)에 대하여는 표준시 후에 이를 행사하면 차단된다고 한다(**10회 선택형**). 즉 확정된 법률관계에 있어 동 확정판결의 변론종결 전에 이미 발생하였던 취소권(이하 또는 해제권)을 그 당시에 행사하지 않음으로 인하여 취소권자에게 불리하게 확정되었다 할지라도 확정 후 취소권을 뒤늦게 행사함으로써 동 확정의 효력을 부인할 수는 없게 된다(79다1105).

---

[68] **[판례검토]** 전소와 후소의 소송물은 가해행위, 과실, 인과관계는 공통으로 하고 있음에도 손해의 발생은 전혀 별개이기 때문에 후소의 소송물을 전소의 소송물과 동일하게 볼 수 없으므로 判例는 타당하다.

② **[상계권(실권 부정)]** 그러나 대법원은 상계권에 관하여는 "집행권원인 확정판결의 변론종결 전에 상대방에 대하여 상계적상에 있는 채권을 가지고 있었다 하여도 변론종결 이후에 비로소 상계의 의사표시를 한 때에는 그 청구이의의 원인이 변론종결 이후에 생긴 때에 해당하는 것으로서 당사자들이 그 변론종결 전에 상계적상에 있은 여부를 알았던 몰랐던 간에 적법한 이의의 사유(민사집행법 제44조 2항)가 된다"(1·10회 선택형)고 판시하여 **상계권비실권설의** 입장이다(98다25344).[69]

**[9회 사례형, 15변리]**

③ **[임대차에서의 건물매수청구권(실권 부정)]** 判例는 "토지의 임차인이 임대인에 대하여 건물매수청구권을 행사할 수 있음에도 불구하고 이를 행사하지 아니한 채, 토지의 임대인이 임차인에 대하여 제기한 토지인도 및 건물철거 청구소송에서 패소하여 그 패소판결이 확정되었다고 하더라도, 그 확정판결에 의하여 건물철거가 집행되지 아니한 이상, 토지의 임차인으로서는 건물매수청구권을 행사하여 별소로써 임대인에 대하여 건물 매매대금의 지급을 구할 수 있다고 할 것이고, 전소인 토지인도 및 건물철거 청구소송과 후소인 매매대금 청구소송은 서로 그 소송물을 달리하는 것이므로, 종전 소송의 확정판결의 기판력에 의하여 건물매수청구권의 행사가 차단된다고 할 수도 없다"(95다42195)(1·3·10회 선택형)고 하여 **건물매수청구권 비실권설의** 입장이다.[70]

④ **[백지보충권(실권 긍정)]** "약속어음의 소지인이 전소의 사실심 변론종결일까지 백지보충권을 행사하여 어음금의 지급을 청구할 수 있었음에도 위 변론종결일까지 백지 부분을 보충하지 않아 이를 이유로 패소판결을 받고 그 판결이 확정된 후에 백지보충권을 행사하여 어음이 완성된 것을 이유로 전소 피고를 상대로 다시 동일한 어음금을 청구(소송물 동일)하는 경우에는, 백지보충권 행사의 주장은 특별한 사정이 없는 한 전소판결의 기판력에 의하여 차단되어 허용되지 않는다"(2008다59230)(9회 선택형).

---

69) **[판례검토]** ⅰ) 상계의 항변을 실권시키면 상계의 항변을 강제하는 결과가 되어 부당하다는 점, ⅱ) 상계의 항변은 출혈적·예비적 방어방법이며, 소구채권의 하자문제가 아니므로 상계권 비실권설이 타당하다.

70) **[판례검토]** ⅰ) 건물매수청구권은 소구채권의 하자에 근거한 것이 아니고, ⅱ) 또 건물 자체의 효용을 되도록 유지하려고 하는 정책적 근거에서 인정한 것이므로 건물매수청구권 비실권설이 타당하다.

## I. 판결주문의 판단

### 1. 기판력의 일반적 범위(주문)

확정판결은 '주문'에 포함된 것에 한하여 기판력을 가진다(제216조 1항). 즉 당사자가 신청한 사항인 '소송물'에 관하여 법원이 판단한 범위 안에서 생기는 것이 원칙이다.

### (1) 소송물이 같은 경우(기판력 인정)

① **[소유권이전등기말소청구]** "동일 당사자 사이의 전·후 두 개의 소유권이전등기말소청구사건에 있어서의 양 소송물은 당해 등기의 말소청구권이고, 전소의 변론종결 전까지 주장할 수 있었던 무효사유는 다같이 청구원인인 등기원인이 무효임을 뒷받침하는 이른바 **독립된 공격방어방법에 불과**하여 서로 별개의 청구원인을 구성하는 것이 아니므로 기판력의 표준시인 전소의 변론종결 전에 발생한 사유로서 전소에서 주장하지 아니하여 패소한 경우라도 그 사유는 전소의 확정판결의 기판력에 의하여 후소에서 주장하여 확정판결의 내용을 다툴 수 없다"(82다카148)**(4회 선택형)** **[11사법]**

② **[부당이득반환청구]** 부당이득반환청구에서 법률상의 원인 없는 사유를 계약의 불성립, 취소, 무효, 해제 등으로 주장하는 것은 공격방어방법에 지나지 않으므로, 그 중 어느 사유를 주장하여 패소한 경우에 다른 사유를 주장하여 청구하는 것은 기판력에 저촉되어 허용할 수 없다(2020다231928)

### (2) 소송물이 다른 경우(기판력 부정)

① **[임차보증금≠임차보증금의 피담보채무(연체차임 등)]** "확정판결은 주문에 포함한 것에 한하여 기판력이 있는 것이므로, 확정판결의 기판력은 소송물로 주장된 법률관계의 존부에 관한 판단의 결론 자체에만 미치고 그 전제가 되는 법률관계의 존부에까지 미치는 것은 아니라고 할 것인바, 임대차보증금은 임대차 종료 후에 임차인이 임차목적물을 임대인에게 반환할 때 연체차임 등 모든 피담보채무를 공제한 잔액이 있을 것을 조건으로 하여 그 잔액에 대하여서만 임차인의 반환청구권이 발생하고, 또 임대차보증금의 지급을 명하는 판결이 확정되면 변론종결 전의 사유를 들어 당사자 사이에 수수된 임대차보증금의 수액 자체를 다투는 것은 허용되지 아니한다 하더라도, 임대차보증금 반환청구권 행사의 전제가 되는 연체차임 등 피담보채무의 부존재에 대하여 기판력이 작용하는 것은 아니다"(2000다61398)**(2회 선택형).**

② **[청구원인이 다른 경우]** "확정판결의 기판력은 소송물로 주장된 법률관계의 존부에 관한 판단 그 자체에만 미치는 것이고 전소와 후소가 그 소송물이 동일한 경우에 작용하는 것이므로, 부동산에 관한 소유권이전등기가 원인무효라는 이유로 그 등기의 말소를 명하는 판결이 확정되었다고 하더라도 그 확정판결의 기판력은 그 소송물이었던 말소등기청구권의 존부에만 미치는 것이므로, 그 소송에서 패소한 당사자도 전소에서 문제된 것과는 전혀 다른 청구원인에 기하여 상대방에 대하여 소유권이전등기청구를 할 수 있다"(93다43491) **[13회 기록형]**

🦔 **✱ 인도판결의 기판력이 그 물건에 대한 불법점유를 원인으로 한 손해배상청구소송에 미치는지 여부(소극)**

"물건 점유자를 상대로 한 물건의 인도판결이 확정되면 점유자는 인도판결 상대방에 대하여 소송에서 더 이상 물건에 대한 인도청구권의 존부를 다툴 수 없고 인도소송의 사실심 변론종결시까지 주장할 수 있었던 정당한 점유권원을 내세워 물건의 인도를 거절할 수 없다. 그러나 의무 이행을 명하는 판결의 효력이 실체적 법률관계에 영향을 미치는 것은 아니므로, 점유자가 그 인도판결의 효력으로 판결 상대방에게 물건을 인도해야 할 실체적 의무가 생긴다거나 정당한 점유권원이 소멸하여 그때부터 그 물건에 대한 점유가 위법하게 되는 것은 아니다. 나아가 물건을 점유하는 자를 상대로 하여 물건의 인도를 명하는 판결이 확정되더라도 그 판결의 효력은 이들 물건에 대한 인도청구권의 존부에만 미치고, 인도판결의 기판력이 이들 물건에 대한 불법점유를 원인으로 한 손해배상청구 소송에 미치지 않는다"(2014다46778).

## 2. 일부 청구 [1회 사례형, 17법행]

① **[기판력이 미치는 범위]** 判例는 일부청구와 기판력의 관계에서 일관하여 '명시적 일부청구설'을 취하고 있다. 즉 묵시적 일부청구의 경우에는 나머지 부분에도 기판력이 미치지만, 명시적 일부청구의 경우 나머지 부분에는 기판력이 미치지 않는다는 입장이다. 원고의 분할청구의 자유를 존중하는 측면(일부청구 긍정설)과 분쟁의 일회적 해결을 강조하는 측면(일부청구 부정설)을 조화하는 判例의 태도(명시적 일부청구설)가 타당하다.

② **[일부청구임을 명시하는 방법]** 判例는 "일부청구임을 명시하는 방법으로는 반드시 '전체 손해액을 특정'하여 그중 일부만을 청구하고 나머지 손해액에 대한 청구를 유보하는 취지임을 밝혀야 할 필요는 없고 일부청구하는 손해의 범위를 잔부청구와 구별하여 그 '심리의 범위를 특정'할 수 있는 정도의 표시를 하여 전체손해의 일부로서 우선 청구하고 있는 것임을 밝히는 것으로 족하다"(86다카536)고 하였다 **(6 · 12회 선택형)**.

또한, 判例는 "일부청구임을 명시하였는지를 판단함에 있어서는 소장, 준비서면 등의 기재뿐만 아니라 소송의 경과 등도 함께 살펴보아야 한다"(2013다96165 : 향후치료비는 명시적 일부청구인정, 위자료는 명시되지 않았다고 본 사례)**(12회 선택형)**고 판시하였다.[71] **[17법행]**

---

71) **[사실관계]** 甲 등이 乙 학교법인을 상대로 의료사고에 따른 손해배상을 구하는 조정신청을 하면서 적극적 손해 중 기왕치료비 금액을 특정하여 청구하고, 비뇨기과 향후치료비 등의 금액을 특정하여 청구하면서 '향후치료비는 향후 소송 시 신체감정 결과에 따라 확정하여 청구한다'는 취지를 밝히고, 위자료 금액을 특정하여 청구하였는데, 조정이 성립되지 않아 소송으로 이행되어 甲에 대한 신체감정 등이 이루어지지 않은 상태에서 자백간주에 의한 甲 등 전부승소판결이 선고되어 확정되었고, 그 후 甲 등이 선행 소송과 마찬가지로 乙 법인을 상대로 의료사고에 따른 손해배상을 구한 사안에서, 判例는 "위자료 청구 부분에 대하여는 甲 등이 선행 소송에서 일부청구임을 명시하였다고 볼 수 없으므로 선행 소송 확정판결의 기판력이 위자료 채권 전부에 미치지만, 甲이 선행 소송에서 적극적 손해의 개별 항목과 금액을 특정하면서 적극적 손해 중 다른 손해에 대하여는 신체감정 결과에 따라 청구할 것임을 밝힌 점 등을 종합하면, 선행 소송 중 적극적 손해에 대한 배상청구 부분은 일부 청구하는 채권의 범위를 잔부청구와 구별하여 심리의 범위를 특정할 수 있는 정도로 표시하고 전체 채권의 일부로서 우선 청구하고 있는 것임을 밝힌 경우로서 명시적 일부청구에 해당하므로 선행 소송 확정판결의 기판력이 이 부분 청구에는 미치지 않는다"고 한다.

## Ⅱ. 판결이유 중의 판단 : 전소의 선결적 법률관계가 후소의 소송물이 되는 경우

판결이유 중의 판단에는 기판력이 생기지 않는다(제216조 1항). 이는 주문에 포함되지 않고 당사자가 분쟁해결의 규준으로 삼고 있지 않기 때문이다. **[10회 사례형]**

① **[기판력(쟁점효)의 인정여부]** 분쟁의 재현과 판결의 모순 방지의 관점에서 판결 이유 중에 기판력 또는 쟁점효를 인정할지 여부에 관해 견해가 대립하나, 判例는 확정판결의 기판력은 소송물로 주장된 법률관계의 존부에 관한 판단의 결론에만 미치고 그 전제가 되는 법률관계의 존부에까지 미치는 것은 아니라고 하여 **이유 중 판단에 기판력(쟁점효)를 부정하고**(2002다11847 : 甲이 乙을 상대로 제기한 소유권에 기한 이전등기의 말소청구가 甲에게 소유권이 없다는 이유로 패소확정되더라도 甲은 乙을 상대로 다시 소유권확인의 소를 제기할 수 있다는 사례), "이미 확정된 관련 민사사건에서 인정된 사실은 특별한 사정이 없는 한 유력한 증거가 되므로, 합리적인 이유설시 없이 배척할 수 없다"(94다47292)고 하여 **증명력설의 입장이다(6회 선택형).**[72]

🪨 **[관련판례]** "농지개량조합이 원고가 되어 위 조합이 농지에 관한 적법한 양도담보권자라는 전제에서 농지인도청구등을 인용한 전소의 확정판결과 전소의 피고가 원고가 되어 위 조합이 이 사건 농지부분에 대하여 양도담보권자가 될 수 없다하여 소유권이전등기의 말소를 청구한 후소와는 그 소송물이 상이하므로 기판력에 저촉하지 아니한다"(전합78다58)

② **[증명력이 부정되는 경우]** 다만 "그러한 경우에도 당해 민사소송에서 제출된 다른 증거 내용에 비추어 확정된 관련 민사사건 판결의 사실인정을 그대로 채용하기 어려운 경우에는 합리적인 이유를 설시하여 이를 배척할 수 있다"(2016다46338,46345).

## Ⅲ. 항 변

### 1. 일반적인 항변의 경우

판결이유 중에 판단되는 법정지상권 항변, 동시이행의 항변 등에는 기판력이 생기지 않는다. 항변은 소송물이 아니기 때문이다.

다만 상환이행을 명하는 확정판결의 기판력은, 소송물에 대여금 또는 청산금 지급의 상환이 조건으로 붙어 있다는 점에는 미치고(따라서 후소에서 무조건 이행의무가 있다는 주장은 기판력에 반함), 상환이행을 명한 반대채권의 존부나 그 수액에는 미치지 않는다(96다19017)(**9회 선택형**).

### 2. 상계항변 [17사법]

### (1) 의 의

피고가 상계항변을 제출한 경우 비록 판결이유 중의 판단임에도 자동채권의 존부에 대하여 상계로써 대항한 액수의 한도 내에서 기판력이 발생하는바(제216조 2항),[73] 실질적으로 소송물(소구채권, 수동채권)이 판단된다는 점과 당사자의 이중의 이익취득과 법원의 이중의 심판을 방지하기 위

---

72) **[검토]** 판결이유 중의 판단에 구속력을 인정하면 제216조 1항에 반하고, 오판의 시정기회가 적어지므로 구속력을 부정하는 것이 타당하다. 이 경우 판결의 모순·저촉을 방지하는 방안으로 '판결의 보고문서성'을 전제로 후소 법원은 합리적인 이유 설시 없이 전소에서 판단한 '판결이유'를 배척할 수 없도록 하는 증명력설이 타당하다.

73) **[제216조 (기판력의 객관적 범위)]** ②항 상계를 주장한 청구가 성립되는지 아닌지의 판단은 상계하자고 대항한 액수에 한하여 기판력을 가진다(**8회 선택형**).

함이다(2016다46338,46345).

### (2) 기판력의 발생 요건

① **[자동채권(반대채권)이 판단되었어야 함]** 상계항변에 대해 기판력이 발생하기 위해서는 자동채권이 실질적으로 본안판단된 경우에만 기판력이 생긴다. 따라서 시기에 늦게 제출되어 각하된 경우나(제149조) 상계가 허용되지 않거나(민법 제496조, 제492조 1항 단서), 상계적상이 성립하지 않은 경우에 해당하여 배척된 경우(민법 제492조 1항 본문)는 제외된다. **[12회 사례형]**

> 🏅 **＊ 선행소송에서 제기한 상계 항변이 철회된 경우 기판력의 발생여부(소극)**
> "원고는 선행소송의 제1심에서 이 사건 공사에 관한 하자보수청구권 내지 하자보수에 갈음한 손해배상청구권에 기한 동시이행의 항변과 위 손해배상채권을 자동채권으로 하는 상계 항변을 하였다가 그 항소심에서 위 상계 항변을 철회하였다. 이에 선행소송의 항소심은 피고의 공사대금 청구를 일부 인용하는 판결을 선고하면서 그 판결 이유에서 원고의 위 동시이행의 항변을 배척하였을 뿐 철회된 상계 항변에 관해서는 판단하지 않았고 선행소송의 항소심판결은 그대로 확정되었다. 그렇다면 선행소송의 항소심판결은 원고의 상계 항변에 관하여 기판력을 가지지 않는다고 할 것이다"(2021다275741).

② **[수동채권이 소송물이었어야 함]** "상계 주장에 관한 판단에 기판력이 인정되는 경우는, 상계 주장의 대상이 된 수동채권이 소송물로서 심판되는 소구채권이거나 그와 실질적으로 동일하다고 보이는 경우(가령 원고가 상계를 주장하면서 청구이의의 소송을 제기하는 경우 등)로서 상계를 주장한 반대채권과 그 수동채권을 기판력의 관점에서 동일하게 취급하여야 할 필요성이 인정되는 경우를 말하므로 만일 상계 주장의 대상이 된 수동채권이 동시이행항변에 행사된 채권일 경우에는(수동채권이 소송물이 아니라 항변으로 행사된 경우) 그러한 상계 주장에 대한 판단에는 기판력이 발생하지 않는다고 보아야 할 것인바, 위와 같이 해석하지 않을 경우 동시이행항변이 상대방의 상계의 재항변에 의하여 배척된 경우에 그 동시이행항변에 행사된 채권을 나중에 소송상 행사할 수 없게 되어 민사소송법 제216조가 예정하고 있는 것과 달리 동시이행항변에 행사된 채권의 존부나 범위에 관한 판결 이유 중의 판단에 기판력이 미치는 결과에 이르기 때문이다"(2004다17207)(5·10회 선택형) **[9회 사례형]**

### (3) 기판력의 내용 및 범위

기판력은 상계로써 대항한 액수에 한하여 생긴다.

① **[상계항변을 배척한 경우]** 반대채권의 부존재에 대하여 기판력이 발생한다. 이와 같이 "반대채권이 부존재한다는 판결이유 중의 판단의 기판력은 특별한 사정이 없는 한 '법원이 반대채권의 존재를 인정하였더라면 상계에 관한 실질적 판단으로 나아가 수동채권의 상계적상일까지의 원리금과 대등액에서 소멸하는 것으로 판단할 수 있었던 반대채권의 원리금 액수'의 범위에서 발생한다고 보아야 한다. 그리고 이러한 법리는 피고가 상계항변으로 주장하는 반대채권의 액수가 소송물로서 심판되는 소구채권의 액수보다 더 큰 경우에도 마찬가지로 적용된다"(2016다46338,46345)(9회 선택형).

② **[상계항변을 인용한 경우]** 원고의 소구채권과 피고의 반대채권이 모두 존재하고 그것이 상계에 의해 소멸하였다고 한 판단에 기판력이 미친다(9회 선택형).

③ **[수개의 반대채권 중 일부는 인용, 나머지는 배척한 경우]** 피고가 상계항변으로 2개 이상의 반대채권을 주장하였는데 법원이 그중 어느 하나의 반대채권의 존재를 인정하여 수동채권의 일부

와 대등액에서 상계하는 판단을 하고 나머지 반대채권들은 모두 부존재한다고 판단하여 그 부분 상계항변을 배척한 경우, 나머지 반대채권들이 부존재한다는 판단에 관하여 기판력이 발생하는 전체 범위가 '상계를 마친 후의 수동채권의 잔액'을 초과할 수는 없고 이러한 법리는 피고가 주장하는 2개 이상의 반대채권의 원리금 액수 합계가 법원이 인정하는 수동채권의 원리금 액수를 초과하는 경우에도 마찬가지이다(2016다46338,46345)(10·13회 선택형). 이때 '상계를 마친 후의 수동채권의 잔액'은 수동채권 '원금'의 잔액만을 의미한다(同 判例).[74]

## Ⅳ. 후소에 대한 기판력의 작용

"기판력이라 함은 기판력 있는 전소 판결의 소송물과 동일한 후소를 허용하지 않음(동일관계)과 동시에, 후소의 소송물이 전소의 소송물과 동일하지는 않다고 하더라도 전소의 소송물에 관한 판단이 후소의 선결문제(선결관계)가 되거나 모순관계(모순관계)에 있을 때에는 후소에서 전소 판결의 판단과 다른 주장을 하는 것을 허용하지 않는 작용을 하는 것이다"(2000다47361).

### 1. 동일관계

**(1) 의 의**

전소와 후소의 소송물이 동일(청구취지가 동일)한 경우이다.

**(2) 구체적 예**

① **[청구취지가 같은 경우(후소는 기판력에 저촉 됨)]** 청구취지가 같다면 소송물도 같은 경우이므로 원칙적으로 후소는 전소의 기판력에 저촉된다. 다만 판결원본의 멸실, 판결내용의 불특정, 시효중단을 위한 다른 적절한 방법이 없을 경우 예외적으로 재소가 가능하다(멸,특,중). 다만 이 경우에도 후소의 판결은 전소의 판결내용에 저촉되어서는 안 된다.

② **[청구취지가 달라도 소송물이 동일하다고 본 경우(후소는 기판력에 저촉 됨)]** 判例는 소유권이전등기 '말소'청구와 진정명의회복을 원인으로 한 소유권'이전'등기청구는 소송물이 다르다는 입장이었으나, 전원합의체 판결로 견해를 변경하여 "말소등기에 갈음하여 허용되는 진정명의회복을 원인으로 한 소유권이전등기청구권과 무효등기의 말소청구권은 어느 것이나 그 소송물은 실질상 동일한 것으로 보아야 하고, 따라서 소유권이전등기말소청구소송에서 패소확정판결을 받았다면 그 기판력은 그 후 제기된 진정명의회복을 원인으로 한 소유권이전등기청구소송에도 미친다"(99다37894)(1·4·11회 선택형)고 하였다. [12사법]

🖋 **[비교판례]** 1필의 토지의 일부인 '특정 부분'에 대한 소유권이전등기청구가 기각된 이후 같은 청구원인으로 그 1필 전체 토지 중 '일정 지분'에 대한 소유권이전등기를 청구한 경우 判例는 "전소와 후소는 그 각 **청구취지를 달리하여 소송물이 동일하다고 볼 수 없으므로**, 전소의 기판력은 후소에 미칠 수 없다"(전합94다17956)고 한다.

---

74) "이때 '부존재한다고 판단된 반대채권'에 관하여 법원이 그 존재를 인정하여 수동채권 중 일부와 상계하는 것으로 판단하였을 경우를 가정하더라도, 그러한 상계에 의한 수동채권과 당해 반대채권의 차액 계산 또는 상계충당은 수동채권과 당해 반대채권의 상계적상의 시점을 기준으로 하였을 것이고, 그 이후에 발생하는 이자, 지연손해금 채권은 어차피 그 상계의 대상이 되지 않았을 것이므로, 위와 같은 가정적인 상계적상 시점이 '실제 법원이 상계항변을 받아들인 반대채권'에 관한 상계적상 시점보다 더 뒤라는 등의 특별한 사정이 없는 한, 앞에서 본 기판력의 범위의 상한이 되는 '상계를 마친 후의 수동채권의 잔액'은 수동채권의 '원금'의 잔액만을 의미한다고 보아야 한다"

③ **[청구취지가 같아도 소송물이 다르다고 본 경우(후소는 기판력에 저촉 되지 않음)]** 判例는 구실체법설에 따라 실체법상의 권리를 소송물의 요소로 보기 때문에, 청구취지가 같더라도 청구권인을 이루는 ⅰ) 실체법상의 권리가 다르거나(예를 들어 ㉠ 대지의 불법점유라는 하나의 사실에 대하여 민법 제750조에 기한 불법행위손해배상청구를 하여 패소한 뒤 민법 제741조에 기한 부당이득반환청구를 하는 경우, ㉡ 1개의 사고로 불법행위로 인한 민법 제750조의 손해배상청구를 했다가 패소한 뒤 채무불이행으로 인한 민법 제390조의 손해배상청구를 하는 경우), ⅱ) 권리와 사실관계가 모두 다른 경우(예를 들어 ㉠ 어음법에 따른 어음금청구에 대해 패소판결확정 후 어음발행의 원인관계인 민법 제568조의 대여금청구를 하는 경우, ㉡ 동일한 대지에 매매를 원인으로 한 민법 제568조의 소유권이전등기를 청구했다가 패소한 뒤 점유취득시효완성을 원인으로 한 민법 제245조의 소유권이전등기청구를 한 경우, ㉢ 대물변제예약을 원인으로 한 소유권이전등기를 청구했다가 패소한 뒤 매매계약에 기한 소유권이전등기청구를 한 경우) **소송물이 다르다는** 입장이다**(5회 선택형)**.

④ **[공격방법만 다른 경우(후소는 기판력에 저촉 됨)]** 공격방법만 다른 경우에는 신·구이론을 불문하고 소송물이 동일하여 기판력이 작용한다. 예를 들어 ㉠ 소유권이전등기말소 확정판결의 기판력이 미치는 동일 당사자 간의 소송에 있어서 새로운 등기원인무효 사유를 주장하거나(82다카148,82다카149), ㉡ 부당이득반환청구에서 법률상의 원인 없는 사유를 계약의 불성립, 취소, 무효, 해제 등으로 주장하는 것(2000다5978), ㉢ 전소에서 대물변제를 점유개시 원인으로 하여 취득시효완성을 이유로 한 소유권이전등기절차이행을 구하였다가 패소확정된 후, 그 토지상의 건물철거청구에 대하여 증여를 점유개시 원인으로 한 취득시효완성을 주장하는 것(94다46114) 등은 공격방법의 하나에 불과한 사실을 후소에서 다시 주장하는 것으로 전소판결의 소송물과 서로 모순관계에 있다고 하지 않을 수 없고, 따라서 전소판결의 기판력에 저촉되어 허용될 수 없다.

**2. 선결관계**(전소의 소송물이 후소의 선결문제인 경우) **[10회 사례형]**

**(1) 의의 및 후소법원의 조치**

전소의 소송물이 후소의 선결문제인 경우 전소의 확정판결의 기판력이 후소에 미친다. 후소법원은 전소판결의 내용을 전제로 하여 전소 변론종결 전의 사유는 배척하고, 변론종결 후의 사유와 후소의 고유한 사유를 심리하여 후소에 대한 본안판결을 해야 한다.

**(2) 구체적 예**

**1) 청구원인사실에 작용하는 경우 [9회 사례형]**

① 원고가 소유권확인의 소를 제기하여 패소하였는데 같은 피고에 대하여 소유권에 기한 목적물인도청구를 하는 경우, **[10회 사례형]** ② 소유권이전등기청구의 소를 제기하여 패소판결이 확정된 이후 다시 이행의무가 존재함을 근거로 이행불능을 원인으로 손해배상청구의 소를 제기하는 경우(67다1179), ③ 원금지급청구에 대하여 패소판결이 확정된 이후 다시 원금이 존재함을 근거로 전소 변론종결 이후의 지연이자 부분의 청구를 하는 경우(76다1488)가 이에 해당한다.

**2) 항변사실에 작용하는 경우**

전소의 기판력 있는 판단이 후소의 항변사유가 될 때에도 기판력이 작용한다(86다카2756). ① 원고가 피고를 상대로 매매대금지급청구를 하였지만 패소확정된 이후 피고가 원고를 상대로 목적물인도청구를 함에 원고가 매매대금채권의 존재를 근거로 동시이행의 항변을 하는 경우**(5회**

선택형), ② 甲이 乙을 대위하여 丙을 상대로 취득시효 완성을 원인으로 한 소유권이전등기 소송을 제기하였다가 乙을 대위할 피보전채권의 부존재를 이유로 소각하 판결을 선고받고 확정된 후 丙이 제기한 토지인도 소송에서 甲이 다시 위와 같은 권리가 있음을 항변사유로서 주장하는 경우(2000다41349 : 판례원문은 모순관계라고만 판시)가 여기에 해당한다(**2회 선택형**).

🔖 [비교쟁점] * **선결관계**(기판력의 작용문제)와 **선결적 법률관계**(판결이유에 대한 기판력 발생 여부의 문제)**의 구별**

㉠ **[선결관계 : 전소의 소송물이 후소의 선결문제인 경우 기판력이 작용함]** "확정된 전소의 기판력 있는 법률관계(전소의 소송물)가 후소의 소송물 자체가 되지 아니하여도 후소의 선결문제(후소의 판결이유)가 되는 때에는 전소의 확정판결의 판단은 후소의 선결문제로서 기판력이 작용한다고 할 것이므로, 법원으로서는 이와 다른 판단은 할 수 없다"(98다18155).

㉡ **[선결적 법률관계 : 전소의 선결적 법률관계가 후소의 소송물인 경우 판결이유에는 기판력이 발생하지 않으므로 증명효만 인정]** 확정판결은 주문에 포함된 것에 한하여 기판력이 발생하므로(제216조 1항), 판결이유에는 기판력이 발생하지 않는다. 따라서 소송물 판단의 전제가 되는 선결적 법률관계에도 기판력은 발생하지 않고, 이 경우 기판력을 발생시키려면 중간확인의 소를 제기하여 선결적 법률관계를 소송물로 삼아야 한다(제264조). 다만 전소 판결에서 인정된 사실은 후소에서 유력한 증거자료가 되므로 후소의 청구는 기각될 것이다.

## 3. 모순관계

### (1) 의의 및 후소법원의 조치

후소가 전소에서 확정된 법률관계와 정면으로 모순되는 반대관계를 소송물로 하는 경우를 의미한다. 후소법원은 전소판결의 내용을 전제로 하여 전소 변론종결 전의 사유는 배척하고, 변론종결 후의 사유와 후소의 고유한 사유를 심리하여 후소에 대한 본안판결을 해야 한다.

### (2) 구체적 예

#### 1) 기판력에 저촉되는 경우(판결이유에서 주장하는 내용이 모순됨으로써 소송물이 모순되는 경우)

① 원고가 매매의 유효를 원인으로 소유권이전등기청구의 소를 제기하여 승소확정된 이후 피고가 위 매매가 무효임을 주장하면서 등기의 말소를 구하는 경우(93다52488)에는 기판력에 저촉되며, ② "제3자가 부동산의 소유자를 상대로 그 부동산에 관한 소유권이전등기절차 이행의 확정판결을 받아 소유권이전등기를 경료한 경우, 그 확정판결이 당연무효이거나 재심의 소에 의하여 취소되지 않는 한, 종전의 소유권이전등기청구권을 가지는 자가 부동산의 소유자에 대한 소유권이전등기청구권을 보전하기 위하여 부동산의 소유자를 대위하여 제3자 명의의 소유권이전등기가 원인무효임을 내세워 그 등기의 말소를 구하는 것은 확정판결의 기판력에 저촉되므로 허용될 수 없다"(97다46955)(**4회 선택형**). ③ 원고가 피고에게 토지에 관하여 신탁해지를 원인으로 한 소유권이전등기절차를 이행하기로 한 제소전 화해가 준재심에 의하여 취소되지 않은 이상, 그 제소전 화해에 기하여 마쳐진 소유권이전등기가 원인무효라고 주장하며 말소등기절차의 이행을 청구하는 것은 제소전 화해에 의하여 확정된 소유권이전등기청구권을 부인하는 것이어서 그 기판력에 저촉된다(2002다44014).

2) 기판력에 저촉되지 않는 경우

① **[전 · 후소의 소송물의 각 전제가 되는 법률관계만 모순되는 경우]** 전소(매매계약의 무효 또는 해제를 원인으로 한 매매대금반환청구)와 후소(매매계약에 기한 소유권이전등기청구)의 판결이유 중 판단(매매계약의 효력 여부)이 모순되더라도 소송물이 모순되지 않으면 판결이유에는 기판력이 미치지 않으므로 모순관계가 아니다(2004다55698 : 甲의 乙에 대한 매매계약의 무효를 이유로 한 대금반환 청구에서 乙이 청구를 인낙하였어도, 후소에서 乙은 매매계약에 기한 소유권이전등기청구를 할 수 있다는 사례).

② **[청구취지와 청구원인이 각기 상이한 경우]** "전소의 소송물은 소유권보존등기에 대한 말소등기청구권의 존부였던 것임에 반하여 후소는 점유취득시효 완성을 원인으로 하는 소유권이전등기청구권의 존부에 관한 것인 경우, 判例는 전소 판결의 기판력이 후소에 미친다고 할 수 없다"(97다32239)**(12회 선택형)**고 한다.

🔖 **[관련판례]** "확정판결의 기판력은 소송물로 주장된 법률관계의 존부에 관한 판단의 결론 자체에만 미치고 그 전제가 되는 법률관계의 존부에까지 미치는 것은 아니어서, 가등기에 기한 소유권이전등기절차의 이행을 명한 전소 판결의 기판력은 소송물인 소유권이전등기청구권의 존부에만 미치고 그 등기청구권의 원인이 되는 채권계약의 존부나 판결이유 중에 설시되었을 뿐인 가등기의 효력 유무에 관한 판단에는 미치지 아니하고, 따라서 만일 후소로써 위 가등기에 기한 소유권이전등기의 말소를 청구한다면 이는 1물1권주의의 원칙에 비추어 볼 때 전소에서 확정된 소유권이전등기청구권을 부인하고 그와 모순되는 정반대의 사항을 소송물로 삼은 경우에 해당하여 전소 판결의 기판력에 저촉된다고 할 것이지만, 이와 달리 위 가등기만의 말소를 청구하는 것은, 전소에서 판단의 전제가 되었을 뿐이고 그로써 아직 확정되지는 아니한 법률관계를 다투는 것에 불과하여 전소 판결의 기판력에 저촉된다고 볼 수 없다"(93다52488)**(11회 선택형)**

# Ⅰ. 당사자 사이

기판력은 당사자에게만 미치고 제3자에게는 미치지 않는 것이 원칙이다(기판력의 상대성 원칙). 법정대리인, 소송대리인, 보조참가인, 통상공동소송인에게는 미치지 않는다.

# Ⅱ. 당사자와 같이 볼 제3자

## 1. 변론종결한 뒤의 승계인 [14사법]

### (1) 의 의

변론종결한 뒤에 소송물인 권리관계에 관한 지위를 당사자로부터 승계한 제3자는 당사자 간의 판결의 기판력을 받는다(제218조 1항).

### (2) 변론종결 뒤의 승계

권리의 이전에 등기를 요하는 경우에는 등기시가 기준이 된다. ① 매매를 변론종결 이전에 하였더라도 **등기를 변론종결 이후에 마치면** 변론종결 후의 승계인에 해당하고(2005다34667,34674), ② 가등기를 변론종결 이전에 한 자라도 **본등기를 변론종결 후에 마친 경우** 변론종결 후의 승계인에 해당한다(92다10883). ③ 확정판결의 피고측의 **제1차 승계가 이미 그 변론종결 이전에 있었다면** 비록 그 제2차 승계가 그 변론종결 이후에 있었다 할지라도 이 제2차 승계인은 이른바 변론종결 후의 승계인으로 볼 수 없다(67마55). **[8회 사례형]** ④ 한편, 채권양수인이 변론종결 후의 승계인에 해당하는지 판단하는 기준 시기는 **채권양도의 대항요건이 갖추어진 때이다**(2020다210747)**(13회 선택형)**.

📌 **[관련판례]** "대금분할을 명한 공유물분할 확정판결의 당사자인 공유자가 공유물분할을 위한 경매를 신청하여 진행된 경매절차에서 공유물 전부에 관하여 매수인에 대한 매각허가결정이 확정되고 매각대금이 완납된 경우, 매수인은 공유물 전부에 대한 소유권을 취득하게 되고, 이에 따라 각 공유지분을 가지고 있던 공유자들은 지분소유권을 상실하게 된다. 그리고 대금분할을 명한 공유물분할판결의 변론이 종결된 뒤(변론 없이 한 판결의 경우에는 판결을 선고한 뒤) 해당 공유자의 공유지분에 관하여 소유권이전청구권의 순위보전을 위한 가등기가 마쳐진 경우, 대금분할을 명한 공유물분할 확정판결의 효력은 민사소송법 제218조 제1항이 정한 변론종결 후의 승계인에 해당하는 가등기권자에게 미치므로, 특별한 사정이 없는 한 위 가등기상의 권리는 매수인이 매각대금을 완납함으로써 소멸한다"(2020다253836).

### (3) 승계인의 범위

1) 소송물의 승계인(소송물이 물권적 청구권이든 채권적 청구권이든 불문)

① **[소송물의 승계인에 해당하는 예]** 예컨대 소유권확인판결 후 그 소유권을 양수한 자, 대여금채권의 이행판결 후 그 채권을 양수한 자 등이 여기에 해당한다. 승계의 모습은 일반승계(상속, 합병 등), 특정승계를 가리지 아니한다. 따라서 ㉠ 확정판결의 변론종결 후 그 확정판결상의 채무자인 회사를 흡수합병한 존속회사와 ㉡ 확정판결의 변론종결 후 그 확정판결상의 채무자인 회사가

신설합병되어 설립된 회사는 기판력을 받는다(2회 선택형). ⓒ 면책적 채무인수인도 변론종결 후의 승계인에 해당한다(2016다13482).

🐾 [관련판례] "임차인이 임대인을 상대로 보증금반환의 승소확정판결을 받았으나 이후 주택양수인을 상대로 이를 반환받고자 할 경우 승계가 명확하지 않거나 임대인 지위의 승계를 증명할 수 없는 때에는 임차인이 양수인을 상대로 승계집행문 부여의 소를 제기하여 승계집행문을 부여받음이 원칙이나, 이미 임차인이 양수인을 상대로 임대차보증금의 반환을 구하는 소를 제기하여 양수인과 사이에 임대인 지위의 승계 여부에 대해 상당한 정도의 공격방어 및 법원의 심리가 진행됨으로써 사실상 승계집행문 부여의 소가 제기되었을 때와 큰 차이가 없다면, (기판력 저촉으로 인한) 소의 이익이 없다고 섣불리 단정하여서는 안 된다"(대판 2022.3.17. 2021다210720).

② [소송물의 승계인에 해당하지 않는 예] 判例는 ㉠ 금전지급채무만을 부담하고 있는 회사가 그 채무를 면탈할 목적으로 기업의 형태·내용을 실질적으로 동일하게 하여 설립한 신설회사는 기판력을 받지 않고(93다44531)(2회 선택형), ㉡ 영업양수인도 변론종결후의 승계인에 해당하지 않으며(78다2330)(2회 선택형), ㉢ 중첩적(병존적) 채무인수인 역시 변론종결 후의 승계인에 해당하지 않는다고 한다(2015다21967).

2) 계쟁물의 승계인(소송물이 물권적 청구권인 경우 인정, 채권적 청구권인 경우 부정)

계쟁물승계의 범위에 대하여는 소송물이론에 따라 견해가 대립한다.[75]

① 判例는 구실체법설의 입장에서 ㉠ [소송물이 물권적 청구권인 경우(대세효)] 청구가 소유권에 기한 이전등기말소청구권인 경우 피고로부터 소유권이전등기를 경료받은 자는 승계인으로 보나(78다2290), ㉡ [소송물이 채권적 청구권인 경우(대인효)] ⅰ) 청구가 매매에 기한 소유권이전등기청구권인 경우 피고로부터 소유권이전등기를 경료받은 자는 승계인에 해당하지 않는다고 한다(2002다64148).[76] 다만, 후소가 전소확정판결의 기판력의 작용국면에 있지 않은 경우에는 변론종결 뒤에 계쟁물을 승계한 자가 후소를 제기하더라도 기판력이 후소에 적용되지 않는다(2013다53939).

🐾 ＊ 전 소유자가 신 소유자에게 부동산 소유권을 이전함과 동시에 그 부동산의 무단점유자에 대한 장래의 부당이득반환채권(판결금채권)을 양도할 수 있는지 여부(소극)

"전소판결의 소송물은 채권적 청구권인 부당이득반환청구권이므로 원고가 전소판결 소송 변론종결 뒤에 이 사건 토지의 소유권을 취득하였다는 사정만으로는 전소판결의 기판력이 미치는 변론을 종결한 뒤의 승계인에 해당할 수 없다. 나아가 전소판결의 소송물인 부당이득반환청구권은 전 소유자의 이 사건 토지 소유를 요건으로 하므로 이 사건 토지 소유권이 전 소유자에서 다른 사람으로 이전된 이후에는 더 이상 발생하지 않고, 그에 대한 양도도 있을 수 없다. 따라서 이 사건 소에서 자신이 이 사건 토지의 소유권을 취득한 이후의 부당이득반환을 구하는 원고로서는 전소판결 소송의 소송물을 양수한 변론을 종결한 뒤의 승계인에도 해당하지 않는다"(2021다206349).[77]

---

75) [학설] ① 구실체법설은 청구의 실체법상의 성격을 참작하여 청구가 물권적 청구권인 경우에 한하여 승계인을 인정하고, 채권적 청구권일 때에는 승계인으로 보지 않으며, ② 소송법설은 실체법상 권리와 무관하게 소송물이론을 구성하므로 청구가 채권적인가 물권적인가 구별하지 않고 기판력 확장을 인정한다.

76) [판례검토] 소송물이 채권적 청구권인 경우에 변론종결 뒤에 승계한 자는 원고와 양립할 수 있는 권리를 가지고 원고에게 아무런 실체법상의 의무를 부담하지 않는데 이러한 자에게까지 기판력이 미치는 것은 기판력의 지나친 확장이므로 判例가 타당하다.

② 다만 判例는 '전소의 소송물이 물권적 청구권'인 경우 전소에서 '승소'한 경우와 달리 전소에서 '패소'한 경우에는 '원고'로부터 계쟁물을 승계한 자는 제218조 1항의 승계인에 해당하지 않는다고 한다. 즉, 소유권에 기한 건물인도청구 패소한 원고로부터 건물을 매수한 제3자나(98다6855), 소유권에 기한 토지인도청구 패소한 원고로부터 토지를 매수한 제3자는(84다카148) 변론종결 후의 승계인에 해당하지 않는다고 하였다. 판례는 "위 패소확정된 전소송의 소송물은 소유권이 아니라 인도청구권으로 소유권의 존부에 대해 미치지 않고, 신소유자는 위 패소한 인도청구권을 승계한 것이 아니라 소유권의 일반적 효력으로서 인도청구권이 발생한 것"이라는 점을 이유로 한다(아래 2019다261381판결 등). 이러한 판결들은 새로운 물권자를 최대한 보호하려는 태도로 타당하다고 판단된다.

🎙 [관련판례] "가등기말소청구소송의 사실심 변론종결 후에 토지 소유자로부터 근저당권을 취득한 제3자는 적법하게 취득한 '근저당권의 일반적 효력'으로서 물권적 청구권을 갖게 되고, 위 가등기말소청구소송의 소송물인 패소자의 가등기말소청구권을 승계하여 갖는 것이 아니며, 자신이 적법하게 취득한 근저당권에 기한 물권적 청구권을 원인으로 소송상 청구를 하는 것이므로, 위 제3자는 민사소송법 제218조 제1항에서 정한 확정판결의 기판력이 미치는 '변론을 종결한 뒤의 승계인'에 해당하지 않는다. 따라서 토지 소유권에 기한 가등기말소청구소송에서 청구기각된 확정판결의 기판력은 위 소송의 변론종결 후 토지 소유자로부터 근저당권을 취득한 제3자가 근저당권에 기하여 같은 가등기에 대한 말소청구를 하는 경우에는 미치지 않는다"(2019다261381).

### (4) 승계인이 고유의 방어방법을 갖고 있는 경우에도 승계인에게 기판력이 미치는지

대법원은 신탁자인 원고가 명의신탁해지를 원인으로 이전등기를 청구(물권적 청구권이지만 대외관계에서는 대항할 수 없으므로 실질적으로는 채권적 청구권의 성질을 가짐)하여 수탁자에게 승소하였으나 수탁자가 목적물을 처분한 사안에서 "소유권이전등기를 명하는 확정판결의 변론종결 후에 그 청구 목적물을 매수하여 등기를 한 제3자는 변론종결후의 승계인에 해당되지 아니한다"(80다2217)고 하여 실질설의 입장이다.[78]

---

77) 이 사건 토지의 전 소유자가 그 상공에 송전선을 설치하여 소유하는 피고(한국전력공사)를 상대로 부당이득반환을 구하는 소를 제기하여 송전선 철거완료일까지 정기금의 지급을 명하는 전소판결을 받은 후 원고에게 위 토지의 소유권을 이전하였고, 이후 원고가 피고를 상대로 토지의 소유권취득일 이후의 기간에 대한 부당이득반환을 구한 사안에서, 대법원은 전 소유자는 신 소유자에게 그 토지의 무단점유자에 대한 장래의 부당이득반환채권을 양도할 수 없다고 판단하여, 그와 같은 장래의 부당이득반환채권의 양도가 가능하다고 판단한 원심을 파기·환송하였다. 즉, 원심은 기판력이 미친다고 보아 '각하'하였으나 대법원은 위와 같은 이유로 원고의 소유권취득일 이후의 기간에 대한 부당이득반환청구는 가능하다는 입장이다.

78) [검토] ① 형식설(신이론)은 승계인에게 고유의 방어방법이 있더라도 변론 종결 뒤 피고로부터 등기나 점유를 이전받은 형식을 갖춘 이상 그는 변론종결 후 제3자이므로 기판력이 미치지만, 승계인은 집행문 부여에 대한 이의의 소(민사집행법 제45조)를 제기하여 다툴 수 있다고 하며, ② 실질설(구이론)은 승계인에게 고유의 방어방법이 있는 경우 그는 실질적으로 당사자 지위를 승계했다고 볼 수 없기 때문에 변론종결 후 제3자가 아니므로 기판력이 미치지 않고, 집행문이 부여되지 않으므로 승계인의 상대방이 승계집행문 부여의 소(민사집행법 제33조)를 제기해야 한다고 한다. 제3자가 고유한 방어방법을 가지고 있음에도 불구하고 제3자에게 이의의 소를 제기하게 하는 소송상 부담을 주는 것은 타당하지 않으므로 실질설이 타당하다.

## 2. 추정승계인

변론을 종결하기 전의 승계인에게는 기판력이 미치지 아니하지만(기판력이 미치려면 참가승계·인수승계 필요), 추정승계인 제도를 두어 당사자가 변론을 종결할 때까지 승계사실을 진술하지 아니한 때에는 변론을 종결한 뒤에 승계한 것으로 추정하여 기판력을 확장시킨다(제218조 2항). 다만, 判例는 "제218조 2항의 취지는, 변론종결 전의 승계를 주장하는 자에게 그 입증책임이 있다는 뜻을 규정하여 변론종결 전의 승계사실이 입증되면 확정판결의 기판력이 그 승계인에게 미치지 아니한다는 것으로 해석되므로, 종전의 확정판결의 기판력의 배제를 원하는 당사자 일방이 변론종결 전에 당사자 지위의 승계가 이루어진 사실을 입증한다면, 종전소송에서 당사자가 그 승계에 관한 진술을 하였는지 여부와 상관없이, 그 승계인이 종전의 확정판결의 기판력이 미치는 변론종결 후의 승계인이라는 제218조 2항의 추정은 깨어진다"(2005다34667)고 판시하였다.

## 3. 청구 목적물의 소지인(수치인, 창고업자, 운송인 등)

확정판결은 당사자를 위하여 청구의 목적물을 소지한 사람에 대하여 효력을 미친다(제218조 1항). 소지의 시기는 변론전후를 불문한다.

## 4. 제3자 소송담당에서 권리귀속주체

소송담당자(다른 사람을 위하여 원고나 피고가 된 사람)에 대한 확정판결은 권리귀속주체(그 다른 사람)에 대하여도 효력이 미친다(제218조 3항).

## 5. 소송탈퇴자

독립당사자참가, 참가승계, 소송인수가 있는 경우 종전 당사자는 그 소송에서 탈퇴할 수 있는데, 그 이후 판결의 효력은 탈퇴자에게도 미친다(제80조, 제82조 3항).

# Ⅲ. 채권자대위소송에서 기판력의 범위

## 1. 대위소송의 기판력이 채무자에게 미치는지 여부(절충설) [12사법]

判例는 채권자가 채권자대위권을 행사하는 방법으로 제3채무자를 상대로 소송을 제기하고 확정판결을 받은 경우 채무자가 소송고지 등에 의해 대위소송이 계속된 사실을 알게 된 경우에 한하여 채무자에게 기판력이 미친다는 입장(전합74다1664 : 절충설·절차보장설)이다. 검토하건대, 채무자와 제3채무자를 공평하게 대하면서도 분쟁을 1회적으로 해결할 수 있는 判例의 입장이 타당하다(제218조 3항).

## 2. 채무자의 제3채무자에 대한 확정판결의 효력이 대위채권자에게 미치는지 여부(적극)

(1) 채무자가 제3채무자에 대하여 소를 제기하여 패소판결이 확정된 후 채권자가 제3채무자를 상대로 채권자대위소송을 제기한 경우('채무자의 권리불행사'요건 불충족으로 대위소송 각하) [4회 사례형]

① 종래 判例는 "채권자가 채무자를 대위하여 제3채무자에 대하여 제기한 이 사건 소송과 이미 확정된 채무자의 제3채무자에 대한 소송은, 비록 당사자가 다르지만 실질상 동일 소송이라 할 것이므

로, 위 확정판결의 효력이 이 사건에 미친다"(80다2751 ; 76다688)고 하여 대위소송에 기판력이 미친다고 하였다.

② 그러나 이후 대법원은 "채권자대위권은 채무자가 제3채무자에 대한 권리를 행사하지 아니하는 경우에 한하여 채권자가 자기의 채권을 보전하기 위하여 행사할 수 있는 것이어서 채권자가 대위권을 행사할 당시 이미 채무자가 권리를 재판상 행사하였을 때에는 설사 패소의 본안판결을 받았더라도 채권자는 채무자를 대위하여 채무자의 권리를 행사할 당사자적격이 없다"(92다32876 : 채권자대위권의 요건 중 '채무자의 권리불행사'는 당사자적격에 관계되는 소송요건사실이다)**(12회 선택형)**고 하면서 소각하판결을 내렸다.[79]

**(2) 제3채무자가 채무자에 대하여 소를 제기하여 승소판결이 확정된 후 채권자가 제3채무자를 상대로 채권자대위소송을 제기한 경우('피보전채권의 존재'요건 불충족으로 대위소송 소각하)**

① 判例는 "부동산의 점유자가 취득시효완성을 원인으로 한 소유권이전등기를 하지 않고 있는 사이에 제3자가 등기명의인을 상대로 제소하여 그 부동산에 대한 소유권이전등기절차이행의 확정판결을 받아 소유권이전등기를 한 경우에는 위 확정판결이 당연무효이거나 재심의 소에 의하여 취소되지 않는 한 부동산 점유자는 위 원래의 등기명의인에 대한 소유권이전등기청구권을 보전하기 위하여 동인을 대위하여 위 확정판결의 기판력에 저촉되는 제3자 명의의 소유권이전등기의 말소를 구할 수 없다"(92다3892)고 하면서, 원고의 대위청구가 기판력 때문에 허용되지 않는다고 보는 이상, 채무자의 원고에 대한 소유권이전등기의무는 이행불능이 된 것(피보전채권의 부존재)이라고 판시하였다.[80]

② 같은 이유로 判例는 "조정은 당사자 사이에 합의된 사항을 조서에 기재함으로써 성립하고 조정조서는 재판상의 화해조서와 같이 확정판결과 동일한 효력이 있다. 따라서 당사자 사이에 기판력이 생기는 것이므로, 거기에 확정판결의 당연무효 등의 사유가 없는 한 설령 그 내용이 강행법규에 위반된다 할지라도 그것은 단지 조정에 하자가 있음에 지나지 아니하여 준재심절차에 의하여 구제받는 것은 별론으로 하고 그 조정조서를 무효라고 주장할 수 없다. 그리고 조정조서가 조정참가인이 당사자가 된 법률관계도 그 내용으로 하는 경우에는 위와 같은 조정조서의 효력은 조정참가인의 법률관계에 관하여도 다를 바 없다고 할 것이다. 또한 채권자대위소송에 있어서 대위에 의하여 보전될 채권자의 채무자에 대한 권리가 인정되지 아니할 경우에는 채권자가 스스로 원고가 되어 채무자의 제3채무자에 대한 권리를 행사할 당사자적격이 없게 되므로 그 대위소송은 부적법하여 각하할 수밖에 없다"(2009다104960)고 판시하였다.[81]

---

79) **[검토]** 기판력의 본질에 관한 모순금지설에 따르면 전소에서 패소한 원고의 후소제기가 기판력에 반할 경우 청구기각을 선고해야 하지만 소송요건흠결사유도 함께 있는 경우는 소송요건심리의 선순위성 원칙에 따라 소각하판결을 하는 判例(92다32876)의 결론이 타당하다.

80) **[검토]** 즉, 피대위채권의 행사가 기판력의 발생으로 인하여 불가능한 이상 피보전채권이 부존재하게 된다. 피보전채권의 존재는 채권자대위권의 당사자적격에 관계되는 소송요건사실로서 흠결시 부적법 각하사유에 해당하고 따라서 기판력에 저촉되어 기각하여야 할 경우라도 소송요건심리 선순위성 원칙에 따라 소각하 판결을 하여야 한다.

81) **[검토]** 즉, 채무자와 제3채무자간에 부동산실명법에 반하는 조정이 이루어진 경우, 비록 강행법규에 위반되는 조정일지라도 당연무효라고 할 수는 없으므로 피대위권리에 발생한 기판력으로 인해 피보전권리도 인정되지 않는다는 것이다. 이는 애초에 위 조정에서 채권자가 조정참가인으로 참석하여 기판력을 받게 되었기 때문인 것으로 보인다.

## 3. 대위소송의 확정판결의 효력이 다른 채권자에게 확장되는지 여부(제한적 적극)

判例는 "어느 채권자가 채권자대위권을 행사하는 방법으로 제3채무자를 상대로 소송을 제기하여 판결을 받은 경우, 어떠한 사유로든 채무자가 채권자대위소송이 제기된 사실을 알았을 경우에 한하여 그 판결의 효력이 채무자에게 미치므로, 이러한 경우에는 그 후 다른 채권자가 동일한 소송물에 대하여 채권자대위권에 기한 소를 제기하면 전소의 기판력을 받게 된다"(93다52808)고 하였다.

## 4. 대위소송의 소각하판결의 효력이 채권자가 채무자를 상대로 한 소송에 미치는지 여부(소극)

"채무자에게도 기판력이 미친다는 의미는 채권자대위소송의 소송물인 피대위채권의 존부에 관하여 채무자에게도 기판력이 인정된다는 것이고, 채권자대위소송의 소송요건인 피보전채권의 존부에 관하여 당해 소송의 당사자가 아닌 채무자에게 기판력이 인정된다는 것은 아니다. 따라서 채권자가 채권자대위권을 행사하는 방법으로 제3채무자를 상대로 소송을 제기하였다가 채무자를 대위할 피보전채권이 인정되지 않는다는 이유로 소각하 판결을 받아 확정된 경우 그 판결의 기판력이 채권자가 채무자를 상대로 피보전채권의 이행을 구하는 소송에 미치는 것은 아니다"(2011다108095)(4·6·11회 선택형)

## 5. 채권자가 채무자를 상대로 한 소송에서 패소판결 확정 후 대위소송을 제기한 경우 법원의 조치
(부적법 각하) [4회 사례형]

判例는 "채권자가 채무자를 상대로 소유권이전등기절차이행의 소를 제기하여 패소의 확정판결을 받게 되면 채권자는 채무자의 제3자에 대한 권리를 행사하는 채권자대위소송에서 그 확정판결의 기판력으로 말미암아 더 이상 채무자에 대하여 동일한 청구원인으로 소유권이전등기청구를 할 수 없으므로 그러한 권리를 보전하기 위한 채권자대위소송은 그 요건을 갖추지 못하여 부적법하다"(2002다64148)고 판시하였다(4·5회 선택형)[82]

## 6. 채권자가 채무자를 상대로 한 소송에서 승소판결 확정 후 대위소송을 제기한 경우

① [원칙] 만약 채권자가 먼저 채무자를 상대로 제기한 소송에서 승소한 후 제3채무자를 상대로 대위소송을 제기하였다면 제3채무자는 그 청구권의 존재를 다툴 수 없다(2003다1250).

② [예외] 그러나 그 청구권의 취득이 채권자로 하여금 채무자를 대신하여 소송행위를 하게 하는 것을 주목적으로 이루어진 것이거나, 토지거래허가구역에서 허가를 배제·잠탈하기 위한 경우와 같이 강행법규에 위반되어 무효라고 볼 수 있다면 그 확정판결에도 불구하고 채권자대위소송의 제3채무자에 대한 관계에서는 피보전권리가 존재하지 아니한다고 보아야 한다(2017다228618,2014다74919).

---

82) [검토] 判例는 채권자가 채무자를 상대로 한 소송에서 패소판결 이미 확정된 경우에는 피보전채권에 대한 보전의 필요성이 없어 당사자적격의 흠결로 소를 각하하여야 한다는 입장이다. 기판력 저촉이 아님에 유의하여야 한다. 그 이유는 전 판결(혹은 분리확정된 판결)의 기판력 자체가 그 당사자가 아닌 제3채무자와의 관계에 미친다고 보기는 어렵기 때문이다.

# Ⅳ. 채권자취소소송에서 기판력의 범위

## 1. 채무자 또는 채무자와 수익자와의 관계에서 기판력의 저촉여부(소극)

① [사해행위취소판결의 기판력은 채무자 또는 채무자와 수익자 사이의 소송에 미치지 않음] "사해행위 취소판결의 기판력은 그 취소권을 행사한 채권자와 그 상대방인 수익자 또는 전득자와의 상대적인 관계에서만 미칠 뿐 그 소송에 참가하지 아니한 채무자 또는 채무자와 수익자 사이의 법률관계에는 미치지 아니한다"(87다카1989)(1회 선택형).

② [사해행위의 수단인 채무자와 수익자간 판결의 기판력은 사해행위취소소송에 미치지 않음] "채권자가 사해행위의 취소와 함께 수익자로부터 책임재산의 회복을 명하는 사해행위취소의 판결을 받은 경우 채무자와 수익자 사이의 소송절차에서 확정판결 등을 통해 마쳐진 소유권이전등기가 사해행위취소로 인한 원상회복으로써 말소된다 하더라도, 취소소송의 상대적 효력에 따라 확정판결 등의 효력에 반하거나 모순되는 것이라고는 할 수 없다"(2016다204783).

## 2. 채권자가 동시 또는 이시에 채권자취소 및 원상회복소송을 제기한 경우

① [기판력의 저촉여부(소극)] 判例는 "채권자취소권의 요건을 갖춘 각 채권자는 고유의 권리로서 채무자의 재산처분 행위를 취소하고 그 원상회복을 구할 수 있는 것이므로 각 채권자가 동시 또는 이시에 채권자취소 및 원상회복소송을 제기한 경우 이들 소송이 중복제소에 해당하는 것이 아니"(2003다19558)(10회,13회 선택형)라고 하였다. 채권자취소소송의 소송물은 채권자 자신이 각자 가지는 '채권자취소권' 그 자체이다(2004다10985). 따라서 각 채권자의 채권자취소권은 별개의 소송물로서 기판력이 미치는 관계가 아니다.

② [권리보호이익 구비여부] 채권자취소권의 요건을 갖춘 각 채권자가 동시 또는 이시에 채권자취소 및 원상회복소송을 제기하여 어느 한 채권자가 승소판결을 받아 그 판결이 확정되었다는 것만으로 그 후에 제기된 다른 채권자의 동일한 청구가 권리보호의 이익이 없어지게 되는 것은 아니고, 그에 기하여 재산이나 가액의 회복을 마친 경우에 비로소 다른 채권자의 채권자취소 및 원상회복청구는 그와 중첩되는 범위내에서 권리보호의 이익이 없게 된다(2003다19558).

## 3. 채권자가 사해행위 취소 및 원상회복으로 원물반환 청구를 하여 승소 판결이 확정된 후에 다시 가액배상을 청구하는 것이 가능한지 여부(소극)

"채권자가 일단 사해행위 취소 및 원상회복으로서 원물반환 청구를 하여 승소 판결이 확정되었다면, 그 후 어떠한 사유로 원물반환의 목적을 달성할 수 없게 되었다고 하더라도 다시 원상회복청구권을 행사하여 가액배상을 청구할 수는 없으므로 그 청구는 권리보호의 이익이 없어 허용되지 않는다"(2004다54978).

# Ⅴ. 추심금소송에서 기판력의 범위

## 1. 어느 한 채권자가 제기한 추심금소송에서 확정된 기판력이 다른 추심채권자에게 미치는지 여부

判例는 동일한 채권에 대해 복수의 채권자들이 압류·추심명령을 받은 경우 어느 한 채권자가 제기한 추심금소송에서 확정된 판결의 기판력은 그 소송의 변론종결일 이전에 압류·추심명령을 받았던 다른 추심채권자에게 미치지 않는다고 한다. 그 이유는 다음과 같다.

① 추심채권자들이 제기하는 추심금소송의 소송물이 채무자의 제3채무자에 대한 피압류채권의 존부로서 서로 같더라도 소송당사자가 다른 이상 그 확정판결의 기판력이 서로에게 미친다고 할 수 없다(제218조 1항, 3항). ② 민사집행법 제249조 제3항, 제4항의 취지는 참가명령을 받지 않은 채권자에게는 추심금소송의 확정판결의 효력이 미치지 않음을 전제로 참가명령을 통해 판결의 효력이 미치는 범위를 확장할 수 있도록 한 것이다. ③ 제3채무자는 추심의 소에서 다른 압류채권자에게 위와 같이 참가명령신청을 하거나 패소한 부분에 대해 변제 또는 집행공탁을 할 수 있으므로, 어느 한 채권자가 제기한 추심금소송에서 확정된 판결의 효력이 다른 채권자에게 미치지 않는다고 해도 제3채무자에게 부당하지 않다(2016다35390).

## 2. 추심금소송에서 화해권고결정이 확정된 경우 마찬가지인지 여부

위에서 본 추심금소송의 확정판결에 관한 법리는 추심채권자가 제3채무자를 상대로 제기한 추심금소송에서 화해권고결정이 확정된 경우에도 마찬가지로 적용된다(제231조 참조). 따라서 어느 한 채권자가 제기한 추심금소송에서 화해권고결정이 확정되었더라도 화해권고결정의 기판력은 화해권고결정 확정일 전에 압류·추심명령을 받았던 다른 추심채권자에게 미치지 않는다(2016다35390).

---

## Set 045 | 판결의 하자와 편취판결

# Ⅰ. 판결의 무효(이, 재, 적)

판결의 외관은 갖추었으나 내용상 중대한 흠이 있어 무효인 경우를 말한다. 판결의 내용상 효력인 기판력·집행력·형성력 등은 발생하지 않고, 외관의 성립에 따른 효력 즉 당해 심급의 완결, 기속력 및 형식적 확정력은 발생한다. ⅰ) 당사자 사망의 경우처럼 이당사자대립구조가 무너진 경우, ⅱ) 재판권이 없는 경우, ⅲ) 당사자 적격이 없는 경우 등 하자가 중대한 경우 그 판결은 당연무효이다.

# Ⅱ. 편취판결

## 1. 판결편취의 유형

① 성명모용판결, ② 소취하합의 위반, ③ 공시송달에 의한 판결, ④ 송달과정에서의 피고모용, ⑤ 참칭대표자에 대한 송달의 형태가 있다.

## 2. 편취판결의 효력

판결이 무효라면 법적 안정성을 해할 우려가 있고, 판결편취의 경우 제451조 1항(①②⑤유형은 3호, ③유형은 11호, ④유형은 判例가 송달이 무효라는 이유로 항소설에 따름)에서 **당연무효의 판결이 아님을** 전제로 하여 재심사유로 규정하고 있으므로 유효설이 타당하다.

## 3. 소송법적 구제책(상소추후보완·재심설)[83]

① **[성명모용판결 : 상소 또는 재심]** "제3자가 피고를 모용하여 소송을 진행한 끝에 판결이 선고되었다면 피고는 상소 또는 재심의 소를 제기하여 그 판결의 취소를 구할 수 있다"(64다328).

② **[참칭대표자에 대한 송달 : 재심]** "피고 종중의 대표자를 참칭대표자로 적어 그에게 소장 부본이 송달되어 자백간주에 의한 판결이 나고 판결정본도 그와 같이 송달된 경우에는 그 송달은 무효가 아니고 제451조 1항 3호의 재심사유가 된다"(92다47632)

③ **[공시송달에 의한 판결의 편취 : 송달은 유효 따라서 판결확정○, 기판력발생○, 추후보완·재심○, 상소불가]** '추후보완'(set 27) 참고

④ **[송달과정에서의 피고모용 사건 : 송달이 무효 따라서 판결확정×, 기판력발생×, 추후보완·재심×, 상소가능]** '추후보완'(set 27) 참고

## 4. 실체법적 구제책

### (1) 문제점

재심의 소와 통상의 민사소송은 동종절차가 아니라 병합이 허용되지 않는바(96다41649), 편취판결에 의해 집행이 종료된 경우, 편취판결을 재심으로 취소하지 않고 바로 불법행위로 인한 손해배상청구나 부당이득반환청구가 가능한지 문제된다.

### (2) 불법행위로 인한 손해배상청구

① **[원칙적 소극]** "편취된 판결에 기한 강제집행이 불법행위로 되는 경우가 있다고 하더라도 당사자의 법적 안정성을 위해 확정판결에 기판력을 인정한 취지나 확정판결의 효력을 배제하기 위하여는 그 확정판결에 재심사유가 존재하는 경우에 재심의 소에 의하여 그 취소를 구하는 것이 원칙적인 방법인 점에 비추어 볼 때 불법행위의 성립을 쉽게 인정하여서는 아니된다"(99다32899).

② **[예외적 적극]** "확정판결에 기한 강제집행이 불법행위로 되는 것은 ⅰ) 당사자의 절차적 기본권이 근본적으로 침해된 상태에서 판결이 선고되었거나 ⅱ) 확정판결에 재심사유가 존재하는 등 확정판결의 효력을 존중하는 것이 정의에 반함이 명백하여 이를 묵과할 수 없는 경우로 한정하여야한다"(95다21808)**(13회 선택형)**.[84]

### (3) 부당이득반환청구

① 判例는 원칙적으로 재심필요설을 취하고 있다. ② 다만 허위주소 송달에 의한 판결편취(피고모용)의 경우 "상대방에 대한 판결의 송달은 부적법하여 무효이므로 상대방은 아직도 판결정본의 송달을 받지 않은 상태에 있어 이에 대하여 상소를 제기할 수 있을 뿐만 아니라, 위 사위판결에 기하여 부동산에 관한 소유권이전등기나 말소등기가 경료된 경우에는 **별소로서 그 등기의 말소를 구할 수도 있다**"(94다41010)고 하였다. 즉, 판결이 확정되지 않으므로 재심요부가 문제되지 않는다.

---

83) "사위 판결은 상대방에의 판결정본의 송달이 무효이어서 항소의 대상이 될 뿐이고 확정 판결이 아니니 기판력이 없는 것이라는 항소설이고, 다른 하나는 사위 판결은 형식적으로 확정된 확정 판결이므로 기판력이 있고 따라서 사위 판결은 재심의 소의 제기나 상소의 추완신청 등에 의하여서만 구제될 수 있는 것이라는 재심설이다"(전합75다634)

84) **[검토]** 편취판결이라도 효력이 있으므로 원칙적으로 재심의 소를 제기해야 하나, 재심기간 도과로 인해 구제가 불가능한 경우가 많고 분쟁의 일회적 해결을 위하여 일정 경우 예외를 인정하는 것이 타당하다.

## 5. **집행법적 구제책**(민사집행법 제44조 청구이의의 소)

'편취판결'에 따른 강제집행과 같이 강제집행 자체가 '권리남용'이 되는 경우에도 집행채무자는 청구이의의 소를 제기하여 그 집행을 배제할 수 있다. 즉, "청구에 관한 이의의 소를 규정한 것은 부당한 강제집행이 행하여지지 않도록 하려는데 있다 할 것으로 **판결에 의하여 확정된 청구가 그 판결의 변론종결 후에 변경 소멸된 경우 뿐 만 아니라 '판결을 집행하는 자체가 불법한 경우'**에는 그 불법은 당해 판결에 의하여 강제집행에 착수함으로써 외부에 나타나 비로소 이의의 원인이 된다(변론종결 뒤의 이유)고 보아야 하기 때문에 이 경우에도 이의의 소가 허용된다"(84다카572)**(13회 선택형)**

🖋 [비교판례] ✱ 의사의 진술을 명하는 판결이 확정된 경우, 그 판결에 대한 청구이의의 소의 허용(소극)

判例는 소유권이전등기청구처럼 채무자의 의사의 진술을 구하는 소송(민법 제389조 2항 : 대용판결)의 경우 "별도의 집행절차가 필요한 것이 아니므로, 특별한 사정이 없는 한 위 확정판결 이후에 집행절차가 계속됨을 전제로 하여 그 채무명의가 가지는 집행력의 배제를 구하는 청구이의의 소는 허용될 수 없다"(95다37568)고 한다.

제 5 편

병합소송

## ※ 객관적 병합 중 원시적 병합 정리

| | 단순병합 | 선택적 병합 | 예비적 병합 |
|---|---|---|---|
| 청구관련성 | 불요(청구관련성 '불요'이지 '불가가 아님 주의) | 필요<br>(택일관계) | 필요<br>(모순관계) |
| 소 가 | ① 원칙 : 소가 합산(∵각 청구간 경제적 목적 별개)<br>② 예외 : 소가 흡수<br>(∵청구관련성이 있는 단순병합의 경우 다액인 청구가액이 기준) | 소가 흡수<br>(∵ 각 청구간 경제적 목적 동일) | 소가 흡수<br>(∵ 각 청구간 경제적 목적 동일) |
| 청구양립 | 가능 | 가능 | 불가능 |
| 병합요건 | 병합요건은 직권조사사항이며, 흠이 있는 경우 소각하× 분리심판○ | | |
| 소송요건 | 병합요건이 갖추어진 경우 소송요건을 조사하며, 흠이 있는 당해 청구는 소각하 | | |
| 청구내용 | 수개청구 전부인용<br>ex) 甲이 乙에게 ① 대여금 1억원을 청구하고 ② 매매대금 1억원도 청구하는 경우 | 수개청구 중 하나만 인용<br>ex) 甲이 乙에게 ① 채무불이행에 의한 손해배상청구와 ② 불법행위에 의한 손해배상청구를 청구권 경합으로 주장 | 1차적 청구의 인용을 해제조건으로 2차적 청구<br>ex) 甲이 乙에게 ① 계약의 유효를 이유로 목적물 인도청구를 하고, ② 만약 계약이 무효라면 대금반환청구를 하는 경우 |
| 판단순서 | 순서 없음<br>(모두 판단) | 순서 없음<br>(당사자에게 유리하게 재량) | 순서 있음<br>(1차 청구 → 2차 청구) |
| 일부판결 | ① 변론분리 가능(제141조)<br>② 일부판결 가능(제200조)<br>③ 재판누락으로서 추가판결 가능(제212조) | ① 청구관련성이 요구되므로 변론분리 불가 전부판결만<br>② 일부판결이 허용되지 않으므로 재판누락이 아니고<br>③ 판단누락에 준해 상소·재심으로 구제(판단누락설) | |
| 상소 | 일부판결시 일부상소 가능 | 전부상소만 가능 | |

## Set 046  단순병합

# I. 의의 및 요건

'단순병합'이란 관련성 없는 수개의 청구를 병렬적으로 병합하여 전부의 심판을 구하는 형태를 말한다. 동종의 소송절차에서 심판될 수 있을 것(동종절차 : 제253조)과, 수소법원에 공통의 관할권이 있을 것(공통관할)만 요구되고, 청구사이의 관련성은 요구되지 않는다는 점에서 선택적·예비적 병합과 차이가 있다(2005다51495).

### 🐌 [관련쟁점] ✲ 관련적 병합

① [의의] 단순병합 중 ⅰ) 어느 하나의 청구가 다른 청구의 선결적 관계에 있거나, ⅱ) 각 청구가 기본적 법률관계를 공통으로 하는 경우를 '관련적 병합'이라 한다.

② [구체적 예] ⅰ) 소유권 확인 청구와 소유권에 기한 물권적 청구권, 원금청구와 이자청구 등이 전자의 예이고, ⅱ) 인명사고로 인한 손해배상청구에서 적극적 재산상 손해·소극적 재산상 손해·정신적 손해(손해3분설)가 병합된 것, 토지소유권에 기한 건물철거와 토지인도청구 등이 후자의 예이다.

③ [일부판결(긍정)] 判例는 "확장된 지연손해금 청구 부분에 대하여 원심법원이 판결 주문이나 이유에서 아무런 판단을 하지 아니한 재판의 탈루가 발생한 경우에, 이 부분 소송은 아직 원심에 계속 중이라고 보아야 할 것이어서 적법한 상고의 대상이 되지 아니한다(부적법 각하)"(94다50274)고 하여 일부판결을 긍정한다.

### 🐌 ✲ 단순병합관계인데 선택·예비적 병합으로 소를 제기한 경우

"논리적으로 전혀 관계가 없어 순수하게 단순병합으로 구하여야 할 수개의 청구를 선택적 또는 예비적 청구로 병합하여 청구하는 것은 부적법하여 허용되지 않는다. 따라서 원고가 그와 같은 형태로 소를 제기한 경우 제1심법원이 본안에 관하여 심리·판단하기 위해서는 소송지휘권을 적절히 행사하여 이를 단순병합 청구로 보정하게 하는 등의 조치를 취하여야 하는바, 법원이 이러한 조치를 취함이 없이 본안판결을 하면서 그 중 하나의 청구에 대하여만 심리·판단하여 이를 인용하고 나머지 청구에 대한 심리·판단을 모두 생략하는 내용의 판결을 하였다 하더라도 그로 인하여 청구의 병합 형태가 선택적 또는 예비적 병합 관계로 바뀔 수는 없으므로, 이러한 판결에 대하여 피고만이 항소한 경우 제1심법원이 심리·판단하여 인용한 청구만이 항소심으로 이심될 뿐, 나머지 심리·판단하지 않은 청구는 여전히 제1심에 남아 있게 된다"(2005다51495)(12회 선택형).[85]

---

85) [사실관계] 甲 주식회사는 전직 대표이사 乙을 상대로 손해배상청구의 소를 제기하면서 그 청구원인으로 ① A 부동산 취득 업무와 관련한 배임행위로 인한 손해배상청구 10억 원, ② B에 대한 자금대여와 관련한 배임행위로 인한 손해배상청구 7억 원, ③ C 부동산 임차업무와 관련한 배임행위로 인한 손해배상청구 5억 원을 선택적 청구로 병합하여 총 손해액 중 일부로서 3억 원의 지급을 구하였다.
제1심 판결에서는 청구원인 중 위 ① 청구만을 심리·판단하여 원고가 구하는 일부청구 금액인 3억 원을 인용하고, 나머지 청구에 대하여는 원고가 어느 하나의 청구원인에서라도 청구금액이 전부 인용된다면 추가적인 판단을 원하지 않고 있다는 이유로 그 판단을 생략하였다. 이에 대하여 피고 乙만이 항소하였다. 항소심 법원은 원고 甲에게 손해배상 각 청구원인 별로 일부 청구하는 금액을 특정하도록 촉구하였고, 이에 甲은 이 사건 3억 원의 청구가 위 ① 청구에 기한 것으로 청구취지를 정리하면서, 만일 위 청구가 배척된다면 제1심에서 주장한 나머지 ②, ③ 청구도 심리하여 인용하여 줄 것을 구하는 청구변경

## Ⅱ. 심판방법(변론의 분리, 일부판결의 가부)

변론의 분리가 가능하므로(제141조), 일부판결을 할 수 있다(제200조). 만약, 법원이 본의 아니게 청구의 전부에 대해 재판할 의사로 재판을 하였지만 '모르고' 일부판결을 하게 되면, 이는 재판누락에 해당되어 나머지 청구에 대해 추가판결을 하면 된다(제212조).

## Ⅲ. 상소의 효력

### 1. 전부판결에 전부상소한 경우(전부이심, 전부심판)

전부 이심되며, 전부 심판의 대상이 된다. 선택적 병합과 예비적 병합의 경우도 마찬가지이다.

### 2. 전부판결에 일부상소한 경우(전부이심, 일부심판)

判例는 "원고의 수개의 청구 중 하나의 청구를 기각하고 나머지 청구를 인용한 제1심판결(전부판결)에 대하여 피고만이 항소를 제기한 경우, 원고가 부대항소를 하지 아니한 이상 제1심판결에서의 원고패소부분은 피고의 항소로 인하여 항소심에 이심된다"(94다32979)고 한다. 따라서 '전부판결'의 일부에 대하여 상소하면 모든 청구에 대하여 이심 및 확정차단의 효력이 발생하지만(상소불가분의 원칙), 불복한 청구만이 상소심의 심판대상이 된다(불이익변경금지의 원칙).

### 3. 일부판결의 경우

① **[법원이 일부판결의 의도로 일부판결을 선고한 경우]** 단순병합은 일부판결이 가능하므로 일부판결에 대하여 상소한 때에는, 나머지 부분과 별도로 이심의 효력이 생긴다.

② **[법원이 전부판결의 의도로 일부에 대한 판결임을 모르고 선고한 경우 : 재판누락]** 단순병합은 모든 청구에 대하여 법원의 심판을 요하므로 변론의 분리 없이 일부에 대해서만 판결을 해서는 아니된다. 그럼에도 만약 법원이 본의 아니게 일부에 대해서만 판결을 하게 된다면, 判例는 이를 재판누락에 해당하는 것으로 보아 "그 부분 소송은 아직 원심에 계속 중이라고 보아야 할 것이어서 적법한 상고의 대상이 되지 아니하므로 그 부분에 대한 상고는 부적법하다"(2004다24083)(7회 선택형)고 하였다(항소의 경우도 마찬가지로 항소의 대상적격이 없어 항소각하 된다).

🦶 **[비교]** ❋ **선택적 병합과 예비적 병합의 경우**
청구관련성이 없어 일부판결이 인정되는 단순병합(재판누락으로 해석)과 달리, 청구관련성이 인정되어 일부판결이 부정되는 선택적 병합과 예비적 병합에서는 일부판결의 경우 판단누락에 준하는 위법이 있는 전부판결로 취급하여 상소가 가능하다.

---

신청서를 제출하였다. 항소심까지 제출된 주장과 증거에 의하면 위 ① 청구원인은 인정되나 나머지 ②, ③ 청구원인은 이를 인정할 증거가 없다. 이러한 경우 항소심 법원은 어떠한 판결을 하여야 하는가?(23년 3차 법전협 사례형)
☞ 사안은 '단순병합'에 해당하므로, 제1심 법원이 ① 청구에 대하여만 심리·판단하고 나머지 ②, ③ 청구에 대하여 심리·판단하지 않은 것은 '재판누락'에 해당하고, 피고 乙의 항소에 의해 ① 청구 부분만이 항소심으로 이심되어 심판대상이 된다. 따라서 항소심 법원은 ① 청구에 대하여는 乙의 항소를 기각하는 판결을 선고하여야 하고, ②, ③ 청구에 대하여는 아무런 판단도 하지 않아야 한다(이는 제1심 법원이 '추가판결'하여야 한다).

## Ⅰ. 의 의

'선택적 병합'이란 양립할수 있는 수개의 경합적 청구권에 기하여 동일 취지의 급부를 구하거나 양립할 수 있는 수개의 형성권에 기하여 동일한 형성적 효과를 구하는 경우에 그 어느 한 청구가 인용될 것을 해제조건으로 하여 다른 청구에 관한 심판을 구하는 병합 형태를 말한다.

## Ⅱ. 요 건 [양, 수, 논, 일]

① [양립가능한 청구] 논리적으로 양립할 수 없는 청구는 예비적 병합 청구를 하여야 하고 선택적 병합은 허용되지 않는다. 양립불가능한 청구에 대해 순서를 붙이지 않은 경우, 判例(97누6889)는 매매의 유효와 무효를 동시에 주장하는 등 주장의 일관성을 인정할 수 없고 신청자체가 불특정 하게 됨을 이유로 부정한다(부진정선택적병합 부정).

② [수개의 청구권 · 형성권의 경합] 자동차손해배상보장법 또는 민법에 기한 손해배상청구 등 법조경합이나, 선택채권에 기한 청구는 수 개의 청구가 아니라 1개의 청구이므로 청구의 병합이 허용되지 않는다.

　　🔖 [관련판례] "제1심판결 선고 전의 명예훼손행위에 관하여 손해배상청구를 하였으나 피고가 그 내용이 진실이라고 믿을 만한 상당한 이유가 있다는 이유로 청구를 기각당한 원고가 그 항소 심에서 청구취지를 변경하지 아니한 채 피고가 제1심판결 선고 후 행한 새로운 명예훼손행위를 청구원인으로 추가하였다면 이는 다른 특별한 사정이 없는 한 피고의 새로운 명예훼손행위를 원인으로 하는 손해배상청구를 선택적으로 병합하는 취지(청구취지를 변경하지 않았으므로 동일 취지의 급부를 구하기 위 해 양립할 수 있는 수개의 손해배상청구권이 경합된 것으로 보아 선택적 병합으로 판시) 라고 볼 것이다. 그러므로 그 항소심이 새로운 명예훼손행위를 원인으로 한 선택적 병합청구에 관하여 아무런 판단도 하지 아니한 채 원고의 청구를 기각하는 것은 판단누락에 해당한다"(2010다8365).

③ [청구사이의 논리적 관련성] "논리적으로 전혀 관계가 없어 순수하게 단순병합으로 구하여야 할 수개의 청구를 선택적 또는 예비적 청구로 병합하여 청구하는 것은 부적법하여 허용되지 않는다"(2005다51495). 判例에 따르면 불법행위에 기한 손해배상청구와 채무불이행에 기한 손해배상청구는 그 청구 모두가 동일한 목적을 달성하기 위한 것으로서 어느 하나의 채권이 변제로 소멸한다면 나머지 채권도 그 목적 달성을 이유로 동시에 소멸하는 관계에 있으므로 선택적 병합 관계에 있다(2013다26425).

④ [청구 병합의 일반 요건] 동종절차, 공통관할의 요건을 갖추어야 한다.

## Ⅲ. 심판방법

### 1. 판단방법

원고청구인용판결에 있어서는 이유 있는 청구 어느 하나를 선택하여 인용하고 나머지 청구에 관한 판단을 할 필요가 없지만, 원고청구기각판결을 하는 경우에는 병합된 청구 '전부'에 대하여 배척하는 판단이 필요하다.

🔖 **[관련판례]** "선택적 병합의 경우에는 여러 개의 청구가 하나의 소송절차에 불가분적으로 결합되어 있기 때문에, 선택적 청구 중 하나에 대하여 일부만 인용하고 다른 선택적 청구에 대하여 아무런 판단을 하지 아니한 것은 위법하다"(전합2009다66549 ; 2015다42599 ; 2016다229478 ; 2017다227516 ; 2021다262905).

## 2. 일부판결의 허용여부(소극)

선택적 병합의 경우에는 수개의 청구가 하나의 소송절차에 불가분적으로 결합되어 있기 때문에 선택적 청구 중 하나만을 기각하는 일부판결은 선택적 병합의 성질에 반하는 것으로서 법률상 허용되지 않는다(96다99).

## 3. 위법한 일부판결에 대한 구제책(판단누락설)

선택적 병합청구에 대해 원고청구기각판결을 하면서 병합된 어느 한 청구에 대해서 배척판단을 하지 않은 경우 이는 위법한 일부판결인데 이에 대한 구제책이 문제되는바, 判例는 판단누락임을 전제로 "원고가 이와 같이 위법한 제1심판결에 대하여 항소한 이상 원고의 **선택적 청구 전부가 항소심으로 이심**되었다고 할 것이므로, 선택적 청구 중 판단되지 않은 청구 부분이 재판의 탈루로서 제1심법원에 그대로 계속되어 있다고 볼 것은 아니다"(96다99)고 하였다.

# Ⅳ. 상소의 효력

## 1. 이심의 범위와 심판대상(전부)

선택적 병합의 경우 하나의 '전부판결'이므로 확정차단 및 이심의 범위, 항소심의 심판대상은 전부이다. 수개의 청구가 제1심에서 선택적으로 병합되고 그 중 ① 어느 하나의 청구에 대한 인용판결이 선고되어 '피고'가 항소를 제기한 때에는 제1심이 판단하지 아니한 나머지 청구까지도 항소심으로 이심되어 항소심의 심판 범위가 되므로, 항소심이 원고의 청구를 인용할 경우에는 선택적으로 병합된 수개의 청구 중 어느 하나를 임의로 선택하여 심판할 수 있으나(92다7023)**(12회 선택형)**, ② 원고의 청구를 모두 기각할 경우에는 원고의 선택적 청구 전부에 대하여 판단하여야 하며(2009다12580), ③ 선택적으로 병합된 수개의 청구를 모두 기각하거나 소를 각하한 항소심판결에 대하여 '원고'가 상고한 경우, 상고법원이 선택적 청구 중 어느 하나의 청구에 관한 상고가 이유 있다고 인정할 때에는 원심판결을 전부 파기하여야 할 것이다(2006다79995 ; 2015다42599 ; 2016다229478 ; 2017다227516 ; 2021다262905).

## 2. 항소심의 조치

① **[문제점]** 선택적 병합의 경우도 상소불가분의 원칙에 따라 항소심에 전 청구가 이심되므로 항소심은 1심에서 판단되지 않은 청구라도 선택하여 심판할 수 있다. 다만 1심에서 판단한 청구는 이유가 없고, 오히려 판단하지 않은 청구가 이유 있다고 판단한 경우 항소심이 어떤 판결을 하여야 하는지 문제된다.

② **[판 례(항소인용설)]** 대법원은 "수개의 청구가 제1심에서 처음부터 선택적으로 병합되고 그중 어느 한 개의 청구에 대한 인용판결이 선고되어 피고가 항소를 제기한 경우는 물론, 원고의 청구를 인용한 판결에 대하여 피고가 항소를 제기하여 항소심에 이심된 후 청구가 선택적으로 병합된 경우

에 있어서도 항소심은 제1심에서 인용된 청구를 먼저 심리하여 판단할 필요는 없고, **선택적으로 병합된 수개의 청구 중 제1심에서 심판되지 아니한 청구를 임의로 선택하여 심판할 수 있다**고 할 것이나, 심리한 결과 그 청구가 이유 있다고 인정되고 그 결론이 제1심판결의 주문과 동일한 경우에도 피고의 항소를 기각하여서는 안되며 **제1심판결을 취소한 다음 새로이 청구를 인용하는 주문을 선고하여야 할 것이다**"(92다7023)**(12회 선택형)**고 하여 항소인용설(취소자판설)의 입장이다(제416조).[86] **[13회 사례형]**

🖐 ✻ **선택적 병합에서 어느 하나의 청구가 인용되고 '피고'가 항소한 후, 원고가 항소심에서 예비적 병합으로 변경한 경우**(1심에서 판단한 청구는 이유가 없고, 판단하지 않은 청구가 이유 있다고 판단한 경우)

"원고가 제1심에서 선택적으로 구한 두 개의 청구 중 1개의 청구가 인용되고 피고가 항소한 후, 원고가 항소심에서 병합의 형태를 변경하여 제1심에서 심판되지 않은 청구 부분을 주위적 청구로, 제1심에서 인용된 위 청구 부분을 예비적 청구로 구함에 따라 항소심이 주위적 청구 부분을 먼저 심리하여 그 청구가 이유 있다고 인정하는 경우에는, 비록 결론이 제1심판결의 주문과 동일하더라도 피고의 항소를 기각하여서는 아니 되고 새로이 청구를 인용하는 주문을 선고하여야 한다"(2018다229625).

🖐 ✻ **항소심에서 청구를 선택적으로 병합한 경우** **[13회 사례형]**

"제1심에서 원고의 청구가 기각되어 원고가 항소한 다음 항소심에서 청구를 선택적으로 병합한 경우 법원은 병합된 수개의 청구 중 어느 하나의 청구를 선택하여 심리할 수 있고, 어느 한 개의 청구를 심리한 결과 그 청구가 이유 있다고 인정될 경우에는 원고의 청구를 기각한 제1심판결을 취소하고 이유 있다고 인정되는 청구를 인용하는 주문을 선고하여야 한다"(2018다298744).

---

86) **[학설]** ① 항소기각설(신이론)은 원고로서는 소송 목적을 달성하였다는 점에서 1심의 판결과 다를 바 없으므로 항소를 기각하고 1심 판결을 유지해야 한다는 견해이며(제414조 2항), ② 항소인용설(취소자판설, 구이론)은 1심 판결을 취소하고 청구인용의 자판을 하여야 한다는 견해이다(제416조). 생각건대, 인용되는 권리를 명확하게 밝혀 준다는 의미에서 항소인용설(취소자판설)이 타당하다.

# Ⅰ. 의 의

'예비적 병합'이란 양립할 수 없는 여러 개의 청구를 하면서 그 '심판의 순위'를 붙여 제1차적 청구가 인용될 것을 해제조건으로 하여 제2차적 청구에 대하여 심판을 구하는 형태의 병합을 말한다(5회 선택형).

# Ⅱ. 요 건 [양, 순, 논, 일]

① **[양립불가능한 청구]** 주위적 청구와 예비적 청구가 상호 배척 관계로서 전자가 후자를 흡수하는 포함관계가 아니어야 한다는 의미이다. 判例는 "예비적 청구는 주위적 청구와 서로 양립할 수 없는 관계에 있어야 하므로, 주위적 청구와 동일한 목적물에 관하여 동일한 청구원인을 내용으로 하면서 주위적 청구를 양적이나 질적으로 일부 감축하여 하는 청구는 주위적 청구에 흡수되는 것일 뿐 소송상의 예비적 청구라고 할 수 없다"(2016다225353)고 한다.

② **[판단순서의 존재]** 예비적 병합은 주위적 청구를 예비적 청구보다 먼저 심판해야한다는 점에서, 청구 사이에 판단순서가 없는 단순병합·선택적 병합과 구별된다.

③ **[청구사이의 논리적 관련성]** "논리적으로 전혀 관계가 없어 순수하게 단순병합으로 구하여야 할 수개의 청구를 선택적 또는 예비적 청구로 병합하여 청구하는 것은 부적법하여 허용되지 않는다"(2005다51495)

④ **[청구 병합의 일반 요건]** 동종절차, 공통관할의 요건을 갖추어야 한다.

# Ⅲ. 심판방법

① **[판단방법]** 주위적 청구가 인용될 때에는 예비적 청구에 대하여 심판할 필요가 없지만, 그것이 기각되는 때에는 예비적 청구에 대하여 심판하여야 한다. **[10사법]**

② **[일부판결의 허용여부**(소극 : 선택적 병합과 같은 법리)**]** 判例는 "예비적 병합의 경우에는 수개의 청구가 하나의 소송절차에 불가분적으로 결합되어 있기 때문에 주위적 청구를 먼저 판단하지 않고 예비적 청구만을 인용하거나 주위적 청구만을 배척하고 예비적 청구에 대하여 판단하지 않는 등의 일부판결은 예비적 병합의 성질에 반하는 것으로서 법률상 허용되지 아니한다"(98다22253)고 판시하였다.

③ **[위법한 일부판결에 대한 구제책**(판단누락설 : 선택적 병합과 같은 법리)**]** 判例는 "주위적 청구를 배척하면서 예비적 청구에 대하여 판단하지 아니하는 판결을 한 경우에는 그 판결에 대한 상소가 제기되면 판단이 누락된 예비적 청구 부분도 상소심으로 이심이 되고 그 부분이 재판의 탈루에 해당하여 원심에 계속 중이라고 볼 것은 아니다"(전합98다22253)**(5회 선택형)**고 하여 판단누락에 준해 상소 또는 재심에 의해 구제받아야 한다.[87] 그리고 이러한 법리는 부진정 예비적 병합의 경우에도 마찬가지이다(2020다292411). 따라서 항소심판결상 예비적 청구에 관하여 이루어져야 할 판단이 누락된 경우 상고를 통하여 그 오류의 시정을 구하여야 하고, 상고로 다투지 아니하여 그 항소심 판결을 확정시켰다면 그 후에는 그 예비적 청구의 전부나 일부를 소송물로 하여 별도로 소를 제기하는 것은 부적법한 소제기에 해당한다(98다17145 : 권리보호이익이 없어 부적법하다).

---

87) **[판례검토]** 재판누락설에 의하면 청구가 분리되어 모순이 발생할 수 있어 부당하고, 일부판결이 허용되지 않는 소송에서 재판누락은 있을 수 없으므로 判例의 태도가 타당하다.

④ **[원고 패소의 제1심판결에 대하여 원고가 항소한 후 항소심에서 예비적 청구를 추가한 경우]** 判例는 "항소심이 주위적 청구에 대한 항소가 이유 없다고 판단한 때에는 예비적 청구에 대하여 제1심으로서 판단하여야 한다. 이 경우 항소심은 추가된 예비적 청구부분에 관해서는 실질상 제1심으로 재판하여야 한다. 따라서 제1심이 기존의 청구를 기각한 데 대하여 원고가 항소하였고 항소심이 기존의 청구와 항소심에서 추가된 청구를 모두 배척할 경우 단순히 "원고의 항소를 기각한다."라는 주문 표시만 해서는 안 되고, 이와 함께 항소심에서 추가된 청구에 대하여 "원고의 청구를 기각한다."라는 주문 표시를 해야 한다(2020다292411).

🔖 **[관련판례]** "원심이 추가된 예비적 청구의 일부를 인용하는 경우 제1심판결 중 인용하는 금액에 해당하는 원고 패소 부분을 취소하고 그 인용금액의 지급을 명할 것이 아니라, 원고의 항소를 기각하고 새로이 추가된 예비적 청구에 따라 인용금액의 지급을 명하였어야 한다"(2016다253297)

## Ⅳ. 상소의 효력

### 1. 이심의 범위(전부)

예비적 병합의 경우 하나의 전부판결이므로 확정차단 및 이심의 범위는 판결 전부이다.

### 2. 심판대상(제415조 불이익변경금지원칙)

① **[주위적 청구 인용판결에 대하여 피고만 항소한 경우**(전부 : 주·인·피·전)**]** 예비적 청구를 포함한 판결 전부가 항소심의 심판대상이 된다. 주위적 청구가 기각되면 예비적 청구에 대하여 판단해 달라는 것이 원고의 의사이며 피고 역시 이를 예상할 수 있고, 청구기초가 동일하므로 피고의 심급의 이익을 해하지도 않기 때문이다. 判例 역시 "주위적 청구를 인용하는 판결은 전부판결로서 이러한 판결에 대하여 피고가 항소하면 제1심에서 심판을 받지 않은 다음 순위의 예비적 청구도 모두 이심되고 항소심이 제1심에서 인용되었던 주위적 청구를 배척할 때에는 다음 순위의 예비적 청구에 관하여 심판을 하여야 하는 것이다"(전합98다22253)**(5회 선택형)**고 판시하였다.

② **[주위적 청구 기각, 예비적 청구 인용판결에 대하여 피고만 항소한 경우**(예비적 청구에 국한 : 주·기·예·인·피·예)**]** 불이익변경금지원칙과 관련하여 심판의 대상이 문제된다. 判例는 "제1심에서 주위적 청구를 기각하고 예비적 청구를 인용한 판결에 대하여 피고만이 항소한 때에는, 이심의 효력은 사건 전체에 미치더라도 원고로부터 부대항소가 없는 한 항소심의 심판대상으로 되는 것은 예비적 청구에 국한된다"(94다31624)**(5회 선택형)**고 하여 소극설의 입장이다.[88] **[8회 사례형]**

③ **[주위적 청구 기각, 예비적 청구 인용판결에 대하여 피고만 항소한 항소심에서 피고가 주위적 청구를 인낙할 수 있는지 여부**(적극 : 예비적 청구에 관하여는 심판할 필요가 없음)**]**
判例는 "제1심 법원이 원고의 주위적 청구와 예비적 청구를 병합심리한 끝에 주위적 청구는 기각하고 예비적 청구만을 인용하는 판결을 선고한 데 대하여 피고만 항소를 하더라도, 피고가 항소심의 변론에서 원고의 주위적 청구를 인낙하여 그 인낙이 조서에 기재되면 그 조서는 확정

---

[88] **[판례검토]** 주위적 청구에 관하여 심판을 허용하게 되면 불이익변경금지원칙에 저촉되고, 원고는 부대항소(제403조)에 의해서 주위적 청구부분에 관해 심판을 구할 수 있다는 점에서 주위적 청구에 대한 제1심의 판단의 당부를 심사의 대상으로 할 수 없다는 소극설이 타당하다(주위적 청구 비심판설).

판결과 동일한 효력이 있는 것이고, 따라서 그 인낙으로 인하여 주위적 청구의 인용을 해제조건으로 병합심판을 구한 예비적 청구에 관하여는 심판할 필요가 없어 사건이 그대로 종결되는 것이다"(92다 12032)라고 판시하여 주위적 청구를 인낙할 수 있다고 한다(**5회 선택형**).

## V. 부진정 예비적병합

### 1. 부진정예비적병합의 인정 여부와 법적 성질 [11회 사례형, 14법행]

① 양립가능한 청구에 대하여 순서를 붙여 예비적 병합의 형태로 청구하는 경우 법원이 순서에 구속되는지와 관련하여, 判例는 "청구의 예비적 병합은 논리적으로 양립할 수 없는 수 개의 청구에 관하여 주위적 청구의 인용을 해제조건으로 예비적 청구에 대하여 심판을 구하는 형태의 병합이라 할 것이지만, 논리적으로 양립할 수 있는 수 개의 청구라 하더라도 당사자가 심판의 순위를 붙여 청구를 할 '합리적 필요성'이 있는 경우(예를 들어 주위적으로 재산상 손해배상을 청구하면서 그 손해가 인정되지 않을 경우에 예비적으로 같은 액수의 정신적 손해배상을 청구하는 형태의 부진정 예비적 병합 청구의 소가 허용된다 : 2020다292411)에는 **당사자가 붙인 순위에 따라서 당사자가 먼저 구하는 청구를 심리하여 이유가 없으면, 다음 청구를 심리하여야 한다**"(2001다17633)고 하여 **예비적 병합으로 취급**(순서에 구속되어 심판)한다.[89]

② 순위를 붙여 청구할 합리적 필요성이 있는 경우로는 ㉠ 부동산에 관한 (준)공유자로서 보존행위 내지 관리행위(민법 제265조)에 기한 소유권이전등기절차의 이행을 구하는 청구와 지분권에 관하여 지분의 처분행위(민법 제263조)로서 소유권(지분)이전등기절차의 이행을 구하는 청구(2001다17633), ㉡ 선택적 관계로서 동시에 양립할 수 있는 전부금 청구를 주위적으로 1억2천만 원, 채무인수금 청구를 예비적으로 1억4천5백만 원을 청구하면서, 심판의 범위로 주위적 청구에서 인용되는 수액을 제한 예비적 청구 부분의 심판을 구하는 경우(98다17145)등이 있다.

🔖 [**관련판례**] "성질상 선택적 관계에 있는 양 청구를 당사자가 주위적, 예비적 청구 병합의 형태로 제소함에 의하여 그 소송심판의 순위와 범위를 한정하여 청구하는 이른바, 부진정 예비적 병합 청구의 소도 허용되는바, 주위적 청구가 전부 인용되지 않을 경우에는 주위적 청구에서 인용되지 아니한 수액 범위 내에서의 예비적 청구에 대해서도 판단하여 주기를 바라는 취지로 불가분적으로 결합시켜 제소하는 것이 가능하다"(98다17145)(**12회 선택형**)

### 2. 부진정예비적병합의 심판

① [**심판방법과 심판범위**(병합청구의 객관적 성질에 따라 결정)] 判例는 부진정 예비적병합의 법적성질을 예비적 병합으로 보아 당사자가 정한 순서에 구속되어 재판하되, 심판방법과 심판범위는 병합청구의 성질에 따라 결정한다.

② [**단순병합관계에 순서를 붙인 경우**] 순서에 구속되어 재판하되 단순병합의 성질에 따라 모든 청구에 대하여 심판한다.

③ [**선택적 병합관계에 순서를 붙인 경우**] 선택적 병합은 어느 한 청구가 인용될 것을 해제조건으로 하여 다른 청구에 관해 심판한다. 그런데 부진정예비적 병합은 순서에 구속되어 재판하므로, 선택적 병합관계에 순서를 붙인 경우에도 1차 청구를 먼저 심판하여 인용되면 2차 청구를 심판할 필요

---

89) [**판례검토**] 양립가능한 청구라도 원고가 심판순서를 정한 이상 처분권주의에 비추어 이를 존중할 필요가 있으므로 판례의 태도가 타당하다.

가 없고, 1차 청구가 기각되면 2차 청구를 심판한다. 결국 1차 청구가 인용될 것을 해제조건으로 하여 2차 청구에 대하여 심판하는 예비적 병합의 심판방법과 동일한 구조를 갖게 된다.

🌿 **＊ 부진정예비적병합에서 주위적 청구 기각, 예비적 청구 인용판결에 피고만 항소(전부)**
"선택적 병합 관계에 있는 두 청구에 관하여 당사자가 주위적·예비적으로 순위를 붙여 청구하였고, 그에 대하여 제1심법원이 주위적 청구를 기각하고 예비적 청구만을 인용하는 판결을 선고하여 피고만이 항소를 제기한 경우에도, 항소심으로서는 두 청구 모두를 심판의 대상으로 삼아 판단하여야 한다"(2013다96868)(12회 선택형). [14법행]

이와 같은 맥락에서 "성질상 선택적 관계에 있는 청구를 당사자가 심판의 순위를 붙여 청구한다는 취지에서 예비적으로 병합한 경우(부진정예비적병합), 병합된 청구를 모두 기각한 항소심판결에 대하여 상고심 법원이 병합된 청구 중 어느 하나의 청구에 관한 상고가 이유 있다고 인정하는 경우라면 항소심판결 전부를 파기하여야 한다"(2017다247145).

## VI. 등기청구(본위적 청구)와 전보배상청구(대상청구)

"채권자가 본래적 급부청구에 이를 대신할 전보배상을 부가하여 대상청구를 병합하여 소구한 경우 대상청구는 본래적 급부청구권이 현존함을 전제로 하여 이것이 판결확정 전에 이행불능(변론종결 후 집행불능으로 이해해야 한다)되거나 또는 판결확정 후에 집행불능이 되는 경우에 대비하여 전보배상을 미리 청구하는 경우로서 양자의 병합은 현재 급부청구와 장래 급부청구의 단순병합에 속하는 것으로 허용된다. 이러한 대상청구를 본래의 급부청구에 예비적으로 병합한 경우에도 본래의 급부청구가 인용된다는 이유만으로 예비적 청구에 대한 판단을 생략할 수는 없다"(2011다30666)(12회 선택형).

## VII. 물건인도청구(본위적 청구)와 전보배상청구(대상청구) : ex) 저당권의 불법말소 사안

| 대상청구 | 이행불능이 발생한 경우(변론종결 前) | 집행불능이 발생한 경우(변론종결 後) |
|---|---|---|
| 종류물의 경우 | 이행불능의 상황이 존재하지 않음<br>따라서 집행불능의 상황만 발생함 | ① 물건인도청구 : 현재이행의 소<br>(인도청구는 변론 종결 전에 이행기가 도래하므로 현재이행의 소에 해당)<br>② 대상청구 : 장래이행의 소<br>(대상청구는 변론 종결 뒤의 집행불능에 대비한 것으로 집행불능시 이행기가 도래하므로 장래이행의 소에 해당) |
| 특정물의 경우 | ① 물건인도청구 : 현재이행의 소<br>② 대상청구 : 현재이행의 소<br>(변론 종결 시를 기준으로 이행불능여부를 판단하므로 양 청구는 모두 변론 종결 전에 이행기가 도래하여 현재이행의 소에 해당) | |
| 병합형태 | 예비적 병합 | 단순 병합 |
| 판결 | ① 변론종결시 이행가능한 경우〈주문〉<br>1. 목적물을 인도하라.<br>2. (판단안함)<br>② 변론종결시 이행불가능한 경우〈주문〉<br>1. 인도청구를 기각한다.<br>2. 금 1억원을 지급하라 | ① 1차청구가 이유있는 경우〈주문〉<br>1. 목적물을 인도하라.<br>2. 집행불능시 금 1억원을 지급하라<br>② 1차청구가 이유없는 경우〈주문〉<br>1. 인도청구를 기각한다.<br>2. (심리안함) 기각한다. |

## 1. 본위적 청구의 이행불능에 대비한 대상청구

① **[병합형태와 목적물의 성질(예비적병합 / 특정물)]** 현재의 물건인도청구와 함께 변론종결 시점(현재)에 물건인도청구가 이행불능을 이유로 기각될 것에 대비하여 전보배상을 구하는 경우로서 이는 현재이행의 소와 현재이행의 소(이행불능의 판단시점은 변론종결시인 현재가 기준)의 **예비적 병합**(양립불가하고 판단순서가 있음. 인도청구 먼저심사)에 해당한다. 종류물은 이행불능이 있을 수 없으므로 특정물만이 목적물이 된다.

② **[심 리**(예비적병합의심리)**]** 예비적 병합은 1차 청구가 인용될 것을 해제조건으로 하여 2차 청구에 대하여 심판한다. 따라서 본위적 청구가 인용될 때에는 대상청구에 대하여 심판할 필요가 없지만, 본위적 청구가 기각되는 때에는 대상청구에 대하여 심판하여야 한다.

## 2. 본위적 청구의 집행불능에 대비한 대상청구

① **[병합형태와 목적물의 성질**(단순병합/종류물·특정물)**]** 현재의 물건인도청구와 함께 그 집행불능에 대비하여 장래의 대상청구를 구하는 경우로서, 현재이행의 소와 장래이행의 소(집행불능의 판단시점은 주청구의 승소확정 판결 후인 장래가 기준)의 **단순병합**(집행불능은 본위적 청구의 인용을 전제로 하므로 양립가능하여 단순병합관계이다. 다만, 판단순서가 있으므로 부진정예비적병합이라는 견해가 있음)에 해당한다(2011다30666)**(12회 선택형)**.
집행불능에 대비한 대상청구는 **특정물 뿐만 아니라 종류물도** 목적물이 되고, 장래이행의 소로서 소의 이익이 인정되어야 한다(대상적격을 갖추고, 미리 청구할 필요가 있을 것).

🧐 **＊ 특정물 인도청구의 집행불능에 대비하여 구하는 대상청구의 성질**
특정물의 인도청구의 경우 이행불능에 대비한 대상청구와 집행불능에 대비한 대상청구가 모두 가능한바, 判例는 "어느 물건의 집행불능에 대비하여 구하는 예비적 대상청구(순서를 붙였다는 점에서 '예비적'이라고 표현한 것이지 병합의 성질이 예비적 병합이라는 의미가 아님 : 저자주)의 성질은 이행지체로 인한 전보배상을 구하는 것이고 '인도불능일 때' 또는 '인도하지 않을 때'라는 문언은 '집행불능의 때'의 의미로 보아야 한다"(75다308)고 판시하였다. 즉, 당사자의 의사가 분명하지 않은 경우 집행불능에 대비한 대상청구로 해석하여야 한다.

② **[심 리**(통상의 단순병합의 심리와의 차이점 존재)**]** 통상의 단순병합소송에 있어서는 어느 한 청구의 인용 여부와 무관하게 다른 청구에 관하여 독립하여 판단을 하여야 하지만, 대상청구에 있어서는 단순병합이라고 하더라도 본위적 청구가 이유 없는 때에는 대상청구에 관하여는 심리할 필요없이 이를 배척하여야 한다(68다158). 집행불능에 대비한 대상청구는 본위적 청구의 인용을 조건으로 하기 때문이다.

## ※ 객관적 병합 중 후발적 병합 정리

| 요건<br>(기·관지전일) | 청구의 변경<br>(원고만 가능) | 중간확인의 소<br>(원·피고 모두 가능) | 반 소<br>(피고만 가능) |
|---|---|---|---|
| 청구기초의<br>동일성<br>(청구관련성) | ① 신·구청구간 청구기초의 동일성 필요<br>② 사익적 요건이므로 동일성이 없어도 피고가 동의하거나 이의없이 응소하면 하자치유 | ① 권리관계의 확인을 구함<br>② 본소청구와 선결적 관계 : 본소의 계속은 중간확인의 소의 제기요건이자 존속요건, 즉 본소취하·각하되면 확인의 소는 각하<br>③ 계쟁성 : 당사자간의 다툼 | ① 상호관련성 : 본소청구와의 관련성, 본소의 방어방법과의 관련성(방어방법은 현실적으로 제출되고 적법해야)<br>② 본소의 계속은 반소의 제기요건이나 존속요건은 아님, 즉 본소가 취하·각하되어도 반소유지 |
| 소송절차를<br>현저히<br>지연시키지<br>않을 것 | ① 소송지연금지요건 필요<br>② 공익적 요건이므로 직권조사사항이고, 피고가 동의하고 응소하여도 하자치유 안됨, 이의권의 포기 사실대상도 아님 | 소송지연금지요건 불요 | 소송지연금지요건 필요<br>(청구의 변경과 같은 법리) |
| 사실심에<br>계속되고<br>변론종결<br>전에 제기될<br>것 | ① 항소심까지만 가능<br>(상고심에선 불가)<br>② 항소심에서 청구변경시 피고동의 불요<br>(∵청구기초동일)<br>③ 항소심에서 교환적 변경을 하고 다시 소변경으로 구청구를 부활시킨다면 재소금지원칙에 위반<br>④ 전부승소한 원고의 청구취지 확장을 위한 항소의 이익부정(가분채권의 묵시적인 일부청구라고 볼 수 있다면 인정) | ① 항소심까지만 가능<br>(상고심에선 불가)<br>② 항소심에서 중간확인의 소 제기시 피고동의 불요(∵ 원고가 제기하는 경우에는 청구의 추가적 변경에 해당하므로 청구기초동일, 피고가 제기하는 경우에는 반소의 성질을 가지므로 반소의 관련성 존재. 따라서 청구관련성이 인정되어 피고의 이익이 보장됨) | ① 항소심까지만 가능<br>(상고심에선 불가)<br>② 항소심에서 반소제기 : 원고의 심급의 이익을 해할 우려가 없는 경우 또는 상대방의 동의를 받은 경우 가능<br>- 동의가 필요없는 경우 : i) 중간확인의 반소, ii) 본소와 청구원인을 같이하는 반소, iii) 제1심에서 이미 충분히 심리한 쟁점과 관련된 반소, iv) 항소심에서 반소의 변경으로 예비적 반소를 추가하는 경우(중, 원, 충, 예)<br>- 동의가 의제되는 경우 : 이의 없는 응소 |
| 청구병합의<br>일반요건 | 동종절차, 공통관할 | | |

# Ⅰ. 의 의

'청구의 변경'이란 종전의 청구 대신에 새로운 청구로 바꾸거나 종전의 청구에 새로운 청구를 추가시키는 방법을 말한다(제262조). 소송경제에 이바지하고 있으며 청구기초의 동일성을 요구한다는 점에서 피고의 방어권도 조화시키고 있다.

# Ⅱ. 청구변경의 범위

## 1. 청구취지의 변경

### (1) 소의 종류나 심판대상의 변경

청구취지의 변경은 원칙적으로 청구의 변경에 해당한다. 따라서 청구원인은 그대로 둔 채 소의 종류나(예컨대 동일한 부동산에 대한 인도청구의 소를 소유권확인의 소로 바꾸는 경우) 심판대상을(예컨대 A부동산에 대한 인도청구의 소를 B부동산에 대한 인도청구의 소로 바꾸는 경우) 변경하더라도 청구취지가 변경되는 이상 청구의 변경에 해당한다.

### (2) 심판 범위의 변경

① [청구의 확장(추가적 변경)] 判例는 "매매 또는 취득시효 완성을 원인으로 하는 소유권이전등기 청구소송에서 그 대상을 1필지 토지의 일부에서 전부로 확장하는 것은 청구의 양적 확장으로서 소의 추가적 변경에 해당한다"(96다50520)고 판시하였다.

② [청구의 감축(원칙적 일부 취하)] 금전청구에 있어 양적으로 감축하는 경우나 단순이행청구에서 상환이행청구로의 질적 감축 등 청구의 감축의 경우 소변경에는 해당하지 않고 축소된 범위에서 일부취하로 볼 것인지 아니면 일부포기로 볼 것인지 문제된다. 청구의 감축은 원고의 의사에 따라 판단하므로 원고의 의사가 일부 포기라면 피고의 동의를 요하지 않는 반면 원고의 의사가 일부 취하라면 피고의 동의를 요한다(제266조 2항). 원고의 의사가 불분명한 경우는 일부 취하로 해석한다(83다카450)(4회 선택형).

### (3) 청구취지의 보충 · 정정

소장에서 심판을 구하는 대상이 불분명한 경우 이를 명확하게 하기 위하여 청구취지를 보충 · 정정하는 것은 청구의 변경에 해당하지 아니한다(2005다74863)(6회 선택형).

## 2. 청구원인의 변경

소송물이론에 따라 판단한다. ① 실체법상 권리 즉 법률적 관점을 변경하는 경우, 구실체법설에 의하면 소변경이고 신이론에 의하면 공격방어방법의 변경에 불과하다. ② 청구원인을 이루는 사실관계의 변경도 구이론에서는 소의 변경이 되지만 신이론에서는 공격방어방법의 변경에 불과하다.

## 3. 공격방어방법의 변경

소변경과 공격방어방법의 변경을 구별하는 기준은 소송물이론이다. 判例는 ① "채권자가 사해행위의 취소를 청구하면서 그 보전하고자 하는 채권을 추가하거나 교환하는 것(피보전채권의 변경)은 그 사해행위취소권을 이유 있게 하는 공격방법에 관한 주장을 변경하는 것일 뿐이지 소송물 또는 청구자체를 변경하는 것이 아니므로 소의 변경이라 할 수 없다"(2001다13532)(6 · 11 · 13회 선택형)고 하였고, ② "가등기에 기한 본등기청구를 하면서 그 등기원인을 매매예약완결이라고 주장하는 한편 위 가등기의 피담보채권을 처음에는 대여금채권이라고 주장하였다가 나중에는 손해배상채권이라고 주장한 경우 가등기에 기한 본등기청구의 등기원인은 위 주장의 변경에 관계없이 매매예약완결이므로 등기원인에 변경이 없어 청구의 변경에 해당하지 아니하고, 위 가등기로 담보되는 채권이 무엇인지는 공격방어방법에 불과하다"(92다11848)고 하였다.

## Ⅲ. 모 습

### 1. 교환적 변경

① [의의 및 법적성질] '교환적 변경'이란 구청구에 갈음하여 신청구를 제기하는 청구변경을 말한다. 통설·判例는 신소 제기와 구소 취하의 결합으로 보는 **결합설**의 입장이다.

② [청구변경시 피고의 동의 여부(불요설)] 대법원은 "교환적 변경의 경우에 있어서도 변경 전후의 양청구의 기초의 동일성에 영향이 없으므로 구청구의 취하에 피고의 동의가 별도로 필요하지 않다"(4294민상310)고 판시하여 **동의불요설**의 입장이다.

③ [청구변경 후 다시 구청구로 변경하는 경우(재소금지에 해당)] 判例는 "소의 교환적 변경은 신청구의 추가적 병합과 구청구의 취하의 결합형태로 볼 것이므로 본안에 대한 종국판결이 있은 후 구청구를 신청구로 교환적 변경을 한 다음 다시 본래의 구청구로 교환적 변경을 한 경우에는 종국판결이 있은 후 소를 취하하였다가 동일한 소를 다시 제기한 경우에 해당하여 부적법하다"(87다카1405)고 한다. [10·11사법]

### 2. 추가적 변경

구청구를 유지하면서 신청구를 추가 제기하는 청구변경을 말한다. 청구의 후발적 병합에 해당하므로 청구의 병합요건(제262조)을 갖춰야 하며 단순병합·선택적 병합·예비적 병합의 형태로 이루어진다.

### 3. 소변경의 형태가 불명확할 경우의 법원의 조치(석명)

判例는 "교환적인가 또는 추가적인가의 점에 대하여 석명으로 이를 밝혀 볼 의무가 있다"(94다6802)(2회 선택형)고 판시하였다. 또한, "당사자가 부주의 또는 오해로 인하여 청구취지가 특정되지 아니한 것을 명백히 간과한 채 본안에 관하여 공방을 하고 있는데도 보정의 기회를 부여하지 아니한 채 당사자가 전혀 예상하지 못하였던 청구취지 불특정을 이유로 소를 각하하는 것은 석명의무를 다하지 아니하여 심리를 제대로 하지 아니한 것으로서 위법하다"(2011다111459)고 판시하였다. 다만, 이 경우에도 신청구가 부적법하여 법원의 판단을 받을 수 없는 청구인 경우까지도 구청구가 취하되는 소위 교환적 변경이라고 볼 수는 없다(73다1449).

## Ⅳ. 요 건 [기, 지, 전, 일]

ⅰ) 청구기초의 동일성이 있을 것, ⅱ) 신청구의 심리를 위해 소송절차를 현저히 지연시키지 않을 것, ⅲ) 사실심에 계속되고 변론종결 전일 것, ⅳ) 청구병합의 일반요건으로서 신·구청구가 동종의 소송절차에 의하여 심리될 수 있어야 하고(제253조), 모든 청구에 대하여 당해 법원에

관할권이 있을 것이 요구된다(제262조).

① **[청구기초의 동일성이 인정된 판례(원, 목, 변형, 해결)]** ㉠ 이전등기말소청구에 추가하여 인도청구를 구한 경우(4294민상279)와 같이 청구원인은 동일한데 청구취지만을 변경한 경우, ㉡ 증여받았음을 원인으로 소유권이전등기를 청구하다가 예비적으로 상속을 원인으로 이전등기를 구하는 것으로 변경한 경우(91다34103)와 같이 청구의 목적은 같은데 법률적 구성만을 달리하는 경우, ㉢ 소유권이전등기를 청구하다가 그 등기의무가 이행불능임을 전제로 손해배상청구로 바꾼 경우(69다413)와 같이 신·구청구 중 한편이 다른 쪽의 변형물이거나 부수물인 경우, ㉣ 매매계약에 의한 이전등기청구에서 매매계약해제에 의한 계약금반환청구로 변경한 경우(72다546)와 같이 동일한 생활사실이나 경제적 이익에 관한 분쟁인데 해결방법만을 달리하는 경우

② **[항소심에서의 청구변경]** ㉠ 항소심에서는 청구의 기초에 변경이 없는 한 청구의 확장이 가능하고(69다406)(1회 선택형), 제1심에서 적법하게 반소를 제기하였던 당사자가 항소심에서 반소를 교환적으로 변경하는 것도 가능하다(2010다28338). ㉡ 항소심에서 청구가 교환적으로 변경된 경우 항소심에서는 구 청구에 대한 제1심 판결을 취소할 필요 없이 신청구에 대하여만 제1심으로서 판결을 하게 된다(87다카2372)(3·6회 선택형). 따라서 항소심은 "원고의 청구를 인용한다 또는 기각한다"는 주문을 내야 하고 "항소를 인용한다 또는 기각한다"는 주문표시를 하여서는 아니된다. 또한 항소심에서 청구의 교환적 변경이 이루어지면 항소심은 제1심판결이 있음을 전제로 한 항소각하 판결을 할 수 없고, 사실상 제1심으로서 새로운 청구의 당부를 판단하여야 한다(2017다21411).

③ **[제1심에서 전부승소한 원고가 항소심에서 청구의 변경을 할 수 있는지 여부]** ㉠ 제1심에서 전부 승소한 원고(피항소인)도 항소심 계속 중 그 청구취지를 확장·변경할 수 있고, 그것이 피고에게 불리하게 하는 한도 내에서는 부대항소를 한 취지로도 볼 수 있다(94다58261 : 피고의 항소에 원고가 피항소인으로서 청구취지를 변경한 사안)[90](6·12회 선택형). ㉡ 원고(항소인)가 전부승소한 경우 소의 변경만을 위한 항소는 항소의 이익이 없으나 가분채권의 묵시적인 일부청구라고 볼 수 있다면 가능하다(2004다37904)(6회 선택형).

④ **[항소심에서의 교환적 변경 후 항소취하(무효)]** "피고의 항소로 인한 항소심에서 소의 교환적 변경이 적법하게 이루어졌다면 제1심판결은 소의 교환적 변경에 의한 소취하로 실효되고, 항소심의 심판대상은 새로운 소송으로 바뀌어 지고 항소심이 사실상 제1심으로 재판하는 것이 되므로, 그 뒤에 피고가 항소를 취하한다 하더라도 '항소취하는 그 대상이 없어' 아무런 효력을 발생할 수 없다"(93다25875)(3회 선택형)고 하였다.

⑤ **[환송 전 원고 패소로 확정된 청구를 교환적으로 변경한 경우]** 환송 전 원심이 원고의 예비적 청구인 부당이득반환청구를 일부 인용하였고 피고만이 상고하여 환송판결이 피고 패소부분을 파기환송하였는데, 원고가 원심에서 예비적 청구의 청구원인과 청구금액을 같이하는 파산채권확정의 소로 청구를 교환적으로 변경한 사안에서, 환송 전 원심판결의 예비적 청구 중 일부 인용한 금액을 초과하는 부분은 원고 패소로 확정되었지만, 원심에서 교환적으로 변경된 예비적 청구는 전체가 원심의 심판대상이 되는데, 환송 전 원심판결의 예비적 청구 중 일부 인용한 금액을 초과하는 부분은 원고 패소로 확정되었으므로 이와 실질적으로 동일한 소송물인 파산채권확정

---

90) **[판례검토]** 부대항소는 항소의 성질을 갖지 못한다(비항소설). 따라서 항소의 이익이 필요 없으므로 제1심에서 전부 승소한 원고도 항소심 계속 중 그 청구취지를 확장, 변경할 수 있다.

청구에 대하여도 다른 판단을 할 수 없다(2011다31706 : 교환적으로 변경된 예비적 청구 중 원고 패소로 확정된 부분에 대하여는 청구기각판결을 하여야 한다).

## V. 심 판

### 1. 청구변경의 적법성심사와 신청구의 심판

청구변경의 신청여부는 원고의 재량사항이나(제262조 2항), 청구변경의 적법여부는 법원의 직권조사사항이고, 심사결과 청구변경신청이 부적법하다면 법원은 불허결정을 한다(제263조). 判例는 청구취지변경을 불허한 결정에 대하여는 독립하여 항고할 수 없고 종국판결에 대한 상소로써만 다툴 수 있다고 한다(92누5096)**(6회 선택형)**. 반면 청구변경신청이 적법하다면 법원은 별도로 소변경 허가결정을 하지 않고 신청구에 대한 심판을 개시하면 된다.

### 2. 청구의 변경을 간과한 효과

#### (1) 교환적 변경을 간과하고 구청구를 심판한 경우(구청구 소송종료선언, 신청구 추가판결)

구청구에 대하여 심리·판단한 원심판결을 파기하고 구청구에 대하여 소송종료선언을 하여야 한다. 누락된 신청구는 원심법원에 계속 중이므로 추가판결(제212조)로 시정하여야 한다(2002다56987)**(3회 선택형)**.

#### (2) 추가적 변경을 간과한 경우(단순병합 추가판결, 선택적·예비적 병합 항소심 심판대상)

① 단순병합의 경우 원심법원이 추가판결로 시정하여야 한다. ② 선택적·예비적 병합의 경우 판단누락에 준하는 것으로 보아 항소에 의해 선택적·예비적 청구 전부가 항소심으로 이심되어 항소심의 심판대상이 된다(96다99)**(3회 선택형)**.

---

**Set 050** | **중간확인의 소**

## I. 의의 및 취지

중간확인의 소는 소송계속 중에 본소 청구의 판단과 관련된 선결적 법률관계의 존부확정을 위하여 제기하는 소이다(제264조). 판결이유 중 판단에 기판력을 미치게 할 수 있는 제도로서 원고와 피고가 모두 제기할 수 있는 바, 원고가 제기하는 경우에는 청구의 추가적 변경에 해당하고, 피고가 제기하는 경우에는 반소의 성질을 가진다. 중간확인의 소를 제기하면 본소와 함께 청구의 병합상태가 생기며, 청구기초의 동일성 및 반소의 관련성 등은 당연히 충족된 바, 항소심에서 피고가 제기할 때에도 상대방의 동의를 요하지 않는다.

## II. 요 건

① **[선결적 법률관계일 것]** 본래의 청구에 대한 선결적 관계는 중간확인의 소에 대한 판결시까지 현실적으로 존재해야 한다(현실설). 判例 역시 재심사유가 인정되지 않아서 재심청구를 기각하는 경우에는 중간확인의 소를 각하하고 이를 판결 주문에 기재하여야 한다는 입장이다(2007다

69834)(11회 선택형). 따라서 본소 청구가 취하·각하된 경우나 선결관계를 판단할 필요도 없이 본소 청구가 기각될 경우에는 중간확인의 소는 부적법하다.

② [그 법률관계에 관하여 다툼이 있을 것] 본래의 소송 중 당사자 간에 다툼이 있는 법률관계이어야 한다.

③ [중간확인의 청구가 다른 법원의 전속관할에 속하지 않을 것] 중간확인의 소가 다른 법원의 전속관할에 속할 때에는 그것이 독립된 소의 요건을 갖추었다면 이를 분리하여 전속관할이 있는 법원으로 이송하여야 한다(제264조 1항 단서).

④ [본래의 소가 사실심에 계속되고 변론종결 전일 것] 상고심에서는 중간확인의 소를 제기할 수 없고, 항소심에서는 중간확인의 소를 제기할 수 있으나 피고가 제기한 경우에도 상대방의 동의를 요하지 아니한다.

## Set 051 반 소

## I. 서 설

### 1. 의 의
'반소'란 소송 계속 중에 피고가 그 소송절차를 이용하여 원고에 대해서 제기하는 소를 말한다(제269조).

### 2. 성 질

① [독립한 소, 반소의 이익] 반소는 독립한 소이므로 본소청구 기각 이상의 적극적인 내용이 포함되어야 한다. ㉠ 判例는 "반소청구에 본소청구의 기각을 구하는 것 이상의 적극적 내용이 포함되어 있지 않다면 반소청구로서의 이익이 없고, 어떤 채권에 기한 이행의 소에 대하여 동일 채권에 관한 채무부존재확인의 반소를 제기하는 것은 그 청구의 내용이 실질적으로 본소청구의 기각을 구하는 데 그치는 것이므로 부적법하다"(2005다40709)고 하였다. ㉡ 반대로 원고(채무자)의 채무부존재확인의 본소청구에 대해서 피고(채권자)가 채무이행의 반소를 청구했다면 이는 본소청구기각(원고의 채무존재) 이상의 적극적 내용(피고의 이행청구권 존재)이 포함되어 있으므로 반소이익이 인정될 것이다. [2회 사례형]

② [본소의 적법여부에 영향을 주지 않는 소(본소의 이익)] 소극적 확인의 소 계속 중 이행의 반소를 제기한 경우 본소의 소의 이익에 영향을 주는지에 대해 判例는 "소송요건을 구비하여 적법하게 제기된 본소가 그 후 상대방이 제기한 반소로 인해 소송요건에 흠결이 생겨 다시 부적법하게 되는 것은 아니므로, 원고가 손해배상채무부존재확인을 구할 이익이 있어 본소로 확인을 구했다면, 피고가 그 후 배상채무이행을 구하는 반소를 제기해도 그 사정만으로 본소가 확인의 이익이 소멸하여 부적법하게 된다고 볼 수 없다"(2010다2428,2435)(1·4·5·13회 선택형)고 하여 확인의 소가 먼저 제기된 상태에서 이행의 소가 반소로 제기된 경우 반소는 '중복소제기'가 아님을 전제로 판단하고 본소는 소의 이익이 있다고 판시하였다.[91] [9회 사례형]

③ [반소의 당사자] 반소는 피고가 원고를 상대로 제기하는 소이다. 따라서 독립당사자참가(제79조)나 참가승계(제81조)의 경우 참가인과의 관계에서 피고의 지위에 있는 종전의 당사자도 참가인 상대의 반소를 제기할 수 있다. 그러나 피고가 원고 이외의 제3자를 추가하여 반소피고로 하는 반소는 원칙적으로 허용되지 아니하고, 다만 피고가 제기하려는 반소가 필수적 공동소송이 될 경우에는 제68조의 필수적 공동소송인 추가의 요건을 갖추면 허용될 수 있다(2014다235042). 그리고 보조참가인은 당사자가 아니므로 보조참가인에 의한 내지 보조참가인에 대한 반소는 부적법하다.

## Ⅱ. 모 습

### 1. 단순반소와 예비적 반소

① 단순반소란 본소청구가 인용되든 기각되든 관계없이 반소청구에 대하여 심판을 구하는 것을 가리키고, ② 예비적 반소는 본소청구가 인용될 때를 대비하여 조건부로 반소청구에 대하여 심판을 구하는 것으로 ⅰ) 본소청구가 각하·취하되면 반소청구는 소멸되며, ⅱ) 본소청구가 기각되면 반소청구에 아무런 판단을 요하지 않는다(91다1615). 이 경우 반소청구에 대하여 판단을 하면 무효이다. ③ 본소청구가 배척될 때를 대비하여 조건부로 하는 반소청구인 '부진정 예비적 반소'도 인정된다.

### 2. 본소와 예비적 반소가 모두 각하판결을 받았는데 원고만 항소한 경우 [8회 사례형]

① [예비적 반소도 항소심으로 이심되는지 여부(적극)] 원고의 본소청구와 피고의 반소청구 모두에 대해 소각하 판결을 한 것은 전부판결이므로 상소불가분원칙상 원고의 본소청구에 대해서만 항소하였더라도 예비적 반소청구도 확정이 차단되고 2심으로 이심된다.

② [예비적 반소도 항소심의 심판대상인지 여부(적극)] 判例는 "피고의 예비적 반소는 본소청구가 인용될 것을 조건으로 심판을 구하는 것으로서 원심(항소심을 의미)으로서는 원고의 항소를 받아들여 원고의 본소청구를 인용한 이상 피고의 예비적 반소청구를 심판대상으로 삼아 이를 판단하였어야 한다"(2006다19061)(11회 선택형)고 판시하여 예비적 반소도 항소심의 심판의 대상이 된다고 본다. 즉, 불이익변경금지원칙에 반하지 않는다고 보았다.[92]

### 3. 재반소

반소에 대한 재반소도 허용된다. 判例는 "본소 이혼청구를 기각하고 반소 이혼청구를 인용하는 경우 본소 이혼청구에 병합된 재산분할청구는 원고의 반대의사표시 등 특별한 사정이 없는 한, 피고의 반소청구에 대한 재반소의 실질을 가지게 되므로 원고의 재산분할청구에 대한 심리에 들어가 액수와 방법을 정해주어야 한다"(2001므626)고 판시하였다(4·11회 선택형)

---

91) [판례평석] 이러한 判例에 대해서는 이행의 소에서 채무존부가 확정되므로 본소는 당초의 목적을 다한 것으로 보아야 하고, 소의 이익의 존부 판정 시기는 사실심 변론종결시점이므로 채무부존재확인의 소는 확인의 이익이 없어져 각하함이 타당하다는 비판이 있다(다수설).

92) [판례검토] 위 판결에 대하여 피고가 재판결과에 승복하여 항소·부대항소를 하지 아니하였음에도 항소심이 심판을 하는 것은 처분권주의 및 불이익변경금지원칙 위반의 문제가 있다는 비판이 있다. 하지만 예비적 반소는 본소가 인용될 때를 대비한 조건부 청구이고 예비적 반소의 인용을 항소한 원고도 예상할 수 있으므로, 判例의 입장이 타당하다.

## Ⅲ. 요 건 [관, 지, 전, 일] [6회 사례형]

반소는 특별소송요건(병합요건)으로서 ⅰ) 반소청구가 본소의 청구 또는 방어의 방법과 서로 관련이 있을 것(상호관련성), ⅱ) 본소의 소송절차를 현저히 지연시키지 아니할 것, ⅲ) 본소가 사실심에 계속되고 변론종결 전일 것, ⅳ) 청구병합의 일반요건(동종절차, 공통관할)을 갖출 것, 아울러 반소도 독립한 소이므로 일반소송요건도 갖추어야 한다(중복소제기금지, 재소금지의 원칙 등에 저촉되지 않아야 하고 소의 이익이 인정되어야 한다).

### 1. 상호관련성

#### (1) 의미 및 취지

반소청구는 본소의 청구 또는 방어의 방법과 서로 관련이 있어야 한다(제269조 1항).

#### (2) 내 용

① **[본소청구와 상호관련성]** ㉠ 동일 법률관계의 형성을 목적으로 하는 경우, ㉡ 청구원인이 동일한 경우, ㉢ 대상 또는 발생원인 등에 있어서 주된 부분이 공통된 경우 등

② **[본소청구의 방어방법과 상호관련성]** 반소청구가 본소청구의 항변사유와 대상·발생원인에 있어서 사실상 또는 법률상 공통성이 있는 경우를 말하며, 본소의 방어방법과 관련된 반소는 ⅰ) 그 방어방법이 반소제기 당시에 현실적으로 제출되어야 하며(예를 들어 소송상 실기한 방어방법으로 각하된 항변이 아닐 것), ⅱ) 법률상 허용(적법)되어야 한다(예를 들어 민법 제496조 등의 상계금지채권이 아닐 것).

🔖 * **점유권에 기한 본소의 청구**(민법 제204조)**에 피고가 소유권에 기한 반소**(민법 제213조)**를 제기할 수 있는지 여부**(적극)

㉠ 判例는 "점유의 침탈을 이유로 한 **점유물반환청구권을 피보전권리로 하는 점유이전금지가처분 신청**에 대하여는 민법 제208조에 따라 소유권 그 밖의 본권에 관한 이유로 피보전권리나 보전의 필요성을 부정할 수는 없다"(2013마198)고 판시하여 점유권에 기한 본소에 대해 소유권에 기한 반소를 허용하고, 모두 인용할 수 있다는 입장이다. 이러한 법리는 점유를 침탈당한 자가 점유권에 기한 점유회수의 소를 제기하고, 본권자가 그 점유회수의 소가 인용될 것에 대비하여 본권에 기초한 장래이행의 소로서 별소를 제기한 경우에도 마찬가지로 적용된다(2019다208441). **[13회 사례형]**

㉡ 점유권에 기한 본소와 소유권에 기한 반소를 모두 인용되어 확정되면 判例는 "점유자가 본소 확정판결에 의하여 집행문을 부여받아 강제집행으로 물건의 점유를 회복할 수 있다. 본권자의 소유권에 기한 반소청구는 본소의 의무 실현을 정지조건으로 하므로, 본권자는 위 본소 집행 후 집행문을 부여받아 비로소 반소 확정판결에 따른 강제집행으로 물건의 점유를 회복할 수 있다"(2019다202795,202801)[93] **(11회 선택형)**고 판시하였다. 즉, 법원은 '본소청구'와 '반소청구'를

---

[93] "이러한 과정은 본권자가 허용되지 않는 자력구제로 점유를 회복한 데 따른 것으로 그 과정에서 본권자가 점유 침탈 중 설치한 장애물 등이 제거될 수 있다. 다만 점유자의 점유회수의 집행이 무의미한 점유상태의 변경을 반복하는 것에 불과할 뿐 아무런 실익이 없거나 본권자로 하여금 점유회수의 집행을 수인하도록 하는 것이 명백히 정의에 반하여 사회생활상 용인할 수 없다고 인정되는 경우, 또는 점유자가 점유권에 기한 본소 승소 확정판결을 장기간 강제집행하지 않음으로써 본권자의 예비적 반소 승소 확정판결까지 조건불성취로 강제집행에 나아갈 수 없게 되는 등 특별한 사정이 있다면 본권자는 점유자가 제기하여 승소한 본소 확정판결에 대한 '청구이의의 소'를 통해서 점유권에 기한 강제집행을 저지할 수 있다"

모두 인용하는 판결을 하지만, 집행단계에서 '본권에 기한 청구'를 우선하여 해결한다(제208조는 실제적 의의도 상당히 상실될 것이다).

## 2. 본소절차를 현저히 지연시키지 아니할 것

반소가 본소의 지연책으로 남용되는 것을 방지하기 위한 공익적 요건이다. 따라서 이의권 상실에 의해 하자가 치유될 수 없다.

## 3. 본소가 사실심에 계속되고 변론종결 전일 것

### (1) 반소가 제기된 후 본소가 취하된 경우 반소의 적법여부(적법) [1회 사례형]

본소의 소송계속은 반소제기의 제기요건이고 존속요건은 아니다. 따라서 반소제기 후에 본소가 취하·각하되어도 '예비적 반소가 아닌 한' 반소에는 영향이 없다(69다446)[94]

### (2) 피고의 반소 취하시 원고의 동의

① **[본소가 취하된 경우 피고가 반소 취하시 원고의 동의를 요하는지 여부(동의 불요)]** 반소의 취하도 상대방의 동의가 필요하지만(제266조 2항) 본소가 취하되면 피고는 원고의 응소 후라도 원고의 동의 없이 반소를 취하할 수 있다(제271조).

② **[본소가 각하된 경우 피고가 반소 취하시 원고의 동의를 요하는지 여부(동의 필요)]** 判例는 "제271조의 규정을 본소가 원고의 의사와 관계없이 부적법하다 하여 각하됨으로써 종료된 경우에까지 유추적용할 수 없고, 원고의 동의가 있어야만 반소취하의 효력이 발생한다 할 것이다"(84다카298)**(11회 선택형)**고 하여 동의가 필요하다는 입장이다.

### (3) 항소심에서 반소제기

① **[상대방(원고)의 동의가 필요 없는 경우(중, 원, 충, 예)]** 항소심에서 반소 제기는 상대방의 심급의 이익을 해할 우려가 없는 경우 또는 상대방의 동의를 받은 경우에만 제기할 수 있다(제412조 1항). ㉠ 중간확인의 반소, ㉡ 본소와 청구원인을 같이하는 반소, ㉢ 제1심에서 이미 충분히 심리한 쟁점과 관련된 반소, ㉣ 항소심에서 반소의 변경으로 예비적 반소를 추가하는 경우 등의 경우에는 원고의 심급의 이익을 해할 우려가 없다고 해석된다. 그리고 피고가 본소에 대한 추후보완항소를 하면서 항소심에서 비로소 반소를 제기한 경우 항소가 부적법 각하되면 반소도 소멸한다(2003다16962).

특히 ㉢과 관련하여 원고의 건물철거 및 대지인도 청구에 대하여 제1심에서 관습법상 법정지상권의 항변을 하였으나 패소한 피고가 원심에서 지상권설정등기절차 이행청구의 반소를 제기한 경우 상대방인 원고의 동의 여부와 관계 없이 반소 제기가 허용된다고 한 判例(95다45545)

② **[상대방(원고)의 동의가 의제되는 경우]** 제412조 2항에서 이의 없는 응소, 즉 반소의 본안에 관하여 이의 없이 변론을 할 경우 동의를 의제하고 있다. 항소심에서 피고가 반소장을 진술한 데 대하여 원고가 '반소기각 답변'을 한 것만으로는 제412조 2항 소정의 '이의 없이 반소의 본안에 관하여 변론을 한 때'에 해당한다고 볼 수 없다(91다1783,1790).

---

94) 본소의 계속은 예비적 반소에서제기요건이자 존속요건이다

## Ⅳ. 절차와 심판

### 1. 반소요건과 소송요건의 조사

반소요건을 결한 경우 判例는 "항소심에서 상대방의 동의없이 제기한 반소는 그 반소자체가 부적법한 것이어서 단순한 관할법원을 잘못한 소제기와는 다른 것이므로 이를 각하하였음이 부당한 것이라 할 수 없다"(65다2034)고 하여 각하설의 입장이다.[95]

### 2. 본안심판

① 본소와 반소는 원칙적으로 병합심리하고 1개의 전부판결로써 심판한다. 그러나 1개의 전부판결을 할 때에도 본소와 반소의 판결주문은 따로 내야 하고, 다만 소송비용의 재판만은 본소비용과 반소비용을 합하여 판단하여야 한다(소송비용불가분의 원칙).

② "원고의 본소 청구에 대하여 피고가 본소 청구를 다투면서 사해행위의 취소 및 원상회복을 구하는 반소를 적법하게 제기한 경우, 그 사해행위의 취소 여부는 반소의 청구원인임과 동시에 본소 청구에 대한 방어방법이자, 본소 청구 인용 여부의 선결문제가 될 수 있다. 따라서 반소 사해행위취소 판결의 확정을 기다리지 않고, 반소 사해행위취소 판결을 이유로 원고의 본소 청구를 기각할 수 있다"(2018다277785,277792).[96] **[10회 사례형]**

---

95) **[판례평석]** 그러나 요건 흠결의 반소라도 그것이 독립의 소로서 요건을 갖춘 것이라면 본소와 분리하여 심판하여야 한다는 분리심판설이 당사자의 의사와 소송경제에 비추어 타당하다는 견해가 있다(다수설).

96) **[판례검토]** 반소 사해행위취소소송의 심리를 무위로 만들지 않고, 소송경제를 도모하며, 본소 청구에 대한 판결과 반소 청구에 대한 판결의 모순 저촉을 피할 수 있다는 측면에서 타당하다(同판례 판시내용).

## ※ 다수당사자소송 정리

| | | 의 의 | 요 건 | 요건심리 | 본안심리 | 판 결 |
|---|---|---|---|---|---|---|
| 원시적 공동소송 | 통상 공동 소송 | 법률상 합일확정 불요한 공동소송 | 제65조와 객관적 병합의 요건(동종절차·공통관할)을 갖출 것 | 공동소송이 강제되지 않으므로 일부누락해도 적법 | ① 소송자료와 소송진행의 불통일 ② 변론의 분리 가능 | ① 일부판결 가능 ② 상소 가분 |
| | 고유 필수적 공동 소송 | 공동소송이 강제되고 법률상 합일확정이 필요한 소송 | 실체법상 관리처분권이 공동 귀속될 것 | 공동소송이 강제되므로 일부누락하면 부적법 | ① 소송자료와 소송진행의 통일(다만, 유필공에서는 일부취하 허용) ② 변론의 분리 불가 | ① 일부판결 가능 ② 상소 불가분 |
| | 유사 필수적 공동 소송 | 공동소송이 강제되지 않지만 법률상 합일확정이 필요한 소송 | 소송법상 기판력이나 반사효가 확장되는 경우일 것 | 공동소송이 강제되지 않으므로 일부누락해도 적법(일부각하도 허용) | | |
| 후발적 공동소송 | 보조 참가 | 소송관계에 이해관계있는 사람이 당사자 일방을 보조하는 참가 | 소송결과에 이해관계가 있을 것 | 요건흠결시 각하 | 보조참가인의 종속성과 독립성에 따라 처리 | 보조참가인은 판결을 받는 당사자는 아니지만 참가효를 받음 |
| | 공동 소송 참가 | 소송법상 기판력이나 반사효를 받는 사람이 당사자 일방에 당사자로 참가 | 합일확정의 필요(기판력이나 반사효가 미칠 것) | | ① 소송자료와 소송진행의 통일 ② 변론의 분리 불가 | ① 일부판결 불가 ② 상소 불가분 |
| | 공동 소송적 보조 참가 | 기판력을 받는 사람이 공동소송참가를 못하는 경우의 보조참가 | 기판력을 받는 사람이 소송요건흠결 | | 보조참가보다 독립성을 강화 | 공동소송적 보조참가인은 판결을 받는 당사자는 아니지만 기판력이 확장됨 |
| | 독립당사자참가 권리주장 | 원고의 권리가 아니고 참가자의 권리임을 주장하는 참가 | 원고의 권리가 아닌 참가인의 권리라고 주장(양립불가능) | | ① 소송자료와 소송진행의 통일 ② 변론의 분리 불가 | ① 일부판결 불가 ② 상소 불가분 |
| | 독립당사자참가 사해방지 | 원·피고의 소송결과에 따라 참가인의 권리가 침해된다고 주장하는 참가 | 소송결과에 따라 참가인의 권리가 침해됨을 주장증명 | | | |

## Ⅰ. 의의 및 요건

'공동소송'이란 1개의 소송절차에 수인의 원고 또는 피고가 관여하는 소송형태를 말한다. 공동소송에는 주관적 요건으로 소송 목적 사이의 **공통성·관련성**(제65조)과 객관적 요건으로 **청구의 병합요건**(제253조)이 필요하다.

## Ⅱ. 구 별

소송목적이 공동소송인 전원에 대해 합일확정될 필요가 있는 소송이 필수적 공동소송인 바, 필수적 공동소송에 해당되지 않으면 **통상공동소송**이다. ① '소송법상 소송수행권'에 대응하는 '실체법상 관리처분권'이 공동귀속되면 고유필수적 공동소송이 된다. 고유필수적 공동소송에서는 공동소송이 강제되며 합일확정이 요구된다. ② 공동소송이 법률상 강제되는 것은 아니나 **소송법상 판결효력**이 확장되는 관계일 경우에 **판결의 모순 회피**를 위해 소송법적 이유에서 필수적 공동소송으로 다뤄지는 소송을 유사필수적 공동소송이라고 한다.

---

### Set 053 통상공동소송

## Ⅰ. 의 의

통상공동소송이란 공동소송인 사이에 합일확정을 요하지 않는 공동소송을 말한다. 당사자별로 해결할 수 있는 사건을 하나의 절차에 병합한 형태이다. 공유자, 연대채권자·채무자, 수인의 불법행위 가해자·피해자, 주채무자와 보증인, 순차 경료된 소유권이전등기의 말소를 구하는 소송에서 등기명의자 상호간 등이 **통상공동소송인**이 될 수 있다.

> 🦴 [관련판례] 判例는 "원인없이 경료된 최초의 소유권이전등기와 이에 기하여 순차로 경료된 일련의 소유권이전등기의 각 말소를 구하는 소송은 필요적 공동소송이 아니므로 그 말소를 청구할 권리가 있는 사람은 각 등기의무자에 대하여 이를 각각 청구할 수 있는 것이다"(87다카1093)고 판시하였다(1회, 6회, 7회 선택형)

## Ⅱ. 통상공동소송인 독립의 원칙 [7회·8회·11회 사례형, 04·11사법]

### 1. 의 의

공동소송인 가운데 한 사람의 소송행위 또는 이에 대한 상대방의 소송행위와 공동소송인 가운데 한 사람에 관한 사항은 다른 공동소송인에게 영향을 미치지 아니한다(제66조).

### 2. 심 판 [요, 자, 진, 판, 상]

① **[소송요건의 독립]** 소송요건의 존부는 개별조사하고 흠이 있는 공동소송인에 한하여 소를 각하한다.

② **[소송자료의 독립]** 공동소송인 한 사람의 소송행위는 유리·불리를 가리지 않고 원칙적으로 다른 공동소송인에게 영향을 미치지 아니하며, 각 공동소송인은 공격방어방법을 개별적으로 제출할 수 있다.

즉 각 공동소송인은 각자 소의 취하, 청구의 포기·인낙, 자백, 답변서의 제출, 상소의 제기 등의 소송행위를 할 수 있으며, 그 행위를 한 자에 대해서만 효력이 미치고 다른 공동소송인에 대하여는 영향이 없다.

③ **[소송진행의 독립]** 공동소송인 1인에 대한 소송절차중단·중지사유발생(당사자 사망 등), 기일해태로 인한 효과(쌍불취하·진술간주·자백간주) 등 공동소송인의 한 사람에 관한 사항은 다른 공동소송인에 영향이 없고, 공동소송인 한 사람에 대해 변론을 분리할 수도 있다.

④ **[판결의 불통일]** 판결의 통일이 요구되지 않으며, 법원은 전부판결을 하는 것이 원칙이나 공동소송인 1인에 대하여 판결할 수 있을 만큼 심리가 성숙한 때에는 변론의 분리·일부판결을 할 수 있다. 일부판결을 하면 판결을 하지 않은 부분은 재판의 누락으로 제1심에 계속 중이며(제212조), 추가판결로 구제하여야 한다.

⑤ **[상소의 효력]** 공동소송인의 상소기간은 개별적으로 진행되며, 상소의 효력은 상소한 자에게만 미친다. 즉 상소불가분 원칙이 적용되지 않는다. 判例도 "통상의 공동소송에 있어 공동당사자 일부만이 상고를 제기한 때에는 피상고인은 상고인인 공동소송인 이외의 다른 공동소송인을 상대방으로 하거나 상대방으로 보태어 부대상고를 제기할 수는 없다"(94다40734)**(4·6·12회 선택형)**고 판시하였다. **[8회 사례형]**

## 3. 공동소송인 독립원칙의 수정

① **[문제점]** 제65조의 전문에 해당하는 공동소송인의 경우 판결의 모순·저촉을 방지할 필요성이 매우 크다고 볼 수 있어 독립의 원칙을 수정하려는 시도가 있다.

② **[증거공통의 원칙]** 判例는 "1인의 자백은 다른 공동소송인에 대하여 변론전체의 취지가 될 뿐"(75다2152)**(4회 선택형)**이라고 하며, **[3회 사례형]** 또한 "공동소송에 있어서 입증 기타 행위가 행위자를 구속할 뿐 다른 당사자에게는 영향을 주지 않는 것이 원칙"이라고 하여 증거공통의 원칙을 부정하는 듯한 판시를 하였다(4291민항231).[97)]

③ **[주장공통의 원칙]** 判例는 "민사소송법 제66조의 명문의 규정과 우리 민사소송법이 취하고 있는 변론주의 소송구조 등에 비추어 볼 때, 통상의 공동소송에 있어서 이른바 주장공통의 원칙은 적용되지 아니한다"(93다47196)고 하여 **주장공통의 원칙을 부정**한다**(6회 선택형)** **[3회 사례형]**

---

97) **[판례검토]** 증거공통의 원칙은 변론주의 원칙상 '대립당사자'사이에서만 적용되고, 이를 인정하면 변론주의의 '증거제출책임'에 반하는 결과가 되므로 증거공통의 원칙은 부정하는 것이 타당하다. 판결의 모순은 법원이 석명권을 행사하여 증거를 원용하게 하여 해결해야 할 것이다.
　　주장공통의 원칙은 변론주의 원칙상 '대립당사자'사이에서만 적용되고, 이를 인정하면 변론주의의 '주장책임'에 반하는 결과가 되므로 주장공통의 원칙은 부정하는 것이 타당하다. 판결의 모순은 법원이 석명권을 행사하여 주장을 통일시켜 해결해야 할 것이다.

## I. 의 의

'고유필수적 공동소송'이란 소송공동이 법률상 강제되고, 또 합일확정의 필요가 있는 공동소송을 말한다. 실체법상의 관리처분권(소송수행권 = 당사자적격)이 공동으로 귀속되는지 여부로 판단한다.

| | | 총유관계 | 합유관계 | 공유관계 |
|---|---|---|---|---|
| 능 동 소 송 | | 총유물의 관리·처분·보존행위 관련 능동소송과 수동소송 모두 필수적 공동소송 (민법 제276조 1항) | 원칙 : 필수적 공동소송 (합유지분 처분, 합유물 처분·변경 : 민법 제272조 본문, 제273조) 예외 : 통상공동소송 또는 단독 (보존행위 : 민법 제272조 단서) | 원칙 : 통상공동소송 (공유지분권, 보존행위에 관한 소송 : 민법 제263조, 제265조 단서) 예외 : 필수적 공동소송 (공유권에 관한 소송) |
| 수 동 소 송 | | | 원칙 : 통상공동소송 또는 단독 (민법 분할채무, 상법 연대채무의 경우 개인재산에 책임) 예외 : 필수적 공동소송 (공동재산에 책임) | 형식적 형성의 소인 공유물분할청구와 경계확정의 소를 제외하고는 통상공동소송 |

## II. 구체적 예

### 1. 합유관계소송

#### (1) 능동소송 [10사법]

합유물을 처분 또는 변경함에는 합유자 전원의 동의가 있어야 하고(민법 제272조), 합유자는 전원의 동의없이 합유물에 대한 지분을 처분하지 못한다(민법 제273조). 이처럼 합유관계에 있는 자들은 실체법상 관리처분권이 공동으로 귀속되는 관계에 있으므로, ① 조합원의 물품대금청구소송, 동업자의 예금반환청구소송 등 합유재산에 관한 능동소송은 고유필수적 공동소송이다.② 다만 합유물의 보존행위는 각자가 할 수 있으므로(민법 제272조 단서), 보존행위는 고유필수적 공동소송이 아니다.

#### (2) 수동소송

①[**조합원 개인책임 : 통상공동소송**] 조합의 채권자가 조합원에 대하여 조합재산에 의한 공동책임을 묻는 것이 아니라 각 조합원의 개인적 책임에 기하여 당해 채권을 행사하는 경우에는 조합원 각자를 상대로 하여 그 이행의 소를 제기할 수 있어(91다30705), 이는 **통상공동소송**에 해당한다.

②[**조합재산(합유물)에 관한 소송 : 필수적공동소송**] 그러나 조합의 합유물에 관한 소송은 조합원인 피고들 전부를 공동피고로 하여야 하는 **고유필수적 공동소송**에 해당한다(2008다50691)**(12회 선택형)**. 따라서 조합원 중 1인만을 가압류채무자로 한 가압류명령으로써 조합재산에 가압류집행을 할 수는 없다(2012다21560).

## (3) 구체적인 예

① **[공동매수의 경우]** ⅰ) 공유관계로서의 단순한 공동매수인이라면 이는 **통상공동소송인**에 해당하나(79 다13 [그러나 '공유지분'이 아닌 '목적물 전체'에 대한 등기절차를 청구하는 경우에는 매수자 전원이 공동으로 청구하여야 한다(즉, 필수적 공동소송이다 : 4292민상4620)], ⅱ) 동업약정에 따라 동업자 공동으로 토지를 매수하였다면 소유권 이전등기의 이행을 구하는 소는 **필수적 공동소송**에 해당한다(93다54064).

② **[합유물이 명의신탁된 경우]** "합유로 소유권이전등기가 된 부동산에 관하여 명의신탁 해지를 원인으로 한 소유권이전등기절차의 이행을 구하는 소송은 합유물에 관한 소송으로서 **합유자 전원에 대하여 합일적으로 확정되어야** 하므로, 합유자 중 일부의 청구인낙이나 합유자 중 일부에 대한 소의 취하는 허용되지 않는다"(96다23238)**(4·6·13회 선택형)**.

③ **[공동예금의 경우]** "ⅰ) 동업자들이 동업자금을 공동명의로 예금한 경우라면 채권의 준합유관계에 있어 합유의 성질상 은행에 대한 예금반환청구가 필요적 공동소송에 해당한다고 볼 것이나, ⅱ) 공동명의 예금채권자들 중 1인이 전부를 출연하거나 또는 각자가 분담하여 출연한 돈을 동업 이외의 특정목적을 위하여 공동명의로 예치해 둠으로써 그 목적이 달성되기 전에는 공동명의 예금채권자가 자신의 예금에 대하여도 혼자서는 인출할 수 없도록 방지, 감시하고자 하는 목적으로 공동명의로 예금을 개설한 경우에는 필요적 공동소송에 해당한다고 할 수 없다"(93다31825)**(13회 선택형)**

④ **[유언집행자(민법 제1101조)가 수인인 경우]** "상속인이 유언집행자가 되는 경우를 포함하여 유언집행자가 수인인 경우에는, 유언집행자를 지정하거나 지정위탁한 유언자나 유언집행자를 선임한 법원에 의한 임무의 분장이 있었다는 등의 특별한 사정이 없는 한, 유증 목적물에 대한 관리처분권은 유언의 본지에 따른 유언의 집행이라는 공동의 임무를 가진 수인의 유언집행자에게 합유적으로 귀속되고, 그 관리처분권 행사는 과반수의 찬성으로써 합일하여 결정하여야 하므로, 유언집행자가 수인인 경우 유언집행자에게 유증의무의 이행을 구하는 소송은 유언집행자 전원을 피고로 하는 고유필수적 공동소송으로 봄이 상당하다"(2009다8345)

⑤ **[조합재산 횡령행위로 인한 손해배상을 청구하는 경우]** "조합원이 조합재산을 횡령하는 행위로 인하여 손해를 입은 주체는 조합재산을 상실한 조합이므로, 이로 인하여 조합원이 조합재산에 대한 합유지분을 상실하였다고 하더라도 이는 조합원의 지위에서 입은 손해에 지나지 않는다. 따라서 조합원으로서는 조합관계를 벗어난 개인의 지위에서 손해배상을 구할 수는 없고, 그 손해배상채권은 조합원 전원의 준합유에 속하므로 원칙적으로 전 조합원이 고유필수적 공동소송에 의하여만 구할 수 있다(2022다263448).

## 2. 총유관계소송

① **[공동소송의 형태]** 총유재산에 관한 소송은 능동소송, 수동소송 모두 ㉠ 비법인사단이 그 명의로 제기하거나(제52조, 제64조) ㉡ 구성원 전원이 소송을 수행해야 하는 **고유필수적 공동소송**이다.

② **[보존행위의 경우]** 判例는 "법인 아닌 사단이 그 명의로 사원총회의 결의를 거쳐 하거나 또는 그 구성원 전원이 당사자가 되어 필수적 공동소송의 형태로 할 수 있을 뿐 그 사단의 구성원은 설령 그가 사단의 대표자라거나 사원총회의 결의를 거쳤다 하더라도 그 소송의 당사자가 될 수 없고, 이러한 법리는 총유재산의 보존행위로서 소를 제기하는 경우에도 마찬가지라 할 것이다"(전합2004다44971)**(10회 선택형)**라고 판시하였다(추가적인 판례는 set 08.참고). **[8회 사례형]**

## 3. 공유관계소송

### (1) 공동소송 형태에 대한 판례의 태도

判例는 공유는 소유권이 지분 형식으로 공존할 뿐 관리처분권이 공동귀속하는 것이 아니라는 점(민법 제263조) 또는 보존행위는 단독 행사가 허용된다는 점(민법 제265조)을 근거로, 공유관계소송에 대해 고유필수적 공동소송으로 보는 범위를 좁히고 있다.

### (2) 능동소송

① **[원 칙(통상 공동소송)]** 원칙적으로 통상공동소송에 의한다. 判例는 ㉠ "부동산의 공유자인 한 사람은 그 공유물에 대한 보존행위로서 그 공유물에 관한 원인 무효의 등기 전부의 말소를 구할 수 있다"(94다61649)(7회 선택형)고 하고 **[3회 사례형]** ㉡ "공동상속재산의 지분에 관한 지분권존재확인을 구하는 소송은 통상의 공동소송"(2008다96963)(1회 선택형)이라고 하며, ㉢ "공유자 중 한 사람은 공유물에 경료된 원인무효의 등기에 관하여 각 공유자에게 해당 지분별로 진정명의회복을 원인으로 한 소유권이전등기를 이행할 것을 단독으로 청구할 수 있다"(2003다40651)(1·6·12회 선택형)고 본다.

② **[예 외(필수적 공동소송)]** 예외적으로 필수적 공동소송으로 본 判例는 다음과 같다. ㉠ "공유물 전체에 대한 소유관계 확인도 이를 다투는 제3자를 상대로 공유자 전원이 하여야 하는 것이므로 , 아무런 특별한 사정이 없이 다른 공유자의 지분의 확인을 구하는 것은 확인의 이익이 없다"(94다35008)(2·6회 선택형). ㉡ 공동상속인이 다른 공동상속인을 상대로 어떤 재산이 상속재산임의 확인을 구하는 소는 이른바 고유필수적 공동소송이다(2006다40980 : 그러나 공동상속재산의 지분에 관한 지분권확인 소송은 필수적 공동소송이 아니라는 2008다96963판례 주의)(13회 선택형). ㉢ "목적물 전체에 대한 등기절차를 청구하는 경우에는 매수자 전원이 공동으로 청구하여야 한다"(4292민상462).

> 🐾 * **수인의 매매예약완결권 행사와 병합소송의 형태**
>
> "수인의 채권자가 각기 채권을 담보하기 위하여 채무자와 채무자 소유의 부동산에 관하여 수인의 채권자를 공동매수인으로 하는 1개의 매매예약을 체결하고 그에 따라 수인의 채권자 공동명의로 그 부동산에 가등기를 마친 경우, 수인의 채권자가 공동으로 매매예약완결권을 가지는 관계인지(민법 제264조) 아니면 채권자 각자의 지분별로 별개의 독립적인 매매예약완결권을 가지는 관계인지는(민법 제263조) '매매예약의 내용'에 따라야 하고, 매매예약에서 그러한 내용을 명시적으로 정하지 않은 경우에는…(중략)… 종합적으로 고려하여 판단하여야 한다"(전합2010다82530 : 종래에는 필공으로만 보다가 판례가 변경되었다)(4회 선택형)

### (3) 수동소송(공유물분할청구와 경계확정의 소를 제외하고는 통상공동소송에 의함)

㉠ "공유물분할청구의 소는 분할을 청구하는 공유자가 원고가 되어 다른 공유자 전부를 공동피고로 하여야 하는 고유필수적 공동소송"(2003다44615)(1·12회 선택형)이다. 때문에 공유물분할에 관한 소송계속 중 변론종결일 전에 공유자 중 1인인 甲의 공유지분의 일부가 乙 및 丙 주식회사 등에 이전된 경우, 변론종결 시까지 일부 지분권을 이전받은 자가 소송당사자가 되지 못한 경우 소송 전부가 부적법하다(2013다78556)(7회 선택형). ㉡ 경계의 확정을 구하는 소도 "관련된 공유자 전원이 공동하여서만 제소하고 상대방도 관련된 공유자 전원이 공동으로서만 제소될 것을 요건으로 하는 고유필수적 공동소송"(2000다24207)(6·13회 선택형)이다. 그 외의 소송은 통상공동소송이다.

① **[공작물 철거 청구]** "타인 소유의 토지 위에 설치되어 있는 공작물을 철거할 의무가 있는 수인을 상대로 그 공작물의 철거를 청구하는 소송은 필수적 공동소송이 아니다"(92다49218)**(13회 선택형)**.

② **[건물 철거 청구]** "건물의 공동상속인 중의 한 사람만을 상대로 그 상속분의 한도에서만 건물의 철거를 청구할 수 있다"(68다1102)**(12회 선택형)**.

③ **[이전등기 청구]** "토지를 수인이 공유하는 경우 공유토지의 일부에 대하여 취득시효완성을 원인으로 공유자들을 상대로 그 시효취득 부분에 대한 소유권이전등기절차의 이행을 청구하는 소송은 필수적 공동소송이라고 할 수 없다"(93다32880)**(10회 선택형)**.

④ **[인도 청구]** "공동점유물의 인도를 청구하는 경우 필요적공동소송이라고는 할 수 없다"(65다2455)**(1회 선택형)**. **[3회 사례형]**

## 4. 형성권의 공동귀속

### (1) 재산관계소송(형식적 형성소송)

공유물분할청구의 소(2003다44615)**(1회 선택형)**와 경계의 확정을 구하는 소송(2000다24207)**(6·13회 선택형)**은 고유필수적 공동소송이다.

### (2) 가사소송

① 제3자의 혼인무효·취소의 소(가사소송법 제24조 2항 : 피고 부부는 고유필수적 공동소송이나 원고 친족들은 공동소송이 강제되지 않으므로 유사필수적 공동소송임을 주의),[98] ② 제3자 제기의 친자관계부존재확인의 소(가사소송법 제28조),[99] ③ 父를 정하는 소(가사소송법 제27조)[100]는 가사소송에서 형성권을 공동행사하는 고유필수적공동소송이다.

### (3) 회사관계소송

청산인의 해임의 소는 법률관계의 당사자인 회사와 청산인을 공동피고로 해야 하는 고유필수적공동소송이다(75마533).

## Ⅲ. 심 판 [요, 자, 진, 판, 상] [10사법, 15법행]

### 1. 소송요건의 통일

공동소송인별로 독립하여 조사한다. 한명의 소송요건의 흠이 있으면 '전(全)소'를 각하한다.

👤 **[관련판례]** "공유물분할청구의 소는 분할을 청구하는 공유자가 원고가 되어 다른 공유자 전부를 공동피고로 하여야 하는 필수적 공동소송으로서**(6·12회 선택형)** 공유자 전원에 대하여 판결이 합일적으로 확정되어야 하므로, 공동소송인 중 1인에 소송요건의 흠이 있으면 전 소송이 부적법하게 된다"(2010다105310).

---

98) 제3자가 혼인무효·취소의 소를 제기할 때에는 부부를 상대방으로 하고, 부부 중 어느 한쪽이 사망한 경우에는 그 생존자를 상대방으로 한다.

99) 친생자관계 존부 확인의 소에는 가사소송법 제24조를 준용한다.

100) 민법 제854조에 따른 아버지를 정하는 소는 자녀, 어머니, 어머니의 배우자 또는 어머니의 전(前) 배우자 각자가 나머지 모두를 상대방으로 하여 제기한다.

## 2. 소송자료의 통일

공동소송인 중 한 사람의 소송행위는(능동소송) 전원의 이익을 위해서만 효력이 있고, 불리한 것은 전원이 함께 하지 않으면 효력이 없다(제67조 1항)(10회 선택형). 반면, 한 사람에 대한 소송행위는(수동소송) 유·불리를 불문하고 전원에 대하여 그 효력이 있다(제67조 2항).

① [공동소송인 중 한사람의 소송행위가 다른 공동소송인에게 유리한 경우] ㉠ 공동소송인 중 한사람이 기일에 출석하면 전원이 출석한 것으로 되며(진술간주, 자백간주, 쌍불취하 등 기일해태의 효과 불발생), ㉡ 한 사람이라도 기간을 준수하면 기간부준수의 효과(실권효)가 발생하지 않고, ㉢ 한 사람이라도 답변서를 제출하면 무변론판결을 받지 않으며, ㉣ 한 사람이라도 상대방의 주장사실을 다투면(주장, 부인, 항변, 증거제출) 전원이 다툰 것이 되고, ㉤ 한 사람이라도 응소하면 전원이 응소한 것이 되어 상대방 원고가 소취하시 전원의 동의를 받아야 한다.

② [공동소송인 중 한사람의 소송행위가 다른 공동소송인에게 불리한 경우] 한 사람의 청구의 인낙·포기, 소취하는 전원이 하여야 한다(2006다40980).

## 3. 소송진행의 통일

변론·증거조사·판결은 같은 기일에 함께 해야 하므로 변론의 분리·일부판결을 할 수 없고, 공동소송인 중 한사람에 대하여 중단의 원인이 발생하면 다른 공동소송인 전원에 대하여 중단의 효과가 생겨 전 소송절차의 진행이 정지된다(제67조 3항).

## 4. 본안재판의 통일

필수적 공동소송의 경우는 상호 연합관계로서 합일확정의 판결만이 허용된다. 따라서 일부판결은 허용되지 않고 모두에 대하여 판결하여야 한다.

## 5. 상소심에서 소송진행의 통일 [12회 사례형, 13법무]

① [상소기간 및 이심의 범위(전원)] 상소기간은 각 공동소송인별로 진행하나, 전원에 대하여 상소기간이 만료되기까지는 판결은 확정되지 않는다. 공동소송인 중 일부의 상소제기는 전원의 이익에 해당된다고 할 것이어서 다른 공동소송인에 대하여도 그 효력이 미칠 것이며, 사건은 필요적 공동소송인 전원에 대하여 확정이 차단되고 상소심에 이심된다고 할 것이다(91다23486)(1·4·13회 선택형).

② [불이익변경금지원칙의 배제] 합일확정의 필요에 의하여 불이익금지원칙(제415조)의 적용이 배제된다. 불복하지 않은 공동소송인의 판결 결과가 상소심에서 유리하게 변경될 수 있다.

③ [불복하지 않은 공동소송인의 지위(단순한 상소심당사자설)] 불복하지 않은 공동소송인의 지위에 대해 합일확정의 요청으로 얻는 특수지위이며 상소를 제기하거나 선정을 하지 않은 자이므로 단순한 상소심당사자설이 타당하다(94다33002). 따라서 당사자 표시에 있어서 상소하지 않은 당사자는 '상소인'이라고 표시하지 않고 '원고' 또는 '피고'라고만 표시하고, 상소비용도 부담하지 않으며, 상소취하권이 없고, 상소인지를 붙이지 않아도 된다.

## Ⅳ. 누락된 공동소송인의 보정방법 [별, 추, 참] [15법행]

공동소송인으로 되어야 할 자 중 일부가 누락된 경우에는 원칙적으로 당사자적격의 흠결로 소는 부적법 각하된다. 다만, 소송요건은 변론종결시까지 구비하면 되므로 누락당사자의 보정을 인정할 여지가 있는 바, 그 보정방법으로 ① 별소 제기와 법원의 변론의 병합(제141조 : 법원이 주도권을 가짐, 즉 당사자 신청권이 없다)과 ② 원고의 필수적 공동소송인의 추가(제68조 : 원고가 주도권을 가짐, 그러나 제1심에 한한다), ③ 누락자의 공동소송참가(제83조 : 누락된 자가 주도권을 가짐, 제1심에 제한되지 않음. 따라서 항소심에서도 가능)가 논의되고 있다. ④ 소를 보정하지 않고 구소를 취하한 뒤 신소를 제기하는 것도 당연히 가능하다.


## Set 055  유사필수적 공동소송

## Ⅰ. 의 의

'유사필수적 공동소송'이란 소송공동은 강제되지 않으나 합일확정의 필요가 있는 공동소송을 말한다. 이는 소송법적으로 판결의 효력이 미치는 자 사이에 모순·저촉이 생기는 것을 방지하기 위해 인정된다.

## Ⅱ. 구체적 예

### 1. 판결의 효력(기판력·형성력)이 미치는 경우

ⅰ) 여러 사람이 제기하는 회사설립 무효·취소의 소(상법 제184조), ⅱ) 회사합병무효의 소(상법 제236조), ⅲ) 여러 주주에 의한 회사대표소송(상법 제403조)(5회 선택형)과 ⅳ) 여러 사람이 제기하는 혼인무효·취소의 소(가사소송법 제21조, 제23조, 제24조[101])가 있다.

아울러 통설과 재판 실무는 주주총회결의 취소·무효·부존재 확인의 소(상법 제376조, 제380조)에 대해 종래 '편면적 대세효' 있는 회사관계소송을 여러 사람이 공동으로 제기한 경우 '유사필수적 공동소송'이라는 견해였는바, 최근 대법원은 전원합의체 판결을 통해 (유사) 필수적 공동소송임을 확인하였다(전합2020다284977)(13회 선택형)[102]

### 2. 판결의 반사효가 미치는 경우

判例는 반사효 자체를 인정하지 않으며 수인의 채권자에 의한 채권자대위소송의 경우 기판력이 미친다는 이유로 유사필수적 공동소송을 인정하였다.

---

101) 가사소송법 제24조 2항(원고 친족들은 공동소송이 강제되지 않으므로 유사필수적 공동소송, 피고 부부는 고유필수적 공동소송)

102) "이 사건 소는 주주총회결의의 부존재 또는 무효 확인을 구하는 소로서, 상법 제380조에 의해 준용되는 상법 제190조 본문에 따라 청구를 인용하는 판결은 제3자에 대하여도 효력이 있다. 이러한 소를 여러 사람이 공동으로 제기한 경우 당사자 1인이 받은 승소 판결의 효력이 다른 공동소송인에게 미치므로 공동소송인 사이에 소송법상 합일확정의 필요성이 인정되고, 상법상 회사관계소송에 관한 전속관할이나 병합심리 규정(상법 제186조, 제188조)도 당사자 간 합일확정을 전제로 하는 점 및 당사자의 의사와 소송경제 등을 함께 고려하면, 이는 민사소송법 제67조가 적용되는 필수적 공동소송에 해당한다"

**✱ 수인의 채권자들의 대위소송의 성질**(안 경우 유필공, 모른 경우 통공)

수인의 채권자들의 대위소송의 성질에 대하여는 견해 대립이 있는바, 判例는 채권자가 대위소송을 하다 채권자가 사망하고 그 상속인들이 소송승계를 한 사안에서 "**채무자가 채권자대위권에 의한 소송이 제기된 것을 알았을 경우에는 그 확정 판결의 효력은 채무자에게도 미치므로** 각 채권자대위권에 기하여 공동하여 채무자의 권리를 행사하는 다수의 채권자들은 유사필수적 공동소송관계에 있다"(91다23486)고 하였다.[103] **[12회 사례형, 15변리]**

## Ⅲ. 심 판 [요, 자, 진, 판, 상] [12회 사례형, 12법행]

유사필수적 공동소송도 필수적 공동소송 규정(제67조)의 규정의 적용을 받는다. 단, 공동소송이 강제되는 것은 아니므로 일부에 의한 소취하도 가능하다.

---

### Set 056 ｜ 예비적·선택적 공동소송

## Ⅰ. 서 설

공동소송인 가운데 일부의 청구가 다른 공동소송인의 청구와 법률상 양립할 수 없거나 공동소송인 가운데 일부에 대한 청구가 다른 공동소송인에 대한 청구와 법률상 양립할 수 없는 경우를 의미한다(제70조).

## Ⅱ. 소송의 형태

### 1. 수동형(제70조 1항 후단)과 능동형(제70조 1항 전단)

① 수동형의 예비적·선택적 공동소송은 피고측이 수동적으로 공동소송인이 되는 경우, 즉 원고가 수인의 상대방을 예비적·선택적으로 피고로 삼는 경우를 가리킨다. 이는 제70조 1항 후단의 '공동소송인 가운데 일부에 대한 청구가 다른 공동소송인에 대한 청구와 양립할 수 없는 경우'에 해당한다. ② 능동형의 예비적·선택적 공동소송은 원고측이 능동적으로 공동소송인이 되는 경우, 즉 수인의 당사자가 예비적·선택적으로 원고가 되는 경우를 가리킨다. 이는 제70조 1항 전단의 '공동소송인 가운데 일부의 청구가 다른 공동소송인의 청구와 법률상 양립할 수 없는 경우'에 해당한다.

### 2. 예비형과 선택형

주관적 예비적 병합은 청구들 사이에 순위가 정해져 있는 병합이고, 주관적 선택적 병합은 순위가 없는 병합이다.

---

103) **[판례검토]** 대위소송을 '법정소송담당설'로 보는 이상 유사필수적 공동소송관계로 보는 것이 타당하다. 다만 수인의 채권자들 사이에 대위소송의 계속을 채무자가 알았을 경우에만 채권자가 받은 판결의 기판력이 다른 채권자에게 미치므로 유사필수적 공동관계에 있고, 그 외의 경우에는 통상의 공동소송이 된다.

## 3. 원시형(제70조)과 후발형(제70조, 제68조)

① **[추가되는 피고를 주위적 피고로 하는 것이 허용되는지 여부(적극)]** 判例는 추가되는 피고를 주위적 피고로 하는 것도 허용된다고 보았다(2007다86860).

② **[추가되는 피고를 예비적 피고로 하는 것이 허용되는지 여부(적극)]** ㉠ 처음에는 주위적 피고에 대한 주위적·예비적 청구만 하였다가 청구를 결합하기 위하여 예비적 피고를 추가할 수 있고, ㉡ 이 경우 주위적 피고에 대한 예비적 청구와 예비적 피고에 대한 청구가 서로 법률상 양립할 수 있는 관계에 있으면 양 청구를 병합하여 통상의 공동소송으로 보아 심리·판단할 수 있으며 (2006다47677)**(6회 선택형)**, ㉢ 이러한 법리는 주위적 피고에 대하여 실질적으로 선택적 병합 관계에 있는 두 청구를 주위적·예비적으로 순위를 붙여 청구한 경우(부진정예비적병합)에도 그대로 적용된다. 즉, "ⅰ) 주위적 피고에 대한 주위적·예비적 청구와 예비적 피고에 대한 청구를 결합하여 소를 제기하는 것도 가능하고, ⅱ) 처음에는 주위적 피고에 대한 주위적·예비적 청구만을 하였다가 청구 중 주위적 청구 부분이 받아들여지지 아니할 경우 그와 법률상 양립할 수 없는 관계에 있는 예비적 피고에 대한 청구를 받아들여 달라는 취지로 예비적 피고에 대한 청구를 결합하기 위하여 예비적 피고를 추가하는 것도 민사소송법 제70조 제1항 본문에 의하여 준용되는 민사소송법 제68조 제1항에 의하여 가능하다. 이 경우 주위적 피고에 대한 예비적 청구와 예비적 피고에 대한 청구가 서로 법률상 양립할 수 있는 관계에 있으면 양 청구를 병합하여 통상의 공동소송으로 보아 심리·판단할 수 있다. 그리고 이러한 법리는 원고가 주위적 피고에 대하여 실질적으로 선택적 병합 관계에 있는 두 청구를 주위적·예비적으로 순위를 붙여 청구한 경우에도 그대로 적용된다"(2014다232913).[104]

## Ⅲ. 요 건 [07사법]

① 양 원고의 청구 또는 양 피고에 대한 청구가 법률상 양립할 수 없는 경우이어야 하며, ② 공동소송의 주관적, 객관적 요건을 구비하여야 한다(제70조 1항).

### 1. 법률상 양립불가능성 [동, 택, 상, 소] [4·11회 사례형]

① **[법률상 양립불가능성의 해석]** "'법률상 양립할 수 없다'는 것은, ㉠ 동일한 사실관계에 대한 법률적인 평가를 달리하여 두 청구 중 어느 한 쪽에 대한 법률효과가 인정되면 다른 쪽에 대한 법률효과가 부정됨으로써 두 청구가 모두 인용될 수는 없는 관계에 있는 경우나, ㉡ 당사자들 사이의 사실

---

104) **[사실관계]** "① 원고 甲은 피고 乙을 상대로 구급차의 운용자로서 응급구조사 등의 탑승 없이 망인을 이송한 책임(미탑승책임)을 물어 응급의료법 제48조 위반의 불법행위에 기한 손해배상청구(주위적 청구)만을 하였다가, 그 후 乙이 구급차의 운용자가 아니라고 하더라도 乙에게는 응급구조사의 탑승 여부 등을 확인하지 아니한 채 이 사건 구급차로 망인을 이송시킨 잘못(미확인책임)이 있다고 주장하며 예비적으로 응급의료법 제11조 제2항 위반의 불법행위에 기한 손해배상청구(예비적 청구)를 추가하였다. ② 이어 甲은 피고 乙이 구급차의 운용자가 아니라면 피고 丁이 구급차의 운용자에 해당한다고 주장하며 피고 乙에 대한 주위적 청구가 받아들여지지 아니할 경우 피고 丁에 대한 응급의료법 제48조 위반의 불법행위에 기한 손해배상청구를 받아들여 달라는 취지로 피고 丁에 대한 청구를 결합하기 위하여 예비적 피고 추가 신청을 하였다. ③ ⅰ) 甲의 피고 乙에 대한 각 청구(미탑승책임과 미확인책임)는 실질적으로 선택적 병합 관계에 있는 것을 주위적·예비적으로 순위를 붙여 청구한 경우에 해당(부진정예비적병합)하고, ⅱ) 피고 乙에 대한 주위적 청구(미탑승책임)와 피고 丁에 대한 청구(미탑승책임)는 서로 법률상 양립할 수 없는 관계에 있으며, ⅲ) 한편 피고 乙에 대한 예비적 청구(미확인책임)와 피고 丁에 대한 청구(미탑승책임)는 서로 법률상 양립할 수 있는 관계에 있으므로, 제1심이 피고 丁을 예비적 피고로 추가한 것은 적법하고, 피고 乙에 대한 주위적 청구가 받아들여지지 아니할 경우 피고 乙에 대한 예비적 청구와 피고 丁에 대한 청구를 병합하여 통상의 공동소송으로 보아 심리·판단할 수 있다고 본 사례

관계 여하에 의하여 또는 청구원인을 구성하는 **택일적 사실인정에 의하여** 어느 일방의 법률효과를 긍정하거나 부정하고 이로써 다른 일방의 법률효과를 부정하거나 긍정하는 반대의 결과가 되는 경우로서, 각 청구에 대한 판단 과정이 필연적으로 **상호 결합되어** 있는 관계를 의미하며, ㉢ 실체법적으로 서로 양립할 수 없는 경우뿐 아니라 **소송법상으로 서로 양립할 수 없는 경우**[105]를 포함한다"(2007마515 : 아파트 입주자대표회의 구성원 개인을 피고로 삼아 제기한 동대표지위 부존재확인의 소의 계속중에 아파트 입주자대표회의를 피고로 추가하는 주관적·예비적 추가가 허용된다고 한 사례)(**2·12회 선택형**) [11회 사례형]

② [**법률상 양립불가능성을 부정한 예**] 부진정연대채무는 각 독립된 채무로서 법률상 양립가능한 관계이므로 부진정연대 채무자들을 공동피고로 한 소송은 예비적공동소송이라 할 수 없다(2006다47677).

③ [**법률상 양립불가능성을 인정한 예**] 判例는 택일적 사실인정으로 인하여 법률효과가 반대되는 경우에도 예비적 공동소송을 인정하는 바, 주위적 피고에게는 계약이 반사회질서의 법률행위로서 무효라는 이유로 소유권이전등기말소청구를 하고 예비적 피고에게는 계약이 유효임을 전제로 이행불능에 따른 손해배상책임을 묻는 경우나(2005다49430), 주위적 피고에게는 공탁이 무효임을 전제로 예비적 피고에게는 공탁이 유효임을 전제로 청구를 하는 경우(2009다43355), 주위적 피고 甲에 대해서는 乙의 대리에 의한 부동산매매계약의 성립을 주장하면서 소유권이전등기청구를 하는 한편, 예비적 피고 乙에 대해서는 乙이 무권대리일 경우 손해배상을 청구 하는 경우(2020다292756)에도 예비적 공동소송을 허용했다. [11회 사례형]

### 2. 공동소송의 요건

공동소송의 일반요건을 갖추어야 한다(제65조, 제253조).

## Ⅳ. 심 판 [요, 자, 진, 판, 상] [11사법]

필수적 공동소송인에 관한 규정이 준용된다(제70조, 제67조).

### 1. 소송요건의 조사

예비적·선택적 공동소송의 허용요건은 직권조사사항이다.

### 2. 소송자료의 통일

① [**원 칙(제70조 1항 본문)**] 예비적 공동소송에는 제70조 1항 본문에서 제67조를 준용하여 필수적 공동소송의 심판절차에 의한다고 규정하고 있으므로 **공동소송인 한사람의 소송행위는**(능동소송) 전원의 이익을 위해서만 효력이 있고(제67조 1항, 제70조 1항), **한 사람에 대한 소송행위는**(수동소송) 유·불리를 불문하고 전원에 대하여 그 효력이 있다(제67조 2항, 제70조 1항).

---

105) "법인 또는 비법인 등 당사자능력이 있는 단체의 대표자 또는 구성원의 지위에 관한 확인소송에서 그 대표자 또는 구성원 개인뿐 아니라 그가 소속된 단체를 공동피고로 하여 소가 제기된 경우에 있어서는, 누가 피고적격을 가지는지에 관한 법률적 평가에 따라 어느 한 쪽에 대한 청구는 부적법하고 다른 쪽의 청구만이 적법하게 될 수 있으므로 이는 민사소송법 제70조 1항 소정의 예비적·선택적 공동소송의 요건인 각 청구가 서로 법률상 양립할 수 없는 관계에 해당한다"(**12회 선택형**)(참고로 단체내부의 분쟁의 피고적격에 대해 判例는 '단체피고설'의 입장이다)

② **[예 외(제70조 1항 단서 : 예비적 피고의 인낙)]** 제70조 1항 단서는 소송당사자가 각자 자신의 소송물을 청구인낙·포기, 소취하, 재판상 화해를 할 수 있다고 규정하고 있는 바, 예비적공동소송에서 예비적 피고가 인낙하는 경우에도 법원이 곧바로 예비적 피고의 인낙을 유효하게 볼 수 있는지 아니면 주위적 피고에 대한 청구를 심리한 후 인용되면 예비적 피고의 인낙에도 불구하고 예비적 피고에 대한 청구를 기각해야 하는지 문제된다. 긍정설은 제70조의 명문 규정이 인낙을 허용하고 있음을 근거로 예비적 피고의 인낙이 허용된다고 본다. 그러나 주위적 피고에게 승소하려는 원고의 의사를 고려하여 주위적 피고에 대한 청구가 기각될 경우에만 예비적 피고의 인낙이 유효하다고 보는 부정설이 타당하다.

## 3. 소송진행의 통일

① **[원 칙(제70조 1항 본문)]** 변론을 분리할수 없고, 공동소송인 중 한사람에 대하여 중단의 원인이 발생하면 다른 공동소송인 전원에 대하여 중단의 효과가 생겨 **전 소송절차의 진행이 정지된다**(제67조 3항, 제70조 1항).

② **[예 외(제70조 1항 단서)]** 제70조에서 정한 주관적·예비적 공동소송에는 제67조 내지 제69조가 준용되어 소송자료 및 소송진행의 통일이 요구되지만, **청구의 포기·인낙, 화해 및 소의 취하는 공동소송인 각자가 할 수 있다**(제70조 1항 단서). 이 경우 **변론이 분리될 수 있다.** 따라서 "공동소송인 중 일부가 소를 취하하거나 일부 공동소송인에 대한 소를 취하할 수 있고, 이 경우 소를 취하하지 않은 나머지 공동소송인에 관한 청구 부분은 여전히 심판의 대상이 된다"(2015다242429)**(12회 선택형).**

이에 비추어 보면, 조정을 갈음하는 결정이 확정된 경우에는 재판상 화해와 동일한 효력이 있으므로 그 결정에 대하여 일부 공동소송인이 이의하지 않았다면 원칙적으로 그 공동소송인에 대한 관계에서는 조정을 갈음하는 결정이 확정될 수 있다(2006다57872). 이러한 법리는 이의신청 기간 내에 이의신청이 없으면 재판상 화해와 동일한 효력을 가지는 화해권고결정의 경우에도 마찬가지로 적용된다(2014다75202)**(12회 선택형).**

다만, 분리 확정을 허용할 경우 형평에 반하고 또한 이해관계가 상반된 공동소송인들 사이에서의 소송 진행 통일을 목적으로 하는 민사소송법 제70조 제1항 본문의 입법 취지에 반하는 결과가 초래되는 경우에는 분리 확정이 허용되지 않는데, 이는 주관적·예비적 공동소송에서 화해권고결정에 대하여 일부 공동소송인만이 이의신청을 한 후 그 공동소송인 전원이 분리 확정에 대하여는 이의가 없다는 취지로 진술하였더라도 마찬가지이다(2020다224975)

## 4. 본안재판의 통일 [4·11회 사례형]

주관적·예비적 공동소송은 동일한 법률관계에 관하여 모든 공동소송인이 서로간의 다툼을 하나의 소송절차로 한꺼번에 모순 없이 해결하는 소송형태로서 모든 공동소송인에 관한 청구에 관하여 판결을 하여야 한다(제70조 2항). 判例도 "예비적·선택적 공동소송에서 일부 공동소송인에 대한 청구에 관하여만 이루어진 판결의 소송상 성격은 흠 있는 전부판결이며, 이때 누락된 공동소송인은 상소를 제기할 이익을 가진다"(2005다49430; 2020다292756)고 하였고(4·7·11·12회 선택형), "일부공동소송인에 대하여만 일부판결하거나 남겨진 자를 위한 추가판결을 하는 것은 허용되지 않는다"(2007마515)**(12회 선택형)**고도 판시하였다.

따라서 주위적 피고에 대한 청구를 인용하면 예비적 피고에 대한 청구를 기각해야 하고(이 점이 예비적 병합과 다름), 주위적 청구를 기각하면 예비적 청구를 인용 또는 기각(양립불가능한 청구라도 증명의 책임을 다하지 못하면 모든 당사자에 대한 청구가 기각될 수 있으므로)해야 한다.

## 5. 상소심에서의 소송진행의 통일

① [이심의 범위 및 상소심의 심판대상] 선택적 공동소송에서 원고 중 1인이 피고 중 1인에 대하여 승소하면 상소의 이익이 없으나, 예비적 공동소송에서 원고가 예비적 피고에게 승소하면 일부 승소이므로 상소의 이익이 있다. 판결의 합일확정이 요구되므로 1인이라도 상소제기하면 상소를 제기하지 않은 자의 부분도 확정이 차단되고 이심되며, 불이익변경금지의 원칙이 적용되지 않으므로 모든 청구가 상소심의 심판대상이 된다(2014다75202)(12회 선택형).

또한 주위적 공동소송인과 예비적 공동소송인 중 어느 한 사람에 대하여 상소가 제기되면 다른 공동소송인에 대한 청구 부분도 상소심에 이심되어 상소심의 심판대상이 되고, 이러한 경우 상소심의 심판대상은 주위적·예비적 공동소송인들 및 그 상대방 당사자 사이의 결론의 합일 확정의 필요성을 고려하여 그 심판의 범위를 판단하여야 한다(2018다251851 ; 2020다292756)

② [불이익변경금지의 원칙 배제] 원고가 주위적 피고에 대하여는 패소하고 예비적 피고에 대하여는 승소하였는데 예비적 피고만이 항소한 경우에 ㉠ 불복하지 않은 주위적 피고에 대한 청구도 항소법원의 심리대상이 되고(2006두17765), ㉡ 항소법원은 주위적 피고에 대한 청구의 기각판결에 불복하지 않았음에도 불구하고 주위적 피고에 대한 청구를 인용하고 대신 예비적 피고에 대한 청구를 기각하는 판결을 할 수 있다.

## I. 의 의

선정당사자란 공동의 이해관계 있는 다수의 사람이 공동소송인이 되어 소송을 하여야 할 경우에 총원을 위해 소송을 수행할 당사자로 선출된 자를 말하며(제53조 1항), 이 제도는 다수당사자소송을 단순화하는 방편으로 이용된다.

## II. 요 건 [여, 공, 중]

선정당사자제도를 이용하기 위해서는 i) 공동소송을 할 다수자가 있을 것(여러 사람), ii) 공동의 이해관계가 있을 것, iii) 공동의 이해관계가 있는 다수 중에서 선정할 것이라는 요건을 갖추어야 한다(제53조).

### 1. 공동의 이해관계와 제65조의 관계

공동의 이해관계를 제65조 전문(소송목적이 되는 권리나 의무가 여러 사람에게 공통되거나 사실상 또는 법률상 같은 원인으로 말미암아 생긴 경우)에 한정하려는 입장이 있으나, 소송절차를 단순화 하려는 선정당사자제도의 취지를 고려한다면 제65조 후문(소송목적이 되는 권리나 의무가 같은 종류의 것이고, 사실상 또는 법률상 같은 종류의 원인으로 말미암은 것)의 경우라도 쟁점을 공통으로 하는 경우에는 공동의 이해관계를 인정하여야 한다고 봄이 타당하다.

① [원 칙(제65조 후문의 경우 공동의 이해관계 부정)] "공동의 이해관계가 있는 다수자는 선정당사자를 선정할 수 있는 것인바, 이 경우 공동의 이해관계란 다수자 상호간에 공동소송인이 될 관계에 있고, 또 주요한 공격방어방법을 공통으로 하는 것을 의미한다고 할 것이므로 다수자의 권리·의무가 동종이며 그 발생원인이 동종인 관계에 있는 것만으로는 공동의 이해관계가 있는 경우라고 할 수 없을 것이어서 선정당사자의 선정을 허용할 것은 아니다"(97다362).

② [예 외(제65조 후문의 경우라도 쟁점공통의 경우 공동의 이해관계 인정)] "임차인들이 甲을 임대차계약상의 임대인이라고 주장하면서 甲에게 그 각 보증금의 전부 내지 일부의 반환을 청구하는 경우, 그 사건의 쟁점은 甲이 임대차계약상의 임대인으로서 계약당사자인지 여부에 있으므로, 그 임차인들은 상호간에 공동소송인이 될 관계가 있을 뿐 아니라 주요한 공격방어 방법을 공통으로 하는 경우에 해당함이 분명하다고 할 것이어서, 민사소송법 제53조 소정의 공동의 이해관계가 있어 선정당사자를 선정할 수 있다"(99다15474).

### 2. 공동의 이해관계가 있는 다수의 의미

변호사대리원칙(제87조)의 잠탈을 방지하기 위함이다. 判例는 "선정당사자 자신도 공동의 이해관계를 가진 사람으로서 선정행위를 하였다면, 선정행위를 하였다는 의미에서 선정자로 표기하는 것이 허용되므로, 선정당사자를 선정자로 표기하는 것이 위법하다고 볼 수 없다"(2011다17090)고 판시하여 선정당사자도 선정자단에 포함시킨다.

## Ⅲ. 선정의 방법

① **[심급을 제한한 선정당사자 선정의 효력]** 判例는 "당사자 선정은 총원의 합의로써 장래를 향하여 이를 취소, 변경할 수 있는 만큼(제53조 1항 참조) 당초부터 특히 어떠한 심급을 한정하여 당사자의 자격을 보유하게끔 할 목적으로 선정을 하는 것도 역시 허용된다"(94마2452)고 보았다(1·13회 선택형).

② **[심급한정문구의 해석]** 다만 判例는 "제1심에서 제출된 선정서에 '제1심 소송절차에 관하여' 또는 '제1심 소송절차를 수행하게 한다'라는 문언이 기재되어 있는 경우라 하더라도, 특단의 사정이 없는 한, 소송의 종료에 이르기까지 계속하는 것으로 해석함이 상당하다"(94마2452)고 보아 선정당사자의 취지를 고려하여 심급한정문구를 엄격하게 해석한다(13회 선택형).

## Ⅳ. 선정의 효과

### 1. 선정당사자의 지위

#### (1) 당사자 본인으로서의 지위

선정당사자는 당사자 본인이므로 소송수행에 있어서 소송대리인에 관한 제90조 2항과 같은 제한을 받지 않는다. 같은 맥락에서 判例는 "선정당사자는 선정자들로부터 소송수행을 위한 포괄적인 수권을 받은 것으로서 일체의 소송행위는 물론 소송수행에 필요한 사법상의 행위도 할 수 있는 것이고 개개의 소송행위를 함에 있어서 선정자의 개별적인 동의가 필요한 것은 아니다"(2001다10748)(5·13회 선택형)고 판시하였다. 구체적인 예로, 선정당사자가 소송 상대방과 소취하 합의 및 부제소 합의를 한 경우 선정자들로부터 개별적인 동의를 받았는지 여부와 관계 없이 위 합의는 유효하고, 선정자들이 이후 위 합의에 반하는 재소(제소)를 한 경우 이는 권리보호이익이 없어 부적법하다(2011다105966). 그러나 "변호사인 소송대리인과 사이에 체결하는 보수약정은 소송위임에 필수적으로 수반되어야 하는 것은 아니므로 선정당사자가 그 자격에 기한 독자적인 권한으로 행할 수 있는 소송수행에 필요한 사법상의 행위라고 할 수 없다"(2009다105246)(11회 선택형).

👣 **[비교판례]** ✱ **선정당사자에게 변론금지·변호사 선임명령을 한 경우**(제144조 3항)

"선정당사자는 비록 그 소송의 당사자이기는 하지만 선정행위의 본질이 임의적 소송신탁에 불과하여 다른 선정자들과의 내부적 관계에서는 소송수행권을 위임받은 소송대리인과 유사한 측면이 있으므로 민사소송법 제144조 3항의 규정을 유추하여 실질적으로 변호사 선임권한을 가진 선정자들에게 법원이 그 취지를 통지하거나 다른 적당한 방법으로 이를 알려주어야 하고, 그러한 조치 없이는 변호사의 선임이 이루어지지 아니하였다 하여 곧바로 소를 각하할 수는 없다"(2000마2999).

#### (2) 수인의 선정당사자의 지위

동일 선정자단에서 선정된 선정당사자들은 소송수행권을 합유하는 관계에 있기 때문에 필수적공동소송으로 된다. 그러나 별개의 선정자단에서 각기 선정된 여러 사람의 선정당사자는 원래의 소송이 필수적 공동소송이 아니면 통상공동소송관계로 된다.

### (3) 선정당사자의 자격 상실

① **[선정당사자의 공동의 이해관계 소멸]** 判例에 따르면 제53조의 선정당사자는 공동의 이해관계를 가진 여러 사람 중에서 선정되어야 하므로, 선정당사자 본인에 대한 부분의 소가 취하되거나 판결이 확정되는 등으로 공동의 이해관계가 소멸하는 경우에는 선정당사자는 선정당사자의 자격을 당연히 상실한다(2013다25781)(5·6·13회 선택형).

② **[소송절차가 진행되는 중에 선정당사자의 자격이 소멸한 경우]** 소송절차가 진행되는 중에 선정당사자의 자격이 소멸한 경우, 상대방에게 소멸된 사실을 통지하지 아니하면 소멸의 효력을 주장하지 못한다(제63조 2항, 1항 본문). 다만 법원에 소멸사실이 알려진 뒤에는 종전의 선정당사자는 소의 취하, 청구의 포기·인낙 등의 소송행위를 하지 못한다(제63조 2항, 1항 단서)(1회 선택형).

③ **[선정당사자 자격의 흠을 간과한 판결의 효력 : 당연무효×, 재심사유×]** 통설은 선정당사자의 자격의 흠은 당사자적격의 흠이므로 이를 간과한 판결 또는 인낙조서는 무효라는 입장이나, 判例는 '선정자가 스스로 선정한 경우' 그 선정자로서는 실질적인 소송행위를 할 기회 또는 적법하게 당해 소송에 관여할 기회를 박탈당한 것이 아니므로, 제451조 1항 3호의 재심사유가 인정되지 않는다고 판시하였고 이러한 법리는 그 선정당사자에 대한 판결이 확정된 경우뿐만 아니라 그 선정당사자가 청구를 인낙하여 인낙조서가 확정된 경우에도 마찬가지라고 한다(2005다10470)(1·13회 선택형).

## 2. 선정자의 지위

① **[선정시기에 따른 소송탈퇴여부]** 선정의 시기는 소송계속의 전·후를 불문하나, 소송계속 후에 선정한 경우 선정자들은 소송에서 당연히 탈퇴하고 선정당사자만이 당사자로서 소송수행권을 가진다(제53조 2항)(1회 선택형). 이 경우 선정자는 제3자의 지위가 되어 공동소송적 보조참가를 할 수 있고 증인능력도 갖는다.

② **[소송탈퇴에 따른 당사자적격 상실여부(적극)]** 선정당사자만이 당사자로서 소송수행권을 가진다면(제53조 2항), 선정자는 당사자적격을 상실하는가와 관련하여 判例는 "공동의 이해관계가 있는 여러 사람은 민사소송법 제53조에서 정한 바에 따라 그 가운데에서 모두를 위하여 당사자가 될 선정당사자를 선정할 수 있고, 이와 같이 선정된 선정당사자는 선정자들로부터 소송수행을 위한 포괄적인 수권을 받은 당사자로서 선정자들 모두를 위한 일체의 소송행위를 할 수 있으며, 선정자들은 소송수행권을 상실하고 소송관계에서 탈퇴하게 된다"(2010그133)고 판시하여 적격상실설의 입장이다.

| 일방 당사자의 승소보조인으로 참가<br>(보조참가 : 당사자적격×, 신소제기의 실질×,<br>상고심에서 가능) | | 당사자의 지위로 참가<br>(당사자참가 : 당사자적격○, 신소제기의 실질○,<br>상고심에서 불가) | |
|---|---|---|---|
| 보조참가 | 공동소송적 보조참가 | 공동소송 참가 | 독립당사자참가 |
| 소송결과에 법률상 이해관계가 있는 경우(제71조) | 판결의 효력을 받는 경우(제78조) | 판결의 효력을 받고 합일확정의 필요성이 있는 경우(제83조 1항) | ① 권리주장참가(제79조 1항 전단)<br>② 사해방지참가(제79조 1항 후단) |
| ☞ 단순한 법률상의 이해관계자의 참가 | ☞ 판결의 효력은 받으나 당사자적격이 없는 자의 참가 | ☞ 일방당사자와 연합하여 당사자로 참가하는 경우 | ☞ 종전 당사자와 대립 견제하는 관계에서는 당사자로 참가 |
| 이중적 지위<br>①독립적(제76조 1항)<br>②종속적(제76조 2항) | 필수적 공동소송인에 준하는 지위<br>(제78조에서 제67조를 준용) | 필수적 공동소송인에 준하는 지위(제67조 적용) | 필수적 공동소송인의 지위<br>(제79조 2항에서 제67조를 준용) |
| 참가적 효력 | 참가적 효력<br>+ 기판력 | 당사자로서 판결의 효력이 미침 | |

(참가이유 / 참가인의 지위 / 판결의 효력 행 레이블)

# I. 의 의

'보조참가'란 다른 사람 사이의 소송계속 중 소송결과에 법률상 이해관계 있는 제3자가 한쪽 당사자의 승소를 돕기 위하여 그 소송에 참가하는 것을 말한다(제71조 본문). 보조참가인은 자기의 이름으로 판결을 구하지 않는다는 점에서 당사자나 당사자적격 있는 참가인과 다르다.

# II. 요 건 [타, 결, 현, 소]

보조참가의 요건으로는 ⅰ) 타인간의 '소송이 계속 중'일 것, ⅱ) 참가이유로 '소송결과에 법률상 이해관계'가 있을 것, ⅲ) '소송절차를 현저히 지연'시키지 않을 것(제71조 단서), ⅳ) 소송행위의 유효요건을 갖출 것이 필요하다.

## 1. 타인간의 소송이 계속 중일 것

타인간의 소송에 참가하는 것이므로, 당사자는 상대방 당사자를 위하여 보조참가할 수 없고, 당사자에 준하는 지위를 가지는 법정대리인은 본인의 소송에 보조참가할 수 없다. 당사자는 필수적공동소송이 아닌 경우 자기의 공동소송인 또는 그 공동소송인의 상대방을 위하여 보조참가할 수 있다. 판결절차라면 상고심(다만, 상고심에서는 사실주장이나 증거제출을 할 수 없게 되는 제약이 있다 : 제76조 1항 단서)(**8회 선택형**), 재심에서도 보조참가가 허용된다.

## 2. 소송결과에 법률상 이해관계가 있을 것(참가이유)

### (1) 참가인의 법적지위가 직접적으로 영향을 받을 것에 한정(원칙)

'소송결과에 이해관계가 있을 것'의 의미에 대하여 判例는 "이해관계라 함은 사실상·경제상 또는 감정상의 이해관계가 아니라 법률상의 이해관계를 말하는 것으로, 이는 당해 소송의 판결의 기판력이나 집행력을 당연히 받는 경우 또는 당해 소송의 판결의 효력이 직접 미치지는 아니한다고 하더라도 적어도 그 판결을 전제로 하여 보조참가를 하려는 자의 법률상의 지위가 결정되는 관계에 있는 경우를 의미하는 것이다"(2005다19156)(8회 선택형)고 한다. 즉, 判例는 기본적으로 판결주문에서 판단되는 소송물인 권리관계의 존부에 의하여 참가인의 법적 지위가 직접적으로 영향을 받는 경우에 한하여 참가이유를 인정하는 입장이다.

🖋️ **[관련판례]** 주채무자는 민법 제441조 또는 제442조에 의해 연대보증인으로부터 구상책임을 지게 될 것이므로, 채권자와 연대보증인간의 후소에 대하여 법률상 이해관계를 갖는 자로서 보조참가를 할 수 있다(90다19657).

### (2) 공동불법행위자의 경우 참가이익 확대(예외 : 실질적으로 판결이유의 판단까지 확대)

다만 判例 중에는 "불법행위로 인한 손해배상책임을 지는 자는 '피해자'가 다른 공동불법행위자들을 상대로 제기한 손해배상 청구소송의 결과에 대하여 법률상의 이해관계를 갖는다"(99다12796)(8회 선택형)고 판시하여 참가이익을 확대한 것이 있다.

### (3) 구체적 예

① **[피참가인의 승·패소에 따라 영향을 받은 관계에 있는 때]** 참가인의 법적 지위가 판결주문에서 판단되는 소송물인 권리관계의 존부에 논리적으로 의존관계에 있을 때 참가이유가 있는데, 이는 피참가인이 패소하면 그 법적 지위가 불리하게 되고 승소하면 기득권 확보 등 유리한 영향을 받은 관계에 있는 때를 의미한다.

② **[법률상의 이해관계가 있는 때]** 소송결과에 의해 영향 받을 제3자의 법률상 지위는 재산법상·신분법상 지위도 포함되고 사법상·공법상 지위라도 상관없다. 다만 **법률상 이해관계 아닌 사실상·경제상 또는 감정상 이해관계만으로는 참가할 수 없다**(99다26924).

## Ⅲ. 보조참가절차

### 1. 참가의 허부

당사자가 참가에 대하여 이의를 신청한 때에는 참가인은 참가의 이유를 소명하여야 하며, 법원은 참가를 허가할 것인지 아닌지를 결정하여야 한다(제73조 1항)(13회 선택형). 다만, 이를 결정이 아닌 종국판결로써 심판하였더라도 위법한 것은 아니다(2005두15700)(8회 선택형). 또한 "보조참가신청에 대하여 당사자가 이의를 신청한 때에는 수소법원은 참가를 허가할 것인지 여부를 결정하여야 하지만, 당사자가 이의를 신청하지 아니한 채 변론하거나 변론준비기일에서 진술을 한 경우에는 이의를 신청할 권리를 잃게 되고(제73조 1항, 제74조) 수소법원의 보조참가 허가결정 없이도 계속 소송행위를 할 수 있다"(2015두36836)(12회 선택형).

## 2. 참가인의 소송관여

보조참가신청에 대한 이의신청이 있더라도 본 소송절차는 정지되지 않고, 불허결정이 있어도 그 확정시까지는 참가인으로서 소송행위를 할 수 있다(제75조 1항). 불허결정이 확정되어 참가인의 소송행위가 효력을 잃더라도 피참가인이 원용하면 효력이 유지된다(제75조 2항).

## Ⅳ. 참가인의 소송상 지위 [10회 사례형]

| 독립성 | 종속성 |
|---|---|
| ① 기일의 통지 | ① 증인·감정인의 자격이 있음 |
| ② 소송서류의 송달 | ② 참가인의 소송행위 제한(제76조 1항 단서, 동조 2항) |
| ③ 참가인이 할 수 있는 소송행위(제76조 1항 본문) | ③ 참가인의 사망은 절차중단 사유가 아님 |
| ④ 참가신청의 취하가 항상 가능함 | ④ 소송을 처분·변경하는 행위 금지 |
| ⑤ 소송비용의 부담(제103조) | ⑤ 피참가인의 사법상권리를 직접 행사(부정설) |

### 1. 독립적 지위

① **[당사자에 준하는 지위]** "피참가인과는 별도로 보조참가인에 대하여도 기일의 통지, 소송서류의 송달 등을 행하여야 하고, 보조참가인에게 기일통지서 또는 출석요구서를 송달하지 아니함으로써 변론의 기회를 부여하지 아니한 채 행하여진 기일의 진행은 적법한 것으로 볼 수 없다. 그러나 기일통지서를 송달받지 못한 보조참가인이 변론기일에 직접 출석하여 변론할 기회를 가졌고, 위 변론 당시 기일통지서를 송달받지 못한 점에 관하여 이의를 하지 아니하였다면, 기일통지를 하지 않은 절차진행상의 흠이 치유된다"(2006다75641)(**8·9회 선택형**).

② **[참가인이 할 수 있는 소송행위]** 참가인은 피참가인의 승소를 위하여 필요한 모든 소송행위를 자기의 이름으로 할 수 있다(제76조 1항 본문).

### 2. 종속적 지위

#### (1) 피참가인의 승소보조자로서의 지위 [1회·10회 사례형]

"보조참가인에 대하여 판결정본이 송달된 때로부터 기산한다면 보조참가인 명의로 된 상고제기가 2주 이내에 제기한 것이 된다 하여도 이미 피참가인인 피고에 대한 관계에 있어 상고기간이 경과한 것이라면 보조참가인의 상고 역시 상고기간 경과 후의 것임을 면치 못하여 보조참가인의 위 상고는 부적법하다"(69다949)(**1회 선택형**)

#### (2) 참가인이 할 수 없는 행위 [없, 어, 불, 장, 사]

1) 참가한 때의 소송정도에 따라 피참가인도 할 수 없는 행위(제76조 1항 단서)

예를 들어 시기에 늦은 공격방어방법의 제출 등은 할 수 없다(69다949 : 피고의 상고기간 경과 후에 피고 보조참가인이 상고장을 제출한 경우 부적법하다).

2) 피참가인의 행위와 어긋나는 행위(제76조 2항)

① [**피참가인의 행위와 소극적으로만 불일치하는 경우(가능)**] 判例는 "피참가인인 피고가 원고가 주장하는 사실을 명백히 다투지 아니하여 제150조에 의하여 그 사실을 자백한 것으로 보게 될 경우(자백간주)라도 참가인이 보조참가를 신청하면서 그 사실에 대하여 다투는 것은 피참가인의 행위와 명백히 적극적으로 배치되는 경우라 할 수 없어 그 소송행위의 효력이 없다고 할 수 없다"(2007다53310)(**9회 선택형**)고 한다.

② [**피참가인의 행위와 적극적으로 배치되는 경우(불가)**] 判例는 적극적으로 배치되는 경우로서 피참가인이 자백(재판상 자백)한 후에 참가인은 이를 부인할 수 없고(2000다59333)(**13회 선택형**), 피참가인이 상소권을 포기한 이후에 참가인은 상소를 할 수 없으며(99다47365), 보조참가인이 제기한 항소를 피참가인이 포기·취하할 수 있다(2010다38168)(**9·12회 선택형**)고 한다. [**10회 사례형**]

③ [**단순히 피참가인에게 불이익한 사실을 인정하는 행위(가능)**] "보조참가인의 증거신청행위가 피참가인의 소송행위와 저촉되지 아니하고, 그 증거들이 적법한 증거조사절차를 거쳐 법원에 현출되었다면 법원이 이들 증거에 터 잡아 피참가인에게 불이익한 사실을 인정하였다고 하여 그것이 제76조 2항에 위배된다고 할 수 없다"(94다3629).

3) 피참가인에 불이익한 행위

보조참가인은 소의 취하, 청구의 포기·인낙, 화해 등 피참가인에게 불이익한 행위를 할 수 없다.

4) 소의 변경 또는 확장행위(소송 중의 소제기)

소를 변경하거나(86다카2329) 확장하는 행위는 할 수 없다. 반소, 중간확인의 소, 재심사유를 주장하여 재심청구를 '추가'할 수는 없다(92므266).

5) 피참가인의 사법상 권리의 행사

① 부정설은 보조참가인의 종속성을 강조하여 보조참가인은 원칙적으로 피참가인이 가진 사법상의 권리를 행사할 수 없다고 하고 ② 긍정설은 보조참가인의 독립성을 강조하여 보조참가인은 피참가인의 사법상의 권리를 행사할 수 있다고 한다.

## V. 판결의 참가인에 대한 효력(참가적 효력) [10·13회 사례형, 08사법]

### 1. 법적성질

기판력은 당사자에게만 미치는 것이 원칙인 바(제218조 1항)(**3회 선택형**), 제77조의 '재판의 효력'의 의미가 문제된다. 이에 대해 통설과 判例(86다카2289)는 피참가인이 '패소'한 뒤에 참가인과 소송행위를 하는 경우 피참가인에 대한 관계에서 참가인은 그 판결의 내용이 부당하다고 주장할 수 없는 구속력으로 보는 참가적 효력설의 입장이다(**11회 선택형**)

| 구별기준 | 기판력 | 참가적 효력 |
|---|---|---|
| 성 질 | 직권조사사항 | 항변사항 |
| 취 지 | 법적 안정성 | 판결기초공동형성에 자기책임 |
| 주관적 범위 | 당사자간 | 참가인과 피참가인간 |
| 객관적 범위 | 주문<br>(판결주문의 판단에만 미침) | 주문 + 이유<br>(판결이유 중의 판단에도 미침) |
| 발생원인 | 승소 + 패소<br>(승소·패소를 묻지 않고 일률적으로 발생) | 패소<br>(피참가인이 패소하고 피참가인이 참가인을<br>상대로 후소를 제기하는 경우에만 발생) |
| 소송수행여<br>부 | 당사자의 소송수행에 있어 고의·과실 등<br>의 구체적 사정에 좌우되지 않고 당사자로<br>수행한 이상 무조건 발생하는 효력 | 참가인에게 충분하게 소송수행의 기회가<br>보장되지 않았던 경우에는 효력이 발생하<br>지 않고, 당사자의 원용이 있어야 비로소<br>발생하는 효력 |
| 주장요부 | 직권조사사항 | 항변사항 |
| 배제 예 | 예외 無<br>(법적안정성을 위한 제도이므로<br>배제되는 경우 없음) | 예외 有<br>(참가적 효력은 판결기초의 공동형성에 대한<br>참가인의 자기책임에 그 근거를 두고 있기 때<br>문에 그러한 책임이 없는 경우에는 참가적 효<br>력이 배제가능) [없, 어, 방, 실] |

## 2. 참가적 효력의 요건 [본, 피, 확, 참]

참가적 효력이 발생하기 위해서는 당해 소송에서 본안판결이 선고되었을 것(소송판결 제외), 피참가인이 패소하였을 것, 그 판결이 확정되었을 것, 참가인에게 피참가인을 위하여 소송을 수행할 기회가 주어졌을 것(2012다78184)을 요건으로 하여 발생한다.

## 3. 참가적 효력의 범위

① [주관적 범위] 참가적 효력은 상대방과 참가인 사이에서는 미치지 않고 피참가인과 참가인 사이에만 미친다. 즉, "피참가인과 그 소송상대방 간의 판결의 기판력이 참가인과 피참가인의 상대방과의 사이에까지는 미치지 아니한다"(86다카2289)(2·9·11회 선택형).

② [객관적 범위] 참가적 효력은 ⅰ) 판결주문에 대해서 뿐만 아니라 ⅱ) 판결이유 중의 패소이유가 되었던 사실인정이나 법률판단으로서 보조참가인이 피참가인과 공동이익으로 주장하거나 다툴 수 있었던 사항에 미친다(95다42133)(11회 선택형). 이러한 법리에 비추어 보면 전소가 확정판결이 아닌 화해권고결정에 의하여 종료된 경우에는 확정판결에서와 같은 법원의 사실상 및 법률상의 판단이 이루어졌다고 할 수 없으므로 참가적 효력이 인정되지 아니한다(2012다78184).

## 4. 참가적 효력의 배제 [없, 어, 방, 실]

① 제76조의 규정에 따라 참가인이 소송행위를 할 수 없거나(예컨대, 상고심에서의 사실주장이나 증거 제출) ② 보조참가인의 행위가 피참가인의 행위와 어긋나 효력을 가지지 아니하는 때(1호)(예컨대, 참가인이 부인하는데 피참가인이 자백이나 인낙한 경우), ③ 피참가인이 참가인의 소송행위를 방해한 때(2호)(예컨대, 참가인이 제기한 상소를 피참가인이 취하·포기한 경우), ④ 피참가인이 참가인이 할 수 없는 소송행위를 고의나 과실로 하지 아니한 때(3호)(예컨대, 참가인이 알지 못하나 피참가인이 알고 있는 사실·증거의 제출을 게을리하거나, 피참가인이 사법상의 권리행사를 하지 않는 경우)에는 보조참가인에게 참가적 효력이 미치지 않는다.

---

## Set 059 ｜ 소송고지

## Ⅰ. 의의 및 취지

'소송고지'란 소송이 법원에 계속되는 중에 당사자가 소송참가를 할 이해관계가 있는 제3자에 대하여 일정한 방식에 따라서 소송이 법원에 계속된 사실을 통지하는 것이다(제84조).

## Ⅱ. 요 건 [계, 고, 피, 송]

ⅰ) 소송 계속 중일 것, ⅱ) 고지자는 계속 중인 소송의 당사자인 원·피고, 보조참가인 및 이들로부터 고지 받은 피고지자이고, ⅲ) 피고지자는 그 소송에 참가할 수 있는 제3자이며, ⅳ) 고지서를 법원에 제출하고(제85조 1항), 피고지자와 상대방에게 송달될 것을 요한다(제85조 2항).

## Ⅲ. 소송고지의 효과

### 1. 소송법상 효과

① 소송고지의 피고지자가 고지자에게 보조참가할 이해관계가 있는 한 고지자가 패소한 경우에는 참가하지 않은 경우라도 소송고지에 의하여 참가할 수 있었을 때에 참가한 것과 마찬가지로 제77조의 참가적 효력을 받는다(제86조).

### 2. 실체법상 효과

① [시효중단효] 소송고지는 시효중단 사유인 민법상 최고(민법 제174조)에 해당한다.
② [시효중단의 효력발생시기] 다만, 보통의 최고와는 달리 제265조를 유추 적용하여 당사자가 소송고지서를 법원에 제출한 때에 시효중단의 효력이 발생한다(2014다16494).
③ [시효중단효력의 유지] 判例는 "당해 소송이 계속중인 동안은 최고에 의하여 권리를 행사하고 있는 상태가 지속되는 것으로 보아 민법 제174조에 규정된 6월의 기간은 당해 소송이 종료된 때(소송고지서를 제출한 때가 아님)로부터 기산되는 것으로 해석하여야 한다"(2009다14340, 2014다16494))고 판시하였다(3회 선택형).

| 일방 당사자의 승소보조인으로 참가<br>(보조참가 : 당사자적격x, 신소제기의 실질x) | | 당사자의 지위로 참가<br>(당사자참가 : 당사자적격o, 신소제기의 실질o) | |
|---|---|---|---|
| 보조참가 | 공동소송적 보조참가 | 공동소송 참가 | 독립당사자참가 |
| 소송결과에<br>법률상이해관계가<br>있는 경우(제71조) | 판결의 효력을<br>받는 경우(제78조) | 판결의 효력을 받고<br>합일확정의 필요성이<br>있는 경우(제83조 1항) | ① 권리주장참가<br>(제79조 1항 전단)<br>② 사해방지참가<br>(제79조 1항 후단) |
| ☞ 단순한 법률상의<br>이해관계자의 참가 | ☞ 판결의 효력은<br>받으나 당사자적격이<br>없는 자의 참가 | ☞ 일방당사자와<br>연합하여 당사자로<br>참가하는 경우 | ☞ 종전 당사자와 대립<br>견제하는 관계에 서는<br>당사자로 참가 |
| 이중적 지위<br>① 독립적(제76조 1항)<br>② 종속적(제76조 2항) | 필수적 공동소송인에<br>준하는 지위<br>(제78조에서<br>제67조를 준용) | 필수적 공동소송인에<br>준하는 지위<br>(제67조 적용) | 필수적 공동소송인의<br>지위<br>(제79조 2항에서<br>제67조를 준용) |
| 참가적 효력 | 참가적 효력 + 기판력 | 당사자로서 판결의 효력이 미침 | |

(좌측 행 머리글: 참가이유 / 참가인의 지위 / 판결의 효력)

# I. 의 의

재판의 효력이 참가인에게도 미치는 경우(당사자 적격은 없으나 기판력은 미치는 관계)에는 그 참가인과 피참가인에 대하여 필수적 공동소송에 대한 특별규정인 제67조 및 제69조를 준용한다(제78조).

# II. 요 건[타, 당, 판]

## 1. 타인의 소송계속 중일 것

타인간의 소송에 참가하는 것이므로, 당사자 및 이에 준하는 지위를 가진 법정대리인은 상대방 당사자를 위하여 보조참가할 수 없다. 소송계속이란 판결절차를 의미하므로 대립당사자 구조가 아닌 결정절차는 보조참가가 허용되지 않는다. 판결절차라면 상고심, 재심에서도 보조참가가 허용된다.

## 2. 당사자 적격이 없고, 판결의 효력(기판력)이 미칠 것

### (1) 제3자 소송담당의 경우

갈음형의 귀속주체는 당사자적격을 상실하므로 공동소송적 보조참가를 할 수 밖에 없다. 그러나 병행형 소송담당의 경우 견해대립이 존재한다.

① **[채권자대위소송에서 채무자의 참가 형태]** ㉠ 공동소송참가설과, ㉡ 공동소송적 보조참가설(서울 고법76나3396)의 견해가 대립한다.

🔖 **[비교판례]** 그러나 "채권자대위소송 계속 중 다른 채권자가 동일한 채무자를 대위하여 채권 자대위권을 행사하면서 참가하는 것은 공동소송참가에 해당한다"(2013다30301). **[06사법]**

② **[주주대표소송에서 회사의 참가(공동소송참가)]** 대법원은 " ⅰ) 회사가 대표소송에 당사자로서 참가 하는 경우 소송경제가 도모될 뿐만 아니라 ⅱ) 판결의 모순·저촉을 유발할 가능성도 없다는 사정과, ⅲ) 상법 제404조 1항에서 특별히 참가에 관한 규정을 두어 주주의 대표소송의 특성을 살려 회사 의 권익을 보호하려한 입법 취지를 함께 고려할 때, 상법 제404조 1항에서 규정하고 있는 회사의 참가는 공동소송참가를 의미하는 것으로 해석함이 타당하고, 나아가 이러한 해석이 중복제소를 금지하고 있는 민사소송법 규정에 반하는 것도 아니다"(2000다9086)(**1·3·6·7·8·10회 선택형**)고 보아 공동소송참가가 가능하다고 보았다.[106]

**(2) 제3자에게 판결의 효력이 미치는 경우**

① **[당사자적격이 없는 일반 제3자]** 가사소송(가사소송법 제21조), 행정소송(행정소송법 제29조), 회사관계소송(상법 제190조), 권한쟁의심판과 헌법소원심판청구(헌법재판소법 제40조) 등 판결 의 효력이 일반 제3자에게 확장되는 경우 당사자적격 없는 제3자가 보조참가하면 공동소송적 보조참가로 된다.

② **[제소기간을 도과한 후의 참가]** 형성소송은 제소기간을 두는 경우가 많은데, 당사자적격자가 제 소기간 내에는 공동소송참가가 가능하나 제소기간을 경과한 후에는 공동소송적 보조참가로 된 다. 예를 들어 주주가 제기한 주주총회결의취소소송에 대하여 제소기간이 지난 후에 다른 주주 가 참가하면 공동소송적 보조참가가 된다.

🔖 ＊ **공동소송적 보조참가인의 상고이유 주장 제출기간**

"공동소송적 보조참가를 한 참가인은 상고를 제기하지 않은 채 피참가인이 상고를 제기한 부분에 대한 상고이 유서를 제출할 수 있지만 이 경우 상고이유서 제출기간을 준수하였는지는 피참가인을 기준으로 판단하여야 한다. 따라서 상고하지 않은 참가인이 피참가인의 상고이유서 제출기간이 지난 후 상고이유서를 제출하였 다면 적법한 기간 내에 제출한 것으로 볼 수 없다. 이러한 법리는 상고이유의 주장에 대해서도 마찬가지 여서, 상고하지 않은 참가인이 적법하게 제출된 피참가인의 상고이유서에서 주장되지 않은 내용을 피참가인 의 상고이유서 제출기간이 지난 후 제출한 서면에서 주장하였더라도 이는 적법한 기간 내에 제출된 상고이유 의 주장이라고 할 수 없다.

공동소송적 보조참가를 한 참가인과 피참가인이 서로 원심에 대해 불복하는 부분을 달리하여 각각 상고하는 경우, '피참가인만이 불복한 부분'에 대하여 참가인은 '상고하지 않은 참가인'의 지위에 있게 된다. 따라서 '피참가인만이 불복한 부분'에 대하여, 피참가인이 상고이유서에서 주장하지 않 은 새로운 내용을 참가인이 피참가인의 상고이유서 제출기간이 지난 후에 주장한다면 이는 적법한 기간 내에 제출된 상고이유의 주장이라고 할 수 없다"(2019두40611)(**13회 선택형**).

---

106) **[판례검토]** 별소 제기가 아닌 참가의 경우 1개의 판결을 하게 되므로 판결의 모순저촉이 발생할 여지가 없어 이를 중복소 제기금지 취지에 반하는 것으로 볼 수 없고, 채권자대위소송과 달리 주주의 대표소송의 경우에는 회사의 관리처분권을 제한 하는 상법상 규정이 없어서 소송수행권이 상실된다고 할 수 없다.

## Ⅲ. 효 력

### 1. 필수적 공동소송 규정의 준용

본소송의 판결의 효력을 직접 받는 공동소송적 보조참가인과 피참가인에 대해서는 필수적 공동소송인의 경우처럼 제67조 등을 준용한다(제78조). 따라서 통상의 보조참가인과 달리 필수적 공동소송인에 준하는 강한 소송수행권이 부여된다.

### 2. 공동소송적 보조참가인의 지위

① [독립적 지위] ㉠ 참가인은 피참가인의 행위와 어긋나는 행위를 할 수 있다(제67조 1항 준용). 따라서 통상의 보조참가의 경우에 참가인에게 적용되는 제76조 2항의 제한은 배제된다. 참가인이 상고를 제기한 경우에 피참가인이 상고권포기나 상고취하를 하여도 상고의 효력은 지속된다(13회 선택형). ㉡ 참가인의 상소기간은 피참가인과 관계없이 참가인에 대한 판결송달시로부터 독자적으로 계산된다(제396조). ㉢ 참가인에게 소송절차의 중단·중지의 사유가 발생하여 참가인의 이익을 해할 우려가 있으면 소송절차는 정지된다(제67조 3항 준용 : 아래 94다27373판례 참조).

✱ **소송 중 보조참가인의 사망**(소송중단 소극)**과 공동소송적 보조참가인의 사망**(소송중단 적극) "보조참가인은 피참가인인 당사자의 승소를 위한 보조자일 뿐 자신이 당사자가 되는 것이 아니므로 소송 계속 중 보조참가인이 사망하더라도 본소의 소송절차는 중단되지 아니한다"(94다27373)(12회 선택형). 반면, 공동소송적 보조참가의 경우 참가인에게 소송절차의 중단·중지의 사유가 발생하여 참가인의 이익을 해할 우려가 있으면 소송절차는 정지된다(제67조 3항 준용). 따라서 공동소송적 보조참가인이 소송계속 중 사망하면 소송절차는 중단된다.

② [종속적 지위] 제67조가 준용되어 피참가인의 행위와 어긋나는 행위를 할 수 있다 하더라도(제76조 2항의 제한 배제) 공동소송적 보조참가인은 피참가자의 참가인이지 당사자는 아니므로 소의 취하, 청구의 포기·인낙, 화해 등 피참가인에게 불이익한 행위를 할 수 없다(제67조 1항).

✱ **민사소송법 제76조 제1항 단서가 공동소송적 보조참가인에게도 적용되는지 여부**(적극) "통상의 보조참가인은 참가 당시의 소송상태를 전제로 피참가인을 보조하기 위하여 참가하는 것이므로 참가할 때의 소송 진행정도에 따라 피참가인이 할 수 없는 행위는 할 수 없다(제76조 1항 단서). 공동소송적 보조참가인도 원래 당사자가 아니라 보조참가인이므로 위와 같은 점에서는 통상의 보조참가인과 마찬가지이다"(2018므14210)(12회 선택형).

### 3. 피참가인의 지위

① [유사필수적 공동소송에 준하는 지위] "민사소송법 제78조의 공동소송적 보조참가에는 필수적 공동소송에 관한 민사소송법 제67조 제1항, 즉 '소송목적이 공동소송인 모두에게 합일적으로 확정되어야 할 공동소송의 경우에 공동소송인 가운데 한 사람의 소송행위는 모두의 이익을 위하여서만 효력을 가진다'고 한 규정이 준용되므로, 피참가인의 소송행위는 모두의 이익을 위하여서만 효력을 가지고, 그 반대로 공동소송적 보조참가인에게 불이익이 되는 것은 효력이 없다고 할 것이다"(2012아43). 다만 "공동소송적 보조참가는 그 성질상 필수적 공동소송 중에서는 이른바 유사필수적 공동소송에 준한다"(2012아43).

② [피참가인이 할 수 없는 행위(공동소송적 보조참가인에 불이익한 행위)] 判例는 ㉠ 소의 취하의 경우 공동소송적 보조참가인에게 불이익한 행위에 해당하지 않으므로 피참가인이 공동소송적 보조참가인의 동의 없이 소를 취하하였다 하더라도 유효하다고 판시한 반면(2012마43), ㉡ 재심의 소의 취하는 공동소송적 보조참가인에 대하여 불리한 행위로서 공동소송적 보조참가인의 동의가 없는 한 효력이 없다고 보았다(2014다13044)(9 · 11 · 12 · 13회 선택형).

## Set 061 공동소송참가

| | 공동소송적 보조참가(제78조) | 공동소송 참가(제83조) |
|---|---|---|
| 참가자 | 당사자적격이 없는 자로서 판결의 효력을 받는 제3자에 의한 참가 | 스스로 청구에 관하여 독립하여 당사자적격을 가진 자에 의한 참가 |
| 참가신청 | 소제기와 같은 실질이 아닌 소송상의 신청(∵ 당사자적격 ×) | 소제기와 같은 실질 (∵ 당사자적격 ○) |
| 참가인의 지위 | 필수적 공동소송에 준하는 지위 (제78조에서 제67조 및 제79조를 준용) | 필수적 공동소송의 지위 (제67조이 적용됨) |

## I. 의 의

소송목적이 한 쪽 당사자와 제3자에게 합일적으로 확정되어야 할 경우 그 제3자는 공동소송인으로 소송에 참가할 수 있다(제83조 1항).

## II. 요 건 [타, 당, 합]

### 1. 타인간의 소송계속 중일 것

타인간의 소송이라면 소의 종류를 불문한다. 소송계속이란 판결절차를 의미하므로 대립당사자 구조가 아닌 결정절차는 참가가 허용되지 않는다. 판결절차라면 판결의 효력을 받는 자는 심급이익의 박탈 염려가 없으므로 항소심에서도 참가가 허용된다(2000다9086). 다만 判例는 공동소송참가가 새로운 소제기의 실질을 갖는다는 이유로 상고심에서 참가를 부정한다(4292민상853)(3회 선택형).

### 2. 당사자적격이 있을 것

참가자는 별도의 소를 제기하는 것에 갈음하여 공동소송인으로 참가하는 것이므로 당사자적격을 구비하여야 한다. 당사자 적격이 없는 자(예컨대 파산자)는 판결의 효력을 받더라도 공동소송적 보조참가밖에 할 수 없을 뿐이다. 더불어 당사자적격이 있는 자도 중복소송에 해당하거나, 제소기간을 도과한 경우에는 역시 공동소송적 보조참가를 할 수 밖에 없다. 제3자 소송담당의 ① 갈음형의 경우 당사자적격이 없으므로 공동소송적 보조참가에 의하여야 한다. ② 병행형의 경우에는 당사자적격은 있으나 중복소송에 해당하지 않아야 공동소송참가가 허용된다.

### 3. 합일확정의 필요가 있을 것

① **[합일확정]** 소송목적이 피참가인, 그 상대방과 참가인에 대하여 합일적으로 확정될 경우라야 한다. 이는 참가인과 당사자가 함께 소를 제기하거나 제기 당하였을 때 판결의 효력이 미치거나 필수적 공동소송의 관계로 될 경우이다. 여기서 판결의 효력은 반사적 효력을 포함한다.

> ✱ **채권자대위소송 계속 중 다른 채권자가 공동소송참가**(적법)
> "채권자대위소송이 계속 중인 상황에서 다른 채권자가 동일한 채무자를 대위하여 채권자대위권을 행사하면서 공동소송참가신청을 할 경우, '양 청구의 소송물이 동일하다면' 민사소송법 제83조 제1항이 요구하는 '소송목적이 한쪽 당사자와 제3자에게 합일적으로 확정되어야 할 경우'에 해당하므로 참가인의 공동소송참가신청을 적법한 것으로 보아야 한다"(2013다30301).
> "여기서 원고가 일부 청구임을 명시하여 피대위채권의 일부만을 청구한 것으로 볼 수 있는 경우에는 참가인의 청구금액이 원고의 청구금액을 초과하지 아니하는 한 참가인의 청구가 원고의 청구와 소송물이 동일하여 중복된다고 할 수 있으므로 소송목적이 원고와 참가인에게 합일적으로 확정되어야 할 필요성을 인정할 수 있어 참가인의 공동소송참가신청을 적법한 것으로 보아야 한다"(2013다30301).

② **[유사필수적 공동소송의 경우 공동소송참가의 허용 여부]** 판결의 효력을 받을 제3자가 본소송에 참가하여 유사필수적 공동소송이 되는 경우에는 공동소송참가가 허용된다.

③ **[고유필수적 공동소송의 경우 공동소송참가의 허용 여부]** 공동소송참가는 필수적 공동소송인의 추가와 달리 상소심에서도 허용되는 것이므로 필수적 공동소송인의 추가 규정의 신설에도 불구하고 여전히 의미가 있다는 점에서 공동소송참가에 의한 흠의 치유를 긍정함이 타당하다. **[14사법]**

## Ⅲ. 효 과

참가신청은 소제기의 실질이 있으므로 참가요건은 항변사항이 아니라 직권조사사항이다. 필수적 공동소송으로 취급되어 제67조 규정이 적용된다.

## Ⅰ. 서 설

### 1. 의의 및 구조

다른 사람간의 소송 계속 중 제3자가 당사자의 양쪽 또는 한쪽을 상대방으로 하여 원·피고간의 청구와 관련된 자기의 청구에 대하여 심판을 구하기 위하여 당사자로서 그 소송에 참가하는 것을 말한다(제79조). 判例는 "독립당사자참가는 제3자가 당사자로서 소송에 참가하여 3당사자 사이의 3면적 소송관계를 하나의 판결로써 모순 없이 일시에 해결하려는 것이다"(95다5905,5912)라고 하여 주류적으로는 3면소송설의 입장이다(6회 선택형).

## Ⅱ. 참가요건 [타, 이, 취, 소, 병]

독립당사자참가 중 권리주장참가가 적법하려면 ⅰ) 타인간의 소송이 계속 중일 것, ⅱ) 소송목적의 전부 또는 일부가 자신의 권리임을 주장할 것(참가이유), ⅲ) 당사자의 양쪽 또는 한쪽을 상대방으로 한 청구일 것(참가취지), ⅳ) 청구의 병합요건 및 소송요건을 갖출 것이 요구된다. 특히 독립당사자참가인이 수 개의 청구를 병합하여 독립당사자참가를 하는 경우에는 각 청구별로 독립당사자참가의 요건을 갖추어야 하고, 편면적 독립당사자참가가 허용된다고 하여, 참가인이 독립당사자참가의 요건을 갖추지 못한 청구를 추가하는 것을 허용하는 것은 아니다 (2022다241608,241615)[107].

### 1. 타인 간에 소송이 계속 중일 것

타인 간의 소송이어야 하므로 당사자가 아닌 자만 참가할 수 있다. 타인 간의 소송은 항소심에서도 가능하나, 독립당사자참가는 실질에 있어서 소송제기의 성질을 가지고 있으므로 상고심에서는 독립당사자참가를 할 수 없다(93다43682). 다만, "소송당사자인 독립당사자참가인은 그의 상대방 당사자인 원·피고의 어느 한 쪽을 위하여 보조참가를 할 수는 없는 것이므로 보조참가인이 독립당사자참가를 하였다면 그와 동시에 보조참가는 종료된 것으로 보아야 할 것이고, 따라서 보조참가인의 입장에서는 상고할 수 없다"(93다5727,93다5734)(11회 선택형)

---

107) 원고 B가 피고 C를 상대로 주위적으로 약속어음금 지급을 구하고, 예비적으로 피고 C와 체결한 사업양수도계약의 해제에 따른 원상회복의무 불능에 의한 가액배상을 구함에 대하여, 독립당사자참가인 A가 원고 B의 피고 C에 대한 위 양수도계약에 따른 채권이 독립당사자참가인 A에게 양도되었다고 주장하면서 피고 C를 상대로는 양수금의 지급을, 원고 B를 상대로는 원고 B가 피고 C의 양수금 채무를 연대보증하였다고 주장하면서 연대보증채무의 이행을 구하면서 두 개의 청구를 병합하여 독립당사자참가 신청을 한 경우, 독립당사자참가인 A가 피고 C에 대하여 구하는 20억 원의 지급 청구와 달리 원고 B에 대하여 구하는 연대보증채무 이행 청구는 원고 B의 본안 소송과 양립할 수 없다고 볼 수 없으므로, 독립당사자참가 중 권리주장참가의 요건을 갖추지 못하였고, 달리 사해방지참가의 요건을 갖추었다고 볼 만한 자료도 없으므로, 법원은 A의 참가신청을 각하하여야 한다는 判例

## 2. 참가이유가 있을 것(참가형태)

### (1) 권리주장참가의 참가이유 [16법행, 10회 사례형]

① **[참가이유로서 양립불가능성]** 判例는 권리주장참가의 참가이유를 판단할 때 본소청구와 참가인의 청구가 '주장 자체'에서 양립하지 않는 관계에 있으면 족하며, 본안심리 결과 양청구가 실제로 양립되면 참가인의 청구를 기각하면 된다고 한다(2005마814). 또한 참가하려는 소송에 수개의 청구가 병합된 경우 그 중 어느 하나의 청구라도 독립당사자참가인의 주장과 양립하지 않는 관계에 있으면 그 본소청구에 대한 참가가 허용된다고 할 것이고, 양립할 수 없는 본소청구에 관하여 본안에 들어가 심리한 결과 이유가 없는 것으로 판단된다고 하더라도 참가신청이 부적법하게 되는 것은 아니(2006다80322,80339)라고 한다.

② **[물권의 주장과 채권의 주장]** 물권이든 채권이든 1개의 권리를 본소의 원고와 참가인이 각자 주장하는 경우 어느 한 쪽의 청구권이 인정되면 다른 쪽의 청구권이 인정될 수 없으므로 참가신청은 적법하다. 따라서 判例는 소유권의 주장일 경우 일물일권주의 원칙상 주장자체로 양립불가능하다고 보았으나, **이중매매사안**(매매사실이 두 개)의 경우는 독립당사자참가를 부적법하다고 하였다.

> ✳ 채권적 청구권(채권자 평등주의)을 주장하면서 권리주장 참가한 경우 중 양립불가능성을 인정한 예
>
> ㉠ **[채권의 이중양도]** "준물권행위인 채권양도에서 유효한 양도시 양수인은 1인 뿐이다. 따라서 채권적 권리에 기해 청구하고 있더라도 양립불가능한 관계에 있으므로 참가는 적법하다"(91다21145).
>
> ㉡ **[하나의 매매계약에서 매수인이 누구인지 여부]** "원고의 피고에 대한 소유권이전등기청구권과 참가인의 피고에 대한 소유권이전등기청구권은, 당사자참가가 인정되지 아니하는 이중매매 등 통상의 경우와는 달리 하나의 계약에 기초한 것으로서 어느 한쪽의 이전등기청구권이 인정되면 다른 한쪽의 이전등기청구권은 인정될 수 없는 것이므로 그 각 청구가 서로 양립할 수 없는 관계에 있다"(86다148)(2·6회 선택형).
>
> ㉢ **[하나의 명의신탁에서 신탁자가 누구인지 여부]** 甲의 乙에 대한 명의신탁 해지로 인한 이전등기청구권과 丙의 乙에 대한 명의신탁 해지로 인한 이전등기청구권은 양립할 수 없는 관계에 있다(95다5905).
>
> ㉣ **[하나의 취득시효에서 누가 시효취득자인지 여부]** 甲이 乙에 대하여 취득시효 완성을 원인으로 한 소유권이전등기를 구하는 본소에 대하여, 丙이 乙에 대하여는 취득시효 완성을 원인으로 한 소유권이전등기를, 그리고 甲에 대하여는 관리위탁계약의 해제를 이유로 토지의 인도를 각 청구한 경우, 각 청구는 서로 양립할 수 없는 관계에 있으므로, 丙의 독립당사자참가 신청은 적법하다(94다50595,50601).

③ **[이중매매의 경우 권리주장참가의 참가이유가 있는지 여부]** 判例는 타인간의 소유권이전등기청구소송에 같은 부동산을 먼저 매수하였음을 이유로 자기에게의 이전등기와 소유권확인을 구하여 참가하는 것은, 아직 자기 앞으로의 등기를 경유하지 못한 이상 제3자에게는 그 소유권을 대항하거나 주장할 수 없어 결국 피고에 대한 청구만이 성립될 수 있을 뿐이어서 그 참가는 **부적법**하다고 한다(80다1872 ; 2002나44365참고).[108]

### (2) 사해방지참가의 참가이유 [6회 사례형]

사해방지참가의 경우 본소청구와 양립가능하더라도 참가가 허용되지만(99다35331), 참가인은 본소의 소송의 결과에 의하여 권리의 침해를 받을 것을 그 요건으로 하는 바, 권리침해의 의미에 대하여 判例는 "사해방지참가를 하기 위해서는 본소의 원고와 피고가 당해 소송을 통하여 ⅰ) 제3자를 해할 의사를 갖고 있다고 객관적으로 인정되고 ⅱ) 그 소송의 결과 제3자의 권리 또는 법률상의 지위가 침해될 염려가 있다고 인정되어야 한다"(95다40977)고 하여 사해의사설의 입장이다. [해, 객, 염려]

① 근저당권설정등기회복소송에서 승낙의무가 있는 후순위저당권자(참가이유 긍정)(2000다12785)**(3회 선택형)**

② 공동저당에 제공된 물상보증인 소유의 부동산이 먼저 경매된 경우 채무자(참가이유 부정)(2014다221777)

③ [사해행위취소의 상대적 효력에 의해 참가이유가 부정되는 예] 원고의 피고에 대한 청구의 원인행위가 사해행위라는 이유로 원고에 대하여 사해행위취소를 청구하면서 사해방지를 위한 독립당사자참가신청을 하는 것은 부적법하다. 判例는 "채권자가 사해행위의 취소와 함께 수익자 또는 전득자로부터 책임재산의 회복을 명하는 사해행위취소의 판결을 받은 경우 취소의 효과는 채권자와 수익자 또는 전득자 사이에만 미치므로, 독립당사자참가인의 청구가 그대로 받아들여진다 하더라도 원고와 피고 사이의 법률관계에는 아무런 영향이 없고, 따라서 그러한 참가신청은 사해방지참가의 목적을 달성할 수 없으므로 부적법하다"(2012다47548)고 판시하였다. [6회 사례형]

## 3. 당사자의 양쪽 또는 한쪽을 상대방으로 한 청구일 것(참가취지)

2002년 개정법 제79조 1항은 독립당사자참가제도의 탄력적 운용을 위하여 편면참가를 명문으로 허용하였다. 判例도 편면적 독립당사자참가를 인정한다(2010다54535).

## 4. 청구의 병합요건 및 소송요건을 갖출 것

"독립당사자참가인의 권리 또는 법률상의 지위가 원고로부터 부인당하거나 또는 그와 저촉되는 주장을 당함으로써 위협을 받거나 방해를 받는 경우에는 독립당사자참가인은 원고를 상대로 자기의 권리 또는 법률관계의 확인을 구하여야 할 것이고, 자기의 권리 또는 법률상의 지위를 부인하는 원고가 자기의 주장과는 양립할 수 없는 제3자에 대한 권리 또는 법률관계를 주장한다고 하여 원고 주장의 그 제3자에 대한 권리 또는 법률관계가 부존재한다는 것만의 확인을 구하는 것은, 설령 그 확인의 소에서 독립당사자참가인이 승소판결을 받는다고 하더라도 그 판결로 인하여 원고에 대한 관계에서 자기의 권리가 확정되는 것도 아니고 그 판결의 효력이 제3자에게 미치는 것도 아니어서, 그와 같은 부존재확인의 소는 자기의 권리 또는 법률적 지위에 현존하는 불안, 위험을 해소시키기 위한 유효적절한 수단이 될 수 없어서 확인의 이익이 없다"(2009다71312).

---

108) **[검토]** 생각건대, 제1매수인과 제2매수인 모두가 매도인에 대하여 매매에 기한 이전등기청구권을 갖고, 두 청구는 모두 인용판결을 받을 수 있으므로 양 청구는 양립가능하며, 이중매매 사안의 경우 세 당사자 사이의 분쟁이 한꺼번에 통일적으로 해결될 수 없으므로 독립당사자참가의 제도적 취지와 부합할 수 없으므로 부정설이 타당하다.

## Ⅲ. 참가절차

### 1. 서면에 의할 것

독립당사자참가는 신소제기의 실질을 가지므로 서면에 의하여야 한다(제72조 1항, 2항).

### 2. 독립당사자참가를 하면서 예비적으로 보조참가를 할 수 있는지 여부

당사자참가는 3당사자 사이에 서로 대립되는 권리 또는 법률관계를 하나의 판결로써 모순 없이 일거에 해결하는 제도이고, 이러한 제도의 본래의 취지에 비추어 볼 때, 당사자참가를 하면서 예비적으로 보조참가를 한다는 것은 허용될 수 없다(92다22473,92다22480).

### 3. 참가신청의 효과

신소제기의 실질을 가지므로 시효의 중단 또는 법률상 기간준수의 효력이 생기며(제265조), 보조참가와 달리 종전 당사자는 참가자에게 이의할 수 없다. 그러나 종전 당사자는 참가인에 대한 관계에서 피고의 지위에 서게 되므로, 참가인을 상대로 반소를 제기할 수 있다(68다656,657,658).

## Ⅳ. 참가소송의 심판

### 1. 참가요건과 소송요건 조사

먼저 참가요건을 직권으로 조사하여 흠이 있다면 부적법 각하한다(4292민상524 : 참가요건조사). 참가요건을 갖추었다면 참가인의 청구에 대한 소송요건을 직권으로 조사하여 흠이 있다면 참가신청을 각하한다(2010다106245 : 소송요건조사).

### 2. 본안심판

#### (1) 합일확정의 필요

참가신청이 적법하다면, 본안심판에서는 원고·피고·참가인 3자간 상호 대립·견제 관계에서 분쟁의 모순 없는 해결을 위해 제67조의 규정이 준용되므로(제79조 2항) 필수적 공동소송의 심판형태와 같이 연합관계에 있다. 다만 원·피고와 참가인의 소송이 강제되는 것은 아니므로 유사필수적 공동소송의 법리에 따라서 규율된다.

#### (2) 본안심리

① [소송자료의 통일] 당사자 3인 중 한 사람에게 유리한 소송행위는 다른 1인에게도 효력이 생기나, 두 당사자 사이의 소송행위가 나머지 1인에게 불이익이 되는 경우에는 두 당사자 간에도 효력이 발생하지 않는다(제67조 1항). 따라서 "원·피고 사이에만 재판상 화해를 하는 것은 3자간의 합일확정의 목적에 반하기 때문에 허용되지 않는다. 독립당사자참가인이 화해권고결정에 대하여 이의한 경우, 이의의 효력이 원·피고 사이에도 미친다"(2004다25901)(3·6회 선택형).

② [소송진행의 통일] 기일은 공통으로 정해야 하며, 변론의 분리도 허용되지 않는다. 또한 당사자 가운데 한 사람에게 소송절차를 중단 또는 중지하여야 할 이유가 있는 경우 그 중단 또는 중지는 모두에게 효력이 미친다(제67조 3항).

## 3. 본안판결

3자간 모순 없는 해결을 위해 일부판결은 허용되지 않고 반드시 전부판결을 하여야 한다. 만약 일부판결을 한다면 이는 전부판결로 취급하고 판단누락에 준하는 위법이 있는 것으로 본다. 따라서 원심에서 추가판결을 할 수 없고 상소나 재심으로 취소할 수 있을 뿐이다(제451조 1항 9호).

## 4. 판결에 대한 상소

### (1) 이심의 범위(전부판결에 일부상소를 한 경우 상소불가분원칙 적용 긍정) [10회 사례형]

3당사자 가운데 두 당사자가 패소하였으나 그 중 한 사람만이 승소당사자를 상대로 상소를 제기한 경우, 상소를 제기하지 않은 다른 패소당사자에 대한 판결부분도 이심되는지 아니면 분리확정되는지가 문제된다. 判例는 "독립당사자참가인의 청구와 원고의 청구가 모두 기각되고 원고만이 항소한 경우에 제1심판결 전체의 확정이 차단되고 사건 전부에 관하여 이심의 효력이 생기는 것이라고 할 것이다"(90다19329,19336)고 하여 이심설의 입장이다.

### (2) 상소하지 않은 당사자의 지위(단순한 상소심당사자)

判例는 "독립당사자 참가인의 청구와 원고의 청구가 모두 기각되고 원고만이 항소한 경우에 제1심판결 전체의 확정이 차단되고 사건전체에 관하여 이심의 효력이 생기는 것이므로 독립당사자참가인도 항소심에서의 당사자라고 할 것이다"(80다577)고 판시하여 단순한 상소심당사자설을 취하고 있다.

### (3) 심판의 범위

3자간의 모순 없는 해결을 위해 불이익변경금지원칙(제415조)은 배제된다. 그러나 判例는 "독립당사자참가소송에서 원고승소 판결에 대하여 참가인만이 상소를 했음에도 상소심에서 원고의 피고에 대한 청구인용 부분을 원고에게 불리하게 변경할 수 있는 것은 ⅰ) 참가인의 참가신청이 적법하고 나아가 ⅱ) 합일확정의 요청상 필요한 경우에 한한다"(2007다37776,37783)고 하여 불이익변경금지원칙이 적용되는 경우도 인정하고 있다.

① **[불이익변경금지원칙이 배제되는 경우]** "항소심에서 심리·판단을 거쳐 결론을 내림에 있어 위 세 당사자 사이의 결론의 합일확정을 위하여 필요한 경우에는 그 한도 내에서 항소 또는 부대항소를 제기한 바 없는 당사자에게 결과적으로 제1심판결보다 유리한 내용으로 판결이 변경되는 것도 배제할 수는 없다"(2006다86573 ; 2020다231928)[109] (2·6회 선택형) [15행정]

② **[불이익변경금지원칙이 적용되는 경우]** "독립당사자참가소송에서 원고의 피고에 대한 청구를 인용하고 참가인의 참가신청을 각하한 제1심판결에 대하여 참가인만이 항소하였는데, 참가인의 항소를 기각하면서 제1심판결 중 피고가 항소하지도 않은 본소 부분을 취소하고 원고의 피고에 대한 청구를 기각한 것은 부적법하다"(2007다37776). 따라서 원고의 피고에 대한 청구를 인용하고 참가인의 참가신청을 부적법

---

109) **[판례검토]** ⅰ) 합일확정의 요청은 판결이 모순저촉하지 않는 한도에 그치게 하고, 불복을 신청하지 아니한 패소자의 의사와 책임을 중시하여 독립당사자참가소송에서도 상소하지 아니한 사람에게 유리하게 판결할 수 없다는 원칙을 가능한 한 존중하려고 하는 견해가 있으나, ⅱ) 독립당사자참가의 경우에는 패소하고도 불복상소를 제기하지 않은 당사자의 판결부분이 원고·피고·참가인 3자간의 합일확정의 요청 때문에 이익으로 변경될 수 있는 등 불이익변경금지원칙이 배제된다고 보는 판례의 입장이 타당하다(통설).

각하한 제1심판결에 대하여 참가인만이 항소하여 항소가 기각된 경우에는 원판결인 참가인의 참가신청을 각하한 판결이 정당하게 되었으므로 적법한 참가신청이 없고, 참가인의 신청 부분을 판단할 필요가 없어 합일확정의 요청도 없게 되었으므로 불이익변경금지의 원칙이 적용된다. **[10회 사례형]**

③ **[독립당사자참가 소송에서 원고만이 상소한 경우]** 독립당사자참가 소송에서 원고만이 상소한 경우 "제1심 판결에서 참가인의 독립당사자참가신청을 각하하고 원고의 청구를 기각한 데 대하여 참가인은 항소기간 내에 항소를 제기하지 아니하였고, 원고만이 항소한 경우 위 독립당사자참가신청을 각하한 부분은 원고의 항소에도 불구하고 피고에 대한 본소청구와는 별도로 이미 확정되었다"(91다4669)**(6회 선택형)**

### 5. 기판력

"판결 결론의 합일확정을 위하여 항소 또는 부대항소를 제기한 적이 없는 당사자의 청구에 대한 제1심판결을 취소하거나 변경할 필요가 없다면, 항소 또는 부대항소를 제기한 적이 없는 당사자의 청구가 항소심의 심판대상이 되어 항소심이 그 청구에 관하여 심리·판단해야 하더라도 그 청구에 대한 당부를 반드시 판결 주문에서 선고할 필요가 있는 것은 아니다. 그리고 이와 같이 항소 또는 부대항소를 제기하지 않은 당사자의 청구에 관하여 항소심에서 판결 주문이 선고되지 않고 독립당사자참가소송이 그대로 확정된다면, 취소되거나 변경되지 않은 제1심판결의 주문에 대하여 기판력이 발생한다(2020다231928).[110]

## V. 단일 또는 공동소송으로 환원(3면소송에서 2면소송으로 환원)

### 1. 독립당사자참가 소송에서 본소 취하시 참가인의 동의의 요부(적극)

통설·判例는 참가로 인하여 참가인에게 본소 유지의 이익이 생겼다고 할 것이므로 독립당사자 참가 소송에 있어 원고의 본소 취하에는 피고의 동의 외에 당사자 참가인의 동의를 필요로 한다고 한다(72마787).

### 2. 독립당사자참가 소송에서 본소 취하 후의 소송관계(공동소송잔존설)

判例는 독립당사자참가의 구조에 대한 3면소송으로 보면서도 "독립당사자참사소송에서 본소가 적법하게 취하된 경우에는 3면소송관계는 소멸하고, 그 이후부터는 당사자참가인의 원·피고들에 대한 청구가 일반 공동소송으로 남아 있게 된다"(2006다62188)고 판시하여 공동소송잔존설의 입장이다.

---

110) 매수인 甲은 매도인 乙에 대해 매매계약이 무효임을 이유로 계약금에 대한 부당이득 반환청구의 소를 제기하였고, 공동매수인 丙이 독립당사자 자격으로 편면적 참가를 한 사안에서, 제1심은 매매계약을 무효로 볼 수 없다는 이유로 甲과 丙의 청구를 모두 기각하자, 甲만이 항소하였고, 항소심은 甲과 乙의 계약이 무효라고 인정하여 甲의 청구를 기각한 제1심판결을 취소하고 甲의 청구를 인용하였다. 위 판결이 확정된 후 丙이 乙을 상대로 부당이득반환청구를 하였는데, 甲만이 항소한 항소심에서 甲의 乙에 대한 청구와 丙의 乙에 대한 청구는 합일확정이 필요한 관계에 있으므로, 丙이 제1심판결에 대하여 항소하지 않았더라도 丙의 청구는 항소심의 심판대상이 되지만, 항소심이 甲의 청구를 인용하더라도 丙의 청구는 제1심판결에서 기각되었으므로 판결 결론이 모순되지 않고, 이러한 경우 항소심은 제1심판결을 변경하여 丙의 청구부분에 대한 주문을 선고할 필요가 없으며, 丙의 부당이득반환청구를 기각한 제1심판결은 확정됨에 따라 기판력이 발생하게 되고 이후 丙이 乙에 대해 부당이득반환청구의 소를 제기하는 경우 선행사건에서 丙의 부당이득반환청구와 후소에서 丙의 부당이득반환 청구는 동일한 소송물을 대상으로 한 것이므로 丙의 후소는 선행사건 확정판결의 기판력에 저촉된다고 본 사례

### 3. 독립당사자참가 소송에서 참가의 취하 또는 각하(허용)

소의 취하에 준하여 허용되며, 이 경우도 본소의 당사자가 본안에서 변론 한 경우 원·피고 쌍방의 동의를 받아야 한다. 참가의 취하 또는 각하로 본소만 잔존하며 참가인이 제출한 증거방법은 본소의 당사자가 원용하지 않는 한 효력이 없다.

## VI. 소송탈퇴

### 1. 의의 및 법적성질

제79조의 규정에 따라 자기의 권리를 주장하기 위하여 참가신청을 한 자가 있는 경우에 본소의 당사자로서 머물러 있을 이익을 갖지 않는 자는 상대방의 승낙을 얻어 소송에서 탈퇴할 수 있으나, 판결은 탈퇴한 당사자에 대하여도 그 효력이 있다(제80조). 소송탈퇴의 법적성질과 관련하여 조건부포기인낙설이 있으나 탈퇴자가 자기의 청구 또는 자기에 대한 청구에 대한 소송수행권을 참가인과 남은 당사자에게 부여한 결과로 보아 소송담당인 남은 당사자와 참가인 간의 판결의 효력이 탈퇴자에게 미치는 것은 당연하다는 소송담당설이 타당하다.

### 2. 요 건 [본, 참, 승]

소송에서 탈퇴하기 위해서는 ⅰ) 본소송의 당사자일 것, ⅱ) 제3자의 참가가 적법·유효할 것, ⅲ) 상대방 당사자의 승낙이 있을 것이 요구된다.

소송탈퇴는 권리주장참가 뿐만 아니라 사해방지참가의 경우에도 인정된다. 피고가 소송수행의 의욕이 없고 전혀 소극적 태도로 일관해 온 때에는 제3자의 소송참가를 계기로 소송에서 탈퇴해 나갈 경우가 있을 것이기 때문이다.

### 3. 효 과

① **[당사자의 지위 유지]** 조건부 청구포기·인낙설에 따를 경우 탈퇴자는 당사자의 지위를 상실하게 되어 소송은 2당사자 소송구조로 환원되지만, 탈퇴자는 당사자의 지위를 유지한다. 그러나 독립당사자참가의 참가인은 원·피고 쌍방과 대립하게 되므로 참가인은 탈퇴자의 소송상 지위를 승계할 수 없다고 보아야 한다.

② **[효력의 내용]** 제80조 단서가 '판결은 탈퇴한 당사자에 대하여도 효력이 있다'고만 규정하고 있어 이때 효력의 내용에 관하여 ㉠ 참가적 효력설, ㉡ 기판력설, ㉢ 집행력 포함설이 대립한다.

## ※ 소송 계속 중 당사자의 변경

| 임의적 당사자 변경<br>(당사자적격 승계 × /<br>소송상태 승인의무 ×) | 누락된 고유필수적 공동소송인의 추가(제68조) | |
|---|---|---|
| | 예비적·선택적 공동소송인의 추가(제70조, 제68조), 통공추가× | |
| | 피고의 경정(제260조), 원고경정× | |
| 소송승계<br>(당사자적격 승계 ○ /<br>소송상태 승인의무 ○) | 특정승계 | 승계인의 소송참가(제81조 참가승계) |
| | | 승계인의 소송인수(제82조 인수승계) |
| | 당연승계(중단·수계의 규정 제233조 이하) | |

## Ⅰ. 의 의

'임의적 당사자 변경'이란 당사자의 의사에 기하여 종전의 당사자에 갈음하거나 추가하여 제3자를 가입시키는 것을 말한다.

## Ⅱ. 피고경정

### 1. 의 의

'피고경정'이란 원고가 피고를 잘못 지정한 것이 분명한 경우에 제1심법원이 변론을 종결할 때까지 원고의 신청에 의하여 결정으로 피고를 경정하는 것을 말한다(제260조).

### 2. 요 건 [09사법]

ⅰ) 원고가 피고를 잘못 지정한 것이 분명할 것, ⅱ) 제1심 변론종결 전일 것, ⅲ) 변경 전후 소송물이 동일할 것, ⅳ) 피고가 본안에 관하여 응소 한 때에는 피고의 동의가 있을 것을 요한다(제260조 1항 단서). [분, 변, 소, 응, 동]

判例는 "피고를 잘못 지정한 것이 명백한 때'라고 함은 (소장의)청구취지나 청구원인의 기재 내용 자체로 보아 원고가 법률적 평가를 그르치는 등의 이유로 피고의 지정이 잘못된 것이 명백하거나 법인격의 유무에 관하여 착오를 일으킨 것이 명백한 경우 등을 말하고, 피고로 되어야 할 자가 누구인지를 증거조사를 거쳐 사실을 인정하고 그 인정 사실에 터 잡아 법률 판단을 해야 인정할 수 있는 경우는 이에 해당하지 않는다"(97마1632)고 하여 **경정의 요건을 엄격하게 해석하고 있다.**
[소, 법, 법, 명백]

### 3. 효 과

① **[구소의 취하 간주 및 신소제기]** 피고경정 허가 결정이 있는 때 종전의 피고에 대한 소는 취하한 것으로 본다(제261조 4항). 새로운 피고에 대하여는 신소제기의 실질을 가지므로 시효중단·기간준수 등의 효과는 경정신청서의 제출시에 발생한다(제265조)(**2회 선택형**).

② **[소송수행 결과의 불승계]** 종전의 피고의 소송수행의 결과는 새로운 피고의 원용이 없는 한 그 효력이 미치지 않는다. 따라서 법원은 경정된 피고에 대한 변론절차를 새롭게 열어야 한다.

## 4. 원고경정의 허용여부

判例는 "권리능력 없는 사단인 부락의 구성원 중 일부가 제기한 소송에서 당사자인 원고의 표시를 부락으로 정정함은 당사자의 동일성을 해하는 것으로서 허용되지 아니한다"(92다50232)고 하여 원고 정정의 경우 명문 규정이 없는 임의적 당사자변경의 문제로 보아 허용하지 않는 듯 하다.[111]

## Ⅲ. 누락된 고유필수적 공동소송인의 추가 [14사법]

① **[의 의]** 법률상 공동소송이 강제되는 고유필수적 공동소송인 가운데 일부가 누락된 경우에 그 누락된 공동소송인을 추가하는 임의적 당사자 변경 제도를 말한다(제68조).

② **[요 건(필, 공, 동, 일)]** ⅰ) 필수적 공동소송인 중 일부가 누락된 경우이어야 하고, ⅱ) 종전 당사자와 신당사자 간에 공동소송의 요건을 갖추어야 하며, ⅲ) 원고 측 추가의 경우에는 신당사자의 절차보장 내지 신당사자의 처분권의 존중을 위하여 추가될 신당사자의 동의를 요구하며, ⅳ) 제1심 변론종결시까지 추가가 허용된다.

③ **[효 과]** 피고경정과 달리 시효중단·기간준수의 효과는 소제기시에 소급한다(제68조 3항). 필수적 공동소송인의 추가이므로, 종전의 공동소송인의 소송수행 결과는 유리한 소송행위의 범위 내에서 신당사자에게도 미친다고 할 것이다.

④ **[주관적·추가적 병합의 허용 가부]** 합일확정의 필요가 없는 통상공동소송인의 추가, 법률상 양립 가능한 청구의 공동소송인의 추가 등이 명문규정이 없음에도 허용되는지 문제되는바, 判例는 "필수적 공동소송이 아닌 이 사건에 있어 소송 도중에 피고를 추가하는 것은 그 경위가 어떻든 간에 허용될 수 없다"(93다32095)고 판시하여 **명문의 규정이 없는 통상공동소송인의 추가를 불허**하고 있다.[112] **[15사법]**

---

111) 일반적으로 원고경정을 부정하는 견해는 이 判例를 근거로 제시한다. 그러나 이 判例는 당사자의 동일성이 없는 표시정정을 부정한 사안으로 원고경정을 부정했다고 단정할 수는 없다.

112) **[판례검토]** 별소를 제기하여 변론을 병합하는 우회적인 방법보다 소송경제에 유리하고 분쟁의 일회적 해결에 부합하는 긍정설이 타당하다. 다만, 부정설이 지적하는 문제점을 해결하기 위하여 제65조의 주관적 병합의 요건과 소송을 현저히 지연시키지 아니할 것이라는 요건의 구비가 요구된다.

# Ⅰ. 소송승계의 의의 및 유형

'소송승계'란 소송의 계속 중(변론 종결 前)에 소송의 목적물인 권리관계의 변동으로 당사자적격이 종래의 당사자로부터 제3자로 이전되는 경우에 새로운 승계인이 종전의 당사자의 지위를 이어 받는 것을 의미한다. 소송승계의 유형으로는 당연승계와 특정승계가 있다.

# Ⅱ. 당연승계

## 1. 의 의

'당연승계'란 소송계속 중 당사자의 지위가 제3자에게 포괄적으로 승계되는 경우이다.

## 2. 인정여부 [12사법]

判例는 "소송도중 어느 일방의 당사자가 사망함으로 인해서 그 당사자로서의 자격을 상실하게 된 때에는 그때부터 그 소송은 그의 지위를 당연히 이어 받게 되는 상속인들과의 관계에서 대립당사자 구조를 형성하여 존재하게 되는 것"(94다28444)이라고 판시하여 **당연승계를 긍정한다.**[113]

## 3. 당연승계사유 [사, 법, 수, 자, 선, 파]

당연승계의 사유로는 ① 당사자의 사망·소멸(제33조, 제234조), ② 법인 등의 합병에 의한 소멸(제234조), ③ 수탁자의 임무 종료(제236조), ④ 당사자의 자격 상실(제237조 1항, 제237조 2항), ⑤ 선정당사자의 소송 중 선정당사자 전원의 사망 또는 자격의 상실(제250조), ⑥ 파산 또는 파산절차 해지(제239조, 240조), 등이 있다.

## 4. 당연승계의 효과

### (1) 절차의 중단

당연승계의 원인이 발생하면 소송절차가 중단된다(제233조 이하). 다만 당연승계의 원인이 발생하였더라도 소송대리인이 있는 경우에는 소송절차가 중단되지 않는다(제238조).

### (2) 중단 해소 사유로서 수계신청

### 1) 소송수계 신청과 법원의 조치

승계하여야 할 자가 수계신청을 하거나 상대방으로부터 신청이 있으면(제241조 참고), 법원은 그 적격을 조사하여 적격이 인정될 때에는 승계인에 의한 소송승계를 허용하거나 승계하지 않는 경우에는 직권으로 그 속행을 명할 수 있고, 승계이유가 없을 때에는 신청기각의 결정을 한다.

---

113) **[판례검토]** 소송대리인이 있는 때에 소송절차가 중단되지 않고 소송대리인을 승계인의 대리인으로 보는 점 등을 고려할 때 당연승계긍정설이 타당하다.

2) 수계를 인정하고 절차를 진행하다가 승계인이 아님이 밝혀진 경우 법원의 처리

① **[문제점]** 적격자가 아님이 밝혀지면 결정으로 수계신청을 기각하는 바(제243조), 이때 수계를 인정하고 절차를 진행하다가 승계인이 아님이 밝혀진 경우(참칭승계인)에 관하여 법원의 처리 여하가 문제된다.

② **[판 례]** 判例는 ㉠ "당사자의 사망으로 인한 소송수계 신청이 이유 있다고 하여 소송절차를 진행시켰으나 그 후에 신청이 그 자격 없음이 판명된 경우에는 수계재판을 취소하고 신청을 '각하'하여야 한다"(80다1895)고 판시하였다(判例는 특정승계의 경우 청구기각설의 입장이다 : 2003다66691). ㉡ 그러나 상소심에서 수계신청인이 수계를 신청할 자격이 없음이 판명된 경우 대법원은 "상고이유의 당부를 떠나 원심과 제1심은 파기 및 취소를 면할 수 없다. 그러므로 원심판결을 파기하고, 제1심판결을 취소하며, 소송수계신청인의 소송수계신청을 '기각'하고, 이 사건 소송이 중단된 채 제1심에 계속되어 있음을 명백히 하는 의미에서 사건을 제1심 법원에 환송한다"(2000다21802)고 판시한 경우도 있다.

## Ⅲ. 특정승계 [5 · 8회 사례형]

### 1. 의의 및 유형

'특정승계'란 소송계속 중 소송물의 양도 등으로 특정 소송물에 대하여 소송당사자의 지위가 승계되는 것을 말한다. 특정승계의 종류에는 참가승계와 인수승계가 있다.

### 2. 참가승계 · 인수승계의 요건

참가(인수)승계의 요건으로 ⅰ) 타인간의 소송계속 중일 것, ⅱ) 소송목적인 권리·의무의 전부나 일부의 승계가 있을 것(승계의 범위)을 요한다.

### (1) 타인간의 소송계속 중일 것

참가승계(인수)신청은 사실심의 변론종결 전에 한하며, 상고심에서 허용되지 않는다(2002다48399)(**12회 선택형**). 사실심 변론종결 후의 승계인은 제218조에 의하여 판결의 효력이 미치므로 소송승계를 인정할 이익이 없기 때문이다. 判例는 "ⅰ) 청구 이의의 소의 계속 중 그 소송에서 집행력 배제를 구하고 있는 채무명의에 표시된 청구권을 양수한 자는 소송의 목적이 된 채무를 승계한 것이므로 승계집행문을 부여받은 여부에 관계없이 위 청구 이의의 소에 민사소송법 제74조에 의한 승계참가를 할 수 있으나, ⅱ) 다만 위 소송이 제기되기 전에 그 채무명의에 표시된 청구권을 양수한 경우에는 특단의 사정이 없는 한 승계참가의 요건이 결여된 것으로서 그 참가인정은 부적법한 것이라고 볼 수밖에 없다"(83다카1027)(**7회 선택형**)고 한다.

### (2) 소송목적인 권리 · 의무의 전부나 일부의 승계가 있을 것

승계의 범위는 ① 소송물인 권리관계 자체가 제3자에게 특정승계된 경우뿐만 아니라 ② 소송물인 권리관계의 목적인 물건, 즉 계쟁물의 양도도 포함된다. 계쟁물의 양도에 있어서 승계인의 범위는 특정적인 권리관계의 변동에 의하여 종전 당사자가 당사자적격을 잃고 신당사자가 당사자적격을 취득하는 당사자적격의 이전이므로 제81조와 제82조의 소송승계인은 제218조의 변론종결한 뒤의 승계인에 준하여 취급하여야 한다는 것이 통설 · 判例이다. 따라서 ①구이론은 채권적

청구권에 기한 소송 중 계쟁물을 취득한 자는 여기의 승계인에 포함되지 아니한다고 보고, 물권적 청구권에 기한 소송 중 계쟁물을 양수한 자는 승계인에 포함시키고 있으며(7·10회 선택형), ② 신이론은 소송물인 권리관계가 물권적 청구권인가 채권적 청구권인가를 가리기보다도 점유·등기승계인은 모두 승계적격자로 본다.[114]

### 3. 참가승계·인수승계의 형태(승계의 원인)

#### (1) 참가승계

① **[편면참가]** 참가승계의 경우에 참가방식은 고유의 독립당사자참가의 경우와 같지만, 전주가 승계사실을 다투지 않는 한 고유의 독립당사자참가의 경우와 같이 대립견제의 소송관계가 성립하지 않는 바, 참가인이 전주인 원고에 대하여 아무런 청구를 하지 아니하여도 되며 전주는 소송탈퇴를 할 것이다. 전주인 원고의 대리인이 참가인의 대리인을 겸하여도 쌍방대리로 문제되지 아니한다.

② **[쌍면참가]** 그러나 권리의무관계의 승계가 제대로 되었는지 그 유·무효에 대해 전주와 승계인간에 다툼이 있는 경우에는 승계인은 전주에 대해서도 일정한 청구를 하여야 하며, 이 경우에는 전주·승계인·피고의 대립관계의 소송형태로 된다. 이때는 독립당사자참가와 같은 인지를 붙여야 한다.

#### (2) 인수승계

##### 1) 교환적 인수

소송인수는 원칙적으로 그 소송의 목적인 채무 자체를 제3자가 승계한 때에 허용된다.

##### 2) 추가적 인수의 허용 여부

① **[문제점]** 소송의 목적인 채무 자체를 승계한 것이 아니라 소송의 목적이 된 채무를 전제로 새로운 채무가 생김으로써 제3자가 새로 피고적격을 취득한 경우와 같은 추가적 인수의 경우에 인수승계를 인정할 수 있는지 문제된다.

② **[판 례(부정설)]** 判例는 "소송당사자가 제3자로 하여금 그 소송을 인수하게 하기 위하여서는 그 제3자에 대하여 **인수한 소송의 목적된 채무이행을 구하는 경우에만 허용**되고 그 소송의 목적된 채무와는 전혀 별개의 채무의 이행을 구하기 위한 경우에는 허용될 수 없다"(71다726)고 하여 부정설의 입장이다.

##### 3) 인수신청 후 의무승계인 아님이 밝혀진 경우 법원의 처리(청구기각판결설)

判例는 "승계인에 해당하는가의 여부는 피인수신청인에 대한 청구의 당부와 관련하여 판단할 사항으로 심리한 결과 승계사실이 인정되지 않으면 **청구기각의 본안판결**을 하면 되는 것이지 인수참가신청 자체가 부적법하게 되는 것은 아니다"(2003다66691)(12회 선택형)고 판시하여 청구기각판결설의 입장이다.

---

114) **[검토]** 소송물이 채권적 청구권인 경우에 계쟁물을 승계한 자는 피승계인의 상대방에 대하여 권리·의무자가 될 수 없는 것이므로 '소송목적인 권리 또는 의무를 승계'한 자라고 할 수 없다. 따라서 구이론에 따라 물권적 청구권에 기한 소송 중 계쟁물을 양수한 자만 승계인에 포함된다고 봄이 타당하다.

## 4. 특정승계의 효과

### (1) 참가승계

#### 1) 시효중단 · 기간준수

소송이 법원에 계속되어 있는 동안에 제3자가 소송목적인 권리 또는 의무의 전부나 일부를 승계하였다고 주장하며 제79조의 규정에 따라 소송에 참가한 경우 그 참가는 소송이 법원에 처음 계속된 때에 소급하여 시효의 중단 또는 법률상 기간준수의 효력이 생긴다(제81조)**(4회 선택형).**

#### 2) 소송상태 승인의무

승계인은 고유의 독립당사자참가의 경우와 달리 전주의 소송상의 지위를 승계하기 때문에 참가시까지 전주가 한 소송수행의 결과에 구속된다.

#### 3) 참가 후의 소송형태

① **[피참가인이 소송에서 탈퇴한 경우]** 소송물의 양도에 의한 참가승계의 경우 전주인 종전의 당사자는 당사자적격이 없어지므로 전주는 상대방의 동의를 얻어 탈퇴할 수 있고, 피참가인이 소송에서 탈퇴한 경우 심판대상은 참가인의 청구 또는 참가인에 대한 청구이다. 그러나 탈퇴에도 불구하고 판결의 효력은 탈퇴한 당사자에게 미친다(제81조, 제79조, 제80조).

② **[피참가인이 소송에서 탈퇴하지 않은 경우]** 참가승계의 효력을 다투는 경우에는 전주가 소송탈퇴할 성질이 아니다. 전주의 소송탈퇴에 상대방이 동의하지 아니할 때에도 또한 같다. 이때 승계의 효력을 다투어 전주가 권리자이냐 승계인이 권리자이냐가 쟁점이 되면 독립당사자참가소송의 형태가 되므로 제79조를 적용하여 재판의 통일을 기하는 것이 타당하다.

### (2) 인수승계

① **[시효중단 · 기간준수]** 소송인수의 경우에는 제81조의 규정 가운데 참가의 효력에 관한 것을 준용하므로(제82조 3항), 인수승계의 경우에도 소송이 법원에 처음 계속된 때에 소급하여 시효의 중단 또는 법률상 기간준수의 효력이 생긴다.

② **[소송상태 승인의무]** 승계인은 고유의 독립당사자참가의 경우와 달리 전주의 소송상의 지위를 승계하기 때문에 참가시까지 전주가 한 소송수행의 결과에 구속된다.

③ **[소송인수를 명하는 결정에 대한 불복방법]** "소송인수를 명하는 결정은 승계인의 적격을 인정하여 이를 당사자로서 취급하는 취지의 중간적 재판이므로 이에 불복이 있으면 본안에 대한 판결과 함께 상소할 수 있을 뿐이고, 승계인이 위 결정에 대하여 독립하여 불복할 수 없으므로, 고등법원의 위 결정에 대한 재항고는 부적법하다"(81마357)**(12회 선택형)**

## 5. 소송탈퇴

① 특정승계의 경우에는 제80조**(독립당사자참가소송에서의 탈퇴)**의 규정 가운데 탈퇴 및 판결의 효력에 관한 것과, 제81조의 규정 가운데 참가의 효력에 관한 것을 준용한다(제82조 3항, 제80조, 81조). 특정승계의 경우 전주인 종전 당사자의 당사자적격이 상실되는 경우가 많으므로, 전주는 상대방의 승낙을 받아 소송에서 탈퇴할 수 있으나, 탈퇴한 당사자에 대하여도 판결의 효력이 미친다. 다만 전주의 적격이 상실되지 않는 경우(참가승계 중에서 권리자 · 의무자의 해당 여부가

다투어지거나, 인수승계 중에서 추가적 인수의 경우)라면 탈퇴할 수 없다.

② 한편 소송탈퇴, 소취하 등을 하지 않거나 상대방의 부동의로 탈퇴하지 못한 당사자와의 소송관계와 관련하여 ㉠ 종래 判例는 "피고들의 부동의로 탈퇴하지 못한 경우, 원고의 청구와 승계참가인의 청구는 통상의 공동소송으로서 모두 유효하게 존속하는 것이므로 법원은 원고의 청구 및 승계참가인의 청구 양자에 대하여 판단을 하여야 한다"(2002다16729)고 판시하였다. ㉡ 그러나 최근 대법원은 전원합의체 판결을 통해 "소송이 법원에 계속되어 있는 동안에 제3자가 소송목적인 권리의 전부나 일부를 승계하였다고 주장하며 민사소송법 제81조에 따라 소송에 참가한 경우, 원고가 승계참가인의 승계 여부에 대해 다투지 않으면서도 소송탈퇴, 소 취하 등을 하지 않거나 이에 대하여 피고가 부동의하여 원고가 소송에 남아있다면 승계로 인해 중첩된 원고와 승계참가인의 청구 사이에는 필수적 공동소송에 관한 민사소송법 제67조가 적용된다"(전합2012다46170)(7·10·12회 선택형)고 하여 입장을 변경하였다.

# 제 6 편

---

# 상소 및 재심

## Ⅰ. 상소의 적법요건 [대, 기, 리, 포, 불, 신, 중]

상소가 적법하기 위해서는 ⅰ) 상소의 대상적격 및 당사자적격 ⅱ) 상소기간 준수, ⅲ) 상소이익, ⅳ) 상소권 포기, 불상소합의 등의 상소장애사유가 없을 것, 기타 소송행위의 유효요건으로 ⅴ) 신의칙에 반하지 않을 것, ⅵ) 소송절차 중단 중의 소송행위가 아닐 것 등이 요구된다.

### 1. 대상적격(상소가 허용된 재판에 대한 불복)

① **[유효한 판결일 것]** 상소는 법원이 선고한 종국판결에 대하여만 가능하다. 당연무효인 판결이 상소의 대상적격이 있는지 여부에 관하여, 判例는 상소를 부정한다. 다만 외관제거를 위해 상소를 긍정하는 견해도 있다(다수설).

② **[선고 후 확정 전의 종국 판결일 것]** ㉠ 선고 전의 판결은 상소의 대상이 되지 못한다. 判例도 "낙찰허가결정이 선고되기 전에 존재하지도 아니한 낙찰허가결정을 대상으로 하여 제기된 항고는 부적법하다(98마12)고 판시하였다. ㉡ 확정된 판결 역시 재심의 대상이 될 뿐이다(제451조). ㉢ 종국판결만 상소의 대상이 되므로 중간판결은 종국판결과 함께 상소심에서 심사를 받을 수 있을 뿐 독립하여 상소를 할 수 없다.

### 🐤 ✳ 판결의 경정과 특별항고

'판결의 경정'은 판결에 잘못된 계산이나 기재 그 밖에 이와 비슷한 잘못이 있는 것이 명백한 때 그 내용을 실질적으로 변경하지 않는 범위에서 표현상의 기재 잘못이나 계산의 착오 또는 이와 유사한 잘못을 법원 스스로 결정으로써 집행에 지장이 없도록 하자는 데 그 취지가 있다. 경정이 가능한 잘못에는 그것이 법원의 과실로 생긴 경우뿐만 아니라 당사자의 청구에 잘못이 있어 생긴 경우도 포함된다.

한편, 민사소송법 제449조 제1항은 불복할 수 없는 결정이나 명령에 대하여는 재판에 영향을 미친 헌법 위반이 있거나, 재판의 전제가 된 명령·규칙·처분의 헌법 또는 법률의 위반 여부에 대한 판단이 부당하다는 것을 이유로 하는 때에만 대법원에 특별항고를 할 수 있도록 하고 있다. 여기서 결정이나 명령에 대하여 재판에 영향을 미친 헌법 위반이 있다고 함은 결정이나 명령의 절차에서 헌법 제27조 등이 정하고 있는 적법한 절차에 따라 공정한 재판을 받을 권리가 침해된 경우를 포함한다. 판결경정신청을 기각한 결정에 이러한 헌법 위반이 있다고 하려면 신청인이 그 재판에 필요한 자료를 제출할 기회를 전혀 부여받지 못한 상태에서 그러한 결정이 있었다든지, 판결과 그 소송의 모든 과정에 나타난 자료와 판결 선고 후에 제출된 자료에 의하여 판결에 잘못이 있음이 분명하여 판결을 경정해야 하는 사안임이 명백한데도 법원이 이를 간과함으로써 기각결정을 하였다는 등의 사정이 있어야 한다"(2020그507)[115]

---

115) **[사실관계]** 토지에 관한 소유권이전등기절차의 이행을 구하는 소송 중 사실심 변론종결 전에 토지가 분할되었는데도 그 내용이 변론에 드러나지 않은 채 토지에 관한 원고 청구가 인용된 경우에 판결에 표시된 토지에 관한 표시를 분할된 토지에 관한 표시로 경정해 달라는 신청은 특별한 사정이 없는 한 받아들여야 한다는 사례

## 2. 당사자적격

㉠ 상소이익이 있는 당사자, ㉡ 소송에 당사자로서 참가가 가능한 제3자(제79조, 제83조), ㉢ 원심의 판결 선고 후 소송이 중단된 경우 소송수계인(제243조)은 상소의 당사자적격이 있다.

## 3. 상소기간(적식의 상소제기)

상소는 판결서가 송달된 날부터 2주 이내에 하여야 한다(제396조 본문, 제425조). 즉 상소장을 판결정본의 송달일로부터 2주 내에 '원심법원'에 제출하여야 하고(제397조 1항)(1회 선택형), 따라서 제1심 판결정본이 적법하게 송달된 바 없으면 그 판결에 대한 항소기간은 진행되지 아니한다(70마676). 다만, 판결서 송달 전에도 할 수 있다(제396조 1항 단서, 제425조).

## 4. 상소이익

### (1) 상소이익의 의의 및 판단기준(형식적 불복설)

'상소이익'이란 하급심의 종국판결에 대하여 불복신청함으로써 그 취소를 구하는 것이 가능한 당사자의 법적 지위를 말한다. 判例는 "상소인은 자기에게 불이익한 재판에 대해서만 상소를 제기할 수 있는 것이고 재판이 상소인에게 불이익한 것인가의 여부는 재판의 주문을 표준으로 하여 결정되는 것"이라 하여 기본적으로 형식적 불복설과 같은 입장이다(94다21207)(8회 선택형).

### (2) 전부승소한 자의 상소이익 존부

① 상소이익의 판단기준에 관하여 원칙적으로 형식적 불복설에 따라 판결의 주문을 기준으로 불이익 여부를 판단하는 통설·判例에 의하면 전부승소한 원고는 원칙적으로 상소의 이익이 없다.

② 다만, 예외적으로(묵시적 일부청구와 인신사고로 인한 손해배상청구)에서 상소의 이익이 인정된다. ㉠ **묵시적 일부청구**] 判例는 묵시적 일부청구의 경우 일부 청구에 관하여 전부 승소한 채권자는 나머지 부분에 관하여 청구를 확장하기 위한 항소가 허용되지 아니한다면 나머지 부분을 소구할 기회를 상실하는 불이익을 입게 되고, 따라서 이러한 경우에는 예외적으로 전부 승소한 판결에 대해서도 나머지 부분에 관하여 청구를 확장하기 위한 항소의 이익을 인정함이 상당하다(96다12276)고 판시하였다. [15변리] ㉡ [**인신사고로 인한 손해배상청구**] "불법행위로 인한 손해배상에 있어 재산상 손해나 위자료는 단일한 원인에 근거한 것인데 편의상 이를 별개의 소송물로 분류하고 있는 것에 지나지 아니한 것이므로 이를 실질적으로 파악하여, 항소심에서 일부패소한 위자료는 물론이고 전부승소한 재산상 손해(소극적 손해)에 관하여도 청구의 확장을 허용하는 것이 상당하다"(94다3063)고 판시한 바 있다(2회 선택형).

### (3) 이유 중 판단에 대해 불복하는 경우 상소이익 존부

① [원 칙(상소이익 부정)] "청구가 인용된 바 있다면 비록 그 판결이유에 불만이 있더라도 그에 대하여는 상소의 이익이 없다"(91다40696 ; 2020후11752)(1회 선택형).

② [예 외(상소이익 긍정)] ㉠ 그러나 상계를 주장한 청구가 성립되어 원고의 청구가 기각된 때와 같이 예외적으로 판결이유에 대한 기판력이 인정되는 경우에는, 상소를 할 이익이 인정된다(93다47189)(8·9·11회 선택형) [11회 사례형]. ㉡ 또한 원고가 매매를 원인으로 한 소유권이전등기를 청

구한 데 대하여 원심이 양도담보약정을 원인으로 한 소유권이전등기를 명하였다면 판결주문상으로는 원고가 전부 승소한 것으로 보이기는 하나, 양 청구는 청구원인사실이 달라 동일한 청구라 할 수 없음에 비추어, 결국 원고의 청구는 실질적으로 인용된 것이 아니어서 판결의 결과가 불이익하게 되었으므로 원고의 상소의 이익이 인정된다(91다40696).

### (4) 소각하판결, 청구의 일부인용 · 기각판결의 경우 상소이익의 존부(상소이익 긍정)

소각하판결은 본안판결을 받지 못했다는 점에서 원고와 피고 모두에게 불이익하므로 원칙적으로 원고 · 피고 모두에게 상소이익이 있다. 그러나 원고의 소를 각하한 원심판결에 대하여 원심에서 소가 각하되어야 한다고 주장하였던 피고에게는 상고를 제기할 이익이 인정되지 않는다(2018두289). 한편 청구의 일부를 인용하고 일부를 기각하는 판결역시 원 · 피고 쌍방에게 불이익한 판결이므로 원고와 피고 모두 상소할 수 있다.

### (5) 가압류취소결정에 따라 가압류등기가 이미 말소된 경우 가압류취소결정에 대한 항고의 이익

가압류 결정 절차와 가압류 집행 절차는 명백히 구별되는 것으로서, 가압류 취소결정에 따른 집행취소로 가압류등기가 말소되고 이를 회복할 수 없는 것이라 하더라도 이는 집행절차의 문제에 불과하다. 가압류결정에 대한 이의사건에서 항고심의 심판대상은 가압류이의대상의 존부이므로, 항고법원은 이를 심리하여 가압류결정에 대한 인가결정을 할 수 있고, 민사집행법 제298조 제1항에 따라 직권으로 가압류를 집행할 수 있다. 채권자는 이러한 범위 내에서 항고를 통해 보전처분의 이익을 달성할 수 있고, 이는 원래의 가압류등기가 회복되지 않는다고 하여 달리 볼 것은 아니다. 따라서, 원래의 가압류결정에 기한 가압류등기가 이미 말소되었더라도, 가압류취소결정을 취소하는 항고법원의 결정을 집행하는 것이 불가능한 경우가 아니라면 항고의 이익이 있다(2021마7088).

### (6) 항소심판결에 대한 상고이익의 존부

제1심 판결에 불복하지 않은 당사자는 그에 대한 항소심 판결이 제1심 판결보다 불리하지 않다면 항소심 판결에 대한 상고의 이익이 없다.

① 피고만 반소에 대해 항소제기 후 항소가 기각되자 원고가 상고한 경우 상고이익 부정 (87다카414) ② 일부인용의 1심판결에 대해 피고만 항소한 경우 원고가 제기한 제1심 원고패소부분에 대한 상고는 대상적격이 부정되고(2014다229023 : 제1심판결 중 원고 패소 부분에 대하여는 항소심이 판결을 하지 않으므로) ③ 반대로, 일부인용의 1심판결에 대해 원고만 항소한 경우 원고가 다시 항소심판결에 대해 상고한 다면 상고이익이 부정된다(2006다2940 : 제1심판결 중 원고 승소 부분은 원고만 제기한 항소심의 심판대상에서 제외됨으로써 항소심판결의 선고와 동시에 확정되었으므로) ④ 일부인용에 불복범위를 정하여 항소제기 후 범위를 넘어선 부분에 상고한 경우 상고의 대상적격은 부정된다(2011다83110 : 피고가 불복신청하지 아니하여 항소심의 심판범위에 속하지 아니한 부분은 항소심이 판결을 한 바 없으므로)

## Ⅱ. 상소의 효력

상소가 제기되면 확정차단의 효력과 이심의 효력이 발생하는바, 전자는 상소에 의해 원재판의 확정을 차단하여 상소기간이 경과되어도 원재판이 확정되지 않는 효력이며(제498조), 후자는 상소의 제기에 의해 당해 사건을 상급심으로 이전하여 계속되게 하는 효력을 의미한다.

### 1. 상소심의 이심범위 - 상소불가분의 원칙

#### (1) 의 의

상소 제기에 의한 확정차단·이심의 효력은 원칙적으로 상소인의 불복신청의 범위에 관계없이 '원판결의 전부'에 대해 불가분적으로 발생하는데, 이를 '상소불가분의 원칙'이라고 한다.

#### (2) 적용기준

**1) 하나의 청구에 대한 전부판결에 일부상소한 경우**

하나의 청구에 대한 일부승소·일부패소의 전부판결에 대해서 패소부분에 관해서만 일부상소가 제기된 경우에는 그 청구자체가 확정차단·이심된다. 다만, 불이익변경금지의 원칙에 의해 불복한 청구만이 상소심의 심판대상이 될 뿐이다(전부이심, 일부심판).

**2) 청구의 병합(객관적 병합) [15사법]**

① **[수개의 청구에 대한 전부판결에 일부상소한 경우]** 수개의 청구에 대해 하나의 전부판결을 한 경우에는 그 중 한 청구에 대해 항소를 하여도 상소불가분원칙에 의하여 다른 청구에 대하여 항소의 효력이 미치므로 **항소하지 않은 청구 부분도 확정이 차단되고 이심된다.**

② **[상소불가분원칙이 적용되지 않는 경우]** 단순병합에서 청구일부에 대한 불상소의 합의나 항소권의 포기가 있는 경우 그 부분만 분리확정된다.

**3) 공동소송(주관적 병합)**

합일확정이 요구되는 필수적 공동소송과 독립당사자참가소송, 예비적·선택적 공동소송에 있어서는 당사자 중 한 사람이 상소하면 다른 당사자에 대해서도 상소의 효력이 미친다. 그러나 **통상공동소송의 경우에는 공동소송인 독립의 원칙(제66조)이 적용되므로 상소불가분원칙이 적용되지 않는다(2·6회 선택형).**

#### (3) 단순병합 또는 한 청구에서 불복하지 않은 패소 부분의 확정시기

① 학설은 대체로 상대방의 부대항소가 허용될 수 없는 시기에 이르면 불복이 되지 않은 부분은 확정되므로, 항소심에서는 항소심 변론종결시(제403조 참조), 상고심에서는 상고이유서 제출시기의 도과시가 각각 확정시라고 보고 있으나(다수설), ② 判例는 불복신청이 없는 부분의 판결은 '판결선고시'(항소심 또는 상고심 판결선고시)에 확정된다고 본다(2012다11684)(10회 선택형).[116]

---

116) **[검토]** 항소심의 경우 변론종결 후에도 변론이 재개될 수 있으므로(제142조) 법적 안정성을 고려할 때 항소심판결선고시가 타당하고, 상고심의 경우 직권조사사항에 관해 당사자가 주장하지 않아도 판단해야 하므로(제434조) 상고심 판결선고시가 타당하다.

🔖 **❋ 파기환송 후 원심이 이미 확정된 부분을 심판한 경우**(대법원이 직접 소송종료선언)

㉠ 대법원은 이전등기말소청구와 금원청구(단순병합)를 모두 기각한 제1심판결에 대하여 원고가 말소청구 부분에 관하여만 항소하였을 뿐 그 변론종결시까지 항소취지를 확장한 바 없어 항소심의 심판범위는 말소청구 부분에 한하고 나머지 부분에 관하여는 환송 전 원심판결의 선고와 동시에 확정(항소심판결선고시설)되어 소송이 종료되었다 할 것임에도 환송 후 원심이 금원청구 부분까지 심리판단한 것은 잘못이라고 하면서, 원심판결 중 금원청구 부분을 파기하고 민사소송법 제437조 1호(파기자판)에 의하여 대법원이 직접 그 부분에 관한 소송이 종료되었음을 선언을 하였다(94다44644).

㉡ 원고의 청구가 일부 인용된 환송 전 원심판결에 대하여 피고만이 상고하고 상고심이 상고를 받아들여 원심판결 중 피고 패소 부분을 파기·환송하였다면 피고 패소 부분만이 상고되었으므로 위의 상고심에서의 심리대상은 이 부분에 국한되었으며, 환송되는 사건의 범위, 다시 말하자면 환송 후 원심의 심판범위도 환송 전 원심에서 피고가 패소한 부분에 한정되는 것이 원칙이고, 환송 전 원심판결 중 원고 패소 부분은 확정되었다 할 것이므로 환송 후 원심으로서는 이에 대하여 심리할 수 없다(2018다221867).

## 2. 상소심의 심판범위 – 불이익변경 금지의 원칙

### (1) 의 의

제1심에서 심판된 사건은 항소의 제기에 의하여 사건은 원칙적으로 전부 이심되지만, 항소법원이 제1심 판결의 당부에 대해 구체적으로 심판할 수 있는 것은 항소 또는 부대항소한 당사자의 불복신청의 범위에 한하며, 그 한도를 넘어서 제1심판결을 '불이익' 또는 '이익'으로 변경할 수 없는 원칙(제415조)을 불이익변경금지원칙이라고 한다. **[13회 사례형]**

### (2) 판단기준

① **[원 칙]** 불이익변경금지에서 유·불리의 판결은 기판력의 범위를 그 기준으로 한다. 따라서 기판력이 미치는 판결의 주문에 영향을 미치는 경우에만 위 원칙이 적용되고 기판력이 생기지 않는 판결이유 등의 판단에는 불이익변경금지의 원칙이 적용되지 않는다.

② **[예 외]** 상계항변은 다른 항변과 달리 실질적으로 독립된 청구와 같다. 따라서 '항소심'에서 '피고측의 상계주장이 이유 있다고 인정'된 때에는 불이익변경금지의 원칙이 적용되지 않는다(제415조 단서). 즉, 이때에는 항소인의 불복범위를 넘어서 항소인에게 불이익한 판결을 할 수 있다.

### (3) 구체적 내용

#### 1) 소각하판결에 대하여 항소한 경우(항소기각설)

"확정판결의 기판력을 이유로 하여 원고의 청구를 기각하여야 할 것인데도 원고의 소가 부적법하다고 각하한 원심판결에 대하여 원고만이 상고한 경우 불이익변경금지의 원칙상 원고에게 더 불리한 청구기각의 판결을 선고 할 수는 없으므로 원고의 상고를 기각(=원심판결을 그대로 유지함)할 수밖에 없다"(86다카2675)**(9회 선택형)**고 하여 항소기각설(상고기각설)의 입장이다.

2) 상계의 항변을 받아들여 청구를 기각한 제1심판결에 대하여 항소한 경우의 문제

| | 소구채권 부존재 + 반대채권 존재 | 반대채권 부존재 + 소구채권 존재 |
|---|---|---|
| 피고만<br>항소 | 피고의 항소를 인용<br>(원판결취소, 청구기각자판) | 제1심 판결과 똑같은 이유로<br>항소기각판결(10회 선택형) |
| 원고만<br>항소 | 제1심 판결과 똑같은 이유로<br>항소기각판결(9회,10회 선택형) | 원고의 항소를 인용<br>(원판결취소, 청구인용자판) |

① **[피고의 항소이익]** 원고의 청구를 전부 기각한 판결에 대하여는 피고가 판결이유 중의 판단에 불복이 있더라도 상소를 할 이익이 없는 것이 원칙이다. 그러나 상계를 주장한 청구가 성립되어 원고의 청구가 기각된 때와 같이 예외적으로 판결이유에 대한 기판력이 인정되는 경우에는, 상소를 할 이익이 인정된다(93다47189)(8 · 9회 선택형).

② **[피고만 항소한 결과 소구채권이 부존재한 경우 : 원판결을 취소하고 다시 청구기각판결 선고]** 항소법원에서 볼 때 상계에 의한 필요 없이 변제의 항변 등을 받아들여 청구를 기각할 수 있으면, **원판결을 취소하고 다시 청구기각판결을 선고해야 한다**(원판결의 주문과 일치하는 판단이 내려지는 경우 이지만 항소기각을 할 수 없다). 상계의 항변에 관한 판단에는 기판력이 생기므로(제216조 2항) 결론은 같은 청구기각이지만 기판력의 객관적 범위가 달라지기 때문이다.[117]

③ **[피고만 항소한 결과 반대채권이 부존재하는 경우 : 제1심 판결과 똑같은 이유로 항소기각판결]** 반대채권이 부존재하는 경우 항소심법원은 상계에 의한 청구기각의 원판결을 유지하여야 한다. 判例도 "피고의 상계항변을 인용한 제1심 판결에 대하여 피고만이 항소하고 원고는 항소를 제기하지 아니하였는데, 항소심이 피고의 상계항변을 판단함에 있어 제1심이 자동채권으로 인정하였던 부분을 인정하지 아니하고 그 부분에 관하여 피고의 상계항변을 배척하였다면, 그와 같이 항소심이 제1심과는 다르게 그 자동채권에 관하여 피고의 상계항변을 배척한 것은 항소인인 피고에게 불이익하게 제1심 판결을 변경한 것에 해당한다"(94다18911)고 판시하였다. **[11회 사례형]**

④ **[원고만 항소한 결과 소구채권이 부존재하는 경우 : 제1심 판결과 똑같은 이유로 항소기각판결]** "항소심이 제1심과는 다르게 원고가 청구한 채권의 발생이 인정되지 않는다는 이유로 원고의 청구를 기각하는 것은 항소인인 원고에게 불이익하게 제1심판결을 변경하는 것이 되어 허용되지 아니한다"(2010다67258)(9회 선택형). 왜냐하면 원고로서는 상계에 제공된 반대채권 소멸의 이익을 잃게 되어 제1심 판결보다 불리해지기 때문이다. 따라서 항소심 법원은 제1심 판결과 똑같은 이유로 항소기각판결을 하여야 한다.[13회 사례형]

⑤ **[원고만 항소한 결과 반대채권이 부존재하는 경우 : 원고의 항소를 인용]** 반대채권이 부존재하는 경우 원고의 항소를 인용하더라도 원고에게 불이익이 없으므로 항소심 법원은 원판결을 취소하고 청구인용의 자판을 하여야 한다.

---

117) 피고의 상계항변이 이유 있다는 이유로 한 청구기각판결에는 소구채권과 반대채권의 존재 및 그것이 상계로 소멸하였다는 것에 기판력이 생기고, 소구채권의 부존재를 이유로 한 청구기각판결에는 소구채권의 부존재에 대해서만 기판력이 발생하므로 결론은 같은 청구기각이지만 기판력의 객관적 범위가 다르다. 참고로 상계항변을 배척하면 반대채권의 부존재에 기판력이 발생한다.

3) 상환이행판결과 불이익변경금지원칙

① **[원고의 반대급부의 내용이 불리하게 변경되는 경우]** 判例는 불이익하게 변경된 것인지 여부는 기판력의 범위를 기준으로 하나, 동시이행의 판결에 있어서는 원고가 그 반대급부를 제공하지 아니하고는 판결에 따른 집행을 할 수 없어**(6회 선택형)** 비록 피고의 반대급부 이행청구에 관하여 기판력이 생기지 아니하더라도 반대급부의 내용이 원고에게 불리하게 변경된 경우에는 불이익변경금지 원칙에 반하게 된다는 입장이다(2004다8197)**(5회 선택형)**.

② **[동시이행 주장을 공제 또는 상계 주장으로 바꾸어 인정한 경우]** 일방 당사자의 금전채권에 기한 동시이행 주장을 받아들인 판결의 경우 반대 당사자는 그 금전채권에 관한 이행을 제공하지 아니하고는 자신의 채권을 집행할 수 없으므로, 동시이행 주장을 한 당사자만 항소하였음에도 항소심이 제1심판결에서 인정된 금전채권에 기한 동시이행 주장을 공제 또는 상계 주장으로 바꾸어 인정하면서 그 금전채권의 내용을 항소인에게 불리하게 변경하는 것은 특별한 사정이 없는 한 불이익변경금지 원칙에 반한다(2022다211928).

✽ **상환이행판결을 하면서 피고의 이행지체책임을 인정한 판결에 대해 피고만 상소한 경우**
"금전채권의 채무자가 채권자에게 담보를 제공한 경우 특별한 사정이 없는 한 채권자는 채무자로부터 채무를 모두 변제받은 다음 담보를 반환하면 될 뿐 채무자의 변제의무와 채권자의 담보반환의무가 동시이행관계에 있다고 볼 수 없다. 따라서 채권자가 채무자로부터 제공받은 담보를 반환하기 전에도 특별한 사정이 없는 한 채무자는 이행지체 책임을 진다"(2019다247651).

(4) 불이익변경금지원칙이 배제되는 경우

① **[상대방의 항소나 부대항소가 있는 경우]** 심판의 범위가 확대되므로 확대된 범위에서는 불이익한 판결이 가능하다.

② **[처분권주의에 의하지 않는 절차나 직권조사사항에 해당하는 경우]** 불이익변경금지의 원칙은 처분권주의를 근거로 하므로 직권탐지주의에 의한 절차나 직권조사사항에는 적용되지 않는다. 따라서 항소심에서 "제1심판결을 취소하고 소를 각하한다"라는 불이익변경이 가능하다(2005다23889). 공유물분할의 소나 토지경계확정의 소 같은 형식적 형성의 소 역시 처분권주의가 적용되지 않으므로 불이익변경금지원칙이 적용되지 않는다.

③ **[항소심에서의 상계주장(제415조 단서)]** 원고가 제1심에서 패소하여 원고만 항소한 경우, 항소심에서 비로소 피고가 상계의 항변을 하더라도 받아들여 질 수 있다.

④ **[필수적 공동소송과 독립당사자참가소송, 예비적·선택적 공동소송]** 합일확정의 소송목적의 달성을 위해 불이익변경금지원칙이 배제된다(제67조, 제79조 2항, 제70조 1항 본문).

## 3. 병합소송에서의 상소의 효력

| 전부판결에 일부상소한 경우 | | 이심의 범위 | 심판의 범위 |
|---|---|---|---|
| 객관적<br>병합 | 단순병합 | 전부이심<br>(상소불가분원칙○) | 일부심판<br>(불이익변경금지원칙○) |
| | 선택적병합 | | 전부심판<br>(불이익변경금지원칙배제) |
| | 예비적병합 | | 일부심판<br>(불이익변경금지원칙○) |
| 주관적<br>병합 | 통상공동소송 | 일부이심<br>(상소불가분원칙×) | 일부심판<br>(불이익변경금지원칙○) |
| | 필수적공동소송 | 전부이심<br>(상소불가분원칙○) | 전부심판<br>(불이익변경금지원칙배제) |
| | 예비적공동소송 | | |
| | 독립당사자참가 | | |

| 일부판결의 경우 | | 일부판결가부 | 상소가부 |
|---|---|---|---|
| 객관적병합 | 단순병합 | ○ (청구관련성 없음) | × (판결 안한 부분은 재판누락으로 1심에 계속 중) |
| | 선택적병합 | × (청구관련성 있음) | ○ (판단누락에 준하는 위법이 있는 전부판결로 취급하여 상소가능) |
| | 예비적병합 | | |
| 주관적병합 | 통상공동소송 | ○ (독립의 원칙) | × (판결 안한 부분은 재판누락으로 1심에 계속 중) |
| | 필수적공동소송 | × (합일확정의 필요성) | ○ (판단누락에 준하는 위법이 있는 전부판결로 취급하여 상소가능) |
| | 예비적공동소송 | | |
| | 독립당사자참가 | | |

## III. 부대항소

### 1. 의의 및 법적성질(비항소설)

부대항소란 주된 항소의 피항소인이 항소심 절차에 편승하여 항소심의 심판범위를 자신에게 유리하게 변경하는 신청(제403조)이다. 부대항소의 법적 성질에 대해 항소설이 있으나, 判例는 비항소설(불복이익불요설)의 입장이다. 생각건대 부대항소에 의하여 항소심 절차가 개시되는 것은 아니므로 비항소설이 타당하다.

#### ✱ 피항소인이 부대항소를 할 수 있는 범위

"부대항소란 피항소인의 항소권이 소멸하여 독립하여 항소를 할 수 없게 된 후에도 상대방이 제기한 항소의 존재를 전제로 이에 부대하여 원판결을 자기에게 유리하게 변경을 구하는 제도로서, 피항소인이 부대항소를 할 수 있는 범위는 항소인이 주된 항소에 의하여 불복을 제기한 범위에 의하여 제한을 받지 아니한다"(2001다68914)(**12회 선택형**).

## 2. 요 건 [계, 항, 전, 출] [13사법]

① 부대항소는 ⅰ) 주된 항소가 적법하게 계속 중일 것(항소심 변론종결 전일 것), ⅱ) 피항소인이 항소인을 상대로 제기한 것일 것, ⅲ) 항소심의 변론 종결 전일 것을 요하며 피항소인은 자기의 항소권이 소멸된 경우에도 부대항소를 제기할 수 있다(제403조). ⅳ) 원칙적으로 부대항소장을 제출해야 한다.

> ❋ '피항소인이 항소인을 상대로 제기한 것일 것'의 의미
>
> "통상의 공동소송에 있어 공동당사자 일부만이 상고를 제기한 때에는 피상고인은 상고인인 공동소송인 이외의 다른 공동소송인을 상대방으로 하거나 상대방으로 보태어 부대상고를 제기할 수는 없다"(94다40734)(4·6·12회 선택형)

② 위 ⅳ) 요건과 관련하여 判例는 '부대항소장'이나 '부대항소취지'라는 표현이 사용되지 않았더라도 부대항소로 볼 수 있다고 판시하였는데, ㉠ 청구취지 변경신청서 및 준비서면에 부대항소한다는 취지가 명기되지 않았더라도 그 기재 내용으로 보아 부대항소를 제기한 것으로 봄이 상당하다(92다47878),[118] ㉡ 피고가 항소심에서 변제항변을 한 것은 제1심판결에서 지급을 명한 손해배상금이 변제되어 소멸되었다는 취지이므로 이는 제1심판결에 대해 부대항소를 한 취지라고 볼 여지가 많다(2021다253376), ㉢ 피항소인이 항소기간이 지난 뒤에 단순히 항소기각을 구하는 방어적 신청에 그치지 아니하고 제1심판결보다 자기에게 유리한 판결을 구하는 적극적·공격적 신청의 의미가 객관적으로 명백히 기재된 서면을 제출하고, 이에 대하여 상대방인 항소인에게 공격방어의 기회 등 절차적 권리가 보장된 경우에는 이를 부대항소로 볼 수 있다. 이는 피항소인이 항소기간이 지난 뒤에 실질적으로 제1심판결 중 자신이 패소한 부분에 대하여 불복하는 취지의 내용이 담긴 항소장을 제출한 경우라고 하여 달리 볼 것은 아니다(2022다252387)라는 判例들이 그 예이다.

## 3. 효 과

① **[불이익변경금지원칙의 배제]** 부대항소가 있으면 불이익변경금지의 원칙이 배제되어, 항소법원의 심판의 범위가 확장되어 피항소인의 불복의 정당여부도 심판되게 된다.

② **[부대항소의 종속성]** 부대항소는 주된 항소가 취하 또는 부적법 각하되면 그 효력을 잃는 바(제404조 본문), 이는 부대항소의 종속성 때문이다. 다만, 부대항소인이 항소할 수 있는 기간 내에 제기한 부대항소는 독립항소로 보기 때문에(제404조 단서) 주된 항소의 취하 또는 각하에 의하여 영향을 받지 않는데, 이를 **독립부대항소**라고 한다. 그러나 주된 항소가 취하·각하된 뒤에는

---

118) 원고인 망 소외인이 제1심에서 피고에 대하여 주위적으로 이 사건 부동산에 관하여 매매를 원인으로 한 소유권이전등기를 청구하고, 예비적으로 이 사건 부동산에 관하여 취득시효완성을 원인으로 한 소유권이전등기를 청구하여 주위적 청구를 기각하고 예비적 청구를 인용하는 제1심 판결이 선고되자 피고만이 항소를 제기하여 그 소송이 원심에 계속중, 위 망인의 사망으로 소송절차를 수계한 원고들은 원심 제15차 변론기일에서 진술한 1992.9.17.자 청구취지변경신청서에서 위 망인의 사망으로 인한 원고들의 상속분에 따라 제1심에서 패소한 주위적 청구에 관한 청구취지를 변경하고, 또한 위 청구취지변경신청서와 함께 진술한 같은 날짜 준비서면에서 제1심 판결은 위 망인이 피고로부터 이 사건 부동산을 매수하였음을 인정할 증거가 없다는 이유로 주위적 청구를 기각하였으나, 이를 인정할 증거가 충분하므로 원고들의 주위적 청구를 인용하여야 한다고 주장한 사안

부대항소는 통상의 항소로 전환되므로 항소의 이익을 갖추어야 한다.

👈 ＊ **항소취하시 부대항소인의 동의필요여부**(소극)

"항소인은 피항소인이 부대항소를 제기하였는지 여부에 관계없이 항소를 취하할 수 있고(따라서 항소취하시 부대항소인의 동의는 필요 없다), 그 때문에 피항소인이 부대항소의 이익을 잃게 되어도 이는 그 이익이 본래 상대방의 항소에 의존한 은혜적인 것으로 주된 항소의 취하에 따라 소멸되는 것이어서 어쩔 수 없으므로, 이미 부대항소가 제기되어 있다 하더라도 주된 항소의 취하는 그대로 유효하다"(94다51543)**(12회 선택형) [13회 사례형]**.

## Ⅳ. 항소취하

① **[의 의]** '항소취하'란 항소의 신청을 철회하는 소송행위이다(제393조).

② **[요 건]** 항소취하는 ⅰ) 항소제기 후 항소심 종국판결선고 전까지 할 수 있고, ⅱ) 항소불가분의 원칙에 의해 일부항소취하는 허용되지 않으며, ⅲ) 상대방의 동의는 필요 없고, ⅳ) 소송행위의 유효요건을 갖추어야 한다. **[13회 사례형]**

👈 ＊ **병합된 청구 전부에 대하여 불복한 항소에서 일부 청구에 대한 불복신청을 철회한 경우**

"항소의 취하는 항소의 전부에 대하여 하여야 하고 항소의 일부 취하는 효력이 없으므로 병합된 수개의 청구 전부에 대하여 불복한 항소에서 그중 일부 청구에 대한 불복신청을 철회하였더라도 그것은 단지 불복의 범위를 감축하여 심판의 대상을 변경하는 효과를 가져오는 것에 지나지 아니하고, 항소인이 항소심의 변론종결시까지 언제든지 서면 또는 구두진술에 의하여 불복의 범위를 다시 확장할 수 있는 이상 항소 자체의 효력에 아무런 영향이 없다"(2016다241249).

③ **[효 과]** 항소취하에 의하여 항소는 소급적으로 그 효력을 잃게 되고, 항소심절차는 종료되며(제392조 2항), 그에 의해 **제1심 판결은 확정된다.** 소취하와 달리 항소취하 후에 항소기간 도과전이라면 다시 항소할 수 있다(제393조 2항에서 제267조 2항을 준용하지 않기 때문이다). 최근 判例도 "항소기간 경과 후에 항소취하가 있는 경우에는 항소기간 만료 시로 소급하여 제1심판결이 확정되나, 항소기간 경과 전에 항소취하가 있는 경우에는 판결은 확정되지 아니하고 항소기간 내라면 항소인은 다시 항소의 제기가 가능하다"(2015므3455)고 한다(**9·10회 선택형**).

## Ⅴ. 상고심의 종국판결(상고인용판결을 중심으로) [13사법]

① **[환송·이송(제436조)]** 상고법원은 상고에 정당한 이유가 있다고 인정할 때에는 원심판결을 파기하고 사건을 원심법원에 환송하거나, 동등한 다른 법원에 이송하여야 한다. 사건을 환송받거나 이송받은 법원은 다시 변론을 거쳐 재판하여야 한다. 이 경우에는 상고법원이 파기의 이유로 삼은 사실상 및 법률상 판단에 기속된다(제436조 1항, 2항).

② **[자 판(제437조)]** 상고법원은 원판결을 파기하는 경우 원심법원에 환송 또는 이송하는 것이 원칙이나 ⅰ) 확정된 사실에 대하여 법령적용이 어긋난다 하여 판결을 파기하는 경우에 사건이 그 사실을 바탕으로 재판하기 충분한 때, ⅱ) 사건이 법원의 권한에 속하지 아니한다 하여 판결을 파기하는 때에는 상고법원이 그 사건에 대하여 종국판결을 하여야 한다(제437조). 이 경우 상고법원은 제2심(항소심)의 입장에서 재판을 하게 된다.

## Ⅵ. 환송판결의 기속력 [13사법]

### 1. 의의 및 법적 성질

환송을 받은 법원이 다시 심판을 하는 경우에는 상고법원이 파기를 이유로 한 '사실상 및 법률상의 판단'에 기속되는 바(제436조 2항 단서, 법원조직법 제8조), 이를 '환송판결의 기속력'이라고 한다. 기속력의 성질에 관하여는 判例는 환송판결도 동일절차 내에서는 철회, 취소될 수 없다는 의미에서 기속력이 인정됨은 물론 법원조직법 제8조, 민사소송법 제436조 제2항 후문에 의하여 '하급심에 대한 특수한 기속력'이 인정된다고 하여 **특수효력설**의 입장이다.

### 2. 기속력의 범위

① **[객관적 범위]** ㉠ 사실상의 판단은 소송요건 등의 직권조사사항과 재심사유에 해당하는 사실을 지칭하고, 본안에 관한 사실은 상고심이 법률심이기 때문에 포함되지 않는다. 따라서 환송받은 법원은 본안에 관해서는 새로운 자료에 기하여 새로운 사실인정이 가능하다(사실확정은 사실심의 전권사항이다. 제432조 참조). 나아가 환송 후 사실관계를 달리 인정할 경우 그에 기한 새로운 법률상의 판단은 가능하고 이에 대하여는 환송판결의 기속력이 미치지 않는다(94다20501).
㉡ 이때 기속력은 원심판결의 판단을 부당하다고 하여 파기이유로 한 판단 및 **파기이유와 논리필연적 관계**가 있어서 상고법원이 파기이유의 전제로 당연히 판단하였다고 볼 수 있는 법률상의 판단도 포함된다(90누7890 : 예컨대, 소송요건의 흠도 상고이유로 한 경우에 소송요건을 긍정하면서 본안판단의 위법을 들어 파기한 때에는 소송요건의 존재를 긍정한 판단에도 구속력이 생긴다). 그러므로 원판결을 파기하면서 파기사유와 논리필연적 관계가 없는 부분, 즉 부수적으로 지적한 사항은 기속력이 없다. 判例는 환송판결의 기속력이 소송요건 충족에 대한 판단에 대하여도 미치는지 여부에 대하여 "채권자대위소송에서 대위에 의하여 보전될 채권자의 채무자에 대한 권리(피보전채권)가 존재하는지는 소송요건으로서 법원의 직권조사사항이므로, 환송판결의 기속력은 甲의 청구가 소송요건을 구비한 적법한 것이라는 판단에 대하여도 미친다"(2011다106136)고 한다.

② **[주관적 범위]** 당해사건에 관한 한, 환송판결의 하급심법원에 대한 기속력을 절차적으로 담보하고 그 취지를 관철하기 위하여 환송을 받은 법원 및 그 하급심, 그 사건이 재상고된 때에는 상고법원(대법원의 부) 자신도 동일 사건의 재상고심에서 환송판결의 법률상 판단에 기속된다(자기구속, 80다2029).
判例는 종래 재상고심의 전원합의체까지 기속된다고 보았으나, 판례를 변경하여 "대법원의 전원합의체가 종전의 환송판결의 법률상 판단을 변경할 필요가 있다고 인정하는 경우에는, 그에 기속되지 아니하고 통상적인 법령의 해석적용에 관한 의견의 변경절차에 따라 이를 변경할 수 있다고 보아야 할 것이다"(전합98두15597)고 하여 재상고심의 전원합의체에는 환송판결의 기속력을 부정한다.

③ **[환송판결의 기속적 판단의 기초가 된 법률조항에 대한 위헌선언이 있는 경우]** 환송판결 선고 이후 헌법재판소가 환송판결의 기속적 판단의 기초가 된 법률 조항을 위헌으로 선언하여 그 법률 조항의 효력이 상실된 때에는 그 범위에서 환송판결의 기속은 미치지 않고, 환송 후 원심이나 그에 대한 상고심에서 위헌결정으로 효력이 상실된 법률 조항을 적용할 수 없어 환송판결과 다른 결론에 이른다고 하더라도 환송판결의 기속력에 관한 법원조직법 제8조에 저촉되지 않는다(2019다2049).

## Ⅰ. 재심의 적법요건 [대, 기, 당, 이, 주, 보]

### 1. 요 건

재심의 소가 적법하려면 ⅰ) 재심대상적격, ⅱ) 재심기간 준수(제456조), ⅲ) 재심당사자적격, ⅳ) 재심이익, ⅴ) 재심사유 주장 ⅵ) 보충성요건이 필요하다.

### 2. 재심대상적격

"재심은 확정된 종국판결에 대하여 제기할 수 있는 것이므로, 확정되지 아니한 판결에 대한 재심의 소는 부적법하고, 판결 확정 전에 제기한 재심의 소가 부적법하다는 이유로 각하되지 아니하고 있는 동안에 판결이 확정되었더라도, 재심의 소는 적법한 것으로 되는 것이 아니다"(2016다35123)**(7회 선택형)**. 한편, "재심의 소에서 확정된 종국판결도 '확정된 종국판결'에 해당하므로 확정된 재심판결에 위 조항에서 정한 재심사유가 있을 때에는 확정된 재심판결에 대하여 재심의 소를 제기할 수 있다"(2013다17124)**(7회 선택형)**.

### 3. 대법원의 환송판결에 재심의 대상적격이 있는지 여부(소극) [13사법]

① **[대법원의 환송판결이 종국판결인지 여부(적극)]**　대법원의 파기환송판결도 당해 사건에 대하여 재판을 마치고 그 심급을 이탈시키는 판결인 점에서 당연히 제2심의 환송판결과 같이 **종국판결로** 보아야 할 것이라고 보는 것이 통설·判例이다(93재다27).[119]

② **[대법원의 환송판결이 실질적으로 확정된 종국판결인지 여부(소극)]**　判例는 "대법원의 환송판결은 형식적으로 보면 '확정된 종국판결'에 해당하지만, 여기서 종국판결이라고 하는 의미는 당해 심급의 심리를 완결하여 사건을 당해 심급에서 이탈시킨다는 것을 의미하는 것일 뿐이고 실제로는 환송받은 하급심에서 다시 심리를 계속하게 되므로 소송절차를 최종적으로 종료시키는 판결은 아니며, 성질상 직접적으로 기판력이나 실체법상 형성력, 집행력이 생기지 아니한다고 하겠으므로 이는 중간판결의 특성을 갖는 판결로서 '실질적으로 확정된 종국판결'이라 할 수 없다"(전합93재다27)**(4회 선택형)**고 하여 부정설의 입장이다.

## Ⅱ. 개별 재심사유의 검토

### 1. 종전 대법원판결의 견해를 변경한 것임에도 불구하고 소부에서 심판한 것이 제451조 1항 1호의 재심사유에 해당하는지 여부(적극)

判例는 "재심대상 대법원판결에서 표시한 의견이 그 전에 선고된 대법원판결에서 표시한 의견을 변경하는 것이라면 법원조직법 제7조 1항 3호에 의하여 대법관 전원의 3분의 2 이상의 합의체에서 심판하였어야 할 것인데, 대법관 전원의 3분의 2에 미달하는 4인의 대법관만으로 구성된 부에서 재심대상 판결을 심판하였다면 이는 민사소송법 제451조 1항 제1호의 '법률에 의하여 판결법원을 구

---

119) **[판례검토]** 생각건대, 종국판결과 중간판결의 구별기준은 당해 심급의 심리를 완결하여 사건을 당해 심급에서 이탈시킨다는 것에서 찾아야 하며, 대법원의 파기환송판결은 당해 심급인 상고심을 이탈시키는 판결이므로 종국판결이라고 할 것이다.

성하지 아니한 때'의 재심사유에 해당한다"(전합93재다27)고 판시하여 재심사유에 해당한다고 보고 있다.[120]

## 2. 대리권 또는 특별한 권한의 수여에 흠이 있는 때(3호 본문)의 의미

이는 대리인으로 소송을 수행했지만 ① 대리권이 없는 경우 또는 ② 대리인의 특별한 권한의 흠이 있는 경우를 말하는바, ③ 대리권의 흠결로 인하여 본인이나 그의 소송대리인이 실질적인 소송행위를 할 수 없었던 경우와 같이 당사자가 변론에서 절차권을 부당하게 박탈된 경우에도 이에 해당한다(92다47632).

## 3. 증인·감정인·통역인의 거짓 진술 또는 당사자신문에 따른 당사자나 법정대리인의 거짓 진술이 판결의 증거가 된 때(7호)가 상고심 판결에 대한 재심사유가 될 수 있는지 여부

상고심은 직권조사사항이 아닌 이상 사실인정의 직책은 없고, 다만 사실심인 제2심법원이 한 증거판단과 사실인정의 적법 여부를 판단할 뿐이며, 사실심에서 적법하게 확정한 사실은 상고심을 기속한다. 따라서 민사소송법 제451조 제1항 제7호의 사실인정 자체에 관한 사유는 직권조사사항에 관한 것이 아닌 한 사실심 판결에 대한 재심사유는 될지언정 상고심 판결에 대한 재심사유로 삼을 수 없다(2020재두5145).

## 4. 상고심절차에 관한 특례법 제4조 제1항 제1호, 제3호, 제5호에 해당하는 사건을 심리불속행으로 상고기각하였다는 사유가 적법한 재심사유가 되는지 여부

「상고심절차에 관한 특례법」 제4조 제1항 제3호, 제5호에 해당하는 사건을 심리불속행으로 상고기각하였다는 사유는 적법한 재심사유가 되지 아니하고, 재심대상판결이 상고이유에 관한 주장이 위 법이 정하는 심리불속행 사유에 해당한다고 보아 더 나아가 심리를 하지 아니하고 상고를 기각한 이상, 재심대상판결이 상고이유에 대한 판단을 누락하였다거나 종전의 대법원 판결에 위반된다고 할 여지가 없다(2020재두5145).

## 5. 여러 개의 유죄판결이 재심대상판결의 기초가 되었는데 이후 각 유죄판결이 재심을 통하여 효력을 잃고 무죄판결이 확정된 경우, 각 별개의 독립한 재심사유(8호)가 되는지 여부

재심사유는 그 하나하나의 사유가 별개의 청구원인을 이루는 것이므로, 여러 개의 유죄판결이 재심대상판결의 기초가 되었는데 이후 각 유죄판결이 재심을 통하여 효력을 잃고 무죄판결이 확정된 경우, 어느 한 유죄판결이 효력을 잃고 무죄판결이 확정되었다는 사정은 특별한 사정이 없는 한 별개의 독립된 재심사유라고 보아야 한다. 재심대상판결의 기초가 된 각 유죄판결에 대하여 형사재심에서 인정된 재심사유가 공통된다거나 무죄판결의 이유가 동일하다고 하더라도 달리 볼 수 없다(2018다300470).

---

120) **[판례검토]** 대법관 전원의 3분의 2에 미달하는 4인의 대법관만으로 구성된 부에서 종전 대법원판결의 의견을 변경하는 경우 법원조직법 제7조 1항 3호의 명문에 반하는 점과 법적 안정성의 견지에서 대법원의 判例변경은 전원합의체에서 이루어져야 할 것이라는 점에서 判例의 입장이 타당하다.

MEMO

MEMO